ÜNCHEN.

G
H
I
Chinesisch. Thurm
Monopteros
Englischer Garten
Eisbach
Dianen Bad
Brunthal
Neuberghau
Paradies
Königl. Holzgarten
Universit.
Ludwigs Strasse
Prinz Karl Pal.
K. Hof Garten
Kgl. Residenz
K. Hoftheat.
Maximilians Strasse
Maximilians Brücke
HAIDHAUSEN
Gasteig
Preising Str.
Militär Holzg.
Auf der Lüften
Alte Isar Kas.
VORSTADT AU
Mariahilf Platz
Breiter Anger
Enten Bach
K.Kreis Irren Anstalt
G
H
I
K
L
2
3
4
5
6
7
8
9

Karl Spengler

Münchner Lesebuch

Herausgegeben von Fritz Fenzl

Bruckmann München

Umschlag-Motiv:
Gustav Wilhelm Kraus, Ansicht Münchens von der Nordseite (Ausschnitt), 1837
Lithographie, 29:48,5 cm
München, Stadtmuseum

Vor- und Nachsatz-Motiv:
Plan von München
aus: Allerneuester Münchner Fremdenführer für 1862

CIP-Kurztitelaufnahme der Deutschen Bibliothek
Spengler, Karl:
Münchner Lesebuch / Karl Spengler. Hrsg. von Fritz Fenzl. –
München: Bruckmann, 1986.
ISBN 3-7654-2074-3
NE: Spengler, Karl: [Sammlung]

Herstellung: Bruckmann München
Printed in Germany
ISBN 3 7654 2074 3

Inhalt

Einführung

Erzählstil

Ich hatte das Glück, daß mein Lehrer in der Volksschule, der »Oberlehrer Maier«, einer vom alten Schlag war, wie Karl Spengler das vielleicht ausgedrückt hätte. Das mit dem »Schlag« ist nicht so wörtlich zu nehmen, der Oberlehrer Maier gehörte halt jener erzählenden und erzählenkönnenden Generation an, welche damals schon – es waren die fünfziger Jahre – am Aussterben war. Der gute Mann konnte gar nicht anders, als Geschichte lebendig zu gestalten – jedem Stoff und Ereignis der Historie dichtete er das hinzu, was den Schulbüchern, auch den ganz modernen, abgeht und immer abgehen wird. Ein Ereignis läßt sich halt am besten aufzeigen, wenn man Einzelpersonen herausgreift und ihnen Leben einhaucht. Die Medien wissen das seit je, die Historiker lernen's nie. Eine Hinrichtung ist eine Hinrichtung, weiter nichts, aber ein Weiberl aus der Menge, nennen wir sie Creszenz, welches in Ohnmacht fällt, weil der Delinquent ihrem verschollenen Mann so ähnlich sieht..., das bleibt im Gedächtnis, oft ein Leben lang.
So hörte ich, besser: erlebte ich, in den Schultagen, wie im Franziskanerkloster bei St. Anna im Lehel jeder Bedürftige einen Ranken Brot und eine Maß Bier am Tag bekam, wie die Türken das Wasserstraßennetz im Schloßpark von Nymphenburg bauten, wie sich das Postwesen aus der Thurn-und-Taxis-Post entwickelte, wie Herzog Wilhelm V. 1568 die Herzogin Renate von Lothringen geheiratet hat... Und natürlich die sagenhaften Taten des Steyrer Hans. Die 528 Pfund am Mittelfinger sind mir mehr in Erinnerung geblieben als alle Jahreszahlen.

Bei der Lektüre von Karl Spenglers Büchern mußte ich immer wieder an diesen längst dahingegangenen Oberlehrer denken und an den leider dahingegangenen Erzählstil, der das besondere an den Spengler-Büchern ausmacht. Bevor wir uns fragen, worin der Reiz und die so ausgezeichnete Art, München zu vermitteln, in Spenglers Werk besteht – heute würde man sagen: »Wie er es rüberbringt.« – sehen wir uns den Autor Karl Spengler selbst an.

Sein Leben

Eigentlich sollte der Münchner Journalist und Schriftsteller Karl Spengler nicht nur Kaufmann werden, sondern auch bleiben. Seine Eltern betrieben auf der Schwanthalerhöh' einen Kramerladen der guten alten Art, als Karl Spengler dort am 29. Juni 1901 geboren wurde. Als folgsamer Sohn besuchte er nach der Volksschule die höhere Handelsschule und trat dann ins elterliche Geschäft ein. Aber viel lieber, als Salzheringe oder Zichorienkaffee zu verkaufen, schrieb er schon damals Geschichten, Berichte, Glossen – und sogar hochdramatische Theaterstücke. Einige Zeit liebäugelte er mit dem Gedanken, Volksschauspieler zu werden, und nahm Schauspielunterricht. Aber dann siegte doch das Schreiben. 1927 erschienen seine ersten Arbeiten in den Münchner Zeitungen, und schon vor dem Krieg machte sich Spengler damit einen guten Namen als Journalist. Dieser Beruf, von ihm auf seine ganz persönliche Weise ins münchnerisch-feuilletonistische umgemodelt, nahm ihn nach dem Krieg derart in Beschlag, daß Spengler erst relativ spät mit dem Bücherschreiben begann. In den sechziger Jahren aber erschien dann ein Buch nach dem anderen, insgesamt ein rundes Dutzend.

Karl Spengler gehörte zu den wenigen Schriftstellern, die schreibend die Vergangenheit gleichsam zur Gegenwart erwecken können. Es gibt von ihm den Erzählband »Die gewendete Münze«, ein Wanderbuch und einen Band mit Satiren, betitelt »Machtlos gegen Hexen«. Aber der Kernbestand seines literarischen Schaffens ist doch das gute halbe Dutzend seiner München-Bücher, in denen er Chronistenpflicht und Erzählkunst auf unnachahmliche Weise vereint hat. Für Spengler war Geschichte keine Anhäufung von Jahreszahlen und Herrscherdaten. Mit dem liebenden Blick fürs Detail interessierte ihn vor allem, wie die Menschen früherer Jahrhunderte gelebt und was sie dabei alles erlebt haben: ganz gleichgültig, ob es sich um ein gekröntes Haupt oder um einen Vorstadt-Hausierer handelte. Wie sehr Spengler damit den rechten Ton und das Interesse der Leser fand, beweist die Tatsache, daß fast alle seine Bücher mehrmals aufgelegt wurden. Seiner Beliebtheit und seinen literarischen Verdiensten entsprechend, blieben auch die öffentlichen Ehrungen nicht aus: der Poetentaler, das Silberne Poetenschiff und der Ernst-Hoferichter-Preis zum Beispiel. Seinen 75. Geburtstag konnte Karl Spengler noch inmitten seiner vielen Freunde feiern. Doch dann erlag er bereits ein halbes Jahr später, am 25. Dezember 1976, einem heimtückischen Leiden.

Erfolg, Zeitgeist

Der große Erfolg Karl Spenglers fiel also in die sechziger Jahre, die Zeit, in der die Beatles und die Rolling Stones Furore machten, lange Haare in Mode kamen, jedoch der »Respekt« gegenüber allem und jedem, – außer dem Neuen – ein kümmerliches Dasein führen mußte. Die sprichwörtliche 68er Generation glaubte, die Welt und alles Gewachsene ignorieren zu können. Jene »Apo-Opas« aber, die heute noch mit ergrautem Langhaar, Bart und Parka, »ihrer« Zeit nachlaufen und -trauern, wirken längst schrulliger und spießiger als Karl Spenglers Kleinbürger, der sich am Sonntag – und nur dann – eine Maß genehmigt und drandenkt, wie schön früher alles war.
Vielleicht liegt nicht zuletzt hierin der Schlüssel zum Erfolg der Spengler-Bücher in den sechziger Jahren, daß es eine Zeit war, in der die Tradition nichts mehr zu suchen hatte und die Geschichte zu einer Geschichte der Revolutionen und Aufstände beschnitten wurde. »Trau keinem über 30!«, war der Slogan, und Spenglers Bücher, allesamt sehr erfolgreich und mehrfach aufgelegt, wurden sicherlich von vielen »über 30« gekauft und gelesen. Denn »bürgerlich« – das Schimpfwort aus dieser Zeit – sind Spenglers Geschichten und Figuren allemal, der Autor Spengler war dies sicherlich auch und er hätte es wohl niemals bestritten, »bürgerlich« zu sein. Seine Bücher haben also den Trend der Zeit nicht mitgemacht, sicherlich ein Indiz für Spenglers Eigenständigkeit als Schriftsteller und auch dafür, daß im damaligen Trend der »Texte«, Sachbücher und Pamphlete eine große Leserschar dieser erbaulichen Art des Erzählens gewogen blieb.

Bayern

Und noch ein weiterer Grund kommt hinzu: Daß halt in Bayern – immer schon – die Uhren anders gehen. In der damaligen Zeit des internationalen Denkens gewann ein starker Regionalismus festen Boden, der Begriff »Bavarica-Literatur« wurde zum Markenzei-

chen. Die heutige Hochblüte und die Verkaufszahlen mancher Bavarica-Bände, von denen »hochdeutsche« Autoren nur träumen können, zeigt dies deutlich. In den späten fünfziger Jahren hatten sich die »Münchner Turmschreiber« formiert, denen Karl Spengler bald angehörte. Die zunächst unter Hanns Vogel im intimen Isartor-Stüberl sich scharende Truppe darf sich heute, unter der Führung von Kurt Wilhelm, rühmen, »... der derzeit zweifellos renommierteste und auch publikumsanziehendste literarische Kreis nicht nur Münchens und Bayerns, sondern wahrscheinlich ganz Deutschlands zu sein« (Hannes S. Macher in: Schöne Heimat, 74. Jg, 1985, Sonderheft 4, S. 9).
Vielleicht ist das mit das Verdienst Karl Spenglers, der in dieser ersten Zeit der Turmschreiber – als es bereits den von Rudolf Schmitt-Sulzthal geleiteten »Tukan-Kreis«, die von Martin Lankes gesteuerte »Barke«, den »Seerosenkreis« um den Schwabinger Poeten Peter Paul Althaus und einige andere namhafte Vereinigungen gab – der Dichtertruppe im Isartorturm mit seinem guten Namen und seiner beliebten Art Glanz verlieh. Die ersten Poeten waren damals, als Hanns Vogel 1958 aus Anlaß der 800-Jahr-Feier der Stadt München die Turmschreiber gegründet hatte: Ernst Hoferichter und Hannes König, Martin Lankes und Josef Maria Lutz, Wugg Retzer und Herbert Schneider, Ludwig Schrott und Karl Spengler.

Die Bücher über München

Der »Münchner Straßenbummel« erschien 1960 in der ersten Auflage und war der Anfang der so erfolgreich werdenden Spengler-Reihe. Das Buch erlebte 1961, 1965 und zuletzt 1977 seine Neuauflagen. Hier hat sich der Autor nicht nur an Sonntagen aufgemacht, um die Straßen und Winkel der Stadt München zu durchstöbern. Er ist ihren Lebenslinien nachgegangen und hat aufgezeichnet, was sich auf ihnen und in den Häusern, die sie säumen, an Ungewöhnlichem, aber auch an Alltäglichem ereignet hat. Da sind die Liebesnöte des jungen Hans Sachs, die wir miterleben, oder die beschauliche Weile des »Caruso des Rokoko«, des Hofsängers Anton Raaff, im Hause Löwengrube-Frauenplatz, die Sammelleidenschaft des verspäteten Minnesängers Jakob Pütrich von der Perusastraße, der so freimütig bekannte, daß er »mit stehlen, rauben, auch mit leihen, dazu geschenkt, geschrieben und auch gefunden« seinen Schatz von 164 Handschriften alter Minnesänger an sich gebracht hat. Neben Casanova schreiten wir, den charaktervollen Hans Mielich und Bayerns Meister Hans Krumpper an der Seite, in der Theatinerstraße, schauen dem briefschreibenden Orlando di Lasso am Platzl über die Schulter und sehen den Schwitker von Gundelfingen frechen Hauptes durch die Fürstenfelder Gasse stelzen, das Kainsmal des Mordes auf der Stirne. Wir hören die Clairons der kaiserlichen Garde beim Einzug Napoleons in die Residenz, die er nach dem Tag von Austerlitz als strahlender Brautwerber betritt, befreunden uns gerne mit der Lebenslust im biedermeierlichen Neuberghausen, wittern den Duft der Pomeranzen im Neudecker Garten der Spätgotik, steigen gar ein Klafter tief unter die Erde, wo im Lehel die alten Stadtbäche zusammenströmen und ihre alten Geschichten ausplaudern. Wir erleben die Verwandlung bäuerlicher Vororte zu Stadtvierteln rechtschaffener und halbseidener Existenzen. In diesem Buch hallt der Schritt der Jahrhunderte auf den Münchner Straßen nach, und wenn es nicht Weltgeschichte ist, die es aufzeichnet, so erklärt es doch manches, was zu ihren Folgen geführt hat.

Für den Band »Es geschah in München« (1962) gilt, was die bekannte amerikanische Schriftstellerin Helen Keller, blind und taubstumm von Kindheit an, 75jährig als »ihr« Orientierungssystem in Städten angab: »Städte«, erklärte sie, »haben verschiedene Gerüche: Paris riecht wie Parfüm, London und Tokio wie Weihrauch. Münchens Fluidum ist wahrhaft selten: wie Musik und alte Geschichten.« Was diese weltbefahrene Frau mit geschärftem Sinn an München erspürt hat, das erzählt Karl Spengler in »Es geschah in München«. Das sind nun nicht Schilderungen von Bräuchen, die der Heiligenkalender oder der Jahresablauf bringt und wie sie in jährlicher Wiederkehr der Lokalschriftsteller in seinem Blättchen aufwärmt; Spengler geht es um mehr: an einmaligen Ereignissen, an festlichen und unfeierlichen Begebenheiten dem Menschen nachzuspüren. Wie hat er gelebt und geliebt, was bewegt sein Herz, was erniedrigte ihn und erhob ihn wieder aus dem Staub, wie bestand er in seinen Zeiten, die uns im brausenden Prunk ihrer Kirchen und Paläste nur die schöne Außenseite vergangener Tage überliefert haben? Von diesen Menschen schweigt die Weltgeschichte; die Geschichten dieses Buches aber heben sie in unsere Gegenwart herauf. Wir lesen in dem Tagebuch des reisenden Augsburger Kunstkenners, Sammlers und Agenten Philipp Hainhofer, was ihm an der kurfürstlichen Hoftafel in der Münchner Residenz und in den Eremitagen um Schloß Schleißheim aufgefallen ist, sitzen mit den Sansculotten der Französischen Revolution in den Vorstellungen des Alten Residenztheaters und erleben das Nachspiel der Hohenlindener Schlacht im Palais Rechberg. Der brave Schleißheimer Dorfbote Matthias Graßberger erfüllt vor uns sein schlichtes Leben der Pflicht, das ihn weit über so manchen hochmögenden »Peruckenhansel« seiner Zeit erhebt, die kuriose Schachmaschine des Wiener Hofrats Kempelen lüftet ihr Geheimnis, der falsche Ahasver geistert irrwischhaft vor unseren Augen und mit dem jugendlichen Indianerpaar Juri und Miranha erleben wir die sensationelle Brasilienexpedition der Münchner Forscher Spix und Martius. Da sehen wir den Abenteurer Casanova in der Residenz und an den Pharaotischen im »Goldenen Hirsch«, erfahren, wie sich die gefangenen Türken Max Emanuels ihr Brot als Sänftenträger verdienten, die armen Seelen in Pasing tanzten, ein Münchner Luftikus auf die Berliner Märzbarrikaden stieg und was sechs junge Engländerinnen anno 1863 in ihr Notizbuch schrieben.

Für den Band »Hinter Münchner Haustüren« hat Karl Spengler sich auf den Weg gemacht, um die Quellen und Lebensgeschichten derer aufzuspüren, die nicht direkt im Rampenlicht der Geschichte standen.
Ludwig Thoma hat einmal gesagt, er gäbe etwas um die Lebenserinnerungen eines Hausknechts vor hundert Jahren, aber, so seufzte er, so ein Hausl schreibe ja nichts auf! Nun, dafür gibt es andere, die ihre Memoiren schrieben, es brauchen ja nicht gerade die Marschälle Napoleons zu sein. Im schreibfreudigen 19. Jahrhundert häuften sich die Erzähler von Lebensgeschichten gewaltig, und auch in den scheinbar weit zurückliegenden Zeiten fließen die Quellen keineswegs so spärlich, wie mancher meint; man muß sie bloß aufzufinden wissen. Karl Spengler hat sie gefunden!

Er hat »Hinter Münchner Haustüren« geschaut, wo die seltsamsten und merkwürdigsten Schicksale ihren Ausgang nahmen oder sich

erfüllten, von denen die große Geschichte kaum zu berichten weiß. Aus halb oder ganz versunkenen Zeiten läßt er die Persönlichkeiten vor den Leser hintreten, als hätten sie heute noch Blut und Leben: den Arzt Sigmund Gotzkircher, der im Eisenharnisch zu seinen Kranken reitet, den Sohn eines Sägeschmieds, Hans Kratzer, der unter Englands Heinrich VIII., als Astronom und Mathematiker in Oxford wirkte, den Schwaben Joseph Schönberg, der als abgerissener Handwerksbursch nach München kam und Bürgermeister der Stadt wurde, den Hofkapellsänger Grünenwald, den der reiche Fugger in seinen Zechschulen auslöste. Da dröhnt der spätere bonapartistische Obergeneral Jean-Baptiste Kléber als Kadett durch die Flure der kurfürstlichen Militärakademie, wir begegnen dem Urbild des armen Poeten von Spitzweg in Matthias Etenhueber, erleben eine freundliche Intrige um Münchens beliebtestes Theater am Isartor, ziehen mit dem Schlachtenmaler Albrecht Adam in die napoleonischen Kriege, werden Augenzeugen des größten Theaterskandals am Hoftheater und folgen den Erschütterungen eines Frauenlebens der bildschönen Helene von Dönnings. Nichts Menschliches ist dem Verfasser fremd, und wie er es erzählt, das hebt dieses Buch über den lokalen Bereich der Stadt hinaus und macht es zu einem allgemein gültigen Dokument und zum Gleichnis der Unveränderlichkeit des Menschenwesens zu allen Zeiten.
Auch im nächsten »München«-Buch, dem Band »Münchner Historien und Histörchen« (1967) bleibt Spengler dicht am historischen Ereignis, wickelt es aber aus seiner papiernen Überlieferung, befreit es von Staub und Modergeruch und stellt es so plastisch hin, daß auch der moderne Leser spürt: In diesen Geschichten fließt der lebendige Strom der Geschichte mit seinen Wogen und Wirbeln, seinen Schnellen und gefahrvollen Untiefen, und dieser Strom ist derselbe, der die Menschen der Vergangenheit durch die Zeit gerissen hat, wie er uns unaufhaltsam mit sich fortreißt. Da ist das elende Los der 42 Geiseln, angesehene Bürger, die zu Ende des Dreißigjährigen Krieges von den Schweden kreuz und quer durchs Land geschleppt und drangsaliert werden – das Schicksal vieler Menschen auch unserer Zeit. Da wird die Kurfürstin Maria Leopoldine geschildert, die als »selfmade«-Frau in rücksichtslosen Finanzspekulationen ein Riesenvermögen zusammenrafft und an einer Geldkassette zugrunde geht. Da erfahren wir, was kein Geschichtswerk berichtet, wie kümmerlich sich die Münchner Stadt-

musikanten durchfretten mußten in Zeiten, deren Kulturblüte wir heute bewundern. So reiht sich in Spenglers Buch Gestalt an Gestalt, Schicksal an Schicksal, Leid an Leid. Als das große Thema dieser kleinen Geschichten erscheint der Mensch in seiner Bewährung, in seiner Beharrlichkeit oder seiner Erniedrigung.

Der letzte Band der Reihe schließlich, »Unterm Münchner Himmel« (1971) handelt, nach bewährtem Muster, von längst wie von jüngst Vergangenem. Das Wort Friedrichs II. könnte auch über den kulturhistorischen Aufsätzen des Buches stehen: »Wer in den Tagen der Vergangenheit sich heimisch zu machen weiß, wer die ganze Welt mit seinem Geist umspannt, der trägt in Wahrheit Eroberungen über die Unwissenheit und den Irrtum davon. Das heißt in allen Zeitaltern gelebt haben, ein Bürger aller Orte und Länder werden.«
Freilich nicht die ganze Welt umspannen die Beiträge des Buches; München und seine Umgebung sind es, die in Erlebnissen und Schicksalen von Menschen ihrer Zeit heraufgerufen werden. Wir erfahren von den Lebenstagen Jakob Baldes, des »deutschen Horaz«, wie ihn Herder nannte, von Kurfürst Max Emanuels schwierigem Architekten Enrico Zuccali, dem hausierenden Handschuhhändler Peter Prosch aus dem Zillertal, der mit Kurfürst Max III. Joseph in Nymphenburg fingerhakelte und dem napoleonischen General Drouet d'Erlon, der vom Schlachtfeld von Waterloo nach abenteuerlicher Flucht nach München kam und die Brauerei und das Gut Großhesselohe zur Blüte brachte. Der rätselhafte Charakter des ersten Praterwirts auf der Isarinsel, Anton Gruber, wird hier in seiner Umgetriebenheit sichtbar, ein unbekannter Günstling der Lola Montez vorgestellt, das Leben der schönen Coletta, der schönsten Frau Münchens erzählt, die F. A. Kaulbach als Schützenliesl gemalt hat, der Aufstieg der Anna Duschl, vom Wassermädl der Hollandia-Bar zur Gattin eines adeligen Haziendero in Paraguay geschildert, neben vielen anderen Gestalten am Rand der Weltgeschichte oder der Stadtvergangenheit.
Aus diesen fünf Bänden, die sicherlich den Kern in Spenglers Schaffen ausmachen, traf der Herausgeber die Auswahl zum vorliegenden »Münchner Lesebuch«. Auswahlkriterium ist die Chronologie. Der Herausgeber hat die vielen, in diesen sechs Bänden zusammengetragenen Geschichten, die keiner bestimmten zeitlichen

Ordnung unterliegen, in ein Nacheinander gebracht. So beginnt der Reigen von »Münchner Geschichten« um 530 mit der »Moritat vom Kalten Berg«. Es geht hier um die Besiedelung des Münchner Nordens von den Bajuwaren an. Das Ende des Auswahlbandes reicht in die Gegenwart hinein – und darüber hinaus –, denn »der Südfriedhof ist kein toter Gottesacker«. Davon später.
Zudem wurde jeder Geschichte eine kurze inhaltliche Erschließung vorangestellt. Sucht also ein Leser eine Erzählung, die ein ganz bestimmtes Thema beinhaltet, wird er sie leichter finden. Etwa: »Vom Markt auf dem heutigen Marienplatz zum Viktualienmarkt«. Bei Spengler heißt die Überschrift »Ein Münchner Bollwerk wider die Gleichförmigkeit«. – Besonders Lehrer werden sich über diese Auffind-Hilfen freuen.
Beim Durchsehen der Spengler-Bücher fiel auf, daß der Autor Schwerpunkte im 19. und 20. Jahrhundert setzt, beziehungsweise, sich ihm dieser Zeitraum, vielleicht wegen der günstigen Quellenlage, besser anbietet. Die Zeit vor dem 19. Jahrhundert wird jedenfalls mit weniger Geschichten bedacht (vgl. hierzu im Nachwort »Quellen, auf die sich Spengler beruft«).
Neben der Auswahl der Geschichten zu dem vorliegenden »Münchner Lesebuch« wurde zudem auf eine Ausgewogenheit geachtet, die den sechs Bänden Spenglers im einzelnen durchaus gerecht wird. So steht neben dem »hundertfältigen Tod auf der Isarbrücke« der »Major Lutz«, eine Erzählung, die eine Rauferei zwischen Kürassieren und Stadtgendarmen in einem Wirtshaus im Tal zum Inhalt hat.

Karl Spenglers große Liebe galt ein Leben lang seiner Heimatstadt München. Unermüdlich ist er ihren Straßen nachgegangen, hat ihre Paläste und schlichten Bürgerhäuser erforscht, sich auch hinter den Haustüren, in Höfen und versteckten Winkeln umgesehen und überall die Spuren vergangenen Lebens entdeckt. Wie kein anderer verstand er es, diese Vergangenheit so lebendig zu schildern, als sei sie erlebtes Leben und neueste Nachricht von großen und kleinen Schicksalen.
In dem vorliegenden »Münchner Lesebuch« soll ein Kreis sich schließen: Von der Besiedlung des Münchner Nordens von den Bajuwaren an spannt sich der Bogen bis zu der wunderbaren, aus dem Jenseits geschrieben scheinenden Geschichte »Der südliche Fried-

hof ist kein toter Gottesacker«: »Die Ahornbäume im Südfriedhof sind müde geworden. Der letzte Regen hat ihre Blätter reif gemacht, lautlos segeln sie auf das Gräberfeld nieder.
Bis über die Knöchel waten die Frauen in der goldenen Blätterflut, die ihre Rechen kaum zu fassen vermögen. In hohen Haufen türmt sich die leichte Last an den Wegrändern. Es ist die Stunde der stillen Töne, die vergessen machen will, daß sich die müden Bäume nach kaum ein paar Monaten der Sammlung wieder aufraffen werden, daß sie in unstillbarem Verlangen ihre Säfte in die Zweige treiben, um ihre Kronen mit neuem Grün noch üppiger zu bedecken. Denn die Natur kennt den Tod nicht.«

Obwohl »... seit Jahrzehnten keine Glocke mehr über aufgeworfene Gräben...« läutet, ist dieser Friedhof, wie alles, was Geschichte wird, nicht tot. Die Inschriften auf den Grabsteinen künden von berühmten Namen aus der lebendigen Münchner Geschichte: Reichenbach, Senefelder, Gabelsberger, Effner, Spitzweg...
1976 hat Karl Spengler sein geliebtes München für immer verlassen. In seinen aus intimer Kenntnis und warmer Liebe zur Heimatstadt geschriebenen Büchern wird das Andenken an sein liebenswertes Wesen noch lange fortleben. Er ist sowenig tot wie die großen, bekannten Namen auf den Grabsteinen seiner innigen Friedhofs-Meditation in »Es geschah in München«.
Spenglers Erfolg – und die Nachfrage seiner Leserschar – haben den Tod des Autors überdauert. Dies ist der Grund für eine Neuauflage der vorliegenden Auswahl zum »Münchner Lesebuch«.
Karl Spengler hat in seinen Münchner Geschichten ein unvergängliches Erbe hinterlassen. Er wird uns noch lange ein zuverlässiger und liebenswerter Begleiter sein. Lassen Sie sich von ihm an der Hand nehmen und führen durch sein – und unser! – München. Unser München, wie es war, wie es ist und wie es bleiben möge... unsterblich und unsterblich liebenswert!

München im Sommer 1986 *Fritz Fenzl*

Die Moritat von der »Kalten Herberg«

Die Besiedlung des Münchner Nordens von den Bajuwaren an

Das bayerische Liedl hat es längst jedermann bekanntgemacht, daß »z'Lauterbach einer sein' Strumpf verloren hat«; von dem Hammer, den ein anderer bei Fröttmaning eingebüßt hat, singt keiner. Gefunden jedenfalls hat den Strumpf niemand, im Gegensatz zu dem Hammer, den man 1930 aus dem Heideboden geackert hat. Auch den mutmaßlichen Verlierer hat man inzwischen herausgefunden, aber man kann ihm das Fundstück nicht mehr zustellen – denn er ist schon vor rund 4000 Jahren gestorben. Mit einigen seiner Zeitgenossen ist er beim heutigen Nordfriedhof ins Grab gelegt worden, allesamt hünenmäßige Steinzeitmenschen, die ersten Bewohner des »Gefilds«.

Kaum ein Münchner kennt diesen Landstrich nördlich der Stadt, der sich zwischen dem Dachauer Moos und dem Isarufer bis dicht vor Freising hinzieht, ein schwachbesiedeltes Land endloser Felder, das die Alten über ein Jahrtausend lang das Gefild nannten, wie sie die Anhäufung der Berge im Süden als das »Gebirg« bezeichneten. Der Topograph Apian hat es 1568 auf seiner Karte noch mit der Flurbezeichnung »Aufm Gefül« eingetragen, dessen einzige natürliche Bodenerhebung, das Hasenbergl, unweit des Lagers Frauenholz bei der Schleißheimer Straße liegt, das der Lößerde wegen in der kiesigen Umgebung auffällt.

Den früheren wie den heutigen Münchnern aber ist das Gefild fremd geblieben; Sibirien nannten sie es, wo sich die Füchse und Hasen gute Nacht sagen, und Westenrieder wie der Maler Christian Müller haben kein gutes Haar daran gelassen. Wieder einmal bestätigt sich an ihm das Wort Josef Hofmillers, daß es keine ganz reizlose Gegend gibt, wohl aber reizunempfindliche Augen; denn das Gefild ist in Wirklichkeit eine Urlandschaft von herber, ja, von buchstäblich unendlicher Schönheit, wie sie wohl keine andere Stadt in solcher Nähe zu bieten hat.

Und der Mensch wird hier die Zeiten gewahr: Leicht fällt es, sich die Urwälder zu denken, die die Flur vor 700000 Jahren mit einem grünen Fell überzogen haben, belebt von Mastodon und Dinotherium, Schildkröten, Pfeifhasen, Zwergbibern und Schlangen. Dann walzten die vier Eiszeiten das tropische Wuchern unter ihre Schotterfelder und formten das Land in seiner heutigen Gestalt, das sich allmählich bevölkerte mit den seltsamen Glockenbecherleuten der Steinzeit. Mit bronzenen Armspiralen, Reifen und Fibeln schmückten sich die Viehzüchter, die vor 5000 Jahren ihre Herden über die Steppenheide des Gefilds trieben und über ihren Toten große Hügel wölbten. Völker kamen und sanken in die Erde zurück, die uns da und dort Schwerter, Messer, Krüge, Spinnwirteln, Kämme, Gürtelschnallen und Metallketten wiedergibt, um der versunkenen Zeit die Zunge zu lösen.

Die Römer, Soldaten und Händler zugleich, überquerten nach dem Isarübergang bei Unterföhring auf der Straße nach Augsburg das Gefild und kreuzten dabei die Strecke, die von Gauting nach Weihenstephan führte.

Nach ihnen, um 530 erst, kommt uns das blutvolle Bauernleben der Bajuwaren in Rufnähe mit den Namen der ersten, die hier ihre bleibende Statt nahmen bis zum heutigen Tag. Ein Macho rammte seinen Spieß in die Erde und sagte: »Da will ich bleiben!« Und daraus wurde Feldmoching, dort tat es ihm Sliu nach, und er wurde zum Gründer von Schleißheim, ein Ehingas gab Eching, ein Swappo Schwabing, ein Fridumar Fröttmaning seinen Namen. Aber dieses Fröttmaning, das einst die Wasser eines Isararmes bespülten, ist dem Untergang verfallen: Schon schiebt sich der Abraumkegel der Kläranlage Großlappen wie ein Sturmwidder an seine letzten Häuser und die Kirche heran; nur noch ein paar Jahre, und es wird in »Abgang« gekommen sein wie vor vielen hundert Jahren die Siedlungen Wagrain und Lattersheim auf dem Gefild. Und da, in der Jakobskirche von Hochmutting, die mit ihrem steilen Ziegeldach zwischen den rostrot im Sonnenschein glühenden Eichen leuchtet wie ein Gemälde von Lier, fassen wir mit einem Mannesnamen die ganze Legende der ungarnnotigen Zeiten: mit dem Bauern Kalthausser, der die Kirche erbaut hat zum Dank dafür, daß ihn Gott »ausgeben« hat aus der Schlacht auf dem Lechfeld, in die er mit Kaiser Otto gezogen war Anno 955, wie es eine Tafel in der Kirche bildhaft erzählt. Wie oft mögen die bärtigen Teufel übers Gefild gebraust sein wie ein Wirbelsturm, hinter sich die Feuerspur brennender Gehöfte! Im Moos zwischen Ober- und Unterschleißheim und in einem Schänzel bei Lustheim bargen die Bauern ihr Vieh und ihre Habe, wenn die Rauchzeichen jenseits der Isar oder des Mooses herüberwarnten, denn viel Zeit hatten sie ja nicht, die unrastigen Ungarn. Es genugte meist schon, sich ihrer Sicht zu entziehen, um zu überdauern. Der älteste steinerne Kirchenbau auf dem Gefild aber ist nicht die Jakobskirche des Kalthausser zu »Humutingan«, sondern das einsame Heidekirchlein St. Martin von Mallertshofen, das auf das Jahr 1060 zurückgeht. Ein paar Bauernhäuser scharten sich einst um seine Mauern, vor hundert Jahren sind sie erst niedergelegt worden, weit und breit kein Mesner noch Wächter. So sind die Nachkriegshyänen über das Kirchl gekommen, sie haben die Schnitzwerke vertragen, die Steinplatten des Estrichs zerstört, ein Flügel des Renaissance-Altars ist zu Asche zerfallen im Lagerfeuer, das auf den Fliesen der Kirche entzündet worden ist.

Mit dem Bau eines Herrenhauses, dem Ankauf der Schwaigen und der Gründung eines Kranzes von Klausen rund um Schleißheim kehrte von 1597 an unter Wilhelm V. ein beschaulich-höfisches Leben auf dem Gefild ein, das mit den Nachfolgern des Herzogs zu einem geräuschvolleren Treiben mit Prunkfesten und Jagden aufbrauste. Als Maximilian I. einen Kanal von der Würm herüber nach Schleißheim ziehen wollte, beklagte sich sein Baumeister gar bald über Arbeitermangel. Doch der Kurfürst wußte Rat: Seinem Hofoberrichter befahl er, die »jünger starken Buben und Mädlen«, die den Leuten »in den Kirchen, Häusern und auf den Gassen überlästig und beschwerlich wurden«, zusammenzufangen und zum Kanalbau zu schicken. Eine Lösung des Problems der »Halbstarken« im Jahre 1624!

Schatten über der Heide, die auch nach dem Harmlosen greifen und es ins Zwielicht des Grausigen tauchen mit der Sage von der »Kalten Herberg«. Vierzig nächtigende Handwerksburschen seien einst nach und nach von dem Herbergswirt und seinen Knechten »kalt gemacht« und verwurstet worden, bis ein Gast endlich in einer Sulze ein menschliches Fingerglied gefunden und seinen Verdacht gemeldet habe, worauf das Strafgericht über die Mörder hereingebrochen sei. So munkelten die Münchner. Noch Friedrich Hebbel mochte davon gehört und im Bann der grausigen Mär während seiner Münchner Zeit im Jahre 1837 seine dunkle Geschichte »Eine Nacht im Jägerhaus« geschrieben haben. Sein letztes Glas Bier jedenfalls hat Hebbel in einer von Schwermut verhangenen Abschiedsstunde in der Kalten Herberge mit seiner Münchner

Freundin Beppi getrunken, die ihn bis hierher begleitet und sein Ränzel getragen hatte. Daß das verdächtige Beiwort »kalt« nichts weiter bedeutete als einen Spottnamen für eine heruntergekommene, unwirtliche Taverne – als die das Wirtshaus um 1720 erschien –, das wollte einer romantischen Zeit nicht mehr eingehen. Aber etwas ist schon an dieser samtdunklen Schwermut über dem Gefild im Norden Münchens. Nur dies: Sie drückt das Gemüt nicht nieder, tröstlich, ja fast heroisch ist sie, diese Schwermut. Sie erhebt den kleinen Menschen, nimmt ihn auf die sanften Schwingen ihrer endlos scheinenden Weite und läßt ihn nie mehr ganz in die Enge zurücksinken, die ihm zur zweiten Natur geworden ist.

Geschichten vom Jakobs- und Sebastiansplatz

Kaiser Otto I. und die Hunnennot in Bayern – 1175 »kham München auff« – Die Jakobidult 1221 – Die Hussiten 1430 und das Historische Stadtmuseum – St. Sebastian bis zum »Blauen Bock«

Mitten in der Stadt, umbraust vom Verkehr und doch kaum gestört in ihrem uralten Rhythmus, liegen der Jakobs- und der Sebastiansplatz in der Herzgrube Münchens zwischen der Sendlinger Straße und dem Viktualienmarkt. Die flüchtige Zeit scheint in ihrem Sauseschritt einzuhalten und ein wenig nachdenklich zu werden, und uns ziemt es, anstatt auf den Gashebel auf den Bremshebel zu treten und die Gevierte zu umschreiten, um zu erfahren, was die Steine zu reden haben.

Und da reicht der Zeitraum, den die Geschichte unserer Stadt umfängt, nicht aus, wir müssen einen Blick in die kleine Jakobskirche von Hochmutting werfen, draußen bei Schleißheim, denn von ihr bis zu unserer Jakobskirche am Anger, die dem Platz ihren Namen gegeben hat, webte die Geschichte in unvordenklicher Zeit ihr Band.

Zur Zeit der Hunnennot in Bayern, im Jahre 955, ist Kaiser Otto I. mit einem großen Heer von Sachsen und Franken den Ungarn entgegengezogen, und Bischof Ulrich von Augsburg kam ihm zu Hil-

Ecke Sebastiansplatz/Blumenstraße
(Aquarell von Josef Puschkin, um 1890)

fe mit viel bayerischem Volk, »da ist ainer darunter gewesen mit namme Kalthausser«, wie die Tafel in Hochmutting berichtet und fortfährt: »hat Gott gebetten, wan ihm Gott ausgeb aus diesem Krieg, so wölle er ain Kirch bauen in seinen namen und St. Jakob...«

Jener Kalthausser aber ist wohlbehalten zurückgekehrt und hat sein Gelöbnis gehalten. Das Kirchlein hat er gebaut und »auch dazu erlangt ain Jahrmarkt« draußen in Hochmutting, und die Sage will wissen, daß die erbeuteten Hunnenpferde hier in Hochmutting und in Keferloh aufgetrieben und verhandelt wurden. »Nach Christi Geburth 1175 Jahr kham München auff, da kham der Jahrmarkt oder Dult gen München hinein...«

Dürfen wir nun auch die hier angegebene Jahreszahl der Stadtgründung nicht ziffergenau nehmen, so ist doch sicher, daß die Jakobidult im Jahre 1221 mit dem Bau der Jakobskirche von Hochmutting hierher verlegt wurde und für unsere Stadt eine Bedeutung bekam, wie man sie kaum mehr an der Geltung der Auer Jakobidult ablesen kann. Was die Frankfurter Messe im Mittelalter für das ganze Reich und der Wiener Jahrmarkt für den gesamten Osten bedeutete, das war in München die Jakobidult für den deutschen Süden von Nürnberg bis Innsbruck, von Ulm bis Salzburg. Pelzwerk, Schnitt- und Kramwaren bildeten das wesentlichste Handelsgut, das sowohl von Fremden wie Bürgern verkauft werden durfte. An den Mauern der St.-Jakobs-Kirche entfaltete sich ein Geschäftsbetrieb, gegen den sich das heutige Treiben auf dem Viktualienmarkt nicht viel anders als eine Auer Dult ausnehmen dürfte, was um so begreiflicher ist, wenn man daran denkt, daß ja damals alle Wege des Erzeugers, des Großhändlers wie des Kleinkaufmanns ausschließlich über den Ladentisch im »Gewölbe« oder den Marktschragen gingen. Die Durchdringung aller weltlichen oder geschäftlichen Vorgänge mit religiösen Impulsen im Mittelalter trug erst recht dazu bei, die Münchner Jakobidult zu einem Treffen ganz Süddeutschlands zu machen. Schon im Jahre 1257 gewährte Papst Alexander IV. den Besuchern der Franziskanerkirche, die sie damals noch war, einen Ablaß, und auch in späteren Jahrhunderten gehörte diese Kirche zu den vier Gotteshäusern, mit U. L. Frau, St. Peter und Heiliggeist, deren täglicher Besuch den Pilgern vorgeschrieben war. Das einstige Zeughaus, in dem heute unser Historisches Stadtmuseum beheimatet ist, verdankt seine Entstehung den Verteidigungsvorbereitungen gegen die Hussiten, deren Einfall im Jahre 1430 in Bayern allgemein befürchtet wurde. In der Faschingszeit dieses Jahres kaufte die Stadt vier große Geschütze, sechs Schirmbüchsen, 217 Handbüchsen und legte einen Pulver- und Bleivorrat im Gesamtwert von 294 Pfennigen ins Zeughaus, das fortan bis ins vorige Jahrhundert als Stadtarsenal diente. Das unruhige Jahr 1848 brachte einen Sturm der Aufständischen, und ein Augenzeuge erzählt, man habe ein paar Tage lang die Freiheitskämpfer mit Hellebarden und mittelalterlichen Harnischen herumlaufen sehen.

Der Komplex des einstigen Seidenhauses, zuletzt Refugium zahlreicher Tändler in den Erdgeschoßräumen, ist den Bomben zum Opfer gefallen. In der Wirtschaftsgeschichte des frühen 18. Jahrhunderts mit seinem Ringen um Beschaffung von Arbeitsplätzen und dem Bestreben, vom Auslandsmarkt unabhängiger zu werden, darf die Seidenmanufaktur mit der Wollwerksfabrik in der Au und der Porzellanmanufaktur in einem Atemzug genannt werden. Daß

freilich in unserem Klima die Maulbeerplantagen als Grundlagen der Seidenraupenzucht gedeihen sollten, war ein Irrtum jener Zeit und führte zu einem Fehlschlag des Unternehmens, das vor allem den Staat manchen schönen Gulden kostete. Nach dem Kriege fiel auch das alte Feuerhaus von 1795 der Spitzhacke zum Opfer, was wohl niemand bedauern wird, der jemals einen Schritt in die ungeeigneten Räume getan hat, die zuletzt Wohnzwecken dienten.
Ein paar Schritte, und wir stehen inmitten des kleinräumigen Gevierts des Sebastiansplatzes. Die Kirche seines Namenspatrons, des Pestheiligen St. Sebastian, ist zwar 1814 ihrer Auflösung in den Räumen des »Blauen Bocks« verfallen, aber der Charakter des Platzes ist unverändert geblieben seit den Zeiten Jakob Sandtners, der ihn in seinem Stadtmodell von 1570 in Lindenholz geschnitten hat. Eines der hochgiebeligen Häuser zeigt gar noch die so selten gewordenen »Münchner Ohrwascheln«, die Giebelausbauten an beiden Dachseiten, einst dazu bestimmt, umfangreiche Güter, deren Beförderung über die engen Treppen unmöglich war, mit Aufzügen von außen auf die Speicherräume zu schaffen. In dem Haus Nr. 8 aber erfährt man gleich zweierlei: das Beispiel einer Stiegenanlage des gotischen Münchens, eine Himmelsleiter, die in einer einzigen Flucht vom Erdgeschoß bis unters Dach führt, und zum zweiten wird man belehrt, wie schön und ansehnlich das Alte bewahrt werden kann – und sei es, wie hier, auch viele hundert Jahre alt –, wenn es behutsamen Händen anvertraut ist.

Das älteste Münchner Gassl wurde die Kaufingerstraße

Von Konrad Chufringer aus Kaufering bis zum 700jährigen Stadtjubiläum 1858

Die Kaufingerstraße hat sich mindestens genausoviel Schülerwitze gefallen lassen müssen wie das freundliche Dörfchen Feldafing am Starnberger See oder das einst großmächtige Geschlecht der Agilolfinger, das dem großen Karl so schmählich weichen mußte. Aber um bei der zweiten Silbe »... finger« zu bleiben, ein Finger war bei der Kaufingerstraße so wenig gemeint wie bei dem einstigen Fingergaßl, der heutigen Maffeistraße, das nach dem Patriziergeschlecht der »Vinger« benannt wurde. Wenn wir darum heute von Patriziern sprechen und uns diese Definition gar etwa überheblich und für die heutigen Zeiten abgetan erscheinen möchte, so dürfen wir bloß daran erinnern, daß man auch heutzutage beispielsweise Wirtschaften, ungeachtet ihres eigentlichen Namens, sehr oft nach dem Pächter oder Besitzer benennt. Damals aber, da die Straßen überhaupt noch keine Namen trugen, waren die Familiennamen derer, die sich etwa an einer Ecke seßhaft gemacht hatten, handlich genug, um schließlich der ganzen Straße den Namen zu geben, wie es eben bei der Kaufingerstraße der Fall war. Die Kaufinger nämlich besaßen vor mehr als 700 Jahren am Ende der Gasse, wo heute das Konfektionshaus Hirmer steht, ein steingebautes Haus, und Konrad Chufringer hatte als Mitglied des Rates der Stadt ein gewichtiges Wörtl in Gemeindeangelegenheiten mitzureden, ganz zu schweigen von den vielen andern Chufringern der Verwandtschaft, die angesehene Stellen und Ämter innehatten. Der Name Kaufinger aber hört sich auf einmal gar nicht so seltsam an, wenn wir eben die alte Schreibweise Chufringer uns vor Augen halten, die wahrscheinlich auf unser schlichtes Kaufering hinweist, das als Herkunftsort dieses Geschlechts vermutet wird.

Wenn man so oft den Marienplatz als Herz der Stadt nennen hört, dann muß man die Kaufingerstraße als eine ihrer Hauptschlagadern gelten lassen. Man ist nun versucht zu sagen, die Kaufingerstraße nimmt ihren Anfang beim Thomaß-Eck, und wir haben hier gleich ein solches oben erwähntes Beispiel für die bewahrende Kraft des Familiennamens – nicht beim Thomaß-Eck, sondern beim »Greifeneck« beginnt die Straße, aber beide Bezeichnungen decken sich mit dem heutigen Begriff, der sich in jüngster Zeit nach dem Besitzer des Hauses, dem Juwelier Thomaß, herausgebildet hat. Noch vor hundert Jahren konnte man hier die Posten der »Hauptwache« auf und ab wandeln sehen, wie eine Hausinschrift von 1907 besagte: »Im Greifeneck lang hier die Hauptwach' bestand, drum sei es fortan nach ihr benannt.«

Die einstigen Fassaden der Häuser an dieser ältesten Münchner Gasse sind freilich fast alle verschwunden, aber die Baulinie und die Mauern der alten Behausungen sind dennoch zum größten Teil erhalten geblieben. Sie müssen einst einen gar noblen Eindruck gemacht haben, und Joachim Sandrart rühmt besonders das Haus Nr.

Blick in die Kaufingerstraße, links die Mauthalle
(Aquarell von Heinrich Adam, 1828)

10 des Kaufmanns Claudi Cler, das mit einem prächtigen Fresko, »Der Raub der Sabinerinnen«, geziert war.
Zweihundert Jahre vor Sandrart, also um 1400, dürften sich allerdings selbst so begüterte Patrizier wie die Kazmair kaum zu so aufwendiger Hauszier entschlossen haben, und die Zeit des Jörg Kazmair riet wohl auch dem Verständigen, den Reichtum nicht gar so sehr nach außen zu hängen. Diesem Jörg nämlich war es bestimmt, als Bürgermeister in die heftigste Gärung der Stadtgewalten zu geraten, die manchem an Leib und Leben gehen sollte. Die Handwerkerschaft, der bis dahin Sitz und Stimme im Inneren Rat verwehrt war, rebellierte, angesteckt durch das Beispiel der Kölner, Straßburger und Augsburger Zunftgenossen, gegen die zwölf »Gwappelten« des Inneren Rats, denen die Leitung der Stadtgeschäfte vorbehalten war. Ihnen warfen sie Unterschleife zugunsten der eigenen Tasche mit unüberhörbarer Stimmstärke vor. Es half nichts, daß die Haltlosigkeit der Beschuldigungen leicht zu erweisen war, die Gemüter rasten und wollten ihre Opfer haben; drei Räte des Inneren Rates mußten in den Turm wandern, weiteren

dreien gelang die Flucht, merkwürdig bleibt nur eines: Der Bürgermeister Jörg Kazmair blieb verschont, das Schicksal sparte ihn für die weitere Entwicklung der Dinge auf, die ihm ein Übermaß an Selbstverleugnung abverlangten, ohne ihn der Gefährdung zu entziehen. Es gelang ihm nicht, das Abgleiten der Willkürherrschaft in ein wildes Jakobinertum aufzuhalten. Seine wohlwollende Vermittlertätigkeit, sein Maßhalten und sein Widerspruch machten ihn mißliebig. Zuletzt wandte sich der Unwille der Maßlosen gegen den allzu bedächtigen Ratgeber. Schon ging in der Stadt das Gerücht von seiner Verhaftung um, als er sich endlich am 3. August 1398 zu der sicher längst erwogenen Flucht entschloß. Kleinliche Rachsucht vertrieb schließlich sogar seine betagte Mutter und seine Schwester aus dem Kazmairhaus in der Kaufingergasse, das an das heutige Mazarigäßchen grenzte. Erst fünf Jahre später, 1403, konnte er nach dem Erlöschen des Revolutionskraters zurückkehren.
Nicht weit von Kazmairs einstiger Behausung schenkt uns das Eckhaus Kaufinger-/Liebfrauenstraße ein freundlicheres Verweilen. In seinen Räumen, wo sich heute die Architekten des Wiederaufbaureferates über die Zeichentische neigen, pokulierten noch im vorigen Jahrhundert fröhliche Reisende im »Schwarzen Adler«. Man weiß, daß dieser Gasthof eines der beliebtesten Absteigequartiere für »Personen von Distinktion« war; auch Goethe stand als »Kaufmann Miller aus Leipzig« in der Fremdenliste, leider nur für eine Nacht, worüber die Münchner Lokalchronisten dem Olympier ewig gram sein müssen.
Der »Schwarze-Adler«-Wirt Franz Albert aber verdient außer wegen des guten Tropfens, den er ausschenkte, auch als Musenfreund ein Gedenken. Die Münchner nannten ihn »Musikwirt«, und er verdiente diesen Ehrennamen redlich als Freund und Förderer des jungen Mozart, der wiederholt bei ihm wohnte. »Die Freude vom Herrn Albert kann ich nicht genug ausdrücken«, schreibt Mozart am 26. September 1777 an seinen Vater nach Salzburg, »er ist in der Tat ein grundehrlicher Mann und unser sehr guter Freund.« Schon drei Tage später berichtet er von einem Vorschlag Alberts, der bei seiner Verwirklichung für München wahrscheinlich eine Sternstunde heraufgeführt hätte nach der bedauerlichen Absage des Kurfürsten. »Herr Albert«, berichtet er, »hat seit meiner Ankunft ein Projekt im Kopf, dessen Ausführung mir nicht unmöglich scheint. Nämlich er wollte zehn gute Freunde zusammenbringen, wo ein

jeder monatlich nur einen Dukaten spendieren dürfte, das sind das Jahr 10 Dukaten, 50 Gulden, jährlich 600 Gulden. Wenn ich nun hernach von Graf Seeau jährlich 200 Gulden hätte, wären es 800 Gulden. Wie gefällt dem Papa dieser Gedanke? Ist er nicht freundschaftlich?...« Wir brauchen die Erinnerung nicht weiter fortzuspinnen, denn wir wissen nun, daß dieser Weinwirt wirklich »fürs Große und Schöne enthusiastisch eingenommen« war, wie der schwäbische Dichter Chr. Fr. Daniel Schubart im Jahre 1775 von ihm sagte.

Am Ende der Straße, oder, wenn man so will, bis um die Mitte des 14. Jahrhunderts als westliche Eingangspforte in die Stadt von ihrer Gründung stand an der Nahtstelle der Kaufinger-/Neuhauser Gasse der »Schöne Turm«, wie ihn heute noch als Modell am Hirmer-Eck der steinerne Augustinermönch auf den Schultern trägt. Er war, wie das ihm benachbarte Haus des Klosters Ettal, in allen seinen Stockwerken prächtig mit Freskobildern ausgemalt und mußte erst im Jahre 1807 den wachsenden »Verkehrsbedürfnissen« weichen. In seiner Nachbarschaft begegnete man manchem alten Handwerksmeister in seinem Gewölb, wie dem Schlosser Schörg, dem Zuckerbäcker Reutter und dem Silberschmied Hurner. Aber das Caféhaus »Zum Schönen Turm«, das bis kurz nach der Mitte des letzten Jahrhunderts an dieser Stelle bestand, wurde nicht so sehr von ihnen als von Künstlern und Literaten frequentiert.

Ein Kabinettbildchen jenes nachmärzlichen »Tukankreises« hat uns der Thüringer Julius Grosse übermittelt. Franz Trautmann, der Verfasser zahlreicher Münchner Histörchen, hat ihn dort in die Runde seiner Freunde eingeführt: »Dies waren zunächst der uralte Bildhauer Konrad Eberhardt, noch eine Säule der römischen Nazarener vom Anfang des Jahrhunderts (der nach Klenzes Entwurf das heute noch im rechten Querschiff der Theatinerkirche erhalten gebliebene Grabmal der 1821 gestorbenen elfjährigen Prinzessin Maximiliana Josepha Karolina schuf, ein Marmorbildwerk von unbeschreiblicher Zartheit), dann Teichlein, der langaufgeschossene Kunstschriftsteller und Maler, Georg Scherer, damals Instruktor bei Cottas Schwiegersohn, Franz Bonn, ein eben ausstudierter Jurist und Lyriker aus Redwitz' Gefolgschaft, nebst einigen anderen, der Wirt des Schönen Turms nicht der letzte. Dieser Herr namens J. Zagler, ursprünglich Schullehrer in Niederbayern, hatte es vorgezogen, die räucherige Höhle des kleinen Kaffeehauses zu über-

nehmen und als alter Schüler Trautmanns ebenfalls mittelalterliche Rittergeschichten zu schreiben. Im Kaffeehause selbst erschien er nur höchst würdig mit langer Tabakspfeife, um die Honneurs zu machen und dann wieder im Rückzimmer zu verschwinden.«
Vielleicht dürfen wir in Grosses Münchner Cicerone Franz Trautmann gar den Dichter der Verse sehen, die sechs Jahre nach diesem Kaffeehausbesuch – im Jahre des 700jährigen Stadtjubiläums 1858 – auf einer Steintafel an der Fassade angebracht wurden:

»Hier war einst vor viel hundert Jahr
Die Stadt zu Ende ganz und gar.
Man hies es da am obern Tor
Und eine Bruck war auch davor.
Und draußen, daß die Kundt nit fehlt,
Da war zu sehn ein Haberfeld.

Als Kaiser Ludwig lebte dann,
Der edle Held und deutsche Mann,
Da war die Stadt erweitert mehr,
Baut man den schönen Turm anher.
Verschwand der Graben und die Bruck,
Dem Turme war viel bunter Schmuck:

Da war Herold und Zinkenier,
Den Kaiser sah man auch allhier
Und ihm zur Seiten allzumal
Kurfürsten in gesamter Zahl.
Und drunter an dem Turme da
Ein ackernd Bäuerlein man sah.

Doch in dem Turm zu obrist war
Die Wetterkugel wunderbar.
Bei gulden Hälft war Sonnenschein,
Bei blauer fiel schlecht Wetter ein,
Was war und ist, in Zeit vergeht,
Gott's Lieb für Bayern, die besteht.«

Dienerstraße, vormals Schwabinger Gasse, mit Muggenthalerturm, rechts Palais des Grafen v. Wall, anschließend Caféhaus (Stich von J. Stridbeck d. J., um 1690)

In der Dienerstraße brüllten die Löwen

Die Geschichte der Dienerstraße

Zwischen der Löwengrube und dem Löwenbräu walten viel engere Beziehungen als zwischen diesen beiden und dem bayerischen Wappenlöwen, von dem man meinen möchte, er hätte beim Firmenzeichen dieser alten Münchner Braustatt Pate gestanden. Ganz anders verhielt es sich mit den lebendigen Löwen, die einst an der Dienerstraße brüllten. Das waren wirkliche altbayerische Wappenlöwen, die sich die Herzöge über dreihundert Jahre lang in einem Löwenzwinger hielten, und die Fenster des Alten Hofes sind an ihrer Westseite heute noch vergittert wie damals, obwohl seit vierhundert Jahren keine Wüstenkönige mehr ihre Krallen an Münchner Mauern wetzen. Den Einfall, seine Wappentiere nicht nur im Abbild zu halten, hatte Ludwig der Strenge, der von 1229 bis 1294 lebte. Er ließ an der Ecke der Alten-Hof-Straße und der Burggasse eigene Löwenstallungen anlegen mit einem Haus für den Wärter, und anschließend einen Löwenzwinger. Noch dreihundert Jahre später konnte man unter Albrecht V. (von 1550 bis 1579) hier die bayerischen Löwen brüllen hören, und derselbe Herzog hatte so-

gar einen zahmen um sich, der ihm nachlief wie ein Hund. Heutzutage kann sich natürlich so was nur ein Zirkusdirektor wie Karl Krone leisten, der einst auch auf den Straßen Münchens mit einem zahmen Gepard spazierenging.
Nachher erinnerte an diese merkwürdige Stätte nur noch der Name Löweneck für das Eckhaus Alter Hof/Burggasse, den es noch zu Ende des vergangenen Jahrhunderts führte.
Die Paten der Dienerstraße waren das Patriziergeschlecht der Diener, eines der alten Stadtgeschlechter, das erstmals 1335 beurkundet ist. Einem der ihren kann man heute noch auf dem prächtigen Wandgemälde in der Kirche von Alling gegenübertreten; er hat in den zwei aufeinanderfolgenden Schlachten von Blutenburg und Alling am 21./22. September 1422 gegen den Widersacher der Stadt, Herzog Ludwig den Gebarteten, wacker mitgefochten.
Außer den Dieners, die hier ein Anwesen besaßen, waren von den ältesten Geschlechtern die Impler hier ansässig. Ihr Haus stand an der Ecke des Marienplatzes, und ein Kupferstich von 1700 schildert es mit seinem Treppengiebel und dem hübschen Erker als einen noblen Sitz. Es mußte erst vor 60 Jahren dem Neubau des Rathauses Platz machen. Wenn uns aber auch die Namen der übrigen Anwesensbesitzer heute nicht mehr viel sagen – die Freiherren von Mandel, ein Herr von Wall und eine Gräfin von Törring waren hier noch um 1700 zu Hause –, so zeigen uns diese Besitzverhältnisse doch soviel an, daß die Dienergasse einst weit entfernt war von ihrer heutigen Bedeutung als Geschäfts- und Verkehrsstraße.
An der Stelle, wo heute das Finanzamtsgebäude steht (Nr. 12), erhob sich bis zu seinem Abbruch im Jahre 1842 ein Torturm, der im Laufe seines vielhundertjährigen Bestands nicht weniger als fünf Namen führte, wie das gelegentlich auch heutzutage noch mit Gasthäusern zu geschehen pflegt, die jeweils mit ihren Besitzern oder Pächtern ihren Namen wechseln. Nicht dies aber ist das Kuriose, sondern die Tatsache, daß die Residenzstraße als Fortsetzung der Dienerstraße wie einst jenseits des heute nicht mehr existierenden Turmes anfängt, so daß also die beiden Häuser Wallach und das gegenüberliegende bereits zur Residenzstraße zählen.
Eine zweite Besonderheit aber ist das in der Mitte unseres Bildes stehende Haus mit dem Pultdach, in dem bereits im Jahre 1700 ein »Caffe Hauß« beurkundet ist, das zu den ältesten unserer Stadt an der Stelle des heutigen Hauses Dallmayr zu zählen ist. Ob der da-

malige Cafétier freilich einer der Türken war, die Max Emanuel um 1683 als Gefangene in München ansiedelte und denen wir den Genuß des braunen Trankes verdanken, das können wir mit Sicherheit nicht behaupten.

Ein Münchner Bollwerk wider die Gleichförmigkeit

Vom Markt auf dem heutigen Marienplatz zum Viktualienmarkt

Überall, wo Bäume wachsen, Blumen blühen in Rabatten, Wasser rauschen und Wiesen grünen, gibt es passionierte Spaziergänger. Man begegnet ihnen im Englischen Garten, im Nymphenburger Schloßpark, in den Gasteiganlagen, beim Flaucher, im Ausstellungspark, um nur die bevorzugtesten zu nennen. Oft sind es Spezialisten, unsterblich in jeden laufenden Meter Kiesweg Verliebte, den sie alltäglich traben, und wenn sie eine ernstliche Krankheit wochenlang ins Bett zwingt, dann fangen sie zu träumen an von ihrem Garten, ihrem Park.
Es gibt ebenso viele Viktualienmarkt-Stamperer aus Leidenschaft. Wenn sie künstlerisch begabt wären und malen könnten, sie würden nichts als Stilleben malen. Porree und Karfiol, Calvill und Salzburger Birn', Schweinsnierln und Mastenten, und darüber würde ein scharfes Rücherl vom Weißlacker hauchen. Wenn Goethes Faust danach dürstet zu erfahren, »was die Welt im Innersten zusammenhält«, hier, zwischen der Heiliggeistkirche und der Freibank würde ihm wenigstens klar, was die Münchner Welt zusammenhält: der Viktualienmarkt.
Dabei ist der Viktualienmarkt in seinem heutigen Standort noch gar nicht so alt, runde 150 Jahre. Trotzdem hat die »Hausfraw« vor 600 Jahren auch schon den Henkelkorb an den Arm gehängt und ist »auf den Markt« gegangen, genauso wie die heutige Hausfrau mit der Markttasche. Ja ja, die Zukunft hat zwar schon begonnen, aber der Küchenherd ist deswegen noch lange nicht erkaltet. Jene Hausfrau, die unter dem Zepter Ludwigs des Strengen mit ihrem Kochlöffel regierte, ist also auf den Markt gegangen, auf den heuti-

gen Marienplatz, der ja auch erst seit 1854 so heißt. Vor dem alten Rathaus an der Burggasse war ihr Revier zwischen den bescheidenen Schragen der Händlerinnen. Nicht überreich wie heute war die Auswahl an Gemüsen und Grünzeug, Gurken, Bohnen, gelbe und weiße Rüben, Zwiebeln, Porree, Kerbel, Rüben- und Sauerkraut, dazu Kümmel, Fenchel, Petersilie und Kresse, das waren so ziemlich alle Gartenerzeugnisse, zwischen denen sie wählen konnte, vorausgesetzt, daß sie nicht, wie die meisten Münchnerinnen, sich aus dem eigenen Hausgarten versorgte. Der Obsthandel im kleinen war den Fragnern, also den Krämern, vorbehalten. Sie hatten ihre Gewölbe in dem angrenzenden Hause, das erst 1371 zum Rathaus umgewandelt wurde, und wir dürfen annehmen, daß ihren Kundinnen sehr wohl bekannt war, was das Stadtrecht ihnen hinsichtlich des rechten Maßes und Gewichts zugebilligt hatte. Im »Versiegelten Buch«, dem ältesten Rechtsbuch, war es festgehalten: »Die Fragner und die Obstler und ander Leut, wie sie auch genannt sind, sollen das Obst geben mit aufgehauftem Maße bei dem Galvai [= Galfe, ein Hohlmaß von 74 Litern], bei dem halben Galvai, bei dem Viertel, bei dem halben Viertel, bei dem Vierling, bei dem halben Vierling und nur bei dem rechten und geeichten Maße, oder sie werden bestraft mit 30 Pfennig.« An Äpfeln, Birnen, Zwetschgen und Kirschen war kein Mangel, man kannte aber längst auch schon Aprikosen, Melonen und Pfirsiche; die Obsteinfuhr in die Stadt unterlag übrigens dem Zoll, pro eingeführter Mutt (= 890 Liter) war ein Bruckmetzen (= 18,5 Liter) zu berappen.
Auf die Gefahr hin, mitten in den Münchner Speisezettel hineinzugeraten, müssen wir aber doch verraten, daß Gemüse und Grünzeug weitaus nicht die große Gunst des Münchners besaßen und gegenüber allen fleischernen Genüssen allenfalls als »Zugemüse« in Erscheinung treten durften. Unsere allerälteste Münchnerin von 1280 brauchte keine weiten Umwege zu machen; mit einer Kehrtwendung von den Gemüslern und Obstlern stand sie schon an den Schragen der Fleischbänke, die mitten auf dem Marktplatz ohne Aufbauten und Komfort Zwerchrippe, Ochsenkron und Voressen feilhielten. Ein unhaltbarer Zustand, wird man sagen, und das fanden auch schon die Zeitgenossen unserer gotischen Altmünchnerin, und sie verlegten deshalb 1315 die Fleischbänke vor das Talburgtor, etwa an dieselbe Stelle gegenüber der Heiliggeistkirche, wo sie heute noch stehen.

Auf das scharfe Auge der Stadtverwaltung konnte sich die Hausfrau von damals verlassen, denn die Stadtväter trieben eine ausgesprochene Verbraucherpolitik. Kein Bürger durfte sein Vieh einem Fremden verkaufen oder auch nur einen Kauf vermitteln, was in schwierigen Zeiten vor allem den Fleischpreis in die Höhe getrieben hätte. Die Fleisch- und Viehbeschau war auf Preiswürdigkeit und einwandfreie Beschaffenheit gerichtet; wer ein Stück Vieh schlachtete vor der amtlichen Beschau, wurde bestraft. Noch strenger wurde gegen den Metzger vorgegangen, der Schlachtvieh aus verseuchten Ortschaften kaufte; er verfiel mit Leib und Gut der Stadtgewalt. Viele Seiten füllen die strengen Gesetze des Stadtrechtsbuches; es ist dasselbe Buch, das das Münchner Kindl in seiner Linken emporhebt und mit seiner Rechten beschwört.
Und darauf konnten auch die alten Münchnerinnen schwören, die den Fleischbänken den Rücken kehrten, um bei den Händlerinnen am Fischbrunnen nach einer Fastenspeise zu schauen. In den Bächen und Stadtgräben hat der Rat seit 1469 Fischteiche anlegen lassen, und jetzt, in der Fastenzeit, schimmern die Hechte, Karpfen, Brachsen, Nasen und Eitel massenweise auf den Bänken rings um den Fischbrunnen und in den Kaltern der Stadtbäche. Auch der billige Hering fehlte nicht. Mit der geringen Zollbelastung von einem Pfennig für die Tonne kann der weitgereiste Fremdling aus dem Nordmeer gut konkurrieren mit der einheimischen Süßwasserzucht. Geräuchert, als Bückling, oder als Salzhering im Faß ist er bei allen Fragnern unter den Bögen zu haben.
Was der heutigen Küche als Zutat dient, war in alten Zeiten fast eine Hauptsache. Man würzte scharf und ausgiebig, die berühmten indischen Gewürze waren in allen Krämereien um den Markt zu finden. Unsere Münchnerin ist vielleicht Stammkundin beim Krämer Heinrich Lerer. Im Jahre 1456 ist er gestorben, und in seinem Handlungsbuch können wir heute noch lesen, wie umfangreich neben dem bunten Allerlei, das er führte, sein Gewürzlager war, das er in persönlichen Kauffahrten nach Venedig von Fall zu Fall ergänzte. Neben Zitwar, der bitteren ostindischen Gewürzwurzel, sind ausgezeichnet 8 Pfund Pfeffer, 6 Pfund Gewürznelken, 6 Pfund kleine und 3 Pfund ganze Muskatblüte, 1 Pfund Safran, 16 Pfund Mohn, 1 Pfund gemahlener Ingwer, 5 Pfund Zimtrohr, schließlich 6 Pfund guter Muskat, neben Farbhölzern, Weihrauch, Kandis- und Streuzucker, eine ganze Sammlung, die er selbst 1445

aus der Lagunenstadt nach München geführt hatte. Die Gewürzpreise Lerers waren hoch, trotzdem verliefen sich seine Kundinnen nicht; sie bekamen keine verfälschten Gewürze bei ihm, wie man anderswo Gefahr lief bei den billigeren Krämern mit ihren Blenderpreisen. So einem hat es neulich der Stücklschreiber im Fastnachtspiel fein gesagt!

»Deinen Safran hast zu Venedig gesackt
und hast Rindfleisch darunter gehackt,
und mahlst unter Nelken Brot,
und gibst für Lorbeer Ziegenkot
und Fichtenspan für Zimmetrinden
und nimmst das Laub von einer Linden,
damit tust du den Pfeffer mehrn,
tust unter Mandeln Pfirsichkern,
und unter Weinbeern Mückenkopf,
gibst Mückenschwärme für Rosin',
und Hutzeln gar für Feigen hin ...«

Solche Fälscherkünste hatte man von den Bäckern denn doch nicht zu besorgen, höchstens, daß es einer einmal mit dem Gewicht nicht genau nahm; nun, das war leichter nachzuprüfen als Mückenköpfe in Weinbeeren, und außerdem winkte auch da das Gesetz mit gehörigen Bußgeldern. Jeder Übervorteilung schoben ausführliche Verordnungen den Riegel vor. Für reinstes Roggenbrot war die Weckenform, für Roggen-Gersten-Mischbrot die runde Laibform vorgeschrieben, die Backteigsorten für Brezen, Semmeln und Roggenbrote ausschließlich auf Weizen- und Roggenmehl beschränkt. Altbackenes Brot mußte durch Einschnitte gekennzeichnet und außerdem vom frischen Brot getrennt feilgehalten werden. Und natürlich gab es wie für Fleisch und Fisch auch für das Brot eigene Brotbänke.

In der ältesten Zeit hatten die Bäcker ihre Ware im Erdgeschoß des Gerichtshauses gegenüber dem Fischbrunnen ausgelegt, wo heute der alte Teil des neuen Rathauses steht, von 1474 ab in den unteren Räumen des Alten Rathauses, wie es beispielsweise heute noch im Wasserburger Rathaus zutrifft. Die Stadtbäcker waren natürlich den ambulanten Zunftbrüdern nicht grün, die von den umliegenden Dörfern mit Roß und Wagen kamen. Die Stadtbehörde schützte ihre Steuerzahler durch ein Gebot dadurch, daß die Auswärtigen

ihre duftende Fracht nur vom Wagen weg verkaufen durften: »Wer Brot herführt, der soll das auf der Achs verkaufen, oder er gibt dem Richter 60 Pfennig, der Stadt 60 Pfennig.«
Wir sehen also, daß der Magen der Stadt von alters her nicht weit von seinem Herzen zu finden war, nicht anders als heutzutage. Vielleicht ist es neben den appetitlichen Stimulantien diese Tatsache, die den Münchner zu keiner Zeit der Lockung des Viktualienmarktes entwöhnt hat. Sogar ein ganzes Stadtviertel mit den Baulichkeiten des Heiliggeistspitals hat schließlich dem leiblich-seelischen Marktbedürfnis weichen müssen. Mit den beschränkten Platzverhältnissen am Alten Rathaus oder gar auf dem Marktplatz selbst war ja schon längst nicht mehr auszukommen.
Die Verlegung auf den Petersplatz im Jahre 1801 brachte nur ein kurzes Zwischenspiel bis zum Jahre 1807. Er etablierte sich in diesem Jahr in den geräumigen Hof des Heiliggeistspitals und wucherte fortan über das weite Gelände des Heiliggeistareals hin, nachdem im Jahre 1823 die Ställe und Ökonomiegebäude, 1828 die Spitalschmiede, die Spitalschreiberwohnung, das Bräuhaus, die Pfisterei, das Badhaus und zwei Städel und im Jahre 1885 schließlich die Spitalgebäude selbst gefallen waren.
Aber noch immer nennt der Münchner die gelben Rüben »Zeiserlfutter« und schätzt die Kartoffeln erst dann richtig, wenn sie »durch eine Sau hindurchgetrieben« worden sind. Noch waren die Kohlrabiapostel nicht unterwegs, deren erste Schwalbe, der Maler Diefenbach, ein halbes Jahrhundert später die Gemüter der nicht ganz standfesten Münchner verwirren sollte. 1840 konnte der Herr Ministerialrat Daxenberger in sein Büchl »Münchener Hundert und eins« noch schreiben:
»Die Consumtion der guten Stadt München, gegen den Verbrauch anderer Städte gehalten, macht uns herzliche Freude. Während Paris mit einer Million Einwohnern in der neuesten Zeit jährlich 75000 Ochsen, 16000 Kühe und 72000 Kälber verzehrt, consumiert München (1/10 der Pariser Bevölkerung) nach dem Ausweis des Rechnungsjahres 1839/40: 11496 Mastochsen, 5468 Kühe, 1294 junge Rinder und 84974 Kälber. Schafe fielen 17336 Stück unter den Fleischaufschlag, Schweine 22945. Paris verbraucht von den letzteren 86000, dagegen die ungeheure Zahl von 360000 Hämmel. Man sieht hieraus, daß vorzugsweise, wie in Paris ›du mouton‹, Kalbsbraten in München beliebt seyn muß.«

Was dem Chronisten des Münchner Verbrauchs so herzlich Freude macht, ist offenbar die Schlußfolgerung, die er aus diesen Ziffern zieht: »Einer solchen Stadt kann es nicht schlecht gehen; auch zählt sie wirklich unter den Mittelklassen viele starke, wohlgenährte Leute. Der Knechte-Stand der Metzger, Bäcker und Bräuer, der sogenannte fressende und saufende Anhang hat eine bedeutende Zahl Athleten unter sich, geübt im Turnen und Ringkampf...«
Nun ist Daxenberger zwar ein Einheimischer, aber auch ein Zugewanderter, wie etwa der Rheinländer Josef Görres, hat die Münchner nicht anders gesehen, ohne daß er jedoch den Fleischverbrauch in ursächliche Beziehung zum Volkscharakter gesetzt hätte:
»Das Volk hat sich hier gut konserviert. Der Schlag ist rauh, aber nicht roh und grob, haftig, aber nicht bösartig, es liegt ein großes Kapitel an Kraft und natürlicher Anlage in ihm...«
Rücken wir damit nicht schon nahe an die Grenznaht, die den Charakter des Münchners mit fast unsichtbaren Stichen an seine Vorlieben und seine Abneigungen im Essen heftet? Und ist nicht der Viktualienmarkt das beste Prüffeld, diese Zusammenhänge zu studieren? Nirgendwo anders stünden die Brunnendenkmäler Weiß-Ferdls, Karl Valentins und der Liesl Karlstadt mit derselben Berechtigung, von keiner Stelle der Stadt aus könnten die Szenen einer Ida Schuhmacher besser begriffen werden als unter den gestreiften Sonnenschirmen der Gärtnerinnen und des Geflügelmarktes. Denn hier ist das wahre München, auch in seiner Angreifbarkeit, wie wir gar nicht leugnen wollen. Ein Münchner, kein Zugereister, Josef Ruederer, hat es in seiner bitteren Erzählung »Das Gansjung« herausgehoben aus der scheinbaren Problemlosigkeit des Münchner Daseins, das auch jenseits der Devise »Leben und leben lassen« seine tiefen Schatten wirft.
Wir hätten nur gerne auch ein paar absprechende, recht häßliche Zeugnisse fremder Gäste über den Viktualienmarkt hier aufgefrischt. Unser eifriges Suchen war leider ergebnislos. Auch die alten Stadtführer, angefangen von Westenrieder bis zu Friedrich Morins Wegweiser von 1857, verraten außer einigen dürren Daten so gut wie nichts. Es wäre wahrscheinlich auch nicht viel herausgekommen. Was soll man auch sagen zu Detlev von Liliencrons Bericht vom Juni 1890, in dem er schreibt: »Es ist unglaublich, mit welchen Haxen, Gehirnen, Gekrösen p. p. der harmlose, bedürfnislose Münchener sich zufrieden gibt.« Man kann dazu nur sagen:

»Ach, armer Detlev, du warst in Ägypten und hast die Pyramiden nicht gesehn!«
Der allgemeine Niedersturz in die Gleichförmigkeit, von der die Welt seit dem Beginn unseres Jahrhunderts erfaßt ist, hat den Viktualienmarkt noch nicht ergriffen. Die Monotonisierung der Welt hat vor ihm haltgemacht, ja, er ist vielfach zu einer Fluchtburg geworden, in die sich längst abgestorbene Handelsformen und -waren zurückgezogen haben. Wir meinen jene Kleinlebewesen im Humus der Wirtschaft, ohne die noch vor dem Ersten Weltkrieg keine Straße Münchens zu denken war, die Schwammerl- und Taubeerweiberl, die Händler mit Vogelsand und Kienspan und viele andere, von denen sich nur die fränkischen Krenweiberln bis heute behaupten konnten. Was auch die Nahrungs- und Genußmittelindustrie und die Putzmittelhersteller inzwischen längst durch ihre Maschinen gedreht haben, hier finden wir es im Urzustand: den herbwürzigen Beifuß, duftenden Lavendel, kräftiges Liebstöckl, Johanniskraut, Majoran und Zinnkraut. Selbst das halbvergessene, einst hochgeschätzte Kräutl Rosmarin fehlt nicht, von dem August Lewald im Jahre 1835 staunend berichtet, die Südtiroler hätten es eigens für die Münchner in großen Plantagen angebaut, in Samladungen zum Viktualienmarkt gebracht und mit hohem Gewinn verkauft.
Es sind die natürlichen Dinge, die am Viktualienmarkt triumphieren über die so bequem anschaffbaren Fertigfabrikate und ihre scheinbare Glückseligkeit. Schade nur, daß es kein Gästebuch des Viktualienmarktes gibt, da könnten wir Namen lesen! Vom ersten König Max Joseph bis zum Prinzregenten und – jawohl! – bis Hjalmar Schacht. So bescheiden wir uns mit einem, den der Lokalchronist Karl Zettel im Jahre 1897 angedichtet hat:

»Schnittlauch, Zwiebel in der Linken,
Sah' ich ihn vorüberhinken;
Seine schreibgewohnte Rechte
Hielt vermooste Loisachhechte,
Und aus einer Paletottasche
Lugte grau die Hefenflasche:
Aber schon nach einer Stunde
Führt er mit hochweisem Munde,
Wie es ziemt dem ersten Rat,
Seinen Vorsitz im Senat.«

Die Perusastraße erzählt von Patriziern und Handwerksleuten

Die Brüder Heinrich und Hans Pütrich stiften das »Pütrich-Seelhaus«, das älteste Krankenhaus und Entbindungsheim Münchens. Erasmus Grasser wohnt hier, und Graf Perusa bringt 1750 den Orden der Barmherzigen Brüder nach München

Was ist an einem Durchgang von einer zur anderen Straße so Besonderes, daß man ihn anders nennen sollte als einfach das »kloa Gaßl«? Noch dazu, wenn sich an der einen Seite des Durchgangs bloß eine Gartenmauer hinzieht und an einem Eck der Giebel eines Hauses hinausschaut, dessen Eingang auf der Hauptstraße liegt? Auch auf der Südseite des Gaßls schaut es nicht viel aufwendiger her. Sechs Häuser, davon ein paar bloß einen Stock hoch, eng aneinandergebaut, daß sie kaum Luft schöpfen können, und nicht einmal ein Hausgärtchen hinter einer der sechs Hausfronten, es ist schon ein recht kleines Wesen, um nicht zu sagen ein Gefrett.

Aber täuschen wir uns nicht! Aus dem kleinbürgerlichen Gaßl von 1570, wie es das Sandtnersche Stadtmodell von 1568 überliefert hat, ist die zwar kaum viel breitere, aber doch um vieles bedeutsamere Perusastraße geworden, die es »in sich hat«. In der gotischen Zeit freilich lag sie abseits vom Trubel des Marktes und der Zubringerstraßen, auf denen Bauern- und Salzfuhrwerke zu Umschlag und Durchpaß karrten, und vielleicht hat diese Lage die Brüder Heinrich und Hans Pütrich bestimmt, hier, in unmittelbarer Nachbarschaft ihres patrizischen Ansitzes, im Jahre 1284 das »Pütrich-Seelhaus« zu stiften, das älteste Krankenhaus und Entbindungsheim unserer Stadt und zugleich ihr vornehmstes, das auch Pütrich-Frauenkloster oder St.-Christoph-Regelhaus genannt wurde nach der angebauten Christophkapelle, über deren Hauptportal an der (heutigen) Residenzstraße die überlebensgroße Figur des Christusträgers angebracht war, die heute zu den Kunstschätzen der Frauenkirche gehört.

Die Krankenpflege aber sei, wie Westenrieder erzählt, von Schwestern des Dritten Ordens der Franziskanerinnen schon vor dem Protektorat der Familie Pütrich ausgeübt worden, und erst als ihnen Ludwig der Strenge nahe der Christophkapelle ein Haus eingeräumt habe, seien die Brüder Pütrich auf die hingebungsvolle Samaritertätigkeit der Frauen aufmerksam geworden, die übrigens ohne Ordensgelübde lebten und weltliche Kleider trugen. Ihr Eifer hat die nachbarlichen Patrizier schließlich bestimmt, den hilfreichen Samariterinnen das Haus Ecke der Schwabinger und der Kleinen Gasse zu stiften, und noch im Jahre 1783 finden sich 40 Pflegeschwestern oder Seelnonnen, die im Jahre 1365 durch den Straßburger Franziskaner Vinzenz eine Klosterregel erhalten hatten und nach einer Reform im Jahre 1484 durch Herzog Albrecht IV. nach dessen Tode sogar die Witwe des Herzogs, die Kaisertochter Kunigunde, als Mitschwester erhielten.

Die Verbundenheit der Kleinen Gasse mit dem Patriziergeschlecht der Pütrich ist viele hundert Jahre hindurch nicht gelöst worden. Von ihrem Stammsitz an der Schwabinger Gasse aus, der ihnen einen prächtigen Blick in den weiträumigen Garten des Klosters freigab, entwickelten sie ihre kaufmännischen Pläne als »große Hansen« ihrer Zeit, die einen schwunghaften Salzhandel als »Krötelherren« (= Salzgroßhändler) betrieben, über die Geschicke der Stadt als Angehörige des Inneren Rates sannen und sich graue Haare wachsen ließen über das schwarze Schaf der Familie, Jakob Pütrich, der ein übler Gewalttäter war und wegen seiner Händel mit dem Augsburger Patrizier Hartmann Ohnsorg, bei denen er gänzlich unbeteiligte Bürger der Lechstadt an Leib und Leben schädigte, sogar in die Reichsacht erklärt wurde. Sechs Jahre lang währte die Pütrich-Fehde, die den Kaufleuten der Stadt schwere Einbußen verursachte. Ein schöneres Erinnerungsbild dagegen bewahrt die Geschichte einem anderen Jakob Pütrich zu Reichertshausen, wie er nach seinem Stammschloß benannt wurde, dem verdientesten Kenner des Minnesangs. »Freund aller höfischen Spiele und ritterlichen Bräuche, voll glühender Begeisterung für Rittertum und Schwertadel, für Turnier und Dichtkunst längst entschwundener Zeiten«, sammelte Jakob Pütrich, seit 1440 auch herzoglicher Rat in München, mit viel Verständnis die Handschriften Wolframs von Eschenbach, Hartmanns von Aue und anderer und verfügte schließlich über die für einen Privatmann damaliger Zeit stattliche Zahl von 164 Handschriften alter Minnelieder und Mären. »Mit stehlen, rauben, auch mit leihen, dazu geschenkt, geschrieben, gekauft und auch gefunden...«, so schildert er mit treuherziger Offenheit die Verführungen seines Sammeleifers.

Einige Jahrzehnte nach dem Tod des verspäteten Minnesängers aber geht über der Perusastraße ein weithin leuchtender Stern auf in der Gestalt des Bildschnitzers Erasmus Grasser, der aus der Oberpfalz nach München zugewandert war und der mit seiner Kunst gar bald die Zunftgenossen aus Konkurrenzneid in Harnisch brachte. Die Zunft der Maler, Seidensticker, Schnitzer und Glasmaler forderte sogar den Rat auf, den »unfriedlichen, verworrenen und arglistigen Knecht« nicht zuzulassen, da durch seine Aufnahme der Zunftfriede in Gefahr sei und mancher Zunftgenosse sich ihm gegenüber zu Tätlichkeiten könnte hinreißen lassen, die ihn um Hab und Heimat brächten. Aber das überlegene Können des neuen Bürgers eroberte sich das Vertrauen der auftraggebenden Bürgerschaft, und selbst seine ursprünglichen Widersacher berichtigten ihre Haltung und beriefen ihn in den Jahren 1480 bis 1504 immer wieder zum Amt des Vierers ihrer Zunft. Seine Moriskentänzer und die Grabplatte in der Peterskirche kennt in München ja jedes Kind, aber weniger bekannt ist, daß die profunde Kunst des Erasmus Grasser auch an großen Bauaufgaben wie am Brunnenhause der Reichenhaller Saline nicht versagte und das berühmte »Goldene Dachl« von Innsbruck als markantes hochkünstlerisches Wahrzeichen ins Straßenbild der Innstadt komponierte. An der Ecke des Zechbauerhauses hielt bis vor einigen Jahren noch eine Steinplastik, die nach einem seiner berühmten Moriskentänzer gestaltet worden war, die Erinnerung an den Meister wach, der in diesem Hause gewohnt hat und den man mit Recht den Veit Stoß Münchens nennen darf in der Kraft und der Originalität seines Schaffens, dem aber das Erdenglück glücklichere Lose aus dem Mantel schüttelte als seinem Nürnberger Zunftgenossen.
Um 1758 – das Pütrich-Seelhaus war damals noch in vollem Flor – findet sich als Besitzer des Hauses Ecke Theatinerstraße Karl Felix Bertrand Graf von Perusa, dessen Name schließlich auf die Gasse überging, und es wird immer seltsam bleiben, wie sich der unsterbliche Genius loci neue, zeitgemäßere Formen für die alten Inhalte schafft, denen die Krankenhausstiftung der Brüder Pütrich 500 Jahre vordem diente. Ein Graf Maximilian Emanuel von Perusa war es nämlich, der als seine Lebensaufgabe die Verbesserung der Krankenpflege betrachtete und in diesem Bestreben im Jahre 1750 den Kurfürsten Max Josef III. bewog, den Orden der Barmherzigen Brüder auch in München einzuführen. Diese Maßnahme sollte

sich als erster Schritt zu einer großzügigen Neuordnung des Krankenhauswesens in München erweisen, indem sie Veranlassung war zur Gründung des Krankenhauses vor dem Sendlinger Tor, das unter dem ersten König Bayerns, Max Joseph, schließlich erbaut wurde.
Im Jahre 1806 erfuhr mit dem Abbruch des Pütrich-Frauenklosters die Perusastraße endlich die Erweiterung, die die Linienführung der anschließenden Maximilianstraße erst möglich machte.
Als erster auf uns gekommener Besitzername ist da Frau Therese Lesmüller zu nennen, die im Jahre 1849 als Eigentümerin des heute noch wohlbekannten Eckanwesens der »Englischen Apotheke« beurkundet ist. Der goldene Engel, der dieser Pharmazie seinen Namen gegeben hat, steht heute noch in antikischer Schönheit im Schaufenster der Engelapotheke, die nach der Zerstörung des Eckhauses nunmehr gegenüber der Einmündung der Perusa- in die Theatinerstraße ihre Räume bezogen hat.

Am Haberfeld in der Neuhauser Straße

In der »Neuhausergasse«
vom »Haberfeld« bis zum Oberpollinger

Wo der scharfe Bogen des Färbergrabens in die Neuhauser Straße mündet und sich jenseits als Augustinergasse zum Frauenplatz fortsetzt, endete einst das älteste München. Ein Stadtgraben war gezogen, ein Torturm aufgerichtet, ebensosehr zum Schutz gegen plänkelnde Landstürzer wie um zu verhindern, daß sich ein Fuhrknecht etwa um Pflasterzoll und Ungeld drückte. Dem Kloster der Augustiner und ihrer Kirche können wir in ihrer wesentlichen Form im Geviert des Polizeipräsidiums und in der Alten Mauthalle nachspüren. Von einem städtischen Ansehen freilich konnte lang nach der Stadtgründung an dieser Stelle noch nicht die Rede sein, und wer den Weg nach Neuhausen gewiesen haben wollte, dem beschied man, er solle über das »Haberfeld« gehen, wie die Flur jenseits des Torturms hieß. Aber der Name »Nuinhausergasse« hat sich, wohl für das westliche Straßenstück, schon um 1293 eingebürgert. Auf dem »Haberfeld« aber stand bis 1582 eine stattliche

Wegkapelle mit fünf Altären, die dem heiligen Nikolaus geweiht war und im Dezember das kauflustige Treiben des Münchner Nikolausmarktes um sich sah. Sie mußte schließlich dem Neubau der Michaelskirche weichen, die Herzog Wilhelm V. von 1583 bis 1579 errichten ließ. Dieser Sakralbau, dessen Tonnengewölbe nur noch von St. Peter in Rom übertroffen wird, und das anschließende Jesuitenkollegium, heute Alte Akademie genannt, ist nicht nur im Sinne des ausgehenden Mittelalters schon durchaus großstädtisch aufgefaßt; man darf von dieser Straßenpartie, wie sie sich vor allem dem vom Karlstor Kommenden darbietet, sagen, sie gehöre zu den schönsten Straßenbildern, die Europa hervorgebracht hat. Es lohnt sich auch für den heutigen Straßenbummler, einmal den Schritt anzuhalten und das ganze Bild zu umfassen und, ins Kleine gehend, einmal den prächtigen St. Michael von Hubert Gerhard eingehend zu betrachten, oder die Rotmarmor-Portale von Kirche und Akademie. Hier, in dem vorspringenden Winkel, fanden in der Gegenreformationszeit die Theateraufführungen der Schüler des Gymnasiums statt, vor allem zogen geistliche Schauspiele, aber auch Komödien des Terenz und daneben die tollsten Hanswurstiaden große Besucherscharen an.
Fast als Schlußakkord der Gegenreformation, an der Schwelle der Aufklärung, wurde 1709 von den »Herren und Bürgern« der Stadt der Bürgersaal errichtet, der, äußerlich stark beeinflußt durch die Fassade der Michaelskirche, Versammlungs- und Betsaal der Männerkongregation wurde, einer Vereinigung, die aus der »deutschen Bürgerkongregation« im Gegensatz zur »lateinischen« der des Lateins kundigen Adeligen und Beamten hervorging. Dieses Gotteshaus ist seit der Überführung der sterblichen Überreste von Pater Rupert Mayer in besonderer Weise ins Leben unserer Zeit gestellt worden. Die Ausgestaltung der Kirche nach der Wiederherstellung vereinigt in seltener Harmonie Altes mit Neuem: Man betrachte in stiller Kirchenstunde – die im Bürgersaal allerdings infolge des starken Besuches selten ist! – einmal die kostbaren Landschaftsbilder Joachim Beichs mit den bayerischen Marien-Wallfahrtsstätten, um 1748 entstanden, oder auch die herrlichste Münchner Krippe, die, von Kunstmaler Gämmerler gestaltet, den ganzen Jahreskreis biblischen Geschehens schildert.
Mit dem Bürgersaal freilich endet an der Neuhauser Straße der religiöse Bereich und, entsprechend der Altbayerntopographie, die ne-

Neuhauser Straße
(Aquarell von Heinrich Adam, um 1830)

ben die Kirche gleich das Wirtshaus stellt, fallen wir nebenan in den alten »Oberpollinger«, in dem Papa Geis mit seiner Singspielgesellschaft dem Münchner Humor die Zügel schießen ließ. Noch behaupteten sich bis zum Bombenkrieg eine Reihe alter Gaststätten, der Alte Spaten, der Bamberger Hof, bewahrt geblieben ist auch das alte Pschorrbräuhaus und der Augustiner.
Die Brauhäuser an dieser Stelle aber sind alten Datums, man kann an ihrem Entstehen dieselbe Entwicklung verfolgen wie 500 Jahre später, als man die Brauereien vor die Stadt nach der Theresienhöhe oder dem Gasteig hinausverlegte. So entstand der in der Pschorrbrauerei aufgegangene Bauernhansl-Bräu im 15. Jahrhundert, der Alte Spaten läßt sich bis 1470 zurückverfolgen, der Augustinerbräu bis 1328.

Einem unserer Zeit ganz verlorenen Bedürfnis diente der Lebzelter und Metschenker Speiser mit dem Hausnamen »Tumberger« an der Stelle des heutigen Neubaues des Augustiners. Da gab es im Hinterhof schattige Lauben für die verliebten Leute, besonders hoch aber ging es da am Lichtmeßtag her, wenn die Knechte und Mägde ihre Dienstplätze wechselten und hier ihre Groschen springen ließen. Dieser Lebzelter Speiser aber war, wie viele Münchner Handwerker seiner Zeit, ein feinsinniger Dilettant schöner Künste. Seine Krippe, die sich in einem Zimmer des ersten Stocks im Rückgebäude des Anwesens befand, galt als eine der reichhaltigsten und prächtigsten ganz Münchens. Ihr Pfleger war ein alter Italiener namens Satani, der, im Gegensatz zu seinem diabolischen Namen, das harmloseste Gemüt von der Welt war und ganz in der Pflege des ihm anvertrauten Krippengutes aufging. Teile dieser Krippe befinden sich heute in Dachau, und wenn sie in der dortigen Pfarrkirche um Weihnachten zur Schau gestellt sind, könnten sie manches erzählen vom alten München und seinen Lausbuben, die den grauköpfigen Satani oft weidlich geärgert haben.

Mitte von Stadt und Land: der Marienplatz

Von der Münzstatt am Marienplatz und den verrufenen Münchner Pfennigen bis zur »Beterin an der Mariensäule«

Jedes Jahr am 9. Oktober sollten – frei nach Karl Valentin – die Münchner zum Marienplatz pilgern und am Randstein ein Geranienstöckl niederstellen, denn da hat der Marienplatz seinen Namenstag. Vom Jahre 1954 an aber müßten schon ein paar Nagerlstöcke dazukommen, denn in diesem Jahre rundete sich der Hunderter, daß die Münchner dem Herzfleck ihrer Stadt den Namen der Patrona Bavariae gegeben haben. Genau besehen wäre diese Umtaufe schon vor 300 Jahren, seit 1638, fällig gewesen, als der erste bayerische Kurfürst Maximilian die Mariensäule zur Erinnerung an die siegreiche Schlacht vom 8. November 1620 am Weißen Berge bei Prag aufrichten ließ. Ganz namenlos ist der Platz freilich

Das Rathaus und ein Theil des Schrannenplatzes in München, um 1850 (Stahlstich von C. Gerstner, gezeichnet von L. Hoffmeister München, Hacker-Pschorr-Archiv)

auch vordem nicht gewesen, wenn man auch nicht viel Phantasie aufgeboten hat, als man ihn ganz nüchtern nach seinem Zweck einfach »Platz«, Markt, Hauptplatz oder Schrannenplatz geheißen hat. Wo eine Kreuzung ist, da ist Verkehr, da gibt's Radbruch und Fuhrmannsflüche, da bandeln sich Handelschaften an, zerrissenes Zaumzeug gibt's und falsches Gewicht, Löcher im Kopf, Hunger und Durst, kurzum genug, um eine Menge Leute anzulocken, die Bedürfnisse zu befriedigen und den Übelständen abzuhelfen. Der Sanderbauer auf seiner Hofstatt beim heutigen Holzwaren-Leute hat sich nichts aus dem neustädtischen Wesen gemacht, dafür hat sein Bauernhof nicht anders als die heutigen an der Peripherie schon bald dem gewerblichen Umtrieb Platz machen müssen, aber alle anderen lebten von der Handelschaft am Markt: die Bäcker, die ihre Schragen teils im Freien, teils unter den Lauben beim jetzigen Neuen Rathaus aufgeschlagen hatten, die Metzger daneben, der Stadtrichter, der mit dem Richterstab vor seinem Haus beim Fischbrunnen auf die Gesetzesübertreter wartete, und natürlich erst recht die großen Bürger des jungen Stadtwesens, die Gollier und die Impler, die ihre patrizischen Stadtburgen an den Markt stellten. An der Stelle der Mariensäule aber hatten die Herzöge eine Münzstatt gebaut und zogen auf ihre Weise Nutzen aus dem Güterumschlag. Aus dieser Zeit – um 1295 – ist uns die erste größere Lumperei berichtet, die die schwerblütigen Bauernmünchner ordentlich in Harnisch brachte. Für gute Ware schlechtes Geld zu geben, wem wäre dieser üble Täuscherkniff nicht in schlechterer Erinnerung als unserer Generation, die zwei Inflationen erlebt hat. Und dies war die allererste: Die Herzöge kauften gute, aber abgegriffene Silbermünzen fremder Prägung auf und ließen sie durch ihren Münzmeister Smichen mit wenig Silber und viel Kupfer in minderwertige Münze verwandeln und setzten sie in Umlauf. Das ging so über vier Jahrzehnte, und die Münchner Pfennige kamen im ganzen deutschen Land in Verruf, bis sich der Zorn der geschädigten Bürger in einem Aufstand Luft machte, bei dem sie den Münzmeister kurzerhand vom Leben zum Tod beförderten, die Münze aber von Grund auf zerstörten.

Der Patrizier Ainwich Gollier erbaute an ihrer Stelle eine Kapelle, die seinen Namen trug, er sorgte durch eine reiche Stiftung für ihren Unterhalt, aber mit dem Aussterben des Geschlechts mußte um 1485 die Kapelle wegen Baufälligkeit abgetragen werden. Ihre Steine warf man indessen nicht auf eine Schutthalde, der sparsame Jörg Ganghofer von Halspach erbaute aus ihnen die Kreuzkirche, deren Gewölbe sie heute noch tragen.

Wir aber schreiben noch das Jahr 1300, wo sie in ihrem ersten Glanz auf dem Markt stand, es brauchte kein Jahrzehnt, da wimmelte die Menge von Verkaufsständen und Handwerkerbuden von Wagnern, Sattlern, Schmieden und Seilern kunterbunt in ihrem Umkreis, weil jeder sich niederließ, wie ihm gut schien. Die Fuhrleute schimpften noch mehr als vordem, es war kaum ein Durchkommen für die Plachenwagen. Eine Stadtplanung muß her! So ungefähr riefen die erbosten Verkehrsteilnehmer von 1310, und als Herzog Ludwig, der spätere Kaiser, ans Ruder gekommen war, gab er diesen Stimmen und eigener Überlegung Gehör und stellte eine Bauordnung auf, die sich bis ins 19. Jahrhundert bewähren sollte. Fortan durfte man weder mauern noch zimmern, kurz keinerlei Bau errichten auf dem Platz, »damit der Markt desto lustsamer und desto schöner und desto gemachsamer sei Herren, Bürgern und Fremden«. Ein richtiger Markt mit allen Rechten ist er von da an geworden, auf dem an Mittwochen die Traidbauern zur Schranne kamen, die Gärtner vor dem alten Rathaus ihre Radi und Kräuteln feilhielten, die Eierfrauen vor dem Onuphriushaus hökerten, die Blumenmädchen und die Tiroler Rosmarinpflanzer an der Mariensäule feilschten und die Tölzer Kistlerfrauen buntbemalte Truhen und Kästen spottbillig an die kleinen Leute verhandelten, in den Fischlageln am Fischbrunnen aber blinkten Brachsen und Huchen für die Feinschmecker.

Das war schon viel, ja eigentlich war es schon das ganze Leben. Aber die Zeitläufte und die Menschen sorgten zu allen Zeiten, daß das Leben oft darüber und noch öfter darunter schwang. Heute sieht man es dem Marienplatz freilich nicht mehr an, wieviel schuldiges und unschuldiges Blut sein Pflaster gerötet hat. Waren es in den Anfangszeiten Zweikämpfe und Gottesgerichte – Kämpfe wie jener im Februar 1370 zwischen dem schwäbischen Ritter Giß von Gißenberg und dem Ritter Seitz von Altheim, bei dem der Schwabe Ehre und Leben verlor, und vier Jahrzehnte vorher das Verfahren gegen den Raubritter Diez von Schaumburg, dem die erbitterten Münchner den Kopf auf den Block legten –, so vollstreckte man später die Bluturteile in besonderen Fällen gemäß der herrschenden Abschreckungstheorie auf dem öffentlichen Markt. Eine der merkwürdigsten Hinrichtungen dürfte jene des venezianischen Goldmachers Marco Bragadino gewesen sein, der am 26. April 1591 an einem rot angestrichenen Galgen mit einem vergoldeten Strick gehängt wurde, seine zwei schwarzen Hunde aber erschoß man am Fuße des Hochgerichts »als verlarvte Höllengeister«. Die schöne Laura, seine Geliebte, die mit ihm manch schönes Sümmchen aus des Herzogs Kasse in lukullischen Schwelgereien vernascht hatte, schob man einfach unter Bedeckung ins schöne Land des Südens ab. Später hat Gustav Adolf bei seinem Einzug am 17. Mai 1632 gleich ein paar Galgen zwischen die Kornsäcke gepflanzt für die Plünderer, und er hatte tatsächlich die traurige Genugtuung, ein paar Schelme daran baumeln zu sehen, wenn er von seinem Absteigequartier, dem Gasthaus zur Krone am Marktplatz, zum Fenster herausschaute. Sprach in all diesen Fällen noch das Recht, am Christtag des Jahres 1705 traf grausiges Unrecht die Patrioten der Mordweihnacht, den Leutnant von Lange, den Adjutanten Aberle, den Eisenhändler Senser und den Tölzer Weinwirt Jäger, die auf dem Blutgerüst starben. Schönere Stunden aber löschten immer wieder die Schatten. Wer mochte da Trübsal blasen, wenn am Johannistag die Paare über die Flamme sprangen, voran der alte Herzog, der Kneissel, der die Pracht liebte und trotz seiner 72 Jahre den Sprung wagte. Ein Schauspiel für Kaiser Karl V., aber auch für die Münchner war es, als am 10. Juni 1530 ein feuriges Spektakel sich begab, als das zierliche Schloß aus Leinwand und Holz, das man am Marienplatz aufgerichtet hatte, unter Hunderten von Schüssen in Feuergarben aufloderte. Wer blieb da mit seinen Sorgen zu Haus, wenn die Fürsten und Ritter aus aller Welt am 22. Februar 1568 zu den Turnieren nach München zogen, um die Hochzeit Herzog Wilhelms mit Renate von Lothringen zu feiern!

Und eine längst verklungene Melodie tönt aus vergangenen Tagen herauf, Volksdichter und Volkssänger haben sie viele Jahrzehnte bewahrt, die traurige, aber wahre Mär von der schönen Rotthalerin Adelheid, die den Soldaten Martin Fellner allzusehr liebte und in der Wirrsal der napoleonischen Kriege nimmer heiraten konnte. Es könnte ein Schicksal aus unseren Tagen sein mit der bescheidenen Hoffnung auf ein kleines Lebensglück an der Seite des Mannes, der vom Soldaten sich bis zum Hauptmann hinaufgedient. Aber das Schicksal löste den Schein nicht ein, Adelheid verlor ihr Kind, sie fand es nirgends mehr, und der Geliebte war verschollen auf den Eisfeldern Rußlands, so sehr sie ihn auch suchte, bis sie endlich mit einem Pulk abgerissener Soldaten zurückkehrte in die Heimatstadt, verwirrten Sinnes immer noch hoffend auf ein Zusammenfinden und dafür betend an der Mariensäule. Als »Beterin an der Mariensäule« ist sie stadtbekannt geworden. König Ludwig I. kaufte sie im Jahre 1853 als armes altes Weiblein ins Josephspital ein, wo sie am 25. März 1854 endlich von den Enttäuschungen ihres Daseins erlöst wurde. Und auch dieses Duldens gedenken wir, wenn wir uns des Namenstages unseres Marienplatzes erinnern.

In der Weinstraße gab's teure Räuscherl

Die Weinstraße, eine der ältesten Straßen Münchens

Wenn es in einer Bierstadt wie München zwar eine Wein-, nicht aber eine Bierstraße gibt, so muß das eine besondere Bedeutung haben. Zu den Zeiten, als eine der ältesten Straßen der Stadt – deren Bedeutung schon daraus hervorgeht, daß sie von Anfang an höchst respektabel als Straße, nicht als Gasse bezeichnet wurde – den Namen Weinstraße bekam, trank man in München so überwiegend Wein, daß der Bierverbrauch demgegenüber kaum ins Gewicht fiel. Sie wurde so benannt nach dem Weinmarkt, der an der Einmündung der Straße in den Marienplatz abgehalten wurde. Man konnte fast alle Weine der alten Welt und noch einige heute überhaupt nicht mehr angebaute Lagen hier vertreten finden. In der Hauptsache aber liebte der Münchner um 1300 den Neckar- und Elsässerwein, aber auch Südtiroler, etwa Terlaner, den man Vernatscher nannte, gab es, und für die süßen Leckermäuler den Rumanier aus Griechenland, den Malvasier und andere. Soweit die niederbayerischen Weine um Kruckenberg etwa oder Landshut nicht wie heute den Stuttgartern an Ort und Stelle durch die Kehlen rannen, konnte man die Maß (= 1,069 l) davon um 1½ Pfennig kaufen, beim gleichzeitigen Preis von 4 Pfennig für Neckar oder Elsässer, woraus man erstens die mindere Güte des einheimischen Gewächses ablesen und zum andern die Kostspieligkeit eines Schöppchens erkennen kann: Um 4 Pfennig konnte man zur selben Zeit 4 Pfund besten Mastochsenfleisches kaufen, und ein Maurergesell konnte sich also mit seinen 8 Pfennigen Taglohn gerade zwei Maß Neckarwein zu Gemüte führen.

Selbstverständlich fand sich in der Weinstraße eine Reihe recht betuchter Weinhändler mit ihren noblen Behausungen, wie der Konrad Wilprecht an der Ecke der einstigen Alten Polizei (der danebenstehende Stadtturm war nach ihm benannt). Ein wohlhäbiges Anwesen führte auch der Weinwirt Georg Altmann, der dem Wilprecht in die Fenster schauen konnte; er beherbergte sogar hin und wieder durchreisende Fürstlichkeiten, wie den Bruder Kaiser Ludwigs des Bayern, Herzog Otto von Braunschweig, der die stattliche Zechschuld von mehr als 1127 Pfund Pfennige hinterließ. Als Drittem im Weinhändlerbunde der Straße begegnen wir

schließlich im Hause neben dem heutigen Donisl dem reichen Andre Flandin. Es läßt sich denken, daß diese Händler ihre süffige Ware in ihren eigenen Kellern zum Verkauf boten, während auswärtigen Händlern aus Konkurrenzgründen nur der Verkauf unter freiem Himmel gestattet war, woraus der Weinmarkt an dieser Stelle überhaupt erst entstand.
Die nicht verkauften Fässer mußten am Abend jeweils im städtischen Weinkeller an der Dienerstraße deponiert werden, von der Mitte des 16. Jahrhunderts ab, nach Schaffung eines eigenen städtischen Weinstadels an der Burgstraße, in den schönen Gewölben dieses Anwesens, das heute der Öffentlichkeit zwar nicht als Weinkeller, doch als Weinstuben in seinen Keller- und Erdgeschoßräumen mit glücklicher Hand erschlossen worden ist.
Als das Bier anfing, dem Wein eine fühlbare Konkurrenz zu werden, verlor die Straße ihre ursprüngliche Bedeutung als Standort des Weinhandels. Ihrer zentralen Lage wegen büßte sie damit kaum an Wichtigkeit ein. An Stelle des Paradeiserhauses gegenüber dem einstigen Wilprechtanwesen entstand von 1691 bis 1694 das Institut der Englischen Fräulein, das heute nördlich des Nymphenburger Schlosses in einer ansehnlichen Schulanlage weiterbesteht, nachdem seines Daseins infolge der Säkularisation nach 1805 an seinem einstigen Sitz in der Weinstraße nicht mehr sein konnte. Das Kloster wurde zum Polizeipräsidium umgewandelt, dessen sich die meisten Münchner noch erinnern werden unter der Bezeichnung »Altes Polizeigebäude«. Wie der »Zeiserlwagen« lieferte es den Münchner Komikern in schöner Ergiebigkeit unausgesetzt Stoff für ihre Witze und Couplets.

Mit Peitsche und Vollgas auf Münchens Straßen

Eine Geschichte über die Entwicklung des Verkehrs in München durch sieben Jahrhunderte

Da liegt vor uns ein Foto vom Marienplatz, wie er anzusehen war etwa zwischen 1880 und 1890 herum, als die alten Privathäuser dem neuen Teil des Rathauses mit dem Turm noch nicht haben

Marienplatz in der zweiten Hälfte des 19. Jahrhunderts

weichen müssen. Ein Idyll, kann man da nur sagen, und es ist gut zu verstehen, wenn Leute diese Zeit und ihre Zustände die gute alte Zeit nennen. Hinter den heruntergelassenen Sonnenmarkisen träumen Geschäfte durchaus nicht von Käuferstürmen, sechs oder acht Fiaker warten neben der Mariensäule auf Fahrgäste, ein paar Bekannte halten mitten auf den Gleisen der Pferdebahn einen kleinen Plausch, und auch der Kondukteur der Bahn ist mit einem anderen in ein offenbar längeres Gespräch verwickelt. Kein Radfahrer, kein Auto weit und breit, ein Idyll, wie gesagt, der Marienplatz von 1880. Weit mehr als achtzig Jahre, will uns scheinen, sind wir dieser Zeit des schläfrigen Marienplatzes entrückt.
Aber es gibt einen anderen Marienplatz. »Markt« hieß er damals nach seiner Bestimmung, rund 650 Jahre trennen uns von seinen

Zuständen, und doch steht er uns zeitlich in seiner Problematik weitaus näher als in seiner Verträumtheit von 1880.
Wie vertraut klingen uns die Tatsachen von 1271: Die Bevölkerung der Stadt sei, wie es eine päpstliche Bulle dieses Jahres feststellt, »ins Maßlose« gewachsen, die unbekümmerte Bauweise der allerersten Münchner hat auf dem Platz so etwas wie ein Verkehrschaos entstehen lassen, es war für die vielen Fuhrleute kaum ein Durchkommen mehr zwischen den Kramläden, Werkstätten und Hütten, die sich regellos an die Gollierkapelle mitten auf dem Platz angesiedelt hatten. Wagner, Sattler, Schmiede und Seiler mögen es gewesen sein, die ewigen Nothelfer der Fuhrleute, die sich mit zerrissenem Zaumzeug und angeknacksten Wagenscheiten bis zur Stadt durchgefrettet haben.
Den Räten der Stadt mag das wohl seit Jahr und Tag als ein unlösbares Problem erschienen sein, rechtliche Handhaben zur Bereinigung fehlten durchaus, von einer Stadtplanung war nicht die Rede. Das sollte sich gründlich ändern, als Herzog Ludwig, der spätere Kaiser, ans Regiment gekommen war. Ein weitgereister Mann, kannte er die großen Metropolen am Rhein und die italienischen Städte. Er fand die strohgedeckte Herbergenwelt seiner Residenzstadt weder »lustsam« noch »gemachsam« und verfügte 1315 die Beseitigung aller störenden Bauten auf dem Markt, und sein Leitmotiv schrieb er in seine Verfügung hinein: »... auf daß der Markt desto lustsamer, schöner und gemachsamer sei Herren, Bürgern und allen Leuten, die darauf zu schaffen haben.«
Ein wittelsbachisches Hausrezept aller Bautätigkeit in der Residenzstadt war damit zum erstenmal laut und aktenkundig geworden: »Gemachsam«, also gleichbedeutend mit praktisch, und »lustsam«, was wir mit ansehnlich und schön gleichsetzen dürfen. Als Praktiker blieb Ludwig dabei nicht stehen. Ein Feuersturm, der 1327 über die hölzerne Stadt hinbrauste, gab ihm alle Handhaben, mit der baulichen Unbekümmerung aufzuräumen. Fortan mußten die Häuserzeilen »nach der Schnur« gezogen, die Straßen breiter werden, Stein und Ziegel wurden als Baumittel Vorschrift, die Pflicht zur Straßenreinigung in genauen Anweisungen festgelegt.
Wir haben von der Verkehrskapazität Münchens zur Zeit Ludwigs des Bayern noch keine Zahlen; erst mit der Erhebung des Pflasterzolls von 1394 an, also 47 Jahre nach seinem Tod, können wir den Verkehrsstrom zahlenmäßig fassen und auf die Dringlichkeit der

Bauordnung Ludwigs rückschließen. 26480 schwere, mit drei oder mehr Pferden bespannte Lastwagen mit bäuerlicher Fracht und 3310 Wagen mit kostbarer Kauffahrerfracht haben demnach im Jahre 1395 die Stadttore passiert. Tatsächlich sind diese Zahlen weit höher gewesen, weil alle mit weniger als drei Pferden bespannte Wagen und alle Salzfuhrwerke vom Pflasterzoll befreit waren und in den Aufzeichnungen deshalb nicht festgehalten worden sind.
Hundert Jahre später, 1490, hat sich der Verkehr verdreifacht. Wiederum die Salzfuhren und Zweispänner ungerechnet, zählte man im Jahre 1490 9750 schwere Drei- und Mehrspänner des fremden Großhandels und 78000 Bauernwagen, also täglich 216 Bauernfuhren und 27 Lastwagen auswärtiger Kauffahrer. Ob nicht das München von 1490 mit seinen rund 12000 Einwohnern (etwa der Größe des heutigen Weilheim) von dieser Wagenflut einfach zugeschwemmt worden ist wie die heutige Millionenstadt mit ihren Autos? Wie man durch Parkplatzvorschriften den Schwierigkeiten zu begegnen suchte, erzählt schon das älteste Satzungsbuch der Stadt von 1295 bis 1313: »Wer das Stadttor versperrt mit Wagen oder anderem, der soll das bessern und büßen…« oder: »Wer den Weg vor seiner Haustüre verstellt oder anderswo, daß die Wagen nicht ausweichen können, der gibt der Stadt ein Ärgernis und dem Richter ebenso…« Das Stadtrechtsbuch von 1355 wiederholt dieses Gebot ausdrücklich und erweitert es sogar, ein Zeichen dafür, daß die Karambolagen im Straßenverkehr nach wie vor zu den Tagesvorfällen gehörten: »Wer den Weg vor seiner Türe oder vor seinem Haus verstellt, daß die Wägen nicht voreinander ausweichen können, der begeht einen Frevel gegen die Stadt und den Richter. Doch wer vor seinem Haus oder darin die Wägen beladen will, der soll nur mit Einverständnis seiner Nachbarn die Wägen vor der Nachbarn Tür stehen lassen.«
Das altertümliche Deutsch der Originaltexte – wir haben es hier ein bißchen lesbarer gemacht – drängt uns auch in anderen Satzungsbestimmungen die Erkenntnis der Zeitlosigkeit mancher Gepflogenheit von damals auf. Da haben beispielsweise die Regensburger Bürger den Bau einer Notfähre über die Isar mit 30 Pfund Pfennigen »subventioniert«, wofür sie mit einer Urkunde vom 12. März 1330 von allen Abgaben befreit wurden: »Die Bürger von Regensburg, die auf der Isar gebaut haben und noch bauen auf demselben Wasser, gar und gänzlich lossagen von allen Forderungen, die auf

diesem Bau uns und anderen Kaufleuten gesetzt sind und was je geht oder fürbaß gehen wird. Und darum haben sie uns gegeben dreißig Pfund Pfenning zu diesem Bau...«

Wie die gotischen Münchner von 1300 die täglich sich erneuernde Ansammlung von, schätzen wir, 80 Wagen mit 300 Rössern bewältigten, das könnte auch für unsere Gegenwart beispielhaft sein. Nicht auf dem Markt oder in den Altstadtgassen suchten sie nach provisorischen Lösungen, sondern außerhalb der Mauern waren sie bemüht, den Strom aufzufangen, und zwar erfolgreich für viele Jahrhunderte. Wie wir heute an Forstenried oder an Ismaning und Schleißheim denken müßten in der Größenordnung von heute, schufen sie mit der platzartigen Anlage des Auengeländes vor dem Talbrucktor, dem späteren Alten Rathaustor, einen gänzlich ungotisch anmutenden Straßenzug, der den gesamten vorwiegend östlich orientierten Verkehr aufnehmen konnte. Hinter den vielen Wirtshäusern der Kleinbräuer staffelten sich bis an die heutige Westenriederstraße Hunderte von Ställen; Sattlereien und Seiler sorgten für Zaumzeug und Kummet, Wachszieher für die Kerzen der Stallaternen, Käskäufler für eine geschwinde Brotzeit, und wenn man bis in unsere Zeit um den Radlsteg und Tal geschmälzten und ungeschmälzten Schnupftabak und Pfeifen aus allen Raucherepochen zu kaufen findet, dann weiß man, daß diese Geschäfte hergerufen worden sind von den Fuhrknechten aus einer Zeit, da die Fürsten Bayerns noch den Kurhut trugen. Sie liegt uns wirklich näher als die achtziger Jahre des schläfrigen Marienplatzes, dem der Güterbahnhof an der Arnulfstraße so allen Verkehrsumtrieb entzogen hat.

Ein anderer Verkehrsweg, die Wasserstraße an der Isar, nötigte die Stadtväter zu keinen so dringlichen Überlegungen. Schon von den ältesten Zeiten an spielte er, bis zum Aufkommen der Eisenbahn, eine große Rolle wegen der Wohlfeilheit der Beförderung. Wir wissen von 3639 Flößen, die im Jahre 1496 von Wolfratshausen über die Loisach und Isar abgingen; im darauffolgenden Jahr passierten 3312 Flöße Grünwald. Baustoffe wie Nagelfluh und Kalkstein, Holzkohle aus dem Isarwinkel schwammen die Isar herab, die Kohleninsel und die Kalkinsel mit ihren Brennöfen nahmen die Frachten auf, aber auch die Nürnberger Kaufleute bevorzugten für kostbare Güter aus Tirol und Italien den Wasserweg und beförderten Wein, Südfrüchte, Gewürze, Seidenwaren und anderes »Truk-

kengut«. Über den »Grünen Baum«, der alten Flößereinkehr, und die Personenbeförderung durch die regelmäßig verkehrenden Ordinariflöße, die Reisende nach allen Uferorten der Isar und auf der Donau bis nach Wien beförderten, ist schon viel geschrieben worden, meist als fröhlich bewimpelte Lustbarkeit.
Wir möchten deshalb ein weniger bekanntes Ereignis aus den Zeiten regen Floßbetriebs heraufholen mit ihrer strengen Ahndung eines Delikts der »Transportgefährdung«, wie wir heute sagen würden. Anfang April 1660 hatte der Münchner Bürger und Floßmeister Josef Pichlmayr 17 Wallfahrer, die nach Mamming zwischen Dingolfing und Landau kirchfahrten wollten, auf sein Floß genommen. Zwischen Freising und Landshut rannte das Floß in der Dämmerung in eine Untiefe, neigte sich stark, nach wenigen Augenblicken waren alle Kirchfahrer unter die strömende Flut gerissen, kein einziger wurde gerettet. Die Flößerzunft entzog ihm sofort das Befahren von Isar und Donau, der Kurfürst verschärfte den Spruch, indem er den Floßmeister, einen Familienvater mit sieben Kindern, des Landes verwies. Zwei Jahre lang trieb sich Pichlmayr als Tagwerker in der Fremde herum, erst zwei Jahre später erwirkte die völlig verelendete Frau des Verbannten durch einen Fußfall vor Ferdinand Maria die Rückkehr. Immerhin dauerte es noch weitere zwei Jahre bis zum September 1664, ehe Pichlmayr wieder ein Floß nach Wien rüsten konnte. Seine Münchner Zunftgenossen nannten ihn nämlich in ihren Schriftsätzen unentwegt einen notorischen Trunkenbold und wollten ihn in ihrem Stand fortan nicht mehr dulden. Drei Karmelitermönche, die er bei seiner ersten Fahrt nach Wien befördert hatte, halfen ihm mit einem schmeichelhaften Zeugnis aus der Verfemung; wir aber wollen hoffen, daß er nicht nur »auf dem Wasser immer ganz nüchtern gewesen sei«, wie er in einer Verteidigungsschrift beteuerte, sondern auch im Alltag eines siebenköpfigen Familienvaterdaseins.
Damit sind wir vom eigentlichen Straßenverkehr genausoweit abgekommen, wie die Personenbeförderung in der gotischen Zeit und in der Renaissance von allem Verkehr überhaupt entfernt war; man brauchte einfach kein Fahrzeug innerhalb der kleinen Stadt, die man leicht in zehn Minuten von einem Ende zum andern ausgehen konnte. Das sollte sich bald ändern; nicht wegen der wachsenden Entfernungen etwa, die die Stadt genommen hätte, sondern auf ein Gebot, das die Mode diktierte. Die Münchner wurden feiner. Der

derbe gotische Bundschuh und die gewirkten Strümpfe waren altfränkisch geworden, die höfische Mode verlangte Seidenstrümpfe, Brokat, leonisches Bortenwerk und zierliches Schuhwerk mit schönen roten Stöckeln.
Es brauchte bei den schlecht gepflasterten Straßen kein abscheuliches Sudelwetter dazukommen, um diese Pracht arg zu beeinträchtigen. Neben den Kutschen, deren sich der Hof und fremde Kavaliere bedienten, kam ein neuartiges Beförderungsmittel auf, das den kurzen Wegstrecken von damals in idealer Weise entsprach: die Sänfte oder, wie man in München sagte, der Tragsessel. Ein Münchner Kuriosum dürfte wohl die Sesselträgerzunft gewesen sein, zu der sich einige von den 840 gefangenen Türken, die nach den Türkenkriegen Max Emanuels in München hängengeblieben sind, zusammengeschlossen hatten. Als Zunftmeister wurde ein gewisser Christoph Wegerle mit der Leitung bestellt, ihr gemeinsames Logis hatten sie in der Schäferschen Behausung in der Lilienstraße. Damit der Zunftmeister nicht nach Gutdünken mit ihnen umspringen konnte, gab ihm eine hohe Obrigkeit am 26. Mai 1688 eine genaue Instruktion mit 30 Paragraphen, die alle Einzelheiten von der Verpflegung bis zur Entlohnung genau festlegte.
Billig freilich war das Vergnügen der Sänftenbeförderung nicht: »Für einen Gang von einem Haus in das andere oder von einer Gasse in die andere sind 6 Kreuzer, für eine ganze Stunde 15 Kreuzer, für einen halben Tag oder drei Stunden 30 Kreuzer und für einen ganzen Tag 1 Gulden Trägerlohn einzufordern.« Die türkische Zunft scheint sich übrigens bewährt zu haben. Vierzehn Jahre nach Erlaß ihrer Satzung, um 1700, hat Michael Wening auf seinem bekannten Kupferstich des Marienplatzes zwei Sesselträger festgehalten, die der Tarbusch auf ihrem Haupt unzweideutig als Muselmanen kennzeichnet.
Um die Mitte des 17. Jahrhunderts hatte sich im Adelsviertel des Rindermarktes, im heutigen Kustermann-Haus, der erste Kaiserliche Reichspoststallmeister Hans Christoph Prix eingerichtet, aber schon 1590 wissen wir von reitenden Posten mit Routen nach allen vier Himmelsrichtungen. Der schwindelhafte Goldmacher Marco Bragadino und seine schöne Laura hatten sich oftmals der Thurn und Taxisschen Postreiter bedient, um sich aus ihrer italienischen Heimat schlaraffische Leckerbissen auf schnellstem Weg holen zu lassen. Aber die Postwagen und ebenso die Botenfuhrwerke aus

der näheren und weiteren Umgebung gehören doch nicht so sehr zum innerstädtischen Verkehrswesen, wenn sie auch gewiß für das Stadtbild charakteristisch gewesen sein mögen.
Den Stellwagendienst dagegen, der sich in den ersten Jahrzehnten nach 1800 kräftig entwickelte, dürfen wir schon mit mehr Recht als Vorläufer des heutigen Straßenbahn- und Omnibuswesens bezeichnen. Seltsamerweise waren es nicht hauptsächlich wirtschaftliche Notwendigkeiten, die seine Entfaltung stark förderten, als vielmehr das Aufkommen eines neuen Lebensgefühls, der erwachende Sinn für die natürliche Schönheit der Umgebung, die »Entdeckung der Münchner Landschaft«, wie Georg Jakob Wolf diese Zeiterscheinung nennt. Die Lustorte der Künstlerfeiern, wie die Menterschwaige, Pullach, Grünwald, Schleißheim, aber auch Planegg als Zielpunkt des Wallfahrtsortes Maria Eich, Oberföhring und fast alle kleinen Bauerndörfer waren im Fahrplan der Stellwagen zu finden.
Mit dem Anwachsen der Stadt, die 1791 die Zwangsjacke des alten Mauergürtels gesprengt hatte, war mit Stellwagen auf die Dauer nicht mehr auszukommen. Zwar hatte das Jahrhundert mit der Entdeckung der Dampfkraft und des Kohlengases seine wirtschaftliche Umwälzung bereits eingeleitet, aber in ihrer praktischen Anwendung im Stadtverkehr zeigten sich noch keine Ansätze, und mit der neuen Kraftquelle Elektrizität, die schließlich alle überrunden sollte, hatte es überhaupt noch weite Wege.
Im Frühsommer 1861 überraschte die Münchner am Bahnhofplatz ein neuartiger Stellwagen, mit dem der Lohnkutscher Michael Zechmeister den ersten Omnibusbetrieb über den Marienplatz zum Mariahilfplatz eröffnete. Vier Wochen später wurde bereits eine zweite Linie vom Sendlinger-Tor-Platz zur Universität und nach weiteren vier Wochen sogar eine dritte vom Hauptbahnhof über den Promenadeplatz eingesetzt. Von Schienen war natürlich noch keine Rede, und für die Rößl, die jeweils die Wagen mit den 25 Fahrgästen zu ziehen hatten, waren saure Jahre angebrochen. Trotz der Verdichtung des Fahrnetzes und anderer Verbesserungen blieb dem Unternehmen des wagemutigen Lohnrößlers Zechmeister der wirtschaftliche Erfolg versagt. Im Jahre 1882 setzte er die Flagge auf halbmast und liquidierte seinen Betrieb. Mehr Glück dagegen hatte sein Nachfolger, der Belgier Edouard Otlet, der die Wagen seiner im Jahre 1817 konzessionierten »Münchner Tram-

Der »Groschenwagen« des Lohnkutschers Michael Zechmeister, ein innerstädtischer Stellwagenbetrieb, der 25 Fahrgäste befördern konnte, wurde im Jahr 1861 eingerichtet und 1882 stillgelegt.

way Ed. Otlet« endlich auf Schienen stellte und damit zum Geburtshelfer des heutigen Münchner Straßenbahnwesens wurde.
Aber der Dampf gab das Rennen noch nicht auf. Nachdem auch der Belgier im Jahre 1882 die Segel eingezogen und liquidiert hatte, bildete sich die »Münchener Trambahn Aktien-Gesellschaft« unter ihrem Direktor, dem italienischen Grafen Herkules Graziadei. Herkulisch, im Sinne jener fortschrittsfreudigen Tage, war die erste Leistung: Die Eröffnung der Dampftrambahn vom Stiglmaierplatz nach Nymphenburg. Das dampfende Vehikel ist mit dem Nymphenburger Volksgarten und seinem Affenzwinger, dem märchenerzählenden Einsiedler, dem Café Controlor und dem millionenschweren Hauserlenz von Neuhausen heute schon zu den Würzen der volkspoetischen Vergangenheit unserer Stadt geworden.
Im Jahre 1895 hatte endlich die Elektrizität aufgeholt. Am 23. Juni fuhr die erste »Elektrische« mit dem »Stangerl am Draht« vom Färbergraben zum Isartalbahnhof. Ein Zauberfahrzeug! Ohne Pferd und ohne Dampf, der ja seit sechzig Jahren mit dem Eisenbahnbetrieb längst alle Ungeheuerlichkeit verloren hatte, allein durch die geheimnisvolle Kraft bewegt, die in dem dünnen Draht strömte; das war schon des Aufregens wert! Trotzdem hatte die Pferdebahn noch immer nicht ausgespielt. Erst nach weiteren fünf Jahren war es soweit. Die letzten Gäule wurden verkauft, die Wagen der Pferdebahn aber dienten noch bis nach dem Ersten Weltkrieg als An-

hänger der Triebwagen, um schließlich nach 1933 sogar noch in den Münchner Volkswitz einzugehen. Der »Führer«, so hieß es, sollte im Trambahndepot vor »seinen ältesten Anhängern« eine fulminante Rede gehalten haben.

Wie im Stellwagen schon die Pferde und die Straßenbahn vorausgeahnt werden konnten, so schlummerte in der hölzernen Draisine des Herrn von Drais schon das Fahrrad. Die Kinderzeit dieses stählernen Bruders des ungeschlachten Laufrades von einst ist auch seine Glanzzeit gewesen. Aufrechte Gymnasialprofessoren huldigten aus gesundheitlichen, fesche Radlerinnen in samtenen Pumphosen aus sportlichen Gründen dem neuen Fahrzeug. Auf der Radrennbahn von Milbertshofen errangen Münchner Radrennfahrer hohen Ruhm, die Namen Robel und Oberberger schwangen sich zu internationaler Geltung auf.

Aber auch vor den Preis, den diese rasche Beweglichkeit gewinnen wollte, hatten die Götter manchen Schweißtropfen gesetzt. Fahrlehrer boten sich an, den Eleven der Radfahrkunst die höheren Weihen beizubringen, die von der hohen Polizei gefordert wurden. »Aufsteigen – Linkskurve – Rechtskurve – Bremsen – Absteigen«, das waren die Stationen, die unter den Augen der Polizei zurückzulegen waren, ehe der Bewerber den Berechtigungsschein zum Gebrauch eines Fahrrades in die Hand gedrückt bekam. Der altergraute Dienstmann mit der roten Mütze, der an seinem Standplatz auf dem Bänkchen saß seit Generationen, verstand die Welt nicht mehr. Die »Roten Radler«, diese flinke Meute einer neu eingerichteten Botenorganisation per Rad, drohte ihm den ganzen Wind aus den Segeln und die Butter vom Brot zu nehmen, und Ludwig Thomas »Dienstmann Hingerl« gerät im Himmel nicht schlecht in Harnisch, als er, auf einer Wolke sitzend, einen solchen »Rotzbuben« der Roten Radler vorbeikutschieren sieht.

So hat halt jede Zeit ihre Problematik; die gotische mit ihren vierspännigen Plachenwagen in den engen Gassen, der Stöckelschuh des Rokoko auf dem Rollkieselpflaster, der Fernlaster und der Volkswagen von heute wieder mit der Parkplatznot und der Enge. Es ist eben alles verhältnismäßig in der Welt; verhältnismäßig leicht in der Rückschau auf das Überwundene, verhältnismäßig unlösbar, wenn man selber in der Problematik drinnensteckt. Einen Ausschlupf sollte man halt finden wie die Zeitgenossen des Bürgermeisters Kazmair von Anno 1395!

Der Abbruch des Isartors und die ewig Morgigen

Das Schicksal des Isartors von Kaiser Ludwig dem Bayern bis Peter Cornelius und König Ludwig I.

In den ersten Nachkriegsjahren des Aufbaus sind viele Fehden darüber entbrannt, ob es angängig sei, historisch gewordene und schwer beschädigte Bauten in ursprünglicher Gestalt wiederherzustellen oder ihre meist sehr ansehnlichen Reste durch Spitzhacke und Räumbagger den Bomben nachzuschicken. Der sprichwörtliche Konservatismus der Münchner Bürger – soweit noch vorhanden – wünschte die Stadt bis aufs I-Tüpfelchen wieder so hergestellt, wie jenes München gewesen ist, das ihnen von Kindeszeiten her vertraut war. Die anderen aber zogen im Namen des »Fortschritts« zu Felde. Keine noch so ansehnliche Ruine erweckte ihnen den Gedanken, ob die alte Gestalt in diesem oder jenem Bau wieder zurückzugewinnen wäre. Es schien fast, als ob der alte Revolutionsruf »Écrasez l'infame!« zum Signal der Vernichtung aller noch verschonten Überbleibsel werden würde.
Seit das Restaurierungswerk an der Residenz, vielen Palais und Privatbauten, die München bedeuten, zu so überzeugenden Ergebnissen geführt hat, sind die Stimmen der erwähnten Aktivisten in der Öffentlichkeit fast verstummt; sie selber freilich haben sich nur verwandelt. Als Hymniker der Moderne sind sie uns erhalten geblieben. Wer gewohnt ist, ein wenig hinter seine Zeit zu schauen, in die Vergangenheit, in der nach Zschokke bekanntlich der Prophetenspiegel hängt, der wird bald der auch hier gültigen Weisheit Ben Akibas auf die Spur kommen. Das heißt in unserem Fall: im Meinungsstreit der Aufbauzeit der Wiederbelebung einer längst verjährt geglaubten Fehde zwischen den »ewig Gestrigen« und den »ewig Morgigen« beizuwohnen. Bei diesem Ringen hat es nämlich auch früher an Argumenten nie gefehlt, und die laute Forderung nach Luft und Licht, die einstmals als blühende Jungfer Stadtväter und Avantgardisten berückte, entsteigt nach mehr als hundert Jahren taufrisch dem Jungbrunnen der Vergeßlichkeit.
Anders als in Nürnberg, Bamberg, Rothenburg, Nördlingen oder auch Kempten und Burghausen ist es in München den ewig Morgi-

Das Isartor von München
Ölgemälde im Münchner Stadtmuseum
Heinrich Adam, Vedutenmaler, geboren 1787 in Nördlingen, von 1807 in München, gestorben in München 1862
Das Bild ist vor dem Jahr 1833 gemalt worden, als das im Jahr 1314 von Ludwig dem Bayern errichtete Befestigungswerk bereits zur Ruine geworden war. Im Jahr 1833 wurde es auf Befehl König Ludwigs I. durch Friedrich von Gärtner restauriert und an seiner Ostseite von Bernhard Neher mit dem Freskobild »Einzug Ludwigs des Bayern nach der Schlacht bei Ampfing« (1322) geschmückt.

gen gelungen, fast alle profanen Bauwerke der bürgerlichen Gotik und des Frühbarocks auszulöschen. Ein paar Tore stehen noch, beileibe nicht alle, und selbst die erhalten gebliebenen sind nur Torsi ihres einstigen Bestands, ausgenommen das Isartor. Bis zum Jahre 1833 war auch dieses Tor nur ein Fragment jener großartigen Befestigungsanlage, die zwischen 1310 und 1347 unter Kaiser Ludwig dem Bayern errichtet worden ist. Nur die drei Türme haben die Zeiten überdauert, doch die Barbakane-Anlage, die die Türme angriffssicher verband, war verschwunden. Peter Cornelius war es, der König Ludwig I. anregte, die Befestigungsanlage in ihrer ursprünglichen Vollendung wiederherzustellen, was denn auch in den Jahren zwischen 1833 und 1835 ins Werk gesetzt wurde. Man möchte nun annehmen, daß dieses gelungene Wiederaufbauwerk von da an für alle Zukunft gesichert gewesen und nimmermehr gescholten worden sei. Ich dachte nicht anders.

Da fiel mir ein Schriftchen in die Hände, das Pamphlet eines enragiert Modernen, das wohl im Frühjahr 1873 erschienen ist und den Titel trägt: »Des Isarthor's Zerstörung oder: Der Sieg von Luft und Licht.« Ein Anonymus namens Punkodai ist der Verfasser dieses als »komisch-romantisch-heraldisch-philosophischen Fastnachts-Singspiels ohne Musik« bezeichneten Phantasiestücks, das auf vier Blättchen gedruckt in die Münchner Welt von 1873 geflattert ist. Die Anlehnung an Jacques Offenbachs Operette »Orpheus in der Unterwelt«, die im Jahre 1866 im Theater am Gärtnerplatz zum erstenmal aufgeführt worden war, ist offensichtlich, im verwirrenden Durcheinander wie im Pseudopathos der Personen, die im Olymp und auf der Oberwelt über die Szene gehen. Der Zeitbezogenheit halber mag eine Ausgrabung der kuriosen Schrift gestattet sein, von der ihr Dichter im Vorwort sagt:

»Nehmet freundlich auf die Geburt von launigen Stunden;
S'ist Ernst und Scherz, der Ernst gar tief empfunden.«

Jupiter, seine Morgenpfeife rauchend, sitzt mißmutig auf einer Wolke und läßt sich vom soeben ankommenden Merkur das Neueste vom »Bayerischen Vaterland« berichten. Es geht natürlich um Doktor Sigls Blättchen, mit dem er, wie es heißt, »den Deutschen rauben will das junge Reich auf's Neu«. Daraufhin führt Merkur die zwei Genien der Luft und des Lichts ein, die sich bitterlich beklagen:

»So sende, o Vater, o send' deine Blitze,
In München versperrt man den Zutritt uns ja«,

um dann zu berichten:

»So steht da in München, das so Schönes hat,
Auch noch so ein Steinklotz in Mitte
'ner volkreichen Straße der glorreichen Stadt.
Jeder Tag bringt ein Unglück, ich bitte,
O Vater! geh haue den Krempel da drunt
Zusammen – es heißet der garstige Schlund
Das Isarthor.«

Nun erfahren wir auch die Urheber ihres Zorns:

»Zur Verzweiflung bringen

Die Künstler und der histor'sche Verein
Die wehren sich wütend dagegen –
Daß man abbricht den Kasten und läßt uns hinein.«

Schließlich müssen noch die »Kinder, so bleich im Thal, um die Augen so dunkel die Ringe« herhalten, was den licht- und luftliebenden Jupiter begreiflicherweise in Wallung bringt, worauf er die Stiefel an- und sich selbst, auf Abhilfe sinnend, zurückzieht.

Der zweite Akt bringt ein Stilleben am Isartor, in das der Verfasser den »Fluch eines Verunglückten« hineinpraktiziert; denn nicht nur, daß das Tor den bleichen Bewohnern des Tals Licht und Luft wegnehmen soll, muß es auch für viele Unglücksfälle herhalten. Zunächst lassen sich die beiden Erzfiguren an der Ostseite des Tors vernehmen. Sankt Georg will nicht begreifen, warum sie überhaupt dastehen und sich die Zehen erfrieren müssen, und Sankt Michael fordert kategorisch, das Tor möchte »zu den Geiern fahren«:

»Hochwohlweiser Magistrat
Höre unsere Bitte!
Mache glücklich doch die Stadt,
Breche ab die Hütte.«

Indem es ein Uhr schlägt, steigen sie auf ihr Postament zurück und machen einem Herrn Professor Platz. Von ihm tönt es freilich ganz anders. Er wendet sich an das »göttliche Bauwerk«, das nun Geldmenschen, Philister und herzlose Barbaren rauben wollen:

»Sie sagen, du schadest, o armselige Thoren!
Der höhere Nutzen, er sei euch zu Ohren.«

Betrunkene Bauern verscheuchen den Schwärmer und demonstrieren den Nutzen, indem sie das Tor eintreten und »gegen einen gewissen Paragraphen des Polizeigesetzes verstoßen«, den bekanntlich später Ludwig Thoma in seiner Kleinstadtgeschichte »Das alte Recht« glossiert hat. Pascha Knopf betritt nun die Szene. Er wünscht sich nichts sehnlicher, als das Isartor nach Konstantinopel versetzt:

»Ganz glücklich käm' ich mir da vor,
Dann wäre mir erst wieder wohl.«

Und der ihm folgende Chinese hält das Isartor für

»Die schönste Festung weit und breit.
Jaja, die Münchner sind gescheit!
Ich nehme davon Riß und Plan,
So bauen in Chinesien wir Festungen dann.«

Der Tag graut, und auch dem Privatier Flinsers graut vor den damals umgehenden Raubersgesellen, dem Gänswürger und dem Gumpp:

»Und wenn erst die Commune droht, die rothe,
fürchterliche,
So flücht ich halt ins Isarthor, mich fangen keine Schliche.«

Mephisto will bei dem Handel natürlich auch seinen Pferdefuß im Spiel haben und liefert dem Verfasser des Pamphlets das Stichwort:

»Ich sehe Götzendiener hier im Christenlande,
Und über sie regiert die schwarze Schwefelbande!«

Ein Dichter darf als gänzlich unbedarfte Person nicht fehlen, und auf seine Schwärmereien folgt die Regieanweisung: »Er steht plötzlich in den vier kahlen, inneren Wänden des Isarthores, wird in Folge deren Reizes von Verzweiflung gepackt, miethet sich hierauf im Thale ein, und stirbt Mangels Luft und Licht.« Dem schmählichen Tod des Dichters gesellt sich nun die Klage eines Krüppels, der auf der Bühne seufzt:

»Dort steht das Thor, das Schuld an meinem Elend –
Dort hab gebrochen ich den Arm, den Fuß –
Zerstört ist jede Hoffnung meines Lebens,
(mit gepreßter Stimme)
Und glaub mir, ach! s'thut weh, wenn einer betteln muß.
(Sich aufrichtend mit gehob'ner Stimme)
Hier steh' ich Armer, als ein lebend' Zeugniß
Was Eigensinn und die Manier verrichtet;
Seh't Herren hier, bin Eu'r Selbsterzeugnis
Wie Alterthum und Kunst mich hergerichtet –
(fast kreischend)
Ich könnte fluchen Euch, doch will ich Euch vergeben
(in ruhigerem Tone)
Erweiset eines mir, macht mir das Thor dort eben.«

Dieser Krüppel, das »Selbsterzeugnis« von Altertum und Kunst, will uns ein wenig bekannt vorkommen. Was ihm das Isartor, sind den Unsrigen vielfach die Alleebäume, die in aller Unschuld nie daran dachten, jemals zu »Baummördern« degradiert zu werden, was natürlich nicht nur sprachlich falsch ist – es müßte, wenn schon, Mordbäume heißen.

Mit dem Sermon des Krüppels endet der zweite Akt, und es hebt nun mit dem dritten die Katastrophe an. Das Isartor ist von den

Gegnern des Abbruchs besetzt, die Eingänge sind mit den »über die Abbruchfrage aufgelaufenen Akten, den Jahresberichten des Historischen Vereins, mit Malerstaffeleien und altem heraldischem Gerümpel verrammelt«. Vor dem Tor geht Dr. Theophil im Bewußtsein seiner Wichtigkeit auf und ab. Er ist mit langer Feder und Giftflasche sowie einem Geldsack versehen, auf dem »Spitzeder« steht, womit die vermeintlichen Widersacher des Abbruchs charakterisiert sein sollen. Dr. Theophil meditiert bombastisch, worauf sich die Belagerer im Vordergrund zum Angriff formieren, angefeuert vom Chor der Belagerten:

»Sie sollen es nicht haben,
Das stolze schöne Thor!
Architectura will's nicht haben,
Das Alterthum geht hier vor.«

Hufgeklapper von der Frauenstraße her, Ritter Quastel stürmt zum Entsatz herbei, er senkt die Lanze, öffnet das Visier und spricht: *»Ich bin der Ritter Quastel*
Und hab ein schönes Castell!
Gerümpel und Heraldik,
Die liebe ich gewaltig!
Ich trete ein fürs Alterthum
Wer dagegen ist, den bring ich um!«

Mit diesem Ritter Quastel dürfte wohl der weitbekannte Heraldiker und Genealoge Dr. Karl Ritter und Edler Mayer von Mayerfels gemeint sein, der wegen seiner Sammlung von Pfeifenquasten von seinen Freunden »Quastlmayer« genannt worden ist.

Aber zurück zum letzten Sturm aufs Isartor: Ritter Quastel wird vom Wasserstrahl aus zwei Feuerspritzen weggespült, die Belagerer setzen Rammen ein, um die Barrikaden einzustoßen, furchtbarer Aufruhr im Tor. Da erscheint in den Wolken Jupiter unter Donnerschlägen und einem Erdbeben. Mit Stentorstimme läßt sich der olympische Göttervater vernehmen:

»Ihr Menschlein unten, die ihr meine Gaben
Die Luft, das Licht, durch Mauern haltet auf;
Die ihr verhindern wollt den Nächsten sich zu laben
Am Urquell alles Lebens, dessen Hauch
Mit Wonne euch durchschauert. – Ihr die die Erhaltung
Von altem Stein des Nächsten Wohl zieht vor.
Nicht hindern sollt ihr weitere Entfaltung.

Ihr seid verdammt mit sammt dem alten Thor!
Es zu bewahren in der dunklen Erde,
Bis daß ein milder Geist euch gnädig werde. –«

Was der Leser geahnt, wird Wirklichkeit, das Isartor versinkt unter Donner und Blitz samt Mann und Maus in Grund und Boden. Feste Erde erscheint mit dem »schönsten Großhesseloher Pflaster«. Auf der Stelle, wo das Tor stand, tanzt man einen Triumphcancan. Das Tal wird als klimatischer Kurort von den Engländern besetzt. Alle Menschheit ist »sauerstoff-, licht-, alkohol- und freudetrunken«.

Damit endet aber auch die Vision des einfallsreichen Pamphletisten Punkodai. Das Isartor hat seitdem seinen Abbruch um fast hundert Jahre überdauert. Die Kinder, die inzwischen im Tal aufgewachsen sind, mußten offenbar weiterhin an Bleichsucht leiden, mit tiefliegenden Augen und dunklen Ringen drumherum düster in ihre trübe Zukunft schauen. Von einem freilich schon 1854 Geborenen, der im Tal zur Welt gekommen und aufgewachsen ist, heißt es in seinem Lebensbuch: »Der kleine Georg gedieh prächtig.« Der »kleine Georg« wurde zum großen Reformer des Münchner Schulwesens und heißt Georg Kerschensteiner. So einer aber paßt nicht ins Rezept des Pamphletisten.

Die schöne Moral aus der Geschichte aber sei die freundliche Aufforderung an die Leser, die Argumente der »ewig Morgigen« unter die prüfende Lupe der Vernunft zu nehmen, wenn sie uns mit fortschrittgläubiger Emphase ihre Gedankenräusche einträufeln möchten.

Dornen und Lorbeer im Färbergraben

Seine Herkunft aus den ältesten Tagen Münchens beweist der Färbergraben mit seinen Hausbezeichnungen

Vom heutigen Schuhhaus Salamander an der Ecke der Kaufingerstraße zieht sich der Färbergraben in scharfer Krümmung nach Süden und Osten. Wie so oft in den Straßen der Altstadt, haben wir es nicht mit einer willkürlichen Baulinie zu tun, sondern mit einer letzten Andeutung des ältesten Münchens und seines Stadtwalls, dessen Mauern längst Wohnhäusern weichen mußten. Der einstige

Graben vor den Mauern, von einem Stadtbach durchflossen, das ist unser heutiger Färbergraben. Ob sich die Gasse aber als ein Teil der angrenzenden sagenhaften Stadt Altheim erweisen läßt, deren Existenz der Kulturhistoriker Dr. A. Elsen neben dem ältesten München mutmaßt, bleibt der Aufhellung durch künftige Forschung überlassen.

Seinen Namen hat der Graben möglicherweise von einigen Färbern, die hier am Bach ihr wasserbedürftiges Gewerbe trieben, aber ihre Namen sind uns nicht erhalten. Das städtische Färbhaus stand jedenfalls nicht hier, sondern am Anger und wurde im Jahre 1443 um 5 Pfund Pfennige Jahresmiete an die Zunft verpachtet samt Inneneinrichtung und Kesselanlage.

Seine Herkunft aus den ältesten Tagen Münchens beweist der Färbergraben mit seinen Hausbezeichnungen. Da ist an der Ecke der Sendlinger Straße das Rappeneck, das eigentlich Rabeneck hieß. Am Rabenberg nannte man es hier und ein gutes Stück der Sendlinger Straße hinauf, und wenn die alten Sagen recht haben, dann gingen hier die Geister der Gehenkten um. Das Pfaueneck am Eingang zur Hotterstraße hat nun sein Hauszeichen wiedererhalten an der neuerstandenen Apotheke. Gegenüber, wo vor dem Kriege das Haus Knagge & Peitz stand, dorthin hatte 1315 der Kaiser Ludwig der Bayer, der große Erneuerer Münchens, die Obere Fleischbank verlegt, mit dem Befehl an die Metzger, statt im eigenen Hause künftig im allgemeinen Schlachthaus zu metzgern. An der Ecke zum Altheimer Eck schließlich finden wir das Hirscheck, nach dem Hirschbräu benannt, dessen einstiger Sommerkeller, der »Hirschbräukeller« an der Zollstraße, bis dicht an unsere Zeit hin durch »Papa Hubers Bunte Lachbühne« lebendig geblieben ist. Das Hirscheck aber hat sich manche Metamorphosen gefallen lassen müssen. Es wurde zur Weinschenke, eine davon hieß »Räuberhöhle«, dann wurde der Stefanskeller daraus, bis Karl Valentin mit seinem »Gruselkeller« dem Hirscheck die letzte münchnerische Weihe vor der Zerstörung gab.

Außer dem Hirschbräu gab es noch einen zweiten, den Krapfenbräu im Färbergraben. Es sind die beiden Anwesen Nr. 24 und 25, in denen von 1565 bis 1727 die Brauerei betrieben wurde, und hier hatte auch die Zunft der Strumpfwirker ihre Herberge. Aus dem Nachbaranwesen, »Zum Himmelsschäffler« genannt, sind nach der großen Pest die Schäffler zum ersten Male zu ihrem Reigen auf die

Straßen gezogen. Den ungewöhnlichen Namen »Zum Himmel«, wie das Anwesen ursprünglich benannt wurde, erhielt es im Gegensatz zu dem Nachbarhaus an der Sendlinger Straße, das »Zur Hölle« hieß. Eines Tages, am 29. Juni 1631, stürzte ein Teil des »Himmels« ein und fiel auf das angrenzende Haus, woraus die Münchner das Witzwort machten, »der Himmel sei in die Hölle gefallen«.

All dies ist aber doch nur bruchstückweises Leben, nur Strandgut verklungener Tage. Nicht verhallt aber ist das bittersüße Epos, das sich in den Tagen der Frührenaissance am Färbergraben begeben hat.

Damals hatte sich der erste deutsche Liedmeister, Ludwig Senfl, nach der Auflösung der Kantorei Kaiser Maximilians I. an den Bayernherzog Wilhelm IV. gewandt, der den vielberühmten Musiker als ersten Kapellmeister für seine Hofkapelle bestellte. Hochgeschätzt von seinem Herrn und anderen Potentaten, von »Klaffern« aber immer wieder belästigt, kaufte er sich ein Haus an der Hofstatt, nahe dem des Stadtschreibers und Humanisten Simon Schaidenreisser am Färbergraben. Eine fröhliche Freundesrunde scharte sich um den äußerlich kraftstrotzenden Mann mit dem vollen typischen Sängergesicht. Man zechte gewiß auch in der Gastwirtschaft von Senfls Nachbarin, jener »Agnes Thomani aufm Värbergrabn«, die 1542 als Hexe aus der Stadt verbannt wird, weil sie »hiervor mit dem Capellmeister und jetzt mit dem Dechant zu Unser Frauen in Unehrn gehaust und in Verdacht kumen, als soll sie diesen bayden Herrn poculis amatoris die Vernunft, Gedächtnis und sunderlich die Leibsgesundheit genummen haben«.

Ist Senfl, der ein guter Familienvater gewesen sein muß, hier von einer unverständigen Umwelt oder gar aus Brotneid in einen Skandal verwickelt worden, um ihn seinen Gönnern mißliebig zu machen? Wir wissen es nicht, und wir vermögen auch nicht zu ermessen, ob die Aufregungen, die ihm die Affäre unzweifelhaft bereitet hat, an seinem frühen Tod schuld waren, der ihn bereits im nächsten Jahr dahinraffte.

Über die Zänkereien des Tages hinaus aber erhebt sich himmelhoch die versöhnliche Macht seiner Kunst. Ihm mag es tröstlich gewesen sein, als in seine Stube einst ein Brief Luthers flatterte, in dem ihm der Reformator diesen Lorbeerkranz wand: »Obwohl mein Name so verhaßt ist, daß ich befürchten muß, ein Schreiben, das ich an

Dich, bester Ludwig, absende, möchte gar nicht an seine Adresse gelangen und von Dir nicht gelesen werden, so wird diese Sorge doch zurückgedrängt durch die Liebe zur Musik, mit der ich Dich von Gott geschmückt und begabt weiß... Wer sollte auch selbst bei den Türken es tadeln, wenn jemand die Kunst liebt und den Künstler lobt! Lobe und achte ich ja selbst Deine bayerischen Herzöge, so wenig sie mir gewogen sind, darum vor allen anderen, weil sie die Musik so fördern und ehren... Ich bin ganz der Ansicht und spreche sie ohne Scheu offen aus, daß es nach der Theologie keine Kunst gibt, die der Musik gleichkommt; sie allein gewährt uns, was sonst nur die Theologie zu verleihen imstande ist: Ruhe und Freude des Herzens.«

»Münchner Geschichten« in der Burgstraße

Die Burgstraße von Ludwig dem Strengen bis Wolfgang Amadeus Mozart

Das Bild des alten München im Stadtkern ist beinahe in allen Straßen durch einen baulichen Akzent bestimmt, den die höfische Baufreude der wittelsbachischen Landesherren gesetzt hat. Vom bürgerlichen München ältester Zeit aber ist – den Sebastiansplatz und den Jakobsplatz nicht ausgenommen – keine Gasse mehr lebendig, die das Fluidum von einst so eindringlich spürbar durchweht wie die Burgstraße.

Als sie die wichtigste Rolle ihres Daseins spielte, um 1400 etwa, da gab es keinen eindeutig herrschenden Bayernherzog, die Herren lösten einander ab, stritten und vertrugen sich wieder, und es ist begreiflich, daß da keiner, um ein modernes Wort zu gebrauchen, größere Kapitalien in den unsicheren Besitz der Stadt München investieren wollte durch großartige Bauten. Also blieb trotz des Torturms der Alten Veste von Herzog Ludwig dem Strengen unsere Burgstraße ein bürgerliches, ja ein gotisches Wesen, und dies bis in unsere Tage hinein. Und das will was heißen.

Mit dem Löwenzwinger des strengen Ludwig am Löweneck hinter dem Hause Dallmayr tritt die Gasse ins Licht der Geschichte, aber wir möchten nicht wiederholen, was wir bei der Schilderung der Dienerstraße über diesen ersten Münchner Tierpark erzählt haben, und wenden uns der freundlichsten Geschichte zu, die dieser Gasse je passiert ist, einer traumschönen Liebelei, die so jugendfrisch geblieben ist, als wäre sie erst gestern geschehen. Das Haus Nr. 11, in dem heute der Geigenbauer Zunterer sein klingendes Handwerk treibt und nebenbei alljährlich an Weihnachten seine herrliche Krippe aufstellt, erwarb im Jahre 1391 der schlichte Bürger Otto Schymel mit seiner Gattin, der schönen Adelheid, und betrieb darin eine Gaststätte, in der sich, wenn sie heute noch da wäre, wohl ebenso prächtig pokulieren ließe wie damals. Und dann waren noch der Sohn Hans Schymel und dessen Tochter da, deren Taufname uns leider nicht erhalten geblieben ist, die Hauptperson in dieser Liebesgeschichte. Hier gingen die gewappelten Bürger des damaligen Münchens aus und ein, die drei herzoglichen Brüder Ludwig, Stephan und Wilhelm sah man mit ihren Räten häufig als Stammgäste an den Tischen der schönen Adelheid. Ja, »und dös san halt Münchner Gschichten...«, der junge Herzog Wilhelm begann ein Gschpusi mit der Wirtsenkelin, und auf einmal war ein junges Herzöglein da oder ein kleines Wirtsbübl, wie man es nennen will. Aber zum Alimentengericht brauchte die Kindsmutter nicht zu laufen, denn der Vater sorgte für den kleinen Konrad, wie er getauft wurde, und als er herangewachsen war, kaufte er ihm die Hofmark Planegg und gab ihm den Namen Konrad von Egenhofen, und die Ortsgeschichte weiß von ihm zu berichten, daß er ein ausnehmend tüchtiger Landwirt und Gutsherr in Planegg geworden ist. Nach jenem folgenreichen Techtelmechtel in der Burggasse vergingen fast vierhundert Jahre, bis unter ihren Bewohnern wieder einer in die Unvergänglichkeit einging. Kurfürst Max Emanuel hat ihn während seines Exils in Brüssel kennengelernt, den zwergenhaft klein gestalteten François de Cuvilliés. Der Kurfürst witterte in ihm eine tüchtige Begabung und schickte ihn auf eigene Kosten nach Paris zu vierjährigem Studium. Wohl selten hat sich das Stipendium eines Mäzens in so vielfältiger Weise ausgewirkt, denn Cuvilliés, der übrigens zu einem Wahlmünchner der echtesten Art wurde, ersann im selben Hause, in dem einst die Herzöge mit der schönen Schymelin scharmutzierten, die herrlichsten Bauten des Rokoko, deren Schönheit wir niemals satt bekommen werden: die Amalienburg, das Portia-Palais und den Bischofshof in der

Kardinal-Faulhaber-Straße, das Residenztheater und die verlorengegangenen, jedoch wieder zurückgewonnenen Reichen Zimmer der Residenz.
Sechs Jahre nach Cuvilliés' Tod logierte vier Monate lang Wolfgang Amadeus Mozart schräg gegenüber im zweiten Stock des »Sonnecks«, dem es leider infolge eines etatmäßigen Kurzschlusses nicht glückte, als Hofkomponist die ersehnte Anstellung an der kurfürstlichen Oper zu finden. Was es für unsere Stadt fortwirkend bedeutet hätte, wenn der Meister in München heimisch geworden wäre, wollen wir nicht ausmalen. So bleibt uns nur die Erinnerung, daß doch eine seiner Opern, »Idomeneo«, während seiner Münchner Tage in diesem Hause entstand und am 29. Januar 1781 unter seiner Stabführung im neuen Residenztheater erstaufgeführt wurde.
Kaum sechs Jahre später schloß im ältesten Hause Nr. 5 der Münz- und Bergrat und spätere Hofkammerrat Dominikus von Linprun die Augen. Der Bergbau in Bayern verdankt ihm manche Verbesserungen, sein größtes Verdienst aber war die Gründung der Akademie der Wissenschaften, die er mit Feuereifer betrieb. Sein Sterbehaus ist, trotz der beträchtlichen Kriegsschäden, die es erlitten hat, eine der größten kulturhistorischen Kostbarkeiten der Stadt. Über dem gotischen Kielbogenportal führt heute noch eine der selten gewordenen Himmelsleitern in die oberen Stockwerke, und im Hof des Anwesens findet sich die einzige Spindeltreppe der Stadt, die selbst in ihrem jetzigen Zustand mit den besterhaltenen im historischen Rothenburg wetteifern kann.

Am Frauenplatz erlebt Hans Sachs seine unglückliche Liebe

Frauenfreithof – Frauenbergl – Domfreiheit – Frauenplatz – Hans Sachsens Liebesromanze und Mozarts fehlende »Vakatur«

Auch in den Namen von Straßen und Plätzen wird oftmals die Verwandlung offenbar, der keine alte Stätte entgeht, auch wenn sie noch so sehr von einem unwandelbaren Mittelpunkt bestimmt wird, wie ihn unsere Frauenkirche darstellt. Frauenfreithof – Frauenbergl – Domfreiheit – Frauenplatz, das sind im Laufe von vielen

Jahrhunderten die vier volkstümlichsten Namen für ein und dieselbe Örtlichkeit rings um den Liebfrauendom, und wenn wir aus gotischer Zeit den Namen Kirchgasse, wie man's damals an der Südseite der Kirche hieß, und dazu den Namen Domplatz aus der jüngsten Vergangenheit hinzunehmen, dann wären es gar sechs Benennungen. Es ist ja auch ein weiter Weg von dem nahezu dörflichen Frauenfreithof bis zum heutigen Frauenplatz, und mancherlei kunst- und kulturhistorisches Rankenwerk wuchert an seinem Rande.

Bevor wir uns jedoch die Gestalten und Geister aus dem Einst heraufrufen, müssen wir um 170 Jahre zurückblenden auf den alten Frauenplatz und seine Gestaltung vor der »Freilegung«. Damals stand gegenüber dem Hauptportal eine Häuserbarre dicht an den Dom gerückt, der Dechanthof, der erst im Jahre 1866 abgebrochen wurde, während von der heutigen Schäfflergasse noch das stattliche Kantorhaus gegen die Löwengrube vorgriff, das bereits im Jahre 1798 dem Abbruch verfallen war.

Wir vermögen uns auch heute noch unschwer die Wirkung vorzustellen, die das mächtige Gotteshaus, umringt von ein- und zweistöckigen Häuschen, ehedem ausübte. Aber nicht von der Frauenkirche wollen wir erzählen, sondern von ihrer Umgebung, und die erste Nachricht schmuggelt sogar den Teufel in die Geschichte. Nachdem der höllische Widersacher den ersten Blick in die werdende Kirche geworfen habe, sei er zufrieden davongezogen. Er hielt die Kirche für einen mißglückten Bau, der ihm nicht viel schaden könne, weil es ja viel zu dunkel im Schiff sei. Der dumme Teufel aber fand sich getäuscht, als er später die Leute fleißig in die neuerbaute Kirche gehen sah, und weil er das Gotteshaus, das inzwischen geweiht worden war, nicht mehr betreten konnte, brauste er wutentbrannt außen um die Mauern, um die Beter vom Kirchgang abzuhalten. Seither, so berichtet die Sage, stürmt es zu allen Zeiten um die Frauenkirche, daß die Windgewalt manchen zum Frauenbergl hintreibt und den Hut in alle Lüfte wirbelt. Mit dem Wind am Frauenplatz hat es selbst heute noch seine sachliche Richtigkeit, aber die Teufelserscheinung ist ebenso sagenhaft wie der Geist, mit dem der Schlafhaubenkramer Händel gekriegt hat. Dieser Krämer, der sein Geschäft Ecke Schäffler- und Weinstraße betrieb, machte sich eines Abends am Stammtisch dafür stark, einen Geist »zu bestehen«, der am Frauenfreithof mit einer weißen

Der Dechanthof vor dem Hauptportal der Frauenkirche, rechts der Augustinerstock
(Aquarell von Josef Puschkin, um 1880)

Schlafhaube auf dem kahlen Schädel sein Unwesen trieb. Der Krämer trank sich also tüchtig Mut an vor dem Heimweg, und als er über den Friedhof stapfte, saß tatsächlich an einem Grabhügel der schlafmützige Geist, den er alsbald attackierte und ihm eine Ohrfeige gab, daß die Zipfelhaube davonflog. Da war's aber mit seinem Mut zu Ende, und er rannte, verfolgt von dem unheimlichen Gast aus dem Jenseits, die Schäfflerstraße hinunter und schlug dem dicht hinter ihm schwebenden Gespenst die Tür vor der Nase zu. Der Schreck saß ihm noch in den Gliedern, als er in sein Zimmer trat und den Hohläugigen zum Fenster hereingrinsen sah. Er riß ein Muttergottesbild von der Wand und warf es dem Geist entgegen, der darauf augenblicklich verschwand. Am nächsten Morgen aber hing das Bild unversehrt am Nagel, als wäre nichts geschehen. Die Geschichte ist lange Zeit in unserer Stadt erzählt worden, aber die Stammtischbrüder, die wahrscheinlich leicht hätten Aufklärung geben können, haben Stillschweigen darüber bewahrt, was es mit jenem Geist auf sich gehabt hat.
Ein anderer Geist waltete in dem spitzgiebeligen Hause, das gegenüber dem Bennobrünnl am Ostchor der Kirche bis zum Jahre 1865 stand, in der Poetenschule. Sie wurde als Schöpfung der Stadtver-

waltung im Jahre 1478 gegründet und ist neben den bisherigen zwei »deutschen« Schulen von St. Peter und zu U. L. Frau als höhere Schule anzusprechen, in der auch Latein gelehrt wurde. Ihren Namen erhielt sie von der Gepflogenheit, poetische Spiele aufzuführen, eine gewiß recht modern anmutende Übung, die uns andeutungsweise heutzutage in der Einführung des Marionettenspiels in freilich anderer Form wieder gegenwärtig wird. Poeten heranzubilden war natürlich ihre Aufgabe nicht, wenn auch die berufenen Lehrer als namhafte Pädagogen ihrer Zeit dem Pegasus wohl manchmal einen Scheffel Hafer vorgeschüttet haben mochten. Als erster Lehrmeister wirkte an der Poetenschule Heinrich Grüninger mit acht Gulden Quatembergeld, also Vierteljahresgehalt, ein gelehrter Mann, der Münchens Belange in einem Rechtsstreit bei den juristischen Fakultäten der italienischen Universitäten vertrat; ihm folgte 1486 der in Ingolstadt gebildete Magister Sigmund Eisenhofer, 1489 wird »der Rusenhamer Schulmeister der Poeterei«, dann Franciscus Praun, Lizentiat, dessen Stelle 1497 Meister Konrad, »ein welscher Schulmeister«, einnimmt. Schon 180 Jahre vorher war das ausschließliche Schulrecht der Kirche durchbrochen, der Rat der Stadt war Schulherr, der die Lehrer bestellte, den Bau und den Unterhalt der Schulgebäude aus Gemeindemitteln bestritt, Bänke und Pulte beschaffte, ja sogar die Schulbücher und die Musikalien zur Verfügung stellte.

Am Stephanstag des Jahres 1513 aber kam durchs Schwabinger Tor ein Handwerksbursch in die Stadt, der mit der Poetenschule in eine zwar nur lose Verbindung kommen sollte, der für das geistige Leben unserer Stadt aber, hätte ihm nicht eine unglückliche Liebe das Dableiben verleidet, von größter Bedeutung geworden wäre. Es war Hans Sachs, damals noch nicht Meister, sondern Geselle, aber doch schon ein Poet, der bis dato bereits zweier neuer Töne (Versarten) Meister war, nämlich der »Silberweis« und der »güldnen Weis«, die er als fabulierender Wanderbursch ersonnen hatte. In seinem poetischen Lebensrückblick läßt sich die Münchner Episode folgendermaßen an:

»Als ich meines Alters war
Fast eben im zwanzigsten Jahr
Thet ich erstlich mich unterstan
Mit Gottes Hilf zu dichten an.
Mein erst Bar im langen Marner

Gloria patri Lob und Ehr
Zu Münichen, als man zelt zwar
Fünfzehnhundert vierzehn Jahr
Half auch daselb die Schul verwalten...«

Nach der Überlieferung hat Hans Sachs in der Poetenschule zugesprochen, von der in dem Gedicht die Rede ist, und seinem ersten Bar (Gedicht) und der Singweise im Ton des Minnesängers Marner aus dem 13. Jahrhundert sind später unzählige gefolgt, in denen die Stadt und Nachbarorte wie Finsing und Ergolding immer wieder antönen. Der Leinenweber Nonnenpeck hat ihn in den Gesetzen der Tabulatur unterwiesen, und die heute vergessenen Meistersinger von München mögen in den Versen des munteren Gesellen die Klaue des Löwen gespürt haben: der urwüchsig-humorvolle Jörg Schiller, der einer der volkstümlichsten war und dessen »Hofton« und »Maienweise« oft nachgeahmt wurden, dann der tiefreligiöse Albrecht Lesch, Jeronimus Drabolt, Jörg Schechner, Niklas Zimmermann und wie sonst noch die ehrsamen Handwerksmeister heißen mochten, die des Abends Nadel und Hammer mit dem Gänsekiel vertauschten. Wo die handwerklichen Reimer ihre Übungen abhielten, ist leider ebensowenig überliefert worden wie die Schuhmacherwerkstatt, in der der junge Sachs »Wasserstiffl und Schuch außgeschnittn / Frawenschuch nach Höflichen sittn« verfertigte. Und vielleicht wäre er ganz der Unsrige geworden, wenn ihm seine Münchner Liebe nicht eine solche Enttäuschung bereitet hätte. Das Mädchen wohnte mit ihm im selben Haus, und obwohl es sich nicht durch besondere Schönheit auszeichnete und »zornreich und wankelmütig, trutziger Art, dazu ungütig« war, liebte er es »ob allen«. Er gab ihm täglich Geschenke, »dieweil es des notdürftig war«. Erst als er um seine Hand anhielt, erfuhr er, daß es bereits verlobt sei, aber selbst nachdem der Bräutigam nach jahrelangem Fernsein zurückgekehrt war, wollte er dem Nebenbuhler das Feld nicht räumen. Der Vater des Mädchens bewirkte schließlich die Trennung von Sachs, der traurig Abschied nahm und mit »großer Eile« zur Stadt hinauswanderte... »es war gleich in des Maien Blüt'...«

So endete des Meistersingers Liebesromanze in unserer Stadt, in der er die längste Zeit seiner Wanderschaft, fast eineinhalb Jahre, verbracht hatte.

So endete mehr als 250 Jahre später auch die Liebe eines Größeren zu unserer Stadt, der in der Wohnung des Kanonikus von Pernat am Frauenplatz 13 an Weihnachten 1774 Aufnahme gefunden hatte: Wolfgang Amadeus Mozart, für den leider »keine Vakatur« da war.

Ein Kunstgenosse bescheidenerer Art hatte sich im Jahre 1828 im Augustinergaßl niedergelassen: der Hofmusikus Konrad Barthel. Als Violinist war Barthel, der vom Weinreisenden zur geliebten Musik hinübergewechselt war, beim Isartortheater beschäftigt gewesen, dessen Schließung im Jahre 1825 ihn in keine geringe Klemme brachte. Erst auf das Dazwischentreten des jungen Königs Ludwig I. hin erteilte ihm der Stadtmagistrat die bis dahin verweigerte Weinschenkkonzession. Aus der bescheidenen Weinstube, die der alte Theatergeiger daraufhin im Oktober 1828 eröffnete, ist in mehr als hundertjährigem Bestehen das noch unserer Generation wohlbekannte Weinhaus Kurtz geworden, das als Stelldichein von Bürgern, Schriftstellern, Wissenschaftlern und Künstlern eine bedeutsame Rolle gespielt hat.

Und noch einmal müssen wir tief in die Vergangenheit untertauchen, zum Jahre 1487, als Martin Ridler seine Reiche Almosenstiftung vom Kosttor, wo sie seit 1449 bestand, hierher zum Frauenplatz 10 verlegte. Bis zum Jahre 1805 wurden hier an arme Bürger aus dem reichdotierten Stiftungsfonds an den Samstagen Brot und Fleisch verteilt. Die alte Erinnerungstafel ist in pietätvoller Weise nach dem Wiederaufbau des Anwesens, des Optiker-Buchner-Hauses, angebracht worden. Mit dem ersten Brillenmacher Münchens, Johann Paulus Hirn (1718 bis 1797), aber ist ein neues Kapitel Haus- und Firmengeschichte aufgeschlagen worden, das vom Gründer Hirn über den Lehrmeister und Optikus Niggel zu Nikolaus Buchner und Nicolaus Brantl zum Heute führt.

Bis zu Anfang unseres Jahrhunderts konnte man alle Quatember den Zug der »Quatembermänner« in ihrer seltsamen Renaissancetracht, dem langen, gefalteten schwarzen Mantel, der weißen Halskrause und dem breitrandigen Spitzhut, vom Heiliggeistspital zur Frauenkirche schreiten sehen. Nach einer Stiftung der Herzoginwitwe Anna vom Jahre 1580 nahmen sie an einem Seelengottesdienst für deren Gemahl, den Herzog Albrecht I., teil, wofür jedes der sechs Männer und Frauen eine Spende von vier Kreuzern erhielt. So sichtbar knüpfte sich noch bis vor kurzem das Alte ans Neue.

Das alte Hofbräuhaus am Platzl
(anonymes Aquarell, um 1830)

Am Platzl trifft sich die Welt mit München

Orlando di Lasso – Herzogliches Weißbräuhaus –
Peter de Candid – Hofbräuhaus –
Torggelstube – Wedekind – Thoma

Dampfende Surhaxln und Leberkäs in den Metzgerläden, Patrona-Bavariae-Taler und Silbergeschnür für grünsamtene »Schiläh-Leibl« und »Deandl-Miada«, ein beizendes Düftl Backsteinkäs, vermischt mit den süßrassigen Rüchlein eines Virginiawölkchens, und dazu die herbe Säuerlichkeit gegerbten Leders – das sind die Ingredienzien, die rund ums Platzl ins Bild gemischt sind, der Nase und dem Auge wohl vernehmbar. Einst Kern der Graggenau, wie das Viertel genannt wurde, empfinden wir heute noch die Sparkassenstraße, die Lederer-, die Bräuhaus- und die Orlandostraße als unmittelbar zum Platzl gehörig.

Sein Mittelpunkt, das Hofbräuhaus, ist so berühmt, daß manche zu

der irrigen Meinung verleitet sind, es wäre die Synthese des Münchner Wesens schlechthin. Und das kaum weniger berühmte Gegenüber des Hofbräuhauses, Weiß Ferdls weißblaues Podium, hat den Namen des »Platzl« so sehr in Übereinstimmung mit sich gebracht, daß es selbst eingeborenen Münchnern schwerfällt, auch die anderen Töne mitzuhören, die beim Klang des Namens mitschwingen; trotzdem sind sie nicht weniger münchnerisch, bloß leiser.
Aber um beim Bier zu bleiben, der erste Banzen Braunbier ist nicht an der Stätte des heutigen Hofbräuhauses angezapft worden, sondern ein paar Schritte ums Eck, im herzoglichen Bräuhaus, dem heutigen Zerwirkgewölbe, das von 1589 bis 1808 Brauzwecken diente, während das Hofbräuhaus – erbaut auf der Stätte von sechs Privathäusern und des herzoglichen Kantoreihauses – von 1585 bis 1801 als Weißes Brauhaus betrieben wurde. Und hier ist, seltsam genug, die Nahtstelle, wo sich das genußfrohe München mit dem kulturträchtigen Geist der Stadt berührt.
Einer, der den Neubau des herzoglichen Weißbräuhauses erlebt hat, war der Wahlmünchner Orlando di Lasso, der aus Belgien stammende Tondichter, der von Albrecht V. im Jahre 1557 als Leiter der Hofkapelle nach München berufen wurde, sich ein Jahr später mit der herzoglichen Kammerdienerin Regina Weckinger verheiratete und ein echter Münchner wurde. Wenn der Meister in seinem Haus, das einst an der Stelle des heutigen Cafés stand, das seinen Namen trägt, zum Fenster herausschaute, dann mochte ihn, der nicht nur ein Meister der Töne, sondern auch ein lebenslustiger Gesellschafter und tüchtiger Zecher war, die Laune nach einem erfrischenden Trunk nebenan im herzoglichen Weißbräuhaus ankommen, und es ist durchaus nicht abwegig zu mutmaßen, daß seine Kompositionsarbeit zu den sieben Bußpsalmen Davids, die der Herzog auf Pergament schreiben und mit Miniaturen von Hans Mielich schmücken ließ, von manchem guten Trunk an den Stammtischen des Bräuhauses nebenan unterbrochen wurde.
Hier in des Meisters Stube am Platzl hat auch seine »Regina Lassin« am 4. Mai 1575 den köstlichen Dankbrief an Herzog Wilhelm V. geschrieben, der bezeichnend ist für die unhöfische Tonart, die zwischen dem Herzog und seinem Hofkapellmeister üblich war, wie es in dem Schlußsatz deutlich wird: »... mein hauswirt laßt sich gegen E. f. g. (Euer fürstliche Gnaden) Entschuldigen, daß er

E. f. g. jetzt nit schreibt, er mueß Rasten. denn er ist gar mied vom Ballnspielen.«

Nach Orlando di Lasso gehörte das Haus Nr. 4 einem anderen Wahlmünchner, dem Maler, Bildhauer und Architekten Peter de Candid, der in dem nunmehr kurfürstlich gewordenen München unter Maximilian I. einen entscheidenden Einfluß auf die Entwicklung der Kunst erlangte.

Ein weiter Weg von mehr als dreihundert Jahren ist von Lasso und Candid hinüber zu »Wahnmoching« in der Torggelstube und seinem Wedekind-Stammtisch, dem Ludwig Thoma in seinen Erinnerungen einen besonderen satirischen Aufsatz gewidmet hat. So ins »Bedeutende, Faustische oder anekdotischem Wesen sich Nähernde«, wie Thoma die Torggelstubenatmosphäre von 1900 schildert, reicht es freilich in der Ledererstraße nicht, im Gegenteil. Als Ludwig der Bayer alle übelriechenden Gewerbe aus der Innenstadt an die Peripherie verlegte, machten sich die Weißgerber, die »Ircher«, hier ansässig, und Irchergasse war dann auch der frühere Name dieses für damalige Verhältnisse recht ansehnlichen Straßenzugs.

Da dürfen wir vor allem des Thürlbades nicht vergessen, das an der Stelle der heutigen Gaststätte Scholastika stand. Am »schmalzigen Samstag« (Faschingssamstag) des Jahres 1471 saß der starke Herzog Christoph im hölzernen Badezuber, als ihn Graf Niklas von Abensberg auf Befehl des Herzogs Albrecht IV. festnehmen ließ, darauf in längere Haft setzte, um ihn zu veranlassen, endlich von den Ränken Abstand zu nehmen, mit denen der rauflustige Bruder die Alleinherrschaft Albrechts immer wieder zu erschüttern suchte. Nun, die Zeche hat vierzehn Tage später der treue Abensberger zahlen müssen, als ihm Christoph bei Freising auflauerte und ihn niederstach an der Stelle, die heute vor dem Schlüterwerk durch einen Gedenkstein bezeichnet wird.

In milderem Licht erscheint uns 260 Jahre später das Haus mit dem Thürlbad, von dem so viel Unheil ausging. 1736 hat hier der Prinzenerzieher und spätere Kabinettssekretär Andreas Felix von Oefele sein Heim aufgeschlagen, ein feinsinniger Gelehrter und Freund aller Künste, der an seinem dreißigsten Geburtstag in sein Tagebuch schrieb: »Heute ist mein dreißigster Geburtstag. Möge Gott es zum Guten wenden. Ich verbrachte den Tag, wie ich mir wünsche für allezeit, unter Büchern.« Er gehörte zu jenem Kreis von stillen Sammlern schöner Dinge, Gemälden, Kupferstichen, Büchern und Handschriften, der aus der Münchner Kleinwelt des 17. und 18. Jahrhunderts nicht wegzudenken ist. Eine tragende Kulturschicht jener Zeit, zu der Handwerksleute und Wirte, Bräuer und kleine Beamte gehörten, zu denen als Bruder im Geiste Oefeles auch der Glasermeister Kircher in der Lederergasse zu zählen ist, der eine »sehr schöne Kunstsammlung von Mahlereyen, Alabaster- und Elfenbeinfiguren, Portraits in Biscuit von dem Salzburgischen Künstler Albani, von Kupferstichen und Zeichnungen, Porzellan- und Antique-Geschirren, dann sehr schönen Thierstücken in Thon von dem geschickten Hafner Furtner von Kehlheim« mit geringen Mitteln, aber großer Liebe zusammengetragen hatte.

»Von unbekannter Meisterhand...«

Bekannte und unbekannte Künstler in München im Laufe von vier Jahrhunderten

»Ein feiner Duft von Schönheit und Geistigkeit liegt über dieser einzigen Stadt, die heilige Erinnerung an etwas Großes und Erhabenes, das einmal da war und nie wiederkehren wird. Inzwischen hatten mir alte Leipziger Kameraden die schönsten Dinge aus München gemeldet, und ich beschloß nun, Ostern 1880 dahin aufzubrechen. In Weimar war ich nicht viel weiter gekommen, nicht einmal zur Anschaffung von Malzeug hatte ich es gebracht. Das sollte nun in München anders werden.«

Und es wurde anders. Der sächsische Taglöhnerssohn Hermann Schlittgen, der diese Zeilen in sein Erinnerungsbuch schrieb, gewann als eleganter Zeichner mondäner Frauen, schnoddriger Leutnante und versimpelter Studenten künstlerische wie gesellschaftliche Geltung, ja, einen Ruf, den man weltweit nennen kann. Mit den »Fliegenden Blättern« war neben den Namen Oberländer, Busch, Wilhelm von Diez auch der Name Schlittgen in alle Länder Europas und bis nach Amerika getragen worden; die Ahnung, in diesem Mekka der Kunst die Erfüllung seiner Jugendträume zu finden, hat ihn so wenig getrogen wie vor und nach ihm viele andere.

Ein scheinbar einfaches Rezept: Man pilgert nach München, studiert eine Weile an der Akademie, tummelt sich in Künstlerkreisen, und schon schüttet eine gute Fee die Erfüllung aller Sehnsüchte

über den Eleven aus: Anerkennung, Aufstieg, Ruhm und eine stets gefüllte Börse, die sich nichts mehr zu versagen braucht. Wir vergessen gewöhnlich, die Schauseite dieser schönen Medaille zu wenden; die Rückansicht zeigt ein anderes Bild, wie alle Hinterfronten blendender Fassaden, und sie ist auch weit weniger strahlend. Da ist so ein Erwartungsvoller nur allzuoft »der Zeiten Spott und Geißel«, ein von Hunger und Kälte Geschüttelter, vom Mißverstand Verfolgter bis zum Irrewerden an sich selbst und der Welt; und eine späte Woge des Erfolgs, die ihn – vielleicht – erfaßt, hebt einen Skeptiker, oder bestensfalls einen in Weisheit Resignierten, aber nicht mehr den himmelstürmenden Dionysier, als der er ausgezogen war. Die meisten aber, und keineswegs bloß Stümper, sondern tüchtige Meister und Könner, sind verschollen, seitdem sie den Pinsel aus der Hand legen mußten.
So einer war Niclas Horverk, ein Schlesier, der um 1480 in unsere Stadt gekommen war. Wir wüßten nichts von ihm, hätte ihn nicht Ernst Buchner aus dem Dunkel gehoben: »Er war keiner der großen Meister«, wie ihn sein Entdecker charakterisiert, »keine reiche und schöpferische Persönlichkeit, aber er war ein Charakter...«
Ein unruhiger Geist muß der Ankömmling gewesen sein, oder einer, der seine Miete nicht pünktlich bezahlen konnte, denn alle paar Jahre zieht er um: Von der Schwabinger Gasse, wo er 1480 gewohnt hat, wechselt er 1490 in die Enge Gasse, schlägt dann 1494 seine Staffelei am Petersplatz auf, um schließlich sein Atelier 1507 bis 1509 in die Neuhauser Gasse zu verlegen. Ein Großverdiener ist Horverk zeitlebens nicht gewesen. Im Jahre 1500 zahlt er, nach zwanzigjährigem Wirken in München, den bescheidenen Steuersatz von 6 Pfennig, doch schätzt man ihn immerhin sieben Jahre später mit 106 Pfennig Jahressteuer ein. Von 1500 an scheint die Sonne des Erfolgs für ihn aufzugehen. Er malt für das Kloster Polling eine große Schauwand mit Passionsszenen und ist mit zwei Marienszenen beschäftigt; da stirbt ihm der auftraggebende Propst von Polling, als die Tafeln eben halb fertig geworden sind. Das sichere Ufer, das er schon glauben durfte unter den Füßen zu haben, weicht zurück. Sein Gesuch an den Herzog ist ein Hilferuf: »... daß ich armer damit nit am Schaden lig und mir in der gewalt bleiben...« Und der Herzog springt tatsächlich in die Bresche; er erwirbt die beiden Tafeln und schenkt sie dem Chorherrenstift, damit der Maler »nit also verdürb«.

Brauchte das gute Mittelmaß des Schlesiers Horverk die Zunftgenossen weiter nicht aufzuregen, mit dem Oberpfälzer Erasmus Grasser, der im Jahre 1475 nach München gekommen war, war das schon eine andere Sache. Wer fragte schon danach, wenn die allen gemeinsame Sache, die Kunst, einbüßte? Denn diese eigenwillige Führernatur, der Künstler von Gottes Gnaden, drohte die stillen Wasser des zünftlerischen Mittelmaßes mit seinem anmaßenden Gesuch zur Zulassung der Meisterschaft und darüber hinaus um Steuer- und Wachtgeldfreiheit über alle Gebühr aufzurühren. Und die Zunft der Maler, Schnitzer, Seidensticker und Glasmaler forderte in einem einmütig verfaßten Protest, den »Asm Schnitzer« nicht zuzulassen, da »er ein unfriedlicher, verworrener und argligstiger Knecht ist, wie er in gar manchem Falle bewiesen hat, wie das Meister und Gesellen wissen«. Erasmus Grasser antwortete mit verbissener Arbeit, und wir können nur mutmaßen, wieviel dunkle Stunden ihm allein durch das Vertrauen in sich selbst erhellt worden sind. Vielleicht aber scheint doch in diesem Beispielfall zum erstenmal die mildere Sonne des künstlerischen Klimas unserer Stadt auf. Der Widerstand verhärtete sich nicht bis zur Unheilbarkeit. Schon fünf Jahre später, 1480, wählten die Kollegen den Eindringling ins Viereramt ihrer Zunft und beriefen ihn von da an bis 1504 immer wieder. Vielleicht, so möchte man schließen, liegt es wirklich am Münchner Klima, daß ihm das Schicksal eines Dombaumeisters Roritzer, eines Veit Stoß, eines Tilman Riemenschneider erspart geblieben ist.
Dieser mildere Himmel läßt auch die Kleineren gedeihen, ohne die eine Stadt niemals zur Metropole der Kunst werden kann. Die wimmelnde Menge der tüchtigen mittleren und kleinen Meister gehört dazu, von denen jeder ein Mosaiksteinchen oder auch mehr beiträgt nach dem Bekenntnis des Jan van Eyck, der einmal unter ein Porträt schrieb: »ALS ICH CAN.«
Mit Johann Jakob Bayer und seinen Kunstgenossen begeben wir uns in eine Runde, die mit ihrem Schaffen einst auch »den Besten ihrer Zeit genug getan« haben mochte und die heute ganz vergessen ist. Jener Johann Jakob Bayer hatte nämlich als erster Künstler den Einfall, sich mit seinen Freunden bei einem fröhlichen Umtrunk in einem Kabinettbildchen zu verewigen, was bei der öfteren Wiederholung dieses Themas im vorigen Jahrhundert bekanntlich die stereotype Meinung vom »heiteren Künstlervölkchen« hervorgerufen

hat. Bayer war außerdem so freundlich, jeden der Dargestellten mit seinem Namen zu versehen. Daher wissen wir, daß mit ihm Georg Beham, Hans Christoph, Daniel Kellerthaler, Jörg Hebenstreit und Kaspar Racker im Jahre 1593 gebechert haben. Tatsächlich möchte man mit dem Aquarell an eine weit spätere Fopperei denken; denn das Bild an der Wand der Wirtsstube gibt den Blick frei zum Jesuitenkolleg, zur Michaels- und Frauenkirche von derselben Stelle aus, an der runde dreihundert Jahre hernach die Künstler der »Allotria« ihr Gaudium trieben, ehe das Künstlerhaus dort entstand. Doch das Bild ist zweifellos ebenso authentisch wie die Geschichte von Friedrich Sustris, dem Meister der Michaelskirche, des Antiquariums und des Grottenhofes.

Wilhelm V. hat ihn aus Fuggerischen Diensten nach München berufen trotz der Warnung, die ihm von dem rechnerischen Hans Fugger zugegangen war: »Sustris ist aber gar so aufs spaciern geen und guttsleben geneigt, das, wo ir fürstliche Gnaden nit fest obligieren wirdt, er wie bei mir thun: das ein annder inn 8 tagen machet, wird er ein monat darzue bedürffen.« Ins Rechnungssystem der Herren von der herzoglichen Hofkammer paßte freilich ein »Bediensteter« schwerlich hinein, der die Arbeit kurzerhand stehen- und liegenließ, wenn im Frühlingshimmel die Lerchen trillerten. Mehr als einmal geschah es, daß der Herzog nach Sustris schickte und der Hofkavalier achselzuckend zurückkehren mußte mit der Meldung, der Meister sei wieder einmal nicht bei der Arbeit, weder bei St. Michael noch im Grottenhof noch sonstwo. Ein Hofjäger aber melde soeben, er habe »denselbigen Mahler« in aller Herrgottsfrüh im Isartal angetroffen, wo er herumgeschlendert sei und nach den Bergen geschaut habe. Nun, der Herzog hat sich wohl der Weisung seines Vaters Albrecht V. erinnert, die für Mäzene zu allen Zeiten Richtschnur war: »Du waist ja, was selzsame Humores solche Leut haben, und wie bald sy jren Syn verkehren...«

Im Sustrishaus an der Herzogspitalstraße entfaltete sich in den ernteschweren Jahrzehnten vor dem Dreißigjährigen Krieg ein unbekümmertes Künstlerleben, ein froher Kreis sammelte sich um die Tische der Großen wie Hans Thonauer, Peter Candid: der Kupferstecher Sadeler, der junge Pittore Antonio Maria Vianino mit dem Weilheimer Jungmeister Hans Krumpper, die in einer Doppelhochzeit sogar die Töchter Sustris freiten.

Wie verletzlich aber auch damals der Künstler in seiner Lebenssicherung war und wie konjunkturempfindlich, wie wir heute sagen würden, das erfahren wir mit dem Schicksal Niklas Pruggers, der in Trudering als Bauernbub aufgewachsen ist und nun in der Theatinergasse seine Werkstatt hatte. Joachim von Sandrart, der reisende Maler und Kunstforscher, hat ihn oft besucht und über ihn geurteilt, er hätte es gewiß noch weiter gebracht in seiner Kunst, wenn er nicht soviel Zeit damit vertrödelt hätte, seinen Vögeln, sonderlich seinen Starln, das Sprechen beizubringen. Dieser Meister, dem wir das tiefernste Bildnis des Kurfürsten Maximilian I. in der Pinakothek verdanken, hat ja auch in seinen »selzsamen Humores« oft vor seiner zahlreichen Töchterschar mit seinen »mit Drätlein zusammengehefteten Töcklein« Marionettenstückl aufgeführt und ihnen auf der Laute »einen lustigen Gaillard oder anderen Tanz« aufgespielt. In seinen alten Tagen der allgemeinen Kriegsverarmung hat er freilich seine Malerei ganz aufgeben müssen, und er bat den Kurfürsten, ihm ein Haus zu bauen und einen Weißbierausschank zu gestatten, weil mit der Malerei eh nichts mehr zu verdienen sei. Und der Meister, dessen Kunst Hof und Bürger nicht verschmähten, war sich nicht zu gut, Hennensteigen zu machen und sie auf dem Eiermarkt vor dem alten Rathaus selbst zu verhandeln. Die Unwägbarkeiten seiner Lebensführung und seines Familiensinnes erfassen wir in ihren tieferen Verflechtungen allerdings erst in seinen Töchtern. Sie haben allesamt Künstler geheiratet: den Maler Stuber die eine, den Bildhauer Ableithner die andere. Seine Theres aber hat Georg Asam geheiratet und wurde die Mutter der großen Künstlerbrüder Egid Quirin und Kosmas Damian Asam.

Aber wir wollen bei den Kleinen bleiben, die an der Schattenseite wohnen und werken. Heinrich Watterschoot war einer davon, der Holländer. Von ihm sagt Lorenz Westenrieder: »Ein sehr geschickter Landschafts- und Bataillenmaler, erfuhr das harte Schicksal vieler großer, aber unglücklicher Künstler.« Sein zeitgenössischer Rivale war Franz Joachim Beich, den er aber, wie Westenrieder meint, in Figuren und Farbe weit übertraf. Trotzdem, fährt er fort, konnte Watterschoot nicht genug Arbeit finden, mußte hungern und darben, während Beich seinen Aufträgen nicht einmal nachkommen konnte. Im Urteil Beichs, den wir ja heute noch hochschätzen als Schöpfer der Viktorienbilder im Schloß Schleiß-

heim und der Wallfahrtsdarstellungen im Bürgersaal, klingt's freilich anders: Er habe nicht das richtige Feuer in seinen Bildern, und außerdem sei alles gar zu grün, sogar die Wolken, kritisiert der Rivale und holt zum moralischen Tiefschlag aus: Für einen richtigen strebsamen Künstler sitze der Holländer viel zu viel im Wirtshaus; er sollte darum richtiger Bierschott und nicht Wasserschoot heißen. Wir aber meinen, hier sei mit einer halben Wahrheit die ganze erschlagen worden. Daß einer gerne naß futtert, ist in unserer guten Stadt noch keinem als moralisches Debet angerechnet worden. Warum aber trank denn Westenrieders »unglücklicher Künstler«? Watterschoot hatte einen Sohn, Maler und Bierfreund wie der Vater, nicht aber nur aus »selzsamen Humores« auf der Bierbank sitzend, sondern schon als ständiger Quartiergast im Bräuhaus. Er macht einen dummen Streich nach dem andern. Anno 1742 läßt er sich gar von den feindlichen Österreichern in der Stadt als Soldat anwerben, desertiert schließlich, und der Werbeoffizier schickt dem alternden Vater die militärische Exekution auf den Hals. Sein Häusl wird versteigert, der Alte stirbt in Kummer und Elend. Nach Jahren kehrt der verwilderte Bursch in seine Heimatstadt zurück und entsinnt sich seiner Malerei. Niemand will von ihm mehr etwas wissen. Der Sohn Watterschoot, der seinen Vater ins Grab gebracht hat, verkauft von seinen liederlich heruntergeschmierten Historienbildern kein einziges mehr.
Unzählige Namenlose finden wir in der Nachfolge Watterschoots, auch schon in einer Zeit, die man die augusteische Münchens nennt, unter Ludwig I. Die Akademie war, wie Reinhold Sebastian Zimmermann um 1840 erzählt, »ein Rendezvous für eine große Menge jugendlicher Müßiggänger, welche nur bei schlechtem Wetter oder etwa an bösen Wintertagen hier, bei gutem Wetter aber viel eher an der Isar aufwärts in der Menterschwaige, in Hesselohe und Pullach zu treffen waren«. Im Adademiebetrieb aber lehrte man wenig und lernte nicht viel, und das Ergebnis war denn auch danach: »Wenn ich nun Umschau halte, so finde ich, daß fast alle von den Schülern jener Classe, etwa ihrer dreißig, untergegangen sind, während doch viele darunter talentvoll waren; nur wenige sind als Maler aufgekommen.« So wenig uns die Müßiggänger interessieren, wie Zimmermann die bloßen Zeittotschläger nennt, so wollen wir den wenigen unsere Aufmerksamkeit schenken, die als Maler erfolgreich waren.

Die fertigen Künstler, die die Akademie bereits verlassen hatten, saßen damals hauptsächlich im Schwanthaler Viertel und um die Landwehrstraße. Schwanthaler selbst war da zu finden, der Hagnauer Zimmermann, den wir schon kennen, der Schlachtenmaler Albrecht Adam und seine Söhne, Wilhelm Kaulbach, um nur einige zu nennen. Auch der Zeichner Henry Adam wohnte hier, dessen Leben so verzweiflungsvoll endete. Er war nach Starnberg hinausgefahren, hatte sich einen Kahn gemietet, ist hinausgerudert und hat sich, den Rucksack mit Steinen gefüllt, in den See gestürzt.
Es war damals unendlich schwer, hochzukommen. Sich halten und bei der Kunst bleiben zu können, war ein Gedanke, der alle beherrschte, die nichts hatten. Glücklich, wer einiges Vermögen besaß und davon so lange zehren konnte, bis der Tag X gekommen war, der Augenblick der Geltung und der Aufträge. Nicht alle fanden Anschluß, darunter der Landschaftsmaler F. Eines Morgens fiel es seinen Freunden auf, daß er so traurig war. Dann erzählte man sich: »Wißt ihr es schon? Heute früh um neun Uhr ist dem F. sein Vermögen alle geworden.« Er hatte davon seinen letzten Kaffee bezahlt. Dann verschwand er plötzlich wie so viele, man wußte nicht, wohin, und niemand hörte mehr von ihm. Die Leichteren ergaben sich dem Kitsch und machten ihren bequemen Weg.
Jener Alte, der noch ganz in der Cornelius- und Kaulbachzeit daheim war, gehörte weder zu diesen Wendigen noch zu den Erfolgreichen, und Hermann Schlittgen hat uns eine Elegie auf diesen Künstler überliefert, der in einem Gartenhaus an der Schwanthalerstraße seiner Kunst die Treue hielt bis zuletzt:
»Oft hörten wir spät in der Nacht noch sein wundervolles Geigenspiel. Unserm Freund gelang es, sich die Freundschaft des Einsamen zu erwerben, und wurde sogar eines Abends zu einem Glas Wein eingeladen. Mitten auf der Atelierwand fiel ihm ein Bild auf, das von einem schwarzen Gazeschleier verhüllt war. Spät in der Nacht erhob sich der Alte plötzlich, nahm seine Geige und zog feierlich den Schleier vom Bild. Da enthüllte sich das Bildnis eines schönen Mädchens im Biedermeierkostüm.
Der Alte setzte sich vor das Bild und spielte seine wundersamen alten Weisen. ›Das ist für meine verstorbene Braut‹, sagte er und zog den Schleier wieder zu.
Nun wußten wir, daß diese abendliche Musik das Gutenachtständchen des Alten für seine tote Geliebte war.

So ein armer Weltverlassener lebte dahin, bis eines Morgens die Hausmeisterin erzählte: Der Herr oben ist gestorben. Dann kam irgendwoher aus der Ferne ein Verwandter, der beim Ateliernachbar Erkundigungen einzog, denn so ein alter Künstler war meist schon längst seiner Heimat und Familie entfremdet. Ein paar alte Freunde zum letzten Geleit, die Übernahme des Hundes von einem der Getreuen, der Verkauf der verstaubten Bilder, Studien und des Atelierkrams an einen Trödler, so endete ein Künstlerleben, das ebenso hoffnungsvoll und feurig begonnen hatte wie das unsere.«

Ernst ist das Leben, heiter die Kunst; doch gar oft kommt das eine zu dem andern. Der mitternächtliche Geiger, war er vielleicht nicht auch unter den heiter Beschwingten bei den Künstlerfesten im maiengrünen Isartal, bei den Aufzügen im Pomp des Dürerfestes und des Einzugs Kaiser Karls V.? Wir dürfen es vermuten. Aber das ist nur die schimmernde Schauseite dieses Lebens, das in hartem Kleingeld jahrelanger Unermüdlichkeit ausgegeben werden mußte bis zur bitteren Erkenntnis: Die Anerkennung wird dir für immer versagt sein.

Nein, nicht für immer. Wo auch das Bild seiner Braut im Biedermeierkostüm einmal auftauchen mag, in einer Kunsthandlung, bei einer Auktion, ihm wird Gerechtigkeit widerfahren: »Schönes Werk des Biedermeier um 1850« wird es da heißen, »von zartem Kolorit und feinem Schmelz, Meister unbekannt.«

In der Rosengasse wurde das erste Münchner Buch gedruckt

Der erste Buchdrucker in München wohnt in der Rosengasse – 1687 kommt das Roseneck in die Hände des Bierbrauers Spöckmeier

Erinnerung und Phantasie sind doch die hartnäckigsten Baumeister! Da denkt man an etwas, das längst nicht mehr ist, und schon entsteht das Gebilde von einst in allen Einzelheiten bis zum vierten Stockwerk, so täuschend oft, daß es erst eines entscheidenden Rucks bedarf, um erwachend zu erkennen: Das alles ist ja gar nicht mehr!

So ist's mit der Südseite des Marienplatzes, so mit der Rosenstraße. Wie oft sind wir am Schirmgeschäft Genève vorbeigegangen, haben durchs Rosipalhaus hindurch zum Rindermarkt hinüber das ganze Eck abgeschnitten, sind an einem der Marmortischchen des Café Teichlein gesessen! So oft, daß es uns immer wieder kaum glaublich erscheint, heute eine fremde Straßenzeile aus Glas und Beton an derselben Stelle zu finden. Und wie lange wird es noch dauern, bis sich neue Häuser erheben mit neuen Läden, die unseren Kindern bald so vertraut sein werden wie uns die alten mit ihren gußeisernen Säulen und rotsamtenen Stühlen.

Die älteste Erinnerung birgt das Zellerhaus, fast fünfhundert Jahre alt ist sie, und der Münchner Bürger Hofmair war damals Hausbesitzer. Er hat sich wohl nicht träumen lassen, daß seinem Mieter Johannes Schauer zum Gedenken dereinst eine steinerne Tafel ans Haus geheftet werden würde. Jener Hans Schauer war nämlich ein kundiger Mann; er konnte schreiben, verstand Urkunden und Schriftstücke zu verfassen für alle, die dieser Kunst nicht mächtig waren, und davon gab es damals viele. Aber er war nicht bloß so ein Winkelschreiber, sondern ein Meister, dessen Dienste gelegentlich auch die Stadt in Anspruch nahm, wie bei der Führung der Rechnungsbücher des großen Armbrust- und Büchsenschießens im Jahre 1486. Dieses Wirken aber hätte ihm kaum die erwähnte Erinnerungstafel eingebracht, die ihm der Buchdruckerverein im Jahre 1882 stiftete. Er war vielmehr der erste Buchdrucker in unserer Stadt. Am Peter-und-Pauls-Tag 1482 verließ sein einziges größeres Druckwerk, »Mirabilia urbis Romae«, das die Wunder der Stadt Rom für die Pilger druckte, seine kleine Offizin. Kein Originalwerk zwar, sondern nur der Nachdruck eines damals weitverbreiteten Reiseführers, aber immerhin das erste Münchner Buch, und wenn man den Maßstab von heute an diese Beschreibung legen wollte, könnte man den Meister sogar einen Plagiator nennen. Gegen die Arbeiten Augsburger oder Nürnberger Drucker gehalten, ist es sogar eine recht mäßige Leistung zu nennen, und Seide gesponnen scheint Schauer mit seiner schwarzen Kunst überhaupt nicht zu haben.

Fast zweihundert Jahre lang sind die Rottfuhrwerke durch die Rosengasse gerumpelt, bis wieder ein Name von sich reden macht, der auch ohne Gedenktafel jedem Münchner etwas sagt. Anno 1687 kam das Roseneck aus dem Besitz des Gastwirts Rackendorffer in

Blick durch die Rosengasse zum Marienplatz
(sepiagetuschte Federzeichnung von Joseph Resch, 1884)

die Hände des Bierbrauers Michael Spöckmeier. Nicht immer waren es nur Wirte und Bräuer, die aus diesem Hause hervorgegangen sind, und den Münchnern von 1800 klang der Name nicht nur nach Brotzeit und Frühschoppen. Das war, als ein Joseph Spöckmeier die geistliche Laufbahn einschlug und schließlich Benefiziat von St. Peter wurde, ein Münchner, wie ihn Gott in seiner besten Laune erschaffen hat. Gleich zwei Eigenschaften machten ihn zur stadtbekannten Persönlichkeit. Seine Weihnachtskrippe lockte zur Adventzeit Scharen von kleinen und großen Besuchern an, sie zählte zu den bedeutendsten Krippenwerken ihrer Zeit und ging nach dem Tod Spöckmeiers in den Besitz des Hofmusikers Zink, von diesem in die Hand des Bürgers Gartmayr über und ist heute in einem Münchner Bürgerhaus. Neben seiner Krippenleidenschaft war der Benefiziat obendrein ein rechter Vogelnarr, allerdings ein ebenso verständiger wie er ein kundiger Krippenfreund war. Man hieß ihn ganz einfach den Vogel-Doktor, dessen Türe jedermann offenstand, der einen kranken Hansi zur Konsultation zu ihm brachte. Um ein Vergelt's Gott kurierte er die Kanari der Münchner. Das Roseneck, sein Vaterhaus, hat sich nach dem Krieg als verkehrshinderndes Eck abschleifen lassen müssen, es steht jetzt hübsch in Reih und Glied mit den Nachbarhäusern, aber die Rosen ranken sich wieder im Wandbild in schöner Erneuerung die Fassade hinauf.

Ein paar Jahrzehnte später, an der Ecke der heutigen Rosenapotheke, eröffnet der Cafétier Franz Tillmetz seine Männer-Oase als Treffpunkt aller Tarocker und Tertler, und immer noch kaufen – und dies bis zum letzten Weltkrieg – Bürger und Bauern ihre Parapluies wie ihre Väter von 1801 bei Genève in der Rosengasse 2, bei dem Schirmmacher, der aus Genf zugewandert ist. Ein Kleinod ist mit diesem alten Haus verlorengegangen, einem der wenigen ursprünglich erhaltenen Bürgersitze aus spätgotischer Zeit in unserer Stadt, den Ernst Hoferichter im Jahre 1936 so verliebt geschildert hat:

»Ich ging den Gang entlang, einer Helle entgegen – und stand in einem mittelalterlichen Hof. Und war durch ein paar Schritte um vierhundert Jahre zurückgeschnellt. Jetzt erst beginnt das Erlebnis. Leibhaftig sehe ich einen verkleinerten Turnierhof, der sein Unverfälschtes in unser Zeitalter mit Tonfilm, Fernsehen und fliegenden Menschen bewahrt hat. Senkrecht und ohne vorgebeugtes Altern stehen die Mauern, wachsen nach oben und lassen ein Viereck Himmelsbläue hereinschauen. In alle drei Stockwerke ist die stille Pracht von weitausholenden Laubengalerien gesetzt. Das ist nicht Mörtel und Stein. Ein Fest, eine ritterliche Lust sind die Bogen und Gewölbe, die aus einer Zeit herüberschwingen, wo es nach blauem Stahl glänzte, wie die Melodien aus Lohengrin...

Die Frau des Hauses sieht mich entgeistert im Hof stehen und bietet sich mir als Führerin durch ihren jubilierenden Besitz an. Zuerst zeigt sie auf ein Madonnenbild, das Jahr und Tag, morgens und mitternachts, aus dem Schatten der Wand in das träumende Gewoge der Loggien hineinsieht...
Im Keller stehen die Mauern in der Dicke von zweieinhalb Metern, sie trugen das alte Haus mit seinen Schicksalen, Geburt und Tod, Jubel und Trauer durch den ewigen Wandel. Nagelfluh nennt sich dieses Gestein. Und die Münchner Steinmetze, die es setzten, werden längst alle irdischen Brotzeiten vergessen haben.
1517 steht an einer Stelle geschrieben. Ich bleibe vor dieser Zahl wie vor einem heimlichen Guckloch stehen, das die Rückschau ins verklingende Mittelalter freigibt. Vierhundertneunzehn Jahre werden aus Glas...«
Und daß die Seltsamkeit nicht fehle, so sei die Erinnerung an das kurioseste Ehepaar hierhergesetzt, das das alte Haus einst bewohnte: »Vor kurzem starben Mieter, die dreiundfünfzig Jahre lang als stilles Ehepaar diese Mauern bewohnten. Mit Recht kann man es still nennen, weil Mann und Frau während dieser 53 Jahre die letzten vierzig kein Wort miteinander gesprochen hatten. Das wenige, das sie sich mitzuteilen hatten, kritzelten sie sich auf eine Schiefertafel...«

Die große Hochzeit von München

Die Allianz der Häuser Bayern und Lothringen durch die Hochzeit Herzog Wilhelms V. mit Herzogin Renate von Lothringen am 21. Februar 1568

Immer, wenn ich in eine der Baugruben in der Münchner Altstadt blicke, machen mich die Steine, die vielen großen und kleinen Steine, nachdenklich. Sie waren da, als noch keiner der heute Lebenden einen Blick auf sie werfen konnte, und sie werden immer noch sein, wenn es unseren Urenkeln einfallen sollte, wieder einmal mit Schaufeln, Spitzhacken und Baggerzähnen die Grundfesten umzuwühlen, um die Fundamente zu einem neuen Haus zu legen. Blank und bloß liegen sie eine Weile im Licht des Tages, dann gehen sie wieder in das schweigende Dunkel ein, auf lange Jahre, ja, auf Jahr-

hunderte vielleicht. Alle Kreatur, die sich eine Weile so geschäftig umtut in der Welt, stirbt hin, Baum und Strauch verfallen dem Gesetz des Todes, selbst die Gräser auf dem Felde verwelken und werden Staub, nur diesen Steinen können die Zeiten nichts anhaben; aber sie bezahlen ihr ewiges Leben mit ewiger Stummheit.
Doch eignen sie sich nicht ein klein wenig von dem Leben an, das sie einst umgab? Darf man nicht glauben, daß dieses Leben in sie eingeströmt und für immer gebunden worden ist, nur den fühlsamen Naturen spürbar? Wieviel mehr als von den blanken und geäderten Kieseln der Tiefe darf man das von den Steinmalen an Wegen glauben, an denen das Leben vorübergestürmt ist in immer erneuerten Wellen!
Ein solches Mal stand noch lange nach dem Ersten Weltkrieg an der Ecke der Nymphenburger und der Volkartstraße zu München. Um die Vormittagsstunden warf die kannelierte Vierkantsäule aus grünlichem Sandstein ihren spitzen Schatten aufs Pflaster; der Schatten umwanderte den Stamm der Pappel, die dicht neben dem Stein aufstrebte, und verschwand, sobald die Sonne den Dachfirst des Rotkreuzkrankenhauses berührt hatte. Manchmal rastete ein Alter auf dem ausladenden Sockel des Sandsteinmals, dessen Fluidum ihn lautlos umfing; es hatte nicht die Kraft, sich zu Klang und Stimme zu verdichten; nur ein Anhauch war es, wie das Wehen eines Gewandes im Vorübergehen, das ein Sonnenstrahl aus dem Stein hervorgelockt hatte und das nichts anderes war als das Echo eines einzigen Tages.
An jenem Morgen des 21. Februar 1568 pfiff ein eisiger Nordwind und wirbelten die Schneeflocken über die Neuhauser Flur, auf der man zwei prächtige Zelte errichtet hatte, »inwendig vertäfelt, mit rotem thuech verhengt« und mit einem Brettergang verbunden, daran das bayerische und das lothringische Wappen gemalt waren. Die Allianz der Häuser Bayern und Lothringen war beschlossen mit der Hochzeit Herzog Wilhelms V. und der Herzogin Renate von Lothringen. Ihr galten diese Zurüstungen, und hier, auf der Neuhauser Flur, sollte das erste Zusammentreffen der Brautleute stattfinden.
In der alten Faustsage unterhalten sich drei gräfliche Studenten zu Wittenberg von »dem herrlichen Pracht« der Feierlichkeiten, und sie wünschen, nur eine halbe Stunde dabeizusein, worauf sie Faust auf seinem Zaubermantel durch die Lüfte nach München trägt.

Ohne Rundfunk und Telegraphie, nur von Mund zu Mund verbreitete sich damals die Botschaft von den prunkrauschenden Ereignissen, bei denen Auge und Ohr und meist auch der Magen nicht zu kurz kamen.
Von Mitte Februar an brachte jeder Tag hohe Gäste mit großen Gefolgschaften, so daß der Stundenplan der Münchner Hausfrauen, der Handwerksgesellen und Meister beträchtlich in Unordnung geriet. Der Marktplatz, wie der Marienplatz damals noch hieß, verwandelte sich in eine Turnierbahn, Feuerpfannen wurden an allen Ecken und Enden aufgestellt und buntleuchtende Tücher geschneidert, um die Fensterbrüstungen zu schmücken. Über Ingolstadt, Pfaffenhofen, Reichertshofen war die Braut mit ihrem Gefolge von 400 Reitern in Dachau angekommen, wo zwei Rasttage eingelegt wurden bis zur ersten Begegnung im letzten Dorf vor der Residenzstadt, in Neuhausen.
Ganz München war auf den Beinen, und die Chronisten werden nicht müde, die kostbaren Gewandungen der Gäste mit den Gold- und Silberstickereien, das Feuer der Diamanten und Rubine und den Glanz der Perlenschnüre zu schildern. Auf einem weißen Zelter ritt die Braut, begleitet vom Herzog von Vaudémont und dem Grafen von Schwarzenberg, ihrem Bräutigam entgegen, der sie mit einem Kometenschwarm von fürstlichen Begleitern unter dem Donner von 90 Feldschlangen empfing:

»Mit schießen war ain solch tümmer
Mich wundert, daß das Frawnzymmer
warlichen zu derselben Frist
Nit vil herter erschrocken ist.«

Die dreiundzwanzigjährige Braut, die, wie es heißt, eine kluge Frau gewesen sein soll, dürfte wahrscheinlich über die holprigen Verse des Chronisten weit mehr erschrocken sein als über den »tümmer«, der sich von nun an vierzehn Tage lang um ihre Persönlichkeit erheben sollte.
Wir würden nun nichts lieber tun, als die Plane des fürstlichen Doppelzelts ein wenig beiseite zu schieben, um wenigstens einen spaltbreiten Blick auf das junge Glück zu gewinnen. Doch der Chronist schweigt, und wir dürfen vermuten, daß es kaum zu einem zärtlichen Tête-à-tête zwischen den beiden, sondern nur zu konventionellen Redensarten gekommen ist, nach dem Befinden und ob die Reise angenehm gewesen sei, und was es noch sonst an

Einholung der Braut Renate von Lothringen in Neuhausen

nichtigen Unterhaltungen gibt, mit denen erste Verlegenheiten bemäntelt werden – damals wie heute.

Man verhielt sich denn auch nicht lange, Renate bestieg die Reisekutsche, der der Bräutigam vorausritt zwischen seinem Vater und den Erzherzögen Karl und Ferdinand von Österreich. Nun erst entfaltete sich die im ganzen kaum überschaubare Menge der Gäste, als der Zug gegen München aufbrach, vorbei an jener Wegsäule von grüngelbem Sandstein. Achthundert Reiter im Gefolge des Erzherzogs Karl, siebenhundert des Erzherzogs Ferdinand, vierhundert der Braut, dazu der Bischof Otto von Augsburg mit hundertfünfundzwanzig Reitern, mit den übrigen Gästen insgesamt fünftausendsechshundertvierzig Reiter; eine Heerschar des Friedens, deren Spitze durch das Neuhauser Tor ritt, als die Braut erst die Karosse in Neuhausen bestieg.

(Stich von Nikolaus Solis, 1568)

Der Hochzeitstag war auf den 22. Februar anberaumt. Bischof Otto von Augsburg traute das Paar, die Hochzeitstafel im großen Saal der Neufeste war mit den erlesensten Gerichten bestellt, die Hofkapelle konzertierte unter Orlando di Lasso.

Jetzt erst begannen auch für die Münchner die Hochzeitsfreuden, die sie als Zaungäste bei den Turnieren, den Jesuitendramen und Stegreifkomödien zu kosten bekamen. Die Abende gehörten der Musik, die Orlando di Lasso selbst leitete, große Tage auch für ihn, den Erfolggewöhnten, dessen Motetten und Madrigale höfischen Ohren ebenso edle Schmäuse bereiteten wie den Bürgerlichen sein »großes Nasenlied« und »Der Bauer von Eselskirchen«. Zwei Komponistinnen haben sich in jenen Feststunden ebenfalls vernehmen lassen, Magdalena Mezzani und Katharina Willaert, Tochter des Brügger Tonmeisters und Begründers der alten venezianischen

Schule, Adrian Willaert, der als Kapellmeister bei Sankt Markus in Venedig wirkte. Welche Weltläufigkeit an diesem bayerischen Herzogshof, dessen Macht zwischen Salzach und Lech eingezwängt war und im Norden kaum einen Landstreifen jenseits der Donau hinaufreichte!

Der Landshuter Hochzeit mit ihrem gotischen Prunk war mit diesen Feierlichkeiten knapp hundert Jahre später eine Münchner Hochzeit gefolgt, die ihr Gepränge nicht so sehr aus dem Bewußtsein eines unermeßlichen Reichtums schöpfte, in ihr hatte sich vielmehr das neue Lebensgefühl der Renaissance rauschend und unwidersprechlich und auch unbedenklich darzustellen bemüht. Kämmerer und Kassierer haben bekanntlich andere Maßstäbe für die Aufwendungen, die solche Feste nun einmal erfordern. Der Zahlmeister Kaspar Lerchenfeld hat freilich mit keiner Randbemerkung verraten, was ihn bewegte, als er in sein Schreibbuch kritzelte: »Summa was yber meines genedigen Fürsten und Herrn Hertzog Wilhelms gehaltener Hoch Zeit aufgeloffen – thuet 125604 Gulden, 2 Schilling und 22 pfenning.« Jene Renate aber – und dies will uns als bedeutungsvollste Folge dieser Fürstenhochzeit erscheinen – ist nachmals die Mutter des großen Kurfürsten Maximilian geworden, dem das Schicksal neben vielen anderen Bürden die Bereinigung eines zerrütteten Staatshaushalts auferlegt hat, der mit erstaunlicher Arbeitskraft und Weitsicht den Schuldenberg abtrug, ehe der Dreißigjährige Krieg Fürsten und Völker in seinen Strudel zog, den er als einziger deutscher Landesherr von Anfang bis Ende mithandelnd erlebte und überlebte.

Ganz erloschen ist die Prunkhochzeit des Februars 1568 im Gedächtnis der Münchner nicht, wenn auch die Bürger und ihre Frauen nicht, wie die Landshuter, alle drei Jahre die Schatten der Geister beschwören und ins bunte Leben rufen auf ihren Gassen und Plätzen. Beim Glockenspiel im Rathausturm kann man alle Tage die Ritter im Turnier mit eingelegten Lanzen aufeinander losstürmen sehen, wenn dieser Ausdruck hier angewandt werden darf; denn die Szene, die diesem Spiel als Vorbild diente, dürfte die Ritter und ihre Pferde mit heißerem Atem befeuert haben. Und eine der Damen »auf hohem Balkone« ist unsere Herzogin Renate von Lothringen.

Noch immer wandert die Vormittagssonne um das steinerne Mal aus gelbgrünem Sandstein. Freilich steht es längst nicht mehr an seinem alten Platz, wo ihm einst der Donner aus neunzig Feldschlangen das steinerne Herz erschütterte. Im Hof des Stadtmuseums, wo man es hinversetzt hat, träumt es so für sich hin. Es ist ihm recht verworren zu Gemüte seitdem; nur wenn es die Sommersonne ganz gut mit ihm meint, entlocken ihm ihre Strahlen einen sanften Hauch des Erinnerns.

Die Kummerjahre der Münchner Stadtmusikanten

Die wechselnden Geschicke der Stadtmusikanten über drei Jahrhunderte hinweg

Mancher wundert sich, an glockenhellen Wochentagen so vielen jungen Leuten in Cafés, Kinos und Vergnügungsstätten zu begegnen. »Haben sie denn keine Pflichten, stehen sie in keiner Arbeit?« fragt man sich, ohne sich klarzumachen, daß sich unsere Gesellschaft und mit ihr die Lebensgewohnheiten geändert haben. Die wenigsten der vermeintlichen Bummler sind nämlich Nichtstuer, bloße Zeitvertreiber, die dem Herrgott den Tag stehlen, wie man noch vor fünfzig Jahren derlei Leuten nachsagte. Sie tun ihre Arbeit nachts oder beginnen ihr Tagewerk in den frühen Morgenstunden, wie es einst nur dem Bäcker- und Metzgerhandwerk eigentümlich war, die ja auch neben den Dreiquartlprivatiers, den Kleinrentnern, ihre Nachmittage an den Kartentischen der Cafés verbrachten. Freilich, nicht allein darum nennen wir – »denn eben wo Begriffe fehlen, da stellt ein Wort zur rechten Zeit sich ein« – unsere Gesellschaft pluralistisch.

Viele hundert Jahre lang war unsere Gesellschaft einschichtig. Der Werktag war ein Werkeltag, der Feierabend wortwörtlich, der Sonntag unantastbar nichts als Ruhetag. Kein Rundfunk strahlte die Melodien der »Lustigen Witwe« (oder andere), kein Bildfunk flimmerte »Charleys Tante« (oder andere Possen) in Millionen Stuben. Was sich an Unterhaltung anbot, waren das Theater, allenfalls die Oper, Kegelscheiben, Karten- und Würfelspiel.

Nur schwer können wir heute noch ermessen, was für die überwiegende Mehrzahl der Handwerker, Gesellen, Kleinkaufleute und kärglich besoldeten Beamten die Zunft der Stadtmusikanten bedeutete. Wo immer sie musizierten und auf schwanken Bühnen ihre meist geistlich inspirierten Volksstücke aufführten, war des Volkes wahrer Himmel. Weder ihre äußeren Lebensumstände noch ein unangefochtenes Dasein entsprach freilich ihrer allgemeinen Beliebtheit. Man muß schon ein wenig weiter ausgreifen, um sie und ihr Wirken verständlich zu machen.

Wie die Schäffler mit ihrem Zunfttanz die eingeschüchterten Menschen nach einer der Pestwellen aus den Häusern lockten, so die Stadtmusikanten nach dem Dreißigjährigen Krieg. Die anfänglich aus drei Kompanien zu je sechs bis sieben Mitgliedern bestehende Zunft wuchs mit den Jahren auf sechs Kompanien an, die Gesamtzahl der Mitglieder überschritt jedoch nie die Zahl von 42. Jede Kompanie, auch Unterzunft genannt, wählte alle drei Jahre ihren Wortführer. Strenge Satzungen hielten in 22 Punkten die Ordnung »einer löblichen Zunft der verburgerten Spilleuth« aufrecht. Sie spielten bei festlichen Gelegenheiten der Bürgerschaft, bei Hochzeiten, Nachhochzeiten, Jahrtagen und Primizen auf, wobei streng auf die Privilegien jeder Unterzunft gesehen wurde. So durfte beispielsweise ausschließlich die Loiblsche Kompanie jahrelang bei den Festen in der Huberschen Wirtschaft aufspielen; keiner anderen Kompanie konnte es einfallen, etwa durch günstigere Angebote die Musikanten des Loibl zu verdrängen. Die Gesamtzunft wurde, wie es der Brauch war, mit Zunftlade und Schlüssel begabt, später erhielt sie sogar eine Zunftfahne mit dem Bildnis der heiligen Kümmernis, die bekanntlich einem armen Spielmann ihren goldenen Schuh zum Dank für sein Spiel geschenkt hatte. Ihre besondere Verehrung genoß denn auch das Bildnis der heiligen Kümmernis in der Pfarrkirche von Neufahrn bei Freising, zu dem sie alljährlich wallfahrteten und eine Kerze stifteten. Einen goldenen Schuh hat ihnen die Neufahrner Heilige freilich nie in den Schoß geworfen, und sie hätten ihn doch so dringend für die dürftigste Leibesnotdurft gebraucht!

Schon im Februar 1741 ist ihr Seufzer an den Rat der Stadt München zu vernehmen »wegen unleidentlicher professionsbeeinträchtigung« durch unzünftlerische Pfuscher, meist Bettler und Landstreicher, die aus dem Lehel, dem Anger, Haidhausen, vor allem aber aus der Au in die Stadt kamen und ihnen Konkurrenz machten. Ihren Rechtsstandpunkt betonten sie unter Berufung auf den

Kurfürsten Ferdinand Maria, der ihre Zunft privilegiert habe, und zwar »zur Ausrottung und Vertilgung aller hergelauffenen Aufspieler und derlei vagirent und schädlichen Gesindels«. Doch war den »Stimplern« wirksam und auf die Dauer nicht beizukommen, und die Klagen der Zunft hörten bis zu ihrem bitteren Ende nicht auf.

Ein Privileg der Stadtmusikanten war das Passionsspiel, das bereits im Jahre 1589 am bayerischen Hof gepflegt wurde, ob von den Stadtmusikanten, ist nicht nachweisbar. Fürs breite Volk dürften die ersten Aufführungen in den Fastenwochen um 1650, also zur Zeit Ferdinand Marias, stattgefunden haben, auf den sich die Zunft in ihrer Eingabe vom Jahre 1741 beruft.

In den Bittschriften um Abhaltung der Passionsaufführungen hören wir, daß die Musici diese Vorstellungen »mehr dann hundert Jahre zu sonder Nuzen und guett exempl des Publicj durch einiche der alhiesig Burgerlichen Stattmusikanten jederzeit mit all sattsamlisten contento exhibiert« hätten, zur vollen Zufriedenheit des Publikums also. Man spielte jeden Sonn- und Feiertag und zweimal in der Woche im Rathaussaal, im Rathaus-Kasten (wohl im Bau des heutigen Stadtmuseums), in Bräuhäusern, vornehmlich im Faberbräu in der Sendlinger Gasse, der als Komödistadel und Erstaufführungsstätte von Schillers »Räubern« am 26. Januar 1784 und seines Trauerspiels »Kabale und Liebe« am 27. März 1788 durch die Berufsschauspielertruppe des Joh. Bapt. Nieser theatergeschichtlichen Ruf erwarb.

Eine dieser Passionsdarstellungen trug den Titel: »Spiegel der Buß oder das verlohrne, und von dem Göttlichen Hirten mit Freuden wiedrum gefundene Schäfflein.« So kirchenfromm sich dies anhört, in den Spielen überwucherten äußerer Aufwand und alberne Unanständigkeiten die naive Frömmigkeit und den feierlichen Sinn. Aus den Prozessionen wurden bunte Maskenzüge, der Hanswurst tollte als Teufel über die Bühne und gab seine platten Späße zum besten. Man glaubt sich versetzt in die mittelalterliche Szene eines Fastenspiels, in dem Till Eulenspiegel die Mitspieler durch seine Possen zu einer heillosen Keilerei anstachelte.

Der Rat der Stadt hielt jedoch stets seine schützende Hand über die Zunft. Als ihr im ersten Viertel des 18. Jahrhunderts der Rathaussaal als Spielstätte verschlossen wurde, wanderten sie in Bretterbuden, 1758 stellte ihnen der Rat den Salzstadel auf dem Anger zur Verfügung. Als diese Zufluchtstätte im Jahre 1760 abgerissen wurde, gaben die Stadtmusiker in einer flehentlichen Eingabe an den Rat zu bedenken, daß die Obrigkeit überall dafür sorge, daß die Passionsspieler mit ihrem frommen Beginnen ein Fortkommen fänden, »wie denn heuer in Ammergau dises so lobliche alß christliche Werk mit seinen großen Unkösten bey einem Zulauff von mehr dann 14000 Menschen haben miessen aufgefüehrt werden«. Das erweichte denn auch der Stadtväter Herz, die daraufhin wiederum den Rathaussaal gegen Erstattung der Kosten von 100 Gulden für den Theateraufbau zur Verfügung stellten. Was anfänglich nicht als Erwerbsquelle gedacht war – die Berufung auf Oberammergau sollte das sittliche Wollen unterstreichen –, mußte durch den Zwang der traurigen Lebensumstände der Zunftmitglieder unweigerlich zum bitter nötigen Erwerbszweig in den Fastenwochen werden, in denen kein Tanz das Salz in die Suppe zu verdienen gab. Uneinigkeit innerhalb der Unterzünfte und musikalischer Dilettantismus griffen um sich, zumal keinerlei Eignungsprüfungen nötig waren, um Zunftmitglied zu werden. Um so mißvergnügter wurden jene Musikanten, die ihren Beruf wirklich ernst nahmen und ihre Instrumente beherrschten. So begab es sich einmal, daß Franz und Caspar Albert, Johann und Georg Weissenegger, Korbinian Prugger und Hans Georg Imbler ihre Zunft verließen. Vor den Rat zitiert und nach ihren Beweggründen gefragt, gaben sie übereinstimmend an, »sie wollten lieber einen anderen Erwerb ergreifen, als mit so unmusikalischen Leuten in eine Kompanie gesperrt sein«.

Wir haben ein triftiges Zeugnis für das musikalische Können dieser Frondeure in einem Urteil Mozarts, der am 3. Oktober 1777 aus München an seinen Vater schrieb: »Beyläufig um halb zehn Uhr kam eine kleine Musique von fünf Personen, zwei Klarinetten, Corno und ein Fagotto. Hr. Albert, dessen Namenstag morgen ist, ließ mir und ihm zu Ehren diese Musique machen. Sie spielten gar nicht übel zusammen; es waren die nämlichen, die bei Albert im Saal aufwarten.« Jener Herr Albert aber war kein anderer als der bekannte Münchner Weinwirt vom »Schwarzen Adler«. Als »Musikwirt«, wie er genannt wurde, war er ein großer Gönner Mozarts und der Sohn unseres »Frondeurs« Franz Albert. So dürfen wir annehmen, daß fünf von den sechsen jene Stadtmusikanten waren, die tatsächlich »lieber einen anderen Erwerb« ergriffen haben, in-

Am Heumarkt, dem heutigen Jakobsplatz, gaben im 18. Jahrhundert die Münchner Stadtmusikanten ihre Passionsspiele. Auch wandernde Schauspieltruppen gastierten gelegentlich in den schlichten Bretterhütten, wie es dieses Gemälde von Joseph Stephan um 1750 zeigt.

dem sie fortan beim »Schwarzen Adler« aufwarteten und in dem musischen Gasthof die hohen Gäste mit ihren »Musiquen« delektierten.

Die personelle Zusammensetzung der Kompanie, der Caspar Albert ursprünglich angehörte, läßt schon erkennen, wie unausgewogen das Ensemble war, in dessen Namen Caspar Albert um die Aufführungsgenehmigung einer Passion nachsucht und die Mitglieder aufzählt:

»Johann Doll, Statt Tampour
Franz Wissenrieder, burger
Franz Sittenhofer, burger und Statt Tampour
Stephan Mayr, burgers Sohn
Caspar Albert, burger und Statt geiger
Hieronymus Steindl, burger und Statt Tampour
Michael Häringer, burger und gewester tuechmacher
Christoph Häringer, burger und anstreicher
Maria Anna Geissenpöckhin, bereits sich die 10 Jahr bei
Herrn Statt Leutenandt aufhaltet.«

Das Unzulängliche aber ward zum Ereignis, als es Stephan Mayr mit seiner Truppe gelang, bei der Krönung des bayerischen Kurfürsten Karl Albrecht zum deutschen Kaiser im Jahre 1743 in

Frankfurt bei einer Aufführung die Gunst des Fürsten zu gewinnen. Mit einem Gnadenerweis des Kaisers, wonach »außer ihm niemand in München zu spielen habe«, und zwar weltliche wie Passionsspiele, zog Mayr in München ein. Die Zunft der Stadtmusikanten wandte sich indessen einhellig gegen dieses Privileg, über das sich denn auch der Stadtrat hinwegsetzte, indem er den Stadtmusikanten allein das Recht zur Abhaltung der Passionsaufführungen einräumte. Konnte schon die Stadt mit ihren rund 30000 Einwohnern um die Mitte des 18. Jahrhunderts den etwa 40 Stadtmusikanten zu wenig Gelegenheit bieten, so schmälerten Uneinigkeit und Brotneid ihre Lebensgrundlage dauernd. Wohl gewannen ihre Darbietungen um diese Zeit an Niveau, doch konnte es nicht ausbleiben, daß sich ein besonders rühriger und, sagen wir es genau, rücksichtsloser Zunftgenosse Vorteile zu verschaffen suchte, um sich aus dem Kuchen das größte Stück herauszuschneiden zum Schaden aller. Unser Franz Albert war dieser Mann.

Schon einmal, allerdings vergeblich, hatte er den Versuch gemacht, sich ein Exklusiv-Privileg zu verschaffen, doch erst im Jahre 1765 gelang es ihm, in einem kurfürstlichen Erlaß diese Vorrangstellung zu erlangen, und zwar für weltliche wie für geistliche Theateraufführungen. Das Privileg war freilich der ganzen Zunft zugedacht, doch Albert bezog es auf sich als Einzelperson und handelte danach. Dabei verfuhr er nicht zimperlich. Er nahm den ganzen Fundus an Kostümen und Theaterdekorationen an sich, worüber sich ein Rechtsstreit mit der ganzen Zunft entzündete. Der Rat der Stadt, den die Zunft mit Recht als ihren Schutzherrn betrachtete, untersuchte den Fall, aber Albert weigerte sich beharrlich, die Requisiten herauszugeben, indem er behauptete, er habe sie aus eigenen Mitteln angeschafft. So klar auch die Rücksichtslosigkeit Alberts am Tage lag, der Streit zog sich zwei Jahre lang hin, bis der Entscheid des Rats die strittige Garderobe und die Dekorationen der Gesamtzunft zusprach, auf die sie rechtens Anspruch hatte. Immerhin entschädigte der Spruch die »beede alt erlebte Albertischen Musikantenseheleuten als Schmerzensgeld alljährlich in der Fastenzeit« mit 50 Gulden »zu ihrer Ergezlichkeit«. Ein Jahr darauf starb Franz Albert. Der Bruder, Caspar Albert, und der Musikus Paul Kogler, die sich mit Franz seinerzeit von der Zunft getrennt hatten, übernahmen die Leitung. Sie durften um so mehr auf ein weiteres gutes Auskommen mit der Gesamtzunft rechnen, als

sie trotz des Streits stets bestrebt waren, die Verbindung zu ihr nicht ganz abreißen zu lassen und die Zunftbräuche zu achten. Vom Faberbräu, in den Caspar vor drei Jahren gezogen war, kehrten sie nunmehr ins Rathaus mit ihren Spielen zurück, wenn sie nicht in dem Stadel am Anger Vorstellungen gaben. Im ganzen waren die Spielverhältnisse unerquicklich. Immer wieder wurden Pläne erwogen, ein eigenes Komödienhaus zu errichten oder den Stadthauskasten als »Comoedi Haus und Theatrum« einzurichten. Bauverständige und Kommissarien wurden bemüht, aber die Aufklärung scheint den Eifer für einen so langfristigen Zweckbau bereits gelähmt zu haben. Noch einmal in den Fastenwochen des Jahres 1770 erbauten sich die Münchner an den Passionen, da erging am 31. März 1770 ein Generalverbot durch den Kurfürsten.
Die Feindschaft gegen die Passionsaufführungen schwelte schon lange vorher. Daß ein Berufsschauspieler und Leiter einer Theatergesellschaft, Franz Gerwald von Wallerotti, die theaterspielenden Musikanten in Schreiben an den Kurfürsten als »unanständige Stimpler« bezeichnete, war freilich nur Konkurrenzneid auf die nach wie vor im Volk beliebten Zünftler. Schwerer wog schon die Abneigung der Äbtissin Maria Bonaventura de Kotolinsk vom Angerkloster. Sie fand es rücksichtslos, »einem Kloster, darin das Heiligste verehrt wird, ein comoedianten Haus gleichsam auf den Hals oder vor die Tür zu setzen«. Der Stadtrat indessen hielt seine schützende Hand über seine Stadtmusikanten und widersprach: »...zumal es bei den Heil. Passions gspillen ohne mindesten Geräusch oder lauten Gelächter zuzugehen pflege.« Den Ausschlag für das Verbot indessen dürfte der Geistliche Rat gegeben haben, der bereits acht Jahre vor dem Verbotserlaß in einem Gutachten entschieden hatte, »daß das größte Geheimnis unserer geheiligten Religion nun einmal nicht auf die Schaubühne gehöre«. Die Bistümer Regensburg und Salzburg waren schon 1768 mit Verboten vorangegangen, wie denn die erwähnten Auswüchse vor allem auf dem Lande und weit weniger bei den Aufführungen der Münchner Stadtmusikanten zu beanstanden waren. An eine Reform dachten die Widersacher nicht. Man nahm die Auswüchse als Beweismittel und traf die Sache. Leicht wäre es möglich gewesen, durch Abstellung der Hanswurstiaden die Entwürdigung der Passion zu beheben und die volkstümliche Hausmannskunst der Stadtmusikanten zu retten. Ausnahmen für München einzuräumen aber lag weder

im Sinn des Geistlichen Rates, noch konnten sie wegen der Landgemeinden gemacht werden.

Alle Bittschriften mit der Berufung auf ein altes Gewohnheitsrecht blieben fruchtlos. Doch darf man dem Kurfürsten Max III. Joseph auch hier die Güte nachrühmen, die ihn bei allen Entscheidungen beseelte. Ein Bittgesuch der Zunft, in der in beweglichen Worten auf die Anschaffungen neuer Kleider und Dekorationen hingewiesen wurde, die der Zunft 1200 Gulden Kosten verursacht hätten, beschied der Kurfürst mit der Erlaubnis, künftig geistliche Dramen, mit Ausnahme der Passionsdarstellungen, aufführen zu dürfen.

Die Titel dieser Stücke beweisen, daß die barocke Wort- und Spiellust auch im kalten Wind der Aufklärung nicht ganz erstorben war: »Genovefa oder die unauslöschliche Tugend ehelicher Treue«, hieß es da, oder: »Der Sündfluth oder das in dem Wasser erstickte Lasterfeuer der damals sündigen Welt«; »Margaritha oder das verlorne, doch wieder aufgefundene Schaf«; »Johannes von Nepomuk oder die hellglänzende Sonne der Beichtiger«; »Joseph oder der von seinen Brüdern erkannte Vizekönig von Ägypten«. Ein halbes Stück allein ist der wortreiche Titel »Eustachius oder die durch unvermuthetes Geschicke verlohren, auf dem Pfad des christlichen Glaubens aber unverhofft wiedergefunden, und durch die Marterkrone mit dem Vater zugleich siegende Söhne«. Schon meldet sich bei den dilettierenden Stadtmusikanten mit den zwei Stücken von Klopstock, »Salomo« und »Der Tod des Abels«, die klassische Epoche der deutschen Bühnenkunst an, deren Morgenröte zehn Jahre später auf den Brettern des Faberbräus mit Schiller und Lessing aufgegangen ist.

Mit dem Regierungsantritt des Kurfürsten Karl Theodor erlosch die Vergünstigung, die sein Vorgänger Max III. Joseph den Stadtmusikanten zuteil werden ließ. War bisher die Armut ihr ständiger Begleiter, so erhob nun das Hungergespenst sein Haupt. Jahr um Jahr häufen sich die Bittschriften um Brennholz und Almosen. Arme Stadtmusikanten! Mit der allgemeinen Aufhebung der alten Zunftordnung im Jahre 1827 lösten sich auch für sie alle beruflichen Bande. Von nun an waren sie befreit von allem Zwang, aber auch von den Privilegien, die ihnen gerade noch das Kummerbrot sicherten. Mancher von ihnen mag zurückgesunken sein in die Schar der Scherzlgeiger und Schuberlspieler, die er einst verachtete.

Nun mußten sie selbst von Wirtshaus zu Wirtshaus ziehen, zum Frauendreißger nach Thalkirchen oder nach Berg am Laim, den Bettelteller in der Hand. Denn nur wenigen war das Schicksal so gnädig wie dem erfinderischen Sulzbeck, dem beim Hofbräuhausbock die Kreuzer zuflogen, wenn er auf seiner Baßgeige die Schlacht von Waterloo melodramatisch präsentierte, Musikus und Schauspieler zugleich, wie die Stadtmusikanten von einst.

Der Kampf ums Brot in der Vorstadt Au

Der Bau des Jesuitenkollegs und der Michaelskirche lockt viele Bauarbeiter, auch Fremde. – In der Stadtnähe entstehen billige Wohngelegenheiten, die Herbergen. – Die Auer Melber dürfen nur Schwarzbrot backen, das aber besser ist als in München.

»Die Vorstadt Au stand in alter Zeit in wenig gutem Rufe, ja sie galt, um es nur rundheraus zu sagen, als ein berüchtigtes Diebesnest. So soll der Scharfrichter von Wien einmal gefragt haben, wie groß denn diese Stadt sei, die so viele Schelme in seine Hände liefere.« Carl Albert Regnet ist's, der 1878 in seinem Buch »München in guter alter Zeit« zu diesem wenig schmeichelhaften Ergebnis seiner historischen Forschungen kommt. Was aber, so fragen wir, meint er, wenn er von der »alten Zeit« spricht, in der es in der Au so wenig geheuer war? Zu Ende des 18. Jahrhunderts stellt er nämlich der Au ein durchaus gutes Zeugnis aus, wenn er schreibt: »Nachmals hat sie sich durch die herrlichen Anstalten einer guten Polizei gar sehr gebessert und ist sogar zu einer Pflanzstadt ländlicher Industrie geworden.« Die wollenen Auer Strümpfe, fügt er als Beispiel hinzu, hätten hier ihren Anfang genommen und sich nachmals ins Große verbreitet; schließlich habe die Au schon zu Ende des vorigen Jahrhunderts über eine eigene Bürgermiliz von etwa 100 Mann verfügt, die man am Fronleichnamstag und bei anderen Feierlichkeiten dieser Art zu sehen bekommen habe. Daß die Au schon um 1780 als durchaus »hasenrein« betrachtet werden darf, bestätigt in Übereinstimmung mit Regnet Lorenz Westenrieder, der 1783 in seiner »Beschreibung der Haupt- und Residenzstadt München« von der Au sagt, sie sei »ein sehr gewerbiger und munterer Ort«, dessen Industrie der Stadt sehr wohl zustatten komme. Der muntere Ort, den der Wiener Scharfrichter gar für eine Stadt hält, war – um dies zum besseren Verständnis vorwegzunehmen – nach unseren Begriffen winzig und durchaus nicht so volkreich, wie man das von einem »gewerbigen Ort« annehmen möchte. Mit Giesing zusammen, mit dem es ein Pfleggericht bildete, zählte man ganze 4793 Seelen im Jahre 1783, und wenn man diese Bevölkerungszahl halbiert, wird man es in der Au wohl mit kaum mehr als 2500 Einwohnern zu tun haben.

Was aber den zweifelhaften Ruf der Vorstadt betrifft, so muß er in älteren Verhältnissen seine Ursache haben. Schon Ende des 16. Jahrhunderts stoßen wir auf Bilder »schwarz und grau, die nicht von Farbe lassen«. Die großen Bauvorhaben des Jesuitenkollegs und der Michaelskirche lockten, nicht anders als ähnliche Aufgaben von heute, Ströme von Bauarbeitern zur Arbeit nach München, zum Unterkommen aber in Stadtnähe, wo die billigsten Wohngelegenheiten zu finden waren. (Vierhundert Jahre später, in der Gründerzeit nach 1871, wird sich dieselbe Erscheinung wiederholen und das ferner liegende Umland wie Giesing, Haidhausen, Sendling und vor allem die Schwanthalerhöhe in ihren Bannkreis ziehen.)

In der Au entstanden damals zwischen 1590 und 1603 32 neue Häuser, im Jahre 1612 zählte man insgesamt 180 Häuser in der Au, fast ausschließlich Herbergen, deren Stockwerke jeweils verschiedenen Besitzern gehörten. Mit dem Bau der Maxburg, 1612 bis 1619, dem »unermäßlichen Gebäude« der Wilhelminischen Neufeste, mußten 54 Anwesen auf dem vorgesehenen Gelände der Spitzhacke weichen, was einen erneuten starken Zustrom der obdachlos gewordenen Häuslleute in die Au zu Folge hatte, verstärkt zudem durch die Bauarbeiter für die Maxburg. Frühzeitig kamen die eingeborenen Auer Töchter unter die Haube mit fremden, zugewanderten Leuten, indes die »Wittiben, wie allt sye immer sein, sich demnach mit frembden, welche es allain darumben thuen, damit sye dadurch auf die Au khommen, verheyrathen«. Ganz Schlaue halfen sich durch einen Häuserschwindel, indem sie das Stockwerkseigentum an einer Herberge zum Schein kauften, eine Weile darin wohnten, ohne jemals den Kaufbetrag zu bezahlen, und, sobald sie ihr Wohnrecht zu haben glaubten, wieder verkauften und durch einen Scheinkauf ein anderes Haus erwarben. Eine bedenkliche Überbevölkerung war die Folge. In einer Wohnung, in der kaum einer allein genügend »weitte hette«, steckten »offtermahlen in die 5, 6 oder mehr Ehevolkh«, also Familien. Von viel unnützem Gesindel ist in jener Auer Zeiten die Rede, das dennoch vollgegessen Tag und Nacht in den Bräuhäusern liege und die Preise der Lebensmittel verteuere, Bettlervolk zumeist, das den Bürgern Münchens die Türen um Almosen belagere und den verschämten Armen das letzte Stückchen Brot wegnehme.

Scharfe Anordnungen durch ein kurfürstliches Dekret von 1625 sollte den Übelständen abhelfen. Die Niederlassung jedes Zuzüglers wurde von seinem Leumundszeugnis und einem Vermögensnachweis abhängig gemacht, der Hausverkauf unter Kontrolle gestellt. Gebürtige Auer mußten bei Verheiratung einen Ernährungsnachweis zur Familiengründung erbringen, selbst gebürtigen Auer Töchtern war das Unterkommen in der Vorstadt verboten. Das Dekret, am grünen Tisch kurzsichtig ausgeheckt, bekämpfte die Folgen, ohne den Ursachen, dem Zuwanderungsdruck, wirksam zu Leibe zu gehen; es mußte wirkungslos verpuffen, die Zuwanderung war auf diese Weise nicht einzudämmen.

Damals mag zum erstenmal das absprechende Wort des Wiener Scharfrichters umgegangen sein von den »Schelmen der Au« und der Anrüchigkeit der Vorstadt überhaupt, die erst mit August Junkers Couplet der Jahrhundertwende ausgeklungen ist:

»Ja i bin der Stolz von der Au,
Am Mariahilfplatz geborn,
Die Madln, die renna, weil's mi alle kenna,
Sehng s' mi, is a jede verlorn!«

Muß man das sinnlose Dekret nicht überhaupt lebensfeindlich nennen, so zeigt sich auch später eine völlige Fehleinschätzung der Entwicklung, die man selbst eingeleitet hatte mit ihren Folgen, die bei auch nur einiger Voraussicht hätten erkannt und abgemildert werden können. Der Hof selbst tat nämlich alles, damit sich die Au zum Industrieviertel entwickelte.

Als großer Projektenmacher trat in der Zeit Ferdinand Marias nach dem Dreißigjährigen Krieg Johann Joachim Becher auf, der in der Errichtung von Manufakturen allein das wirtschaftliche Heil des Landes erblickte und drauf und dran war, durch Errichtung eines allgemeinen Kaufhauses in München den gesamten Handel in staatliche Regie zu bringen, ein Plan, der jedoch am erbitterten Widerstand der damit zum Ruin verurteilten Handelskreise scheiterte. Becher war es denn auch, der sich anschickte, eines der liebsten Kinder des herzoglichen wie des kurfürstlichen Bayern, die Seidenmanufaktur, entgegen der betrüblichen Erfahrungen, die man vordem damit gemacht hatte, in Flor zu bringen. Doch war er weder der erste noch der letzte, der den zur Fütterung der Seidenraupen unerläßlichen Maulbeerbäumen zumutete, im rauhen Klima der oberbayerischen Hochebene zu gedeihen und damit die Seidenzucht und -fabrikation selbst gedeihlich zu machen.

Eine kurfürstliche Tuchfabrik folgte als nächste Gründung in einem großen dreistöckigen Gebäude an der Lilienstraße im Jahre um 1690, deren Fabrikat das Land vom Bezug von Militärtuchen aus dem Ausland unabhängig machen sollte. Zu den italienischen Maurern in der Au kamen damals 141 gefangene Türken aus Max Emanuels Türkenkrieg als Arbeiter, die sich fast ausnahmslos als überaus anstellig erwiesen. Schließlich kam um 1720 eine Gobelin-Manufaktur hinzu, zu den Italienern und Türken gesellten sich nun etliche heißblütige Franzosen, im ganzen neun Mann, deren Aufführung nicht dazu beitragen konnte, den angeschlagenen Ruf der Au auf das Mindestmaß vorstädtischer Toleranz zu vermindern. Petitjean, einer dieser sublimen Künstler, wurde 1719 von der Polizeiwache erschlagen, ein anderer, Laingé, mußte 1722 fliehen, nachdem er einen Auer Hammerschmiedgesellen erstochen hatte.

Kleinere Unternehmungen folgten den Niederlassungen der großen, Westenrieder nennt mit Recht die Au »gewerbig«. Gewerbig mit allen Vor- und noch mehr Nachteilen. Vorteile, solange die Unternehmungen florierten und Friede herrschte im Land, böse Folgen aber erweisend, wenn die Betriebe in Krisen gerieten, ihre Beschäftigten entließen, die nun vergeblich nach Arbeit und Brot Ausschau hielten. »Nach dem Erlöschen der industriellen Unternehmungen«, berichtet der Chronist, »mußte das Gros der Bevölkerung in der Stadt Verdienst suchen, so daß es an Abenden beim Nachhausegehen scheinet, die ganze Au sei in der Stadt gewesen.«

Daß bei einer derart herzbrechenden Armut dennoch kein Auer dem andern zum Tiger wurde, daß sich die Kriminalität nicht bis zu solchen Szenen hinaufsteigerte, wie sie in der Pariser Vorstadt Saint Antoine zum Aufknüpfen Schuldiger und Unschuldiger an Laternen führten, das muß ausdrücklich dem gutmütigen Charakter der armen Auer zugerechnet werden.

Arbeitslosigkeit bei aller Arbeitsfreude, dazu den fast alljährlich sich erneuernden Hochwassern der Isar ausgesetzt, die die Häuser der unteren Au unter Wasser setzten, daß sie die heißesten Sommer nicht mehr austrocknen konnten, das war die Umwelt, in der sich die Auer jahrhundertelang zu behaupten hatten. Kam Krieg dazu, ein verlorener obendrein, richtete sich die Wut der fremden Soldateska auf die ungeschützten Vorstädte, aufs Lehel und die Au. Unselig war der Österreichische Erbfolgekrieg ausgegangen, als Kurfürst Karl Albrecht gegen Habsburg um die deutsche Kaiserkrone würfelte. Panduren, Kroaten, Likaner, ungewaschenes Kriegsgesindel unter dem gefürchteten Pandurenoberst Baron Trenck, brandete wütend gegen die Residenzstadt München an und überschwemmte vor allem das Lehel und die Au. Zurück blieben elternlose Kinder, deren Väter durch den Krieg und deren Mütter durch den Hunger hinweggerafft worden waren. Damals aber, 1742, gab es keinen Sozialstaat, keine Wohlfahrtsstelle, kein Jugendamt. Es wird immer ein Lobpreis der Auer bleiben, daß in jenen trübsten Zeiten aus ihrer Mitte der selbstlose Mann kam, der Faßbinderssohn Michael Pöppel, der sich als erster der Waisen annahm, sie in seiner Wohnstube nährte und gewandete; und mehr noch darf es die Au mit Stolz in ihre Chronik schreiben, daß kein Dünkel den Gerichtsherrn der Au, Baron Widnmann, hindern konnte, die Gründung Pöppels gegen mancherlei Anfeindungen zu fördern, bis sie unangreifbar geworden war.

Die Bitte ums tägliche Brot im Vaterunser, verstehen wir sie heute noch angesichts gefüllter Schaufenster und ellenlanger Speisenkarten, in denen uns indische Reistafeln, balkanische Spezialitäten, chinesische Feinschmeckergerichte neben erlesenen Weinen aus aller Welt angeboten werden? Und können wir uns in der Zeit allgemeiner Gewerbefreiheit noch denken, es gäbe ein Gesetz, das Bäkkern gebietet, ausschließlich Schwarzbrot zu backen, aber bei Strafe keineswegs Weißbrot und Semmeln? Genau dies aber war bei den Bäckern der Vorstadt Au der Fall. Ihnen, die man damals Melber hieß, war die Beschränkung auferlegt, ausschließlich Sauer- oder Schwarzbrot zu backen, dagegen streng verboten, Semmeln in ihre Backöfen zu schieben. Die Münchner Bäcker waren es, die eifersüchtig darüber wachten, daß das Gebot nicht nur eingehalten wurde, sie maßten sich überhaupt eine Art von Oberaufsicht über die unzünftlerischen Auer Melber und ihr Tun an und waren be-

greiflicherweise bestrebt, jede Art von Broteinfuhr in die Stadt zu verhindern.
Die Ursache dazu war gegeben. Die Auer Melber nämlich, auf die Herstellung einer einzigen Brotsorte beschränkt, wandten ihrem Erzeugnis eine solche Aufmerksamkeit zu, daß es ihnen besser geriet als den Münchnern. Es half nun den Münchner Bäckern wenig, daß sie sich auf einen Gnadenbrief Kaiser Ludwigs des Bayern beriefen, der sich den Bäckern für ihr entscheidendes Eingreifen bei der Schlacht von Ampfing, 1322, zeitlebens verpflichtet fühlte. Man drohte den Auern mit der Strafe des Ofen-Einreißens, falls sie sich bei der Broteinfuhr nach München betreten ließen. Indessen, auch ohne Public relations, rein durch Mundpropaganda, sprach sich in München herum, daß das Auer Schwarzbrot besser und bekömmlicher sei als jenes aus den Münchner Backöfen. Und die Qualität setzte sich tatsächlich gegen alle Privilegien und Gesetze durch. Den Auer Melbern wurde das Recht eingeräumt, an »gewisse Hofpartien«, den Bräu- und Stallknechten nämlich, sowie »an einzelne bestimmte Personen« jeweils donnerstags Roggenbrot liefern zu dürfen. Den Stadtbäckern, die dagegen Einspruch erhoben, wurde ein Hof- und Polizeyrats-Gutachten zuteil, das den Auern vollends gerecht wurde. Da sie gleich den Münchner Bürgern hiesige Untertanen seien und ihre Bürden zu tragen hätten, hieß es da, werde ihnen verwilligt, alles Brot, das sie aus dem Roggen backen, in die Stadt zu bringen und selbes alle Mittwoch auf dem Rindermarkt zum Verkauf zu bringen. Den Münchner Bäckern wurde der lakonische Bescheid zuteil, »auch dergleichen Roggenbrod in der nemlichen quantitet und qualitet abzubachen und solches sowohl auf dem Brodhauß [= unter den Bögen des alten Rathauses] als in ihren Bäckerläden« feilzuhalten. Und dabei erfahren wir auch, wer dieses Auer Brot besonders schätzte: der einfache Mann. Denn da heißt es weiter: »... damit das hiesige publicum, besonderst der gemeine Mann, als welche an diesem Roggenbrod ein besonderst belieben tragend, ihme hierauß eines, welches ihme beliebet, selbst außwählen und erkaufen könne.«
Doch der Krieg ums Auer Brot schlief damit keineswegs ein. Die Stadtbäcker, hellauf lodernden Zorns über ihre Niederlage, bezeichneten das Hofrats-Gutachten als eine Kabale des Hofes, deren Auswirkung sie fortan Steine in den Weg legten, wo sie nur konnten. Dabei zogen die Auer jedoch wiederum nicht den kürzeren. So

kam es gelegentlich, wie 1718, zu Vergleichen, in denen die Münchner Bäckerzunft den Auern zugestand, ganze oder halbe Viertellaibe ihren Stadtkunden zu liefern unter der Bedingung, daß sie keinen neuen Backofen mehr bauten. Von den neun Melbern der Au hatten nämlich nur vier einen eigenen Backofen, was des öfteren zu Streitigkeiten führte, da die einen behaupteten, die anderen hätten ihnen das Brot verdorben. Man ließ also das Übereinkommen von 1718 einschlafen, und die fünf Gastbäcker bauten sich ebenfalls Backöfen. Am Absatz fehlte es ihnen nicht. Auf alle möglichen Schliche verfielen sie, um ihr Brot nach München zu schmuggeln, die Grenze an der Isarbrücke erwies sich als dichter als jene zwischen Tibet und Indien von heute. In Säcken verpackt und »unterm Tröberlwägerl versteckt« – den Trebernwagen der Brauereien –, schmuggelten sie ihre würzige Konterbande ins feindliche Ausland München.

Im Jahre 1768 erlebten die Auer den Triumph, die Qualität ihres Brotes und die mindere Güte des Münchner Roggenbrotes nochmals amtlich bestätigt zu erhalten. Falls die Stadtbäcker nicht fähig seien, ein ebenso bekömmliches Schwarzbrot zu liefern wie die Auer, sollte den Melbern der Vorstadt das Recht eingeräumt werden, täglich Schwarzbrot einzuführen. Am 8. Januar 1770 gingen die Stadtbäcker tatsächlich durchs kaudinische Joch, indem sie erklärten, es sei ihnen unmöglich, ein gleiches Brot wie die Auer herstellen zu können.

Als ob die Natur selbst den Auern zu Hilfe kommen wollte, schickte sie die große Getreideteuerung, die das Hungerjahr von 1772 zur Folge hatte. Was die Vorstadtbäcker vormals ertrotzen mußten, wurde ihnen nun zur Pflicht gemacht. Die elf Auer Melber wurden genötigt, täglich Brot in die Stadt zu liefern. »Mit Vertröstung goldener Berge«, wie die Auer bitter bemerkten, »denn die Vertröstungen wurden alle zu Wasser. Dennoch, das Zugeständnis, einmal behördlichen Lippen entflohen, konnte nicht mehr zurückgerufen werden, als dem Mißwachs des Jahres endlich bessere Ernten folgten und ein geregelter Schrannenmarkt möglich war. Und die Auer nützten wahrlich den Vorsprung, den ihnen die Laune der Natur eingeräumt hatte. Ihre Burschen und Mägde trugen die beliebten Auer Roggenwecken in viele Privathaushaltungen der Stadt, und sie hatten damit die öffentliche Meinung der Münchner für sich. Ihr Brot war zu gut und hatte zu viele Liebhaber, die auf ihr Erzeugnis schworen, ungeachtet des Querulierens der Stadtbäcker, denen bedeutet wurde, »sie hätten sich lieber in die Finger beißen sollen, als die alten Geschichten immer wieder hervorzuziehen, wodurch sie sich selbst zuschanden machen«. Nebenbei wurde ihnen vorgerückt, sie hätten schon deshalb kein Recht, sich zu beschweren, weil sie selbst an die 20 Auer Krämer Schwarzbrot lieferten, was früher nie der Fall gewesen sei; eine Einwendung, die im Jahre 1837 in dem offenbar nie erlahmenden Brotkrieg zwischen der Au und München noch einmal gerichtsmäßig werden sollte, worüber noch zu berichten ist. Schließlich fand man einen salomonischen Gütevergleich: »Wie dem Städter, der eine mehr sitzende Lebensweise hat, das Auer Kornbrot gedeihlicher, so sei dem arbeitsamen Auer das mit Weizenmehl vermischte Stadtbäckerbrot mehr nahrsam.«

Immerhin waren alle diese Bekundungen für die Auer Melber platonisch und mehr gefühlsbetont, nicht durch Ordnung und Gesetz endgültig festgelegt. Die behördliche Regelung erfolgte im Jahre 1777, wonach die Auer nur alle Mittwoch und Samstag Brot in die Stadt liefern durften. Ungehindert durch die Münchner, wurde ihnen zugestanden, ihr Getreide jeweils nach neun Uhr auf der Münchner Schranne am Marienplatz kaufen zu dürfen. Dagegen sollten die Münchner Bäcker berechtigt sein, »för ewige Zeiten« an die Auer Krämer Laib- und Weißbrot verkaufen zu dürfen. Unverändert behielten die Auer ihre Verkaufsstände am Rindermarkt bei. Im Jahre 1800 erlebten sie schließlich die Genugtuung, das Recht des Weißbrotbackens und des Verkaufs in der Stadt zugestanden zu erhalten. Zugleich fiel die Zollschranke, an der die Auer vordem für jeden Wagen mit Brot, es mochte viel oder wenig darauf verladen sein, sechs Kreuzer Zoll, die Münchner dagegen von jedem Gulden Brot zwei Pfennige zahlen mußten.

Doch der Friede war nicht das holde Kind, das aus dem nunmehr erleichterten Monopolzwang geboren worden war. Unfriede war nun einmal gesät zwischen den Berufsgenossen, den unzünftlerischen Auern und den Zünftlern des Münchner Bäckerhandwerks. Die Münchner Zunft beschloß nämlich, es sollte kein Bäckerjunge, der bei den Melbern und Bäckern der Au seine Lehrzeit verbringe, zeitlebens fähig sein, bei den Stadtbäckern Arbeit zu bekommen. Erst im Jahre 1823 durften die Auer Bäcker eine Zunft bilden, ihre Verkaufsstände wurden 1827 vom Rindermarkt auf den Viktualien-

Der Bäckerladen des Bäckermeisters Egid Viernstein in der Sendlinger Gasse
»Diese Bäckerläden von Außen haben den Vorzug, daß man sich das Brod daselbst aussuchen kann«, wie der Polizeidirektor Anton Baumgartner 1804 schrieb. Es gab damals vielerlei Kleinbrote wie bayerische und Mannheimer Bretzen, Eierweckl, Pfistersemmeln, Pfisterlaibl, ganze und halbe Kreuzersemmeln, Spitzweckl, Zweipfenniglaibl, Gaunken (= zu einem Pfennig), Hallerrockl, Groschenwecken, Batzenlaibl, Siebehalbe Kreuzersemmeln, die, wie alles Weißbrot, die Auer Bäcker nicht backen durften.

markt verlegt. »Die Abneigung der Münchner- gegen die Auerbäkker bestand fort bis nach der Einverleibung der Au in München«, im Jahre 1854, schreibt der Auer Chronist, Dr. Josef Freudenberger.

Am 20. Mai 1837 schließlich erschien vor dem Beamten im Landgericht Au Isidor Müller, Bürgermeister- und Mahlenkramer zum Nußbaum, wie er sich seit alters nannte, um gegen die Auer Bäcker einen internen Auer Bruderkrieg zu eröffnen. Die Bäcker zogen nämlich die Berechtigung des Brotverkaufs durch die Krämer der Au in Zweifel. Sie winkten bedrohlich mit einem behördlichen Formular der kgl. Isarkreisregierung, wonach den Krämern der Brothandel untersagt sei. Isidor Müller machte, gleichzeitig mit dem Krämer Franz Zechbauer, der sich seiner Vorstellung angeschlossen hatte, geltend, daß die kgl. Isarkreisregierung zu solcher Beschneidung seiner Gewerberechte gänzlich unzuständig sei, und richtete sein Geschoß wider die Bastionen seiner Gegner, indem er losdonnerte: »Obwohl ich glaube und mich nicht überzeugen kann, daß hier ein förmliches Parthey-Streit-Verhältnis obwalte, so wäre es denn doch möglich, daß es inner Jahr und Tag zu einem Rechtsstreit käme. Da nun die Zeugen, die ich unten benennen kann, gemeinkundig sehr alt sind und ich deshalb in Gefahr stehe, meine Beweismittel zu verlieren, so bin ich in die Nothwendigkeit versetzt, an das kgl. Landgericht die gehorsamste Bitte zu stellen, diese Zeugen zum ewigen Gedächtnis zu vernehmen.« Die Zeugen, die der Mahlenkrämer im Auge hat, sind nach Name und Art eine kleine Chronik der Auer Volksschicht. Da ist die Furierswitwe Maria Anna Schäfer, sodann die Elise Jörgin, ein Soldatensweib, und Peter Schindler, Frosch- und Krebshändler in der Au, die der Krämer zum Gegenbeweis aufmarschieren läßt. In sechs Artikeln »artikuliert« er, wie er schreibt, ihre Bekundungen, die im Gegensatz zu dem Paragraphenzopf jener Zeit volkstümliche Frische atmen:

»Ja und wahr, daß auf dieser Krämergerechtsame, Mahler- und Bürgermeisterkrämer genannt, seit unvordenklichen Zeiten der Brodverkauf war...

Ja und wahr, daß in früheren Zeiten in der Vorstadt Au kein Bäkker, sondern nur Melber waren...

Ja und wahr, daß diese Melber nicht weißes Brod verkauften, auch nicht die Befugnis hatten, solches zu verkaufen, sondern nur Sauerhitze buken und verkauften.«

Schließlich beruft sich der Krämer auf einen Rechtsbrief, »in dem der Artikel Brot vorkam, der aber im Jahre 1829 verlorenging«.

Das kgl. Landgericht zeigt sich in seiner Antwort gänzlich unbeeindruckt von den Vorstellungen Isidor Müllers. Einen Urkundenbeweis gäbe es in Bayern überhaupt nicht, meint der Paragraphenzopf, außerdem bedürfe es nicht nur Zeugen, sondern auch Urkunden, was der vorherigen Behauptung widerspricht. Und der hohen Einsicht des kgl. Landgerichts kann es auch nicht entgehen, »daß wir das Maneuvre ganz durchschauen, durch welches Müller und Zechbauer (und so andre Krämer der Vorstadt Au!) sich die Befugnis zum Brodverkauf wieder erhaschen wollen. Sie trachten nämlich, einige zusammengeraffte alte Leute für ihre Behauptung zum ewigen Gedächtnis vernehmen zu lassen und denken: ›Haben wir einmal diese Vernehmung durchgesetzt, so lassen wir unsere Real-

rechte und zugleich die Befugnis zum Brodverkauf constatieren und benützen dabey jene Zeugenaussagen...‹«
Es muß schon ein grasgrüner Supernumerar gewesen sein, der abschließend die Fragen formulierte, deren Beantwortung sich selbst aus einer flüchtigen Lektüre des Auer Gewerberechts ergeben haben würde. Er formuliert nämlich: »1. In welchen ›früheren Zeiten‹ die Bäcker in der Au nur Sauerhitze backen und verkaufen durften? 2. In welchen ›früheren Zeiten‹ es in der Au keine Bäcker gegeben habe, und die Erlaubniß zum Backen und Verkaufen von Sauerhitze nur den Melbern in der Au ertheilt worden sey?« Kurzweg entscheidet das kgl. Landgericht denn auch am 18. Juni 1837 die Abweisung des Antrags Muller und Zechbauer.
Gerade das hätte das kgl. Landgericht nicht tun sollen, denn Müller und Konsorten waren keineswegs gewillt, sich dem grasgrünen Urteil zu beugen. Schon einen Monat später erweist sich nämlich eine Beschwerde der Auer Bäckerinnung als Rohrkrepierer. Sie hatten sich an das kgl. Appellationsgericht für den Isarkreis in Landshut gewandt, das am 4. Juli die Beschwerde der Bäcker abweist und feststellt: »In Sachen Krämer Müller und Zechbauer gegen die Bäkkerinnung wegen Brodverkauf besteht das Verlangen einer Zeugenvernehmung zum ewigen Gedächtnis zu Recht.«
Neue Zeugen sind inzwischen aufgeboten worden, ein Johann Bapt. Butz, »ehelicher Sohn des Zimmermanns Butz mit 73 Jahren, und seine Gattin Anna, eine Maria Magdalena Nusser, Maurerstochter, die 74 Lenze zählt, die beide bekunden, daß sie seit 50 bzw. 60 Jahren ihr Brot immer beim Isidor gekauft hätten«.
Und der Beschluß des Landshuter Appellationsgerichts vom 22. Februar 1837 fährt denn auch dem Auer Landgericht gröblich in die Parade, indem es erklärt: »...daß der Brodverkauf nach der besonderen Gewerbeordnung der Vorstadt Au unter die Gewerbszuständigkeiten der realberechtigten Krämer zu rechnen, sohin dieselben in der Ausübung dieses Rechts auch für die Zukunft ohne Rücksicht und die Person zu schützen sey...«
Salz, Brot und Branntwein, die urewigen Dinge des Menschen, waren, wie es ausdrücklich heißt, die Prärogativen der Krämer. Das biblische Salz, von dem es heißt: Habt Salz in Euch und Frieden untereinander!, das Brot, um das die Vaterunserbitte geht, der Branntwein für die Fuhrleute, wenn sie sich in nachtschlafender Frühe frostklirrender Winter damit wärmen.

Die Krämer haben gesiegt. Durchaus nicht krämerhaft, mannhaft sind sie eingestanden für ihr Recht, und darum seien ihre Namen in ganzer Zahl auch hier vermerkt: Franz Brummer, Georg Stadler, Josef Zacherl, Karl Bähr, Jakob Dorfmeister, Michael Feuerstein, Franz Zechbauer, Paul Alex Müller, Johann Syroff, Sebastian Ehard, Joseph Finkenzeller, Alois Eisenhofer, Walburga Filsner, Isidor Müller, Rasso Bach. Und wer will, kann auch aus diesen Namen die ganze Heimatchronik der alten Au herauslesen.

Ein Herzog wird Gutsherr von Schleißheim

Herzog Wilhelm V., die Schwaigen und die Klöster Bernried, Indersdorf und das Hochstift Freising

In den Frühsommermonaten des Jahres 1598 sah man auf den Fluren von Schleißheim oft ein seltsam dunkel gekleidetes Männerpaar zwischen den Äckern dahinwandeln. Stets Abstand voneinander haltend, folgte dem Voranschreitenden, der, ganz in Schwarz gekleidet, wie ein Kanonikus aussah, sein Begleiter, den man in seinem schwarzwollenen Rock mit den hängenden Ärmeln für einen Laienbruder halten konnte. Vor jedem der Bildstöckl am Wegrand blieb der vermeintliche Kanonikus in nachdenklicher Betrachtung stehen, verweilte ein paar Gedanken lang und ging langsamen Schritts weiter seines Weges. Schmetterlinge gaukelten über die Kleefelder, von denen ein süßer Hauch wehte, einen Augenblick lang erhellte sich die Miene des schwermütigen Mannes.
Soviel Blühen, Wachstum und Frucht! Wie herrlich war alles bestellt im kleinen Umkreis der Wiesen und Äcker Schleißheims, wie reimte sich dies alles fugenlos zu dem göttlichen Gebot an den Menschen, sich die Erde untertan zu machen, und wie schmählich war der Raufhandel des Menschen mit der irdischen Wirklichkeit! Doch wunderte sich der nachdenkliche Mann nicht darüber, daß die weltlichen Gedanken immerfort seine geistlichen Betrachtungen überwältigten, er kannte es nicht anders. Es war wohl keinem Sterblichen vergönnt, die reine Sphäre rein zu genießen und ohne Bitterkeit. So dachte der düstere Mann. Heute aber ging es ihm

ganz kraus durch den Sinn, und die Ursache war ein Brief seines Sohnes, der die beiden Sphären sehr wohl zu trennen wußte, die edlere der religiösen Innerlichkeit, die schönere der Künste, und die Sphäre der Pflicht.
Der Mann, der wie ein Kanonikus aussah, war nämlich keineswegs ein geistlicher Herr, sondern der bayerische Herzog Wilhelm, den man den Fünften nannte, und den Brief seines Sohnes Maximilian trug er noch in der Tasche. »Ich sehe halt, daß bei Geistlichen wie bei Weltlichen nur auf den staatlichen Vorteil gesehen«, hieß es in diesen Zeilen, »und daß nur derjenige berücksichtigt wird, der viel Land oder viel Geld hat, und weil wir weder dies noch jenes haben, so werden wir sowohl bei den Welschen als bei Anderen nimmermehr Ansehen haben, bis wir in Geldsachen uns besser aufschwingen.«
Wie ihm das leidige Geld zeitlebens die schönsten Stunden verbittert hatte! Wieder suchte er sich von den quälenden Erinnerungen freizumachen, und sein Blick ging über die Wiesenbreiten, die Schafweiden hin. Das war doch wenigstens sein gesicherter Besitz, klein an Umfang freilich, doch fühlte er sich darin als Unangefochtener wie ein König über unermeßlichem Gebiete. Hatte er nicht die Last der Regierung mit ihrer unerquicklichen Kameralwirtschaft vor acht Monaten auf die Schultern seines Sohnes abgewälzt? Der würde schon fertig werden mit den Schulden, 1663500 Gulden waren es, wie ihm sein Hofkämmerer deutlich genug vorgerückt hatte. Nun war es endlich soweit, daß er sich, ungeschoren von den ewig hämischen, ja frechen Propositiones der Stände, dem Leben in der Stille hingeben und sich seiner ökonomischen Lieblingsbeschäftigung widmen konnte – hier in seiner Schöpfung Schleißheim, die er, wie er wohl behaupten konnte, von Grund auf zu einer musterhaften Institution eingerichtet hatte.
Es war in der Tat kein Selbstlob, mit dem der Herzog das Ungenügen seiner kameralwirtschaftlichen Begabung zu bemänteln suchte, wenn er auch nicht gerade der erste war, der diese Fluren der bäuerlichen Nutzung dienstbar gemacht hätte. Sie reicht vielmehr viele hundert Jahre zurück. Ein Indersdorfer Mönch schildert den Landstrich mit lauter Wald bewachsen, aus dessen dunklen Föhrenmassen lichte Rodungen aufblitzten, auf denen einsame Maier Schwaig- und Viehwirtschaft betrieben. Das war schon in der ersten Zeit der eingewanderten Bayern so eingerichtet worden, und

als Herzog Wilhelm den Plan gefaßt hatte, nahe seiner Residenzstadt ein waldumfriedetes Refugium zu gewinnen, war die Welt um Schleißheim schon verteilt. Die Güter, wie wir die Schwaigen heute nennen würden, waren meist durch Schenkungen in klösterlichen Besitz übergegangen. So gehörte Oberhochmuting dem Kloster Bernried, Unterhochmuting dem Kloster Indersdorf, Oberschleißheim dem Hochstift Freising. Die Entlegenheit der Schwaigen brachte es mit sich, daß sie nicht etwa durch Angehörige der fernen Klöster in eigener Regie, sondern durch »Maier« bewirtschaftet wurden, die, wie es auf den Schleißheimer Schwaigen der Fall war, hauptsächlich Viehzucht betrieben und die weitgehend selbständig arbeiteten.
Es kam nun wohl aufs Geschick des Unterhändlers an, die Schwaigen zu einem günstigen Kaufpreis in herzoglichen Besitz zu bringen. Mit Unterhochmuting und seiner Schwaige Ried sowie mit der Schwaige Oberhochmuting gelang es dem Unterhändler, dem herzoglichen Kammerpräsidenten Theodor Viehpeckh, sehr bald, zu einer Einigung zu kommen. Ried ging um 5200 Gulden aus dem Besitz von Indersdorf, Oberhochmuting um 2700 Gulden aus dem Besitz des Klosters Bernried in die Hände des Herzogs über. Das Hochstift Freising dagegen hielt dem Herzog hartnäckigen Widerpart. Das Domkapitel, ohne dessen Zustimmung der Freisinger Bischof keine Besitztümer veräußern konnte, zeigte sich einem Verkauf nämlich gänzlich abgeneigt. Es müssen recht tüchtige altbayerische Bauernköpfe damals im Domkapitel den Ton angegeben haben, die der Gabe des bäuerlichen Täuschelns und Handelns keineswegs ermangelten. Ihre Argumente hören sich jedenfalls an, als wären sie dem Vokabular eines gewitzten Bauernschmusers entnommen: So bitten sie beispielsweise den Herzog, »sie mit dem Begehren eines Tausches zu verschonen, denn sie könnten ihren Konsens zu einem Besitzwechsel niemals geben«. Und indem sie alle etwaigen Einwände über den Minderwert der Schwaige Punkt für Punkt aufzählen, nehmen sie mit der Aufzählung aller Vorzüge des Besitztums dem Käufer den Wind aus den Segeln: »So es auch manchen Leuten das Ansehen haben möchte, daß das Gut Schleißheim einschichtig, schlecht, von Freising aus entlegen und deshalb gar nicht einträglich betrachtet werde, so ist es nach unserer gemachten Erfahrung und Beschreibung doch nicht nur nicht der Geringste, sondern sogar der vorzüglichste Besitz des Stifts. Seine Be-

schaffenheit gestatte dem regierenden Bischof mit seiner ziemlichen Hofhaltung die Bestreitung der gesamten für den Küchenbetrieb nötigen Viktualien und damit ein vortreffliches Auskommen.«
Nun haben die hochwürdigsten Herren des Freisinger Domkapitels damit freilich ein bißchen übertrieben, doch war die Schwaige ein schöner Besitz. Ein hölzernes, schon mit Ziegeln bedecktes Wohnhaus gehörte dazu, eine Küche, ein Bad, ferner Stallungen, daneben die St.-Margarethen-Kapelle als Filiale der Pfarrei Feldmoching. Der Grundbesitz belief sich auf 220 Tagwerk Wald, der Wiesenertrag war auf 30 Fuder Anger-, 60 Fuder Moos- und 40 Fuder Schafheu sowie 16 Fuder Grummet geschätzt. Von den Äkkern erntete man 3 Scheffel Weizen (1 Scheffel = etwa 222 Liter), 5 Scheffel Korn, 17 Scheffel Gerste, 18 Scheffel Hafer und ½ Scheffel Hanf. Der Viehbestand belief sich auf 20 Pferde, 60 Rinder und 500 Schafe. Der große und der kleine Zehnten von 12 Bauern, 10 Hubern und 10 Lehnern zu Feldmoching waren weitere Posten in der Rechnung der Schwaige.
Nun war – und ist es – das gute Recht eines umworbenen Verkäufers, seine Ware hochzuloben, der Käufer dagegen wird ihren Wert mit möglichst treffenden Einwänden herabzumindern versuchen – in der privaten Wirtschaft nämlich. Ein Herzog als Käufer freilich zieht andere Noten auf, zumal wenn er erkennt, daß die hartnäckige Weigerung darauf abzielt, eine möglichst hohe Kaufsumme herauszuschlagen.
Herzog Wilhelm befand sich in einer Zwickmühle. Daß er bluten müsse, wenn er seine Arrondierungsabsichten nicht scheitern sehen wollte, war ihm klar. So pfeffert er denn am 9. Juni 1595 durch einen reitenden Boten den hochwürdigen Herren auf dem Freisinger Domberg eine geharnischte Philippika ins Haus. Er fordert darin eine sofortige Erklärung, »um was euch der gemachte Vorschlag für Schleißheim als zu gering erscheine, was für einen Nutzen sie ferner daraus zu genießen gedächten oder was sie für das Gut an Geld oder Liegenschaften und Gütern zu haben begehren, die wir aus unserem Besitz zu erstatten hätten«. Und hinterdrein schickt der Herzog, mit der Zornesfalte auf der Stirn, noch die Drohung, falls sie sich noch weiter weigern würden, »so gedenken wir dies Schleißheim dennoch zu bekommen, aber wir würden euch dann nicht dafür zu danken haben«.
War es nun die Drohung, oder wogen die angebotenen Tauschob-

jekte schwerer als die Schwaige Schleißheim oder gar die Ungnade des Herzogs wert waren – das Kapitel gab endlich seine Einwilligung zum Tausch und Kauf. Die Tauschstipulierung erfolgte am 22. März 1597, kraft deren Herzog Wilhelm die zwei Hofmairhöfe und den Khitlhof in Oberhummel, den Seldmair- und Kirchmairhof zu Kleinviecht, ferner den Ober- und Holzhayhof zu Lengenbach abtrat, also lagemäßig zu Freising wünschbar bequem gelegene Bauernwirtschaften. Um den bisherigen Schwaiger von Schleißheim, Conrad Hintermair, abzulösen, mußte der Herzog tief in den Beutel greifen. 5000 Gulden und 50 Gulden Leihkauf waren zu berappen für alle »Baumannsfahrnisse«, für Heu und Getreide.

Damit war der Herzog Herr und durfte seiner echt wittelsbachischen Leidenschaft, dem Bauen, die Zügel schießen lassen; und er konnte endlich seiner nicht weniger wittelsbachischen Neigung nachgehen, zu pflanzen und zu ernten, Pferde und Rinder zu züchten. Denn auch dies alles machte das Leben dieses Herzogs aus, der im allgemeinen nur als eine kontemplative Natur gilt und den die Leute, wenn sie ihn durch die Felder spazierengehen sahen, für einen Kanonikus hielten.

Man denkt an den letzten bayerischen König Ludwig III. und sein unbedanktes Leben zwischen dem Wittelsbacher Palais, dem Regierungssitz, und seinem Gut Leutstetten. Pflicht und Neigung, Verantwortung für Land und Volk und zutiefst gefühltes Erkennen der Wichtigkeit des Bauernstandes treffen sich in diesem letzten König Ludwig und in dem letzten Herzog Bayerns, Wilhelm. Ob ihn die Münchner von 1598 auch einen »Millibauer« nannten wie die Revolutionsmünchner von 1918 Ludwig III., wissen wir nicht. Doch ist es wohl denkbar, wenn sie gewahr wurden, was sich nun auf der Schleißheimer Flur um die drei Schwaigen begab.

Ein Mustergut sollte aus der Zusammenlegung der drei Bauernhöfe zuallererst werden, aber auch eine Sommerresidenz, ein idealer Schnittpunkt, wo sich Pflicht und Neigung vereinigen konnten. Sofort erließ der Herzog an die Kastner und Pfleger, die beamteten Verwalter und Rentmeister der Gerichte Wolfratshausen, Dachau, Kranzberg und Friedberg den Befehl, ihre scharwerkspflichtigen Untertanen zu den Fuhrleistungen der nötigen Baumaterialien anzuhalten. Holz, Dach- und Mauerziegel rollten bald gegen Schleißheim, allein aus Dachau kamen in der Zeit von Pfingsten bis Oktober 1597 über 60000 Mauersteine; im Dezember 1600 war es so-

weit, daß man den Dachstuhl auf das Schloßgebäude und die Gutsbauten setzen konnte.
Der frühere Schwaiger Conrad Hintermair mag nicht schlecht gestaunt haben, wenn er die Veränderungen sah, die seit seinem Wegzug im Gange waren. Drei große Höfe legten sich nebeneinander, einer davon als zweigängige Mühle ausgebaut, die die Moosach trieb, im zweiten eine dreigängige Mühle mit Schmiede, Wagnerei, einer Jägerbehausung, dem Ochsenstall, zwei Stallungen für das Zuchtvieh, ferner Schweineställe, Bade- und Waschhaus, denn zu jenen Zeiten war man kaum weniger badelustig, wenn auch nicht so sonnenhungrig wie heutzutage, und einen Hitzschlag holte man sich auch eher bei der Heuernte als beim Sonnenbraten. Im dritten Hof waren schließlich die Stallungen für das Pferdegestüt, die Zuchtkälber und Ziegen und die angebauten Städel sowie zwei Schöpfbrunnen zu finden. Ein vierter Hof kam dazu mit dem Wasserhaus, der Brauerei, der Bäckerei, Sennerei, einem Milchgewölbe, einer Käsekammer, vier Bierkellern, die so praktisch eingerichtet waren, daß man in die Kufen und Fässer das Bier von oben durch Schläuche und Deicheln (= Holzröhren) hinableiten konnte. Dazu kam ein Schwaigkeller, ein Geflügel- und zwei Taubenhäuser.
Zum Betrieb einer derart ausgedehnten Wirtschaft waren natürlich zahlreiche Knechte und Mägde nötig, die unter der Leitung des Pflegers und Verwalters Stephan Reschauer standen. Man speiste täglich 48 Ehhalten, zu denen der Braumeister, Seemeister, Feldmeister, der Vieh- und Jägermeister zählten; an einem Gärtner, Marstaller sowie an Handwerkern, wie einem Schmied, Wagner, Schäffler, Müller, Bäcker, fehlte es nicht. Allgäuer und Schweizer in »gefärbten Schweizerhosen« wirtschafteten in Stall, Milch- und Käsegewölbe. In der Erntezeit stieg die Zahl der Helfer manche Woche auf 180–200 Köpfe. [...]
Es ist auch heute noch im Zeichen der EWG und des Kräftemangels nicht uninteressant, den Viehbestand des Schleißheimer Gutes unter Herzog Wilhelm aufzuzählen. Man hielt 1100 Schafe, über 100 Ochsen, 100 Kühe und Kalbrinder, 20 sardinische Ziegen und litauische Böcke, 18 Büffel, 50 Schweine und 50 Pferde. Hühner und Wassergeflügel, zum Teil aus Böhmen, der Türkei und Indien, scharrten in den Höfen, 100 Pfauen spreizten stolz ihre schillernden Räder.

Die Jahresernte belief sich auf 1000 Fuder Heu und Grummet, gegen 200 Fuder Hafer, 140 Fuder Gerste, die zum größten Teil in der herzoglichen Brauerei versotten wurde, und 160 Fuder Korn. Ein Herrenbauer, dieser Wilhelm V., aber, wie wir sehen werden, kein »Büchlbauer«, der Soll und Haben genau gegeneinander abzuwägen wußte. Der Jahresertrag von 10000 bis 11000 Gulden sollte nämlich, wie sich herausstellte, den Aufwand nicht decken.

Wir wollen nun auch im Herrenhaus, dem Schloß, ein wenig Umschau halten. Weder von seinem Äußeren noch von den Innenräumen dieses Edelsitzes sind uns Bilder erhalten geblieben, wenn überhaupt je ein Künstler beauftragt worden sein sollte, das Schlößchen zu »conterfettieren«. Noch immer planten und mauerten die Meister in der alten Manier der Gotik, selbst um 1600 noch, als schon die neue Kunst der Renaissance an der Schwelle der Zeit stand. Es mag ein langgestreckter, schlößchenartiger Bau mit Walmdach gewesen sein, wie er etwa in kleineren Ausmaßen im Moosacher Schlößchen der Pelkoven bis heute erhalten geblieben ist. Haben wir nun auch kein bildhaftes Zeugnis, so verdanken wir doch dem Augsburger Kunstexperten und fleißigen Tagebuchschreiber Philipp Hainhofer eine bis ins kleinste getreue Schilderung des herzoglich-wilhelminischen Baues.

Von den 44 Zimmern beanspruchte der Herzog ganze zwei Räume als Wohn- und Schlafzimmer. Zwei Tische und eine Tafel standen in dem Wohnraum, die mit papageiengrünem Tuch überzogen waren, drei Sessel mit schwarzbedrucktem Korduan gepolstert, zwei einfache Lehnstühle, ein zinnernes Handbecken; die Wände waren mit ebenfalls papageiengrünem Wolltuch tapeziert, grüne Vorhänge, die man von einer Weberei in Arles bezogen hatte, dienten als Sonnenschutz an den Fenstern. Nehmen wir dazu die Ausstattung des Schlafzimmers mit seiner Himmelbettstatt, den blaugestreiften Barchentmatratzen, Barchentpolstern und -kissen, zwei Decken, dem Glöckchen für die Dienerschaft, das über dem Bett hing, den zinnernen Weihwasserkessel sowie das »Orin-Glaß im Fuederall mit grien duech überzogen« und einem »Leibstuhl hinter einem schwarz Arlesser Schirm«, so haben wir die düstere Klause in Schwarz, die selbst für einen Mönch nicht zu anspruchsvoll gewesen wäre.

Von rauschenden Festen mit vielen Gästen, denen man ein Logis bieten hätte müssen, ist im alten Schloß Schleißheim nie die Rede.

Das herzogliche Alte Schloß von Schleißheim mit den großzügigen Gutsgebäuden, nach einem anonymen Kupferstich um 1628

So mögen denn die meisten der 44 Zimmer jahraus, jahrein leer gestanden haben. Für den persönlichen Dienst des Herzogs mit seinem Hausgeistlichen, Pater Torentin, dem Leibarzt Dr. Jakob Burkhart, den drei Kammerdienern und schließlich für den zweitgeborenen Sohn des Herzogs, Albrecht, waren insgesamt sieben Zimmer vorgesehen. Man wohnte eben luftig damals, wenn man nicht gerade in der Enge einer Stadt mit ihren wie eine Zwangsjacke sich auswirkenden Ringmauern leben mußte.

Von den übermütigen Tagen seiner Erbprinzenzeit auf der Burg Trausnitz in Landshut hatte der Herzog längst Abschied genommen. So ein Alltag in Schleißheim verlief eintönig, fast ganz auf geistliche Betrachtungen gestellt. Frühmorgens besuchte Wilhelm die Messe in der Schloßkapelle, sein Morgengebet pflegte er im Oratorium auf einem grünwollenen Teppich kniend zu verrichten. Gespräche mit seinem Gewissensrat, dem Jesuitenpater Caspar Torentin, und seinem Leibarzt mochten folgen, an die sich vielleicht eine Wanderung durch sein schönes Besitztum anschloß. Nicht weniger als sieben Kapellen und Klöster fanden sich rings um den Besitz, in denen Stationen gehalten werden konnten, und eine davon mag auch andere als nur die geistliche Innerlichkeit des Herzogs angesprochen haben: die Korbinianskapelle, in der die

großen Wachskerzen standen, die im Innern von Holz und hohl waren und deren sinnreicher Mechanismus den wie Orgelpfeifen wirkenden Kerzen Töne entlockte.
Wilhelm war selbst so etwas wie ein Mechanikus, der solche Spielereien liebte. Sein Kammerdiener Sebastian Zech, als »Künstler in Automaten«, hatte ihm diese künstlichen Orgelpfeifen ersonnen, und die beiden mögen manche spielerische Stunde in dem »laboratorium, brenn- oder Destillierhaus« vertändelt haben, wenn sie nicht gar über einem noch größeren Projekt brüteten, über dem der »Goldmacher« des Herzogs, Marcus Bragadino, einst so schmählich gescheitert war. Ja, Gold sollte ihm halt fließen aus der Retorte! Wie hätte man da bauen können, Kuriositäten, Reliquien und Altertümer sammeln aus den Ruinen Roms. Er paßte in die Zeit nicht mehr, das fühlte der Herzog mit jedem Morgen aufs neue. Die Eisenfaust im Samthandschuh, die diese Zeit brauchte, war ihm nicht gegeben.
Siebzehn Jahre hatte er so in Schleißheim gewirtschaftet, nicht schlecht, aber wenn er es auch zu keiner Stunde üppig getrieben hatte, die Rechnung stimmte nicht. Nirgendwo war einer Verschwendung zu steuern, die Ernten waren gut, kein Unterschleif zeigte sich. Aber es ging nicht um – nicht mehr um. Abhilfe mußte geschaffen werden. Seit 1598 regierte sein Sohn, dem er das Regiment abgetreten hatte, weil ihm die Schuldenlast allen Mut genommen hatte. Sollte sich im kleinen wiederholen, was ihm im großen vor 17 Jahren die Herrschaft entwunden hatte?
Die Rechnung ging nicht auf, daran war nicht zu deuteln, die Erhaltungskosten überstiegen weitaus die erzielten Einnahmen. Ein Privatmann würde in diesem Fall entweder Ballast abwerfen, indem er die weniger ertragreichen Einrichtungen abbaut, Umstellungen vornimmt oder Besitzteile veräußert. Ein regierender Herzog aber wird sich vielleicht an die Stände wenden und sich die nötigen Gelder bewilligen lassen. Wilhelm aber war seit siebzehn Jahren nicht mehr regierender Herzog. Sein Sohn Maximilian war an seine Stelle getreten, und dieser hatte sich als großer Rechner erwiesen, der mit den übernommenen Schulden inzwischen gründlich aufgeräumt und sogar einen Staatsschatz angehäuft hatte. Was lag näher, als sich an den Sohn zu wenden, ihm die Schleißheimer Güter zum Kauf anzutragen? Sauer genug wurde ihm dieser Schritt; würde er sich von seiner Lieblingsschöpfung trennen müs-

sen? Mußte den Sohn nicht die landesübliche Verhaltensweise leiten: »In Geldsachen gibt's koan Bruada und koan Schwaga net?«
Es begann, um es gleich vorweg zu sagen, nach streng kameralistischen Grundsätzen, und es endete in der Harmonie eines guten Vater-Sohn-Verhältnisses. Maximilian sandte zunächst eine Kommission nach Schleißheim zur Untersuchung der Zustände und der Aufdeckung etwaiger Verlustquellen. Der gutachterliche Bericht, den der Baron Lerchenfeld am 9. November 1615 erstattete, machte ganz erhebliche Abstriche in dem farbigen Wirtschaftsbild des Gutes Schleißheim. Er fand das Hauswesen übersetzt durch zu viele Bedienstete, beantragte die Abschaffung der 18 Büffel, der Hühner, Ziegen und anderer »unnützer Dinge«, die Verminderung der 100 Ochsen auf ganze dreißig. Selbst der Braubetrieb fand keine Gnade vor den Augen der Untersuchungskommission: »Er sei mit Gewinn nicht weiter fortzusetzen, da es in dem Revier [= Absatzgebiet] keinen genügenden Verschleiß ermögliche; noch weniger sei das Bier in München abzusetzen, da es obendrein dem herzoglichen Hofbräuwesen eine unerwünschte Konkurrenz bereite und dessen Ertrag unzweifelhaft mindere. Die Beibehaltung des Gestüts jedoch sei auf alle Fälle angezeigt.« Das Gutachten zog aus der Untersuchung den Schluß, daß bei den vorgeschlagenen Einschränkungen das Gut jährlich leicht 2000–2500 Gulden Ertrag abwerfen könne.
Das Angebot Maximilians erfolgte schon zwei Monate nach der erfolgten Untersuchung; seine Bedingungen muten recht modern an: Die Ablösung der Fahrnisse wurde auf 12000 Gulden veranschlagt, Wilhelm sollte eine Leibrente von 2500 Gulden jährlich erhalten – die errechnete Ertragssumme also –, ferner an Deputaten 100 Klafter Holz jährlich oder ersatzweise 150 Gulden und 460 Schober Stroh beziehen.
Wir haben nun freilich keine Vergleichsziffern über die Summen, die der alte Herzog zum Aufbau in sein Gut gesteckt hatte und was er bei diesem Handel einbüßte, gewiß aber entspricht die Ablösung einer wohlwollenden Berechnung des tatsächlichen Verkaufswerts.
Diese nüchtern-geschäftliche Seite des Verfahrens erhielt nun aber eine menschliche Verbrämung, die das Verhältnis des Sohnes zum Vater in einem schönen Licht zeigt. Maximilian wußte wohl, was für ein Opfer das Aufgeben Schleißheims Wilhelm bedeutete. In einem Schreiben versicherte er ihm daher, er könne, sooft und

wann er wolle, Schleißheim besuchen und zur Erholung dort verweilen, womit er übrigens ihm, Maximilian, einen großen Gefallen erweisen würde. Aller Sorgen um den Besitz und der Verwaltung des Gutes enthoben, als »Austrägler« mit der noblen Leibrente von jährlich 2500 Gulden ausgestattet, besser konnte es sich der Herzog nicht wünschen, und die Übergabe scheint denn auch reibungslos vor sich gegangen zu sein.

Nur zwei Friedensjahre waren den beiden noch gegeben vor dem Ausbruch des großen Krieges, den man den Dreißigjährigen nennt. Wilhelm trennte sich nicht mehr von Schleißheim, wenn er auch seinen Wohnsitz in München beibehielt; zwischen der Münchner Residenz und seinem Alterssitz vergingen ihm die Tage. Er war ja selbst zeitlebens ein gewaltiger Bauherr und verfolgte mit Genugtuung alle Anstalten, die sein Sohn zum weiteren Ausbau des Schlosses und zur Erweiterung des Gutsbetriebs unternahm.

Und das war nichts Geringes. Hand in Hand mit der Erweiterung der Münchner Residenz begann auch in Schleißheim der Neubau des alten Schlosses im neuen Stil der Renaissance; kein aufwendiger Prunkbau wie das spätere neue Schloß, doch ein nobler Fürstensitz in seiner zurückhaltend schlichten Art, wie wir ihn selbst in seinem heutigen ruinösen Zustand noch erkennen.

Der Meister dieses »kleinen Abbilds der Münchner Residenz« war Peter Candid, den der alte Herzog schon im Jahre 1586 aus Italien berufen hatte. In der Mitte des symmetrischen Baues lag der vom Hof aus durch zwei Freitreppen erreichbare Speisesaal, der bis zum letzten Krieg als Kirche diente. Je zwölf Zimmer zu beiden Seiten schlossen sich symmetrisch daran, in denen Candid seine Künste ausspielte in Freskobildern: die »Besänftigung des Gemütes«, die »Mäßigkeit«, der »Morgentau«, die »Lieblichkeit«, das »Wasser«, die »Fruchtbringende Natur«, die »Tonkunst« und andere Allegorien waren darin versinnbildlicht. Die Türen erhielten Marmorverkleidungen, in den Muschelnischen oberhalb der Marmorkamine deutete das Monogramm ME auf den Erbauer Maximilian und seine Gattin Elisabeth. Freilich, es waren jeweils nur wenige Tage oder gar nur Stunden, denen sich der neue Herr seiner Schöpfung widmen konnte. Die Wolken des politischen Geschehens, die sich über Deutschland und Bayern zusammenbrauten, und die Vorkehrungen, ihnen nicht ungerüstet zu begegnen, erschöpften den Arbeitstag Maximilians gänzlich.

Diese Sorgen aber schlossen die Pflege Schleißheims ein. Sein Hauptaugenmerk widmete der Herzog dem Gestüt, das von 50 auf 70 bis 80 Mutterpferde edelster Rasse und um ebenso viele ein- bis dreijährige Fohlen vermehrt wurde. Im ersten Jahr seiner Herrschaft erwarb er die Schwaig-Tafern Neuherberge mit 426 Tagwerk Wiesmahd von dem Münchner Bürger Hans Reichl um 8000 rheinische Gulden und 100 Dukaten Leihkauf. Zehn Jahre später, 1628, kam die Schwaige Mallertshofen dazu, an die heute nur noch die freilich später erbaute Kirche erinnert.
War es der Brauereibetrieb, der sich für Schleißheim als problematisch erwiesen hatte, so doch keineswegs die Käserei. Schleißheimer Parmesankäse war – bis ins vorige Jahrhundert hinein! – so berühmt, daß man mit ihm selbst beim Wiener Kaiserhof und in anderen Residenzen Ehre einlegen konnte. Er erschien dem Herzog Maximilian und seinem Maler Candid nicht zu gering, in einer Darstellung seiner Zubereitungsart im Plafond von Altschleißheim

Im Rahmenstuck des Alten Schlosses von Schleißheim befand sich in Medaillons eine Freskenfolge »Preis des Landlebens« von Peter Candid und seiner Werkstatt. Das hier gezeigte Bild schildert die Käsebereitung als wichtigen Zweig der Gutswirtschaft um 1600. Das Werk wurde durch einen Luftangriff im Jahre 1944 zerstört.

verherrlicht zu werden. Ein lothringischer Schweizer und Schäfer hatte die Schleißheimer in die Geheimnisse der Schafzucht und der Käsebereitung unterwiesen, mit 150 Gulden wurde er bei seinem Abschied am 20. Oktober 1616 dankbar belohnt. 1700 bis 1800 Schafe weideten zu Maximilians Zeiten auf den Fluren.

Auch der übrige Gutsbetrieb, der nunmehr völlig reorganisiert worden war, durfte sich sehen lassen. Man zählte gegen 90 bis 100 Milchkühe, 80 bis 90 ein- bis dreijährige Kälberkühe und Kälber, 50 »Mähnochsen«, 40 ein- bis dreijährige »Öchseln«.

Ein betriebsames bukolisches Friedensbild, dieses Schleißheim von 1616 bis 1628. Am 7. Februar 1628 verschied der Begründer der Gutsherrschaft auf seiner Schöpfung. Er hat den unglücklichen Tag von Breitenfeld am 17. September 1631 nicht mehr erleben müssen, an dem der bayerische Generalissimus Tilly von seinen treuen Wallonen nur knapp aus den feindlichen Haufen herausgepaukt werden konnte.

Bayerns trübste Jahre waren angebrochen. Zwar blieb das Schloß unversehrt, aber die Gutsgebäude litten schwer unter dem Zorn der Schweden, die 1632 vor München erschienen und die Stadt einnahmen. Sie fanden nämlich die Ställe entleert; das Gestüt und alles Vieh waren nach München, Braunau, Burghausen, an den Chiemsee, nach Marquartstein und Traunstein gebracht worden. Verödet lagen die Fluren um Schleißheim, die Felder waren mit getöteten Menschen und Tierkadavern übersät. In den umliegenden Dörfern starrte das Gebälk der niedergebrannten Häuser zum Himmel, aus dem kein Trost mehr zu regnen schien.

Die Türken in der Au

Türken bauen das Wasserstraßennetz im Schloßpark Nymphenburg bis Schleißheim – Andere werden »Sesselträger«

Daß die Türken einmal drauf und dran waren, die Stadt Wien zu erobern und den türkischen Halbmond auf den Steffel zu pflanzen, das weiß ein jedes Kind. Hätten sie damals nicht ihre grünseidenen Fahnen auf den Wällen der Kaiserstadt schließlich doch einrollen und also unverrichteterdinge abziehen müssen, wer weiß, was aus Österreich und unserem Bayern geworden wäre.

Wie das nach Kriegen immer geschieht, zumal nach solchen, die ganze Völkerschaften in Bewegung setzen, auch in Wien blieben viele Türken zurück, nicht als Gefangene oder gar als Arbeitssklaven, sondern aus eigenem Entschluß, weil es ihnen vielleicht an der schönen blauen Donau besser gefiel als am Goldenen Horn, wo auch wohl nicht alles Gold war, was man golden nannte. Kurzum, sie wurden seßhaft, behielten ihre Lebensgewohnheiten bei, deren liebenswürdigste das Kaffeetrinken war, und gründeten die ersten Kaffeehäuser. Sie haben den Ruhm des Wiener Kaffeehauses begründet, und die Tiroler wollten hinter den Wienern nicht zurückstehen und erfanden den Feigenkaffee, dem sie sogar den Namen ihres Nationalhelden gegeben haben. Das alles hat natürlich mit den Türken in München nichts zu tun. Ob der türkische Honig auf sie zurückgeht oder erst später die bayerischen Jahrmärkte eroberte, möchte ich auch nicht für sicher unterschreiben, und der Muselman, der vor sechzig Jahren in seinem Ladl im Bräuhausgaßl die cremefarbigen und rosaroten Zuckerwürste des Rahat Lokums und Khadive, die Süßspeise der Khediven, für christliche Leckermäuler herstellte, auch dieser Gläubige des Propheten war nur ein Zugvogel vom Bosporus.

Eine andere Sache dagegen ist's aber mit der Türkenstraße, die ihren Namen von wirklichen Muslims bekam, die als Gefangene des zweiten türkischen Krieges am einstigen Türkengraben fronten und schließlich mit den Kanalarbeiten des Wasserstraßennetzes im Schloßpark Nymphenburg, das bis nach Schleißheim hinausreichte, an dessen auch heute noch imponierenden Erdbewegungen neben einheimischem Militär auch gefangene Türken beteiligt waren.

In jenem Jahr 1686 war es, als der Kurfürst Max Emanuel, den die türkischen Widersacher den »Blauen König« nannten, 840 Gefangene nach München schickte, von denen der größte Teil mit Pickel und Schaufel arbeiten mußte. Eine kleinere Gruppe davon aber, und das ist weniger bekannt, wurde dazu bestimmt, als Sänftenträger zu dienen. Sesselträger wurden sie geheißen, sie bildeten eine eigene Organisation, wie wir heute sagen würden, an ihrer Spitze stand ein einheimischer Sesselmeister namens Christoph Wegerle, der für das Funktionieren dieser Genossenschaft und fürs Wohl ihrer Mitglieder zu sorgen hatte. Damit der Meister Wegerle aber nicht nach Gutdünken mit seinen Untergebenen umspringen konnte, gab ihm eine hohe Obrigkeit am 26. Mai 1688 eine genaue Instruktion mit dreißig Paragraphen, die alle Einzelheiten von der Verpflegung bis zur Entlohnung aufs genaueste festlegte. Darin wird dem Sesselmeister folgendes aufgetragen:

»Werden ihm die Sessel übergeben, und hat er selbige in guter Verwahrung, einen in seiner Wohnung, die andern aber in dem dazu hergerichteten Gewölbe in der Dienersgasse, im Weinstadel und in der Trinkstube zu halten, damit man jeden Ortes gleich damit dienen kann.

Es sind die saubern Sessel den hohen Standespersonen vorzubehalten, die schlechtern aber für gemeine Leute zu gebrauchen. Hat er die Türken, welche zum Tragen gebraucht werden, Obacht zu halten, daß sie in ihrer Kleidung nicht zerrissen oder sonst schlämppisch dahergehen, sondern sich allzeit sauber halten. An Fleischtagen sollen sie zu Mittag gutes Ochsen- oder Rindfleisch, auch Suppen und Kraut, zu Nacht wiederum Fleisch nebst Reis oder Gerste in der Fleischsuppe und Salat, an Festtägen aber gute trächtige Speisen aus Mehl und Schmalz erhalten, woführ dem Sesselmeister auf die Person wöchentlich 1 Gulden bezahlt wird.

Zum Trunk gebührt einem bei jeder Mahlzeit eine halbe Maas Bier.

Sollen sie stets in guter Freundschaft erhalten werden, und ist zwischen ihnen das Zanken oder Grimm in keiner Weise gestattet, und wenn es in Güte nicht verhindert werden könnte, sind nach Verdienst gar die Steckenstreiche anzuwenden.

Bei Verbrechen, welche mit 5 bis 6 Steckenstreiche nicht genug gebüßt werden, ist Anzeige an die Kommission zu machen, und die Bestimmung der Strafe von daher zu erwarten.

Ihre Wäsche soll im Zuchthaus gesäubert werden; auch können sie sich des dortigen Bades, oder Stadtbäder bedienen.

Sesselmeister hat alle Gemeinschaft zwischen den Türken und christlichen Personen, sonderbar Weibsbildern bei Verantwortung und Strafe zu verhüten.

Die Türken sind in einer sonderbaren [= gesonderten] Kammer zu verpflegen und allein zu halten. Diese Kammer soll in des Meisters Wohnung und in dessen Nähe sein, damit er die Türken immer hören, ihr Tun und Lassen beobachten kann. Weder Mägde noch Knaben sind zu ihnen hineinzulassen; ihre Liegerstätten sollen sie sich selbst richten.

Für einen Gang von einem Hause in das andere, oder von einer Gasse in die andere sind 6 Kreuzer, für eine ganze Stunde 15 Kreu-

Türkische Sänftenträger auf dem Marienplatz (Ausschnitt aus einem Kupferstich von Michael Wening, um 1700)

zer, für einen halben Tag oder drei Stunden 30 Kreuzer, und für einen ganzen Tag 1 Gulden Tragerlohn einzufordern.
Außerhalb der Stadt sollen sie nicht weiter als bis zu den Paulanern in der Au tragen. Bis dahin und zurück sollen 24 Kreuzer, bis zum Rädl [= Radlwirt] daselbst 20 Kreuzer, bis zu den Kapuzinern 15 Kreuzer und bis zu des Grafen von Tattenbach Garten am Lechel 24 Kreuzer Tragerlohn bezahlt werden.
Für kranke Personen ist ein eigener bequemer Sessel bestimmt, welcher nach jedesmaligen Gebrauche gesäubert und wohl durchräuchert werden muss.«
Wie man sieht, war das Los jener immerhin kriegsgefangenen Muselmanen in einer andersgläubigen und gar zu gern als unduldsam verschrieenen Umwelt von einer Art, die viele unserer Kriegsgefangenen, die als Christen unter Christen lebten, nur neidisch machen könnte.
Viele von jenen Türken sind denn auch tatsächlich nicht mehr in ihre Heimat zurückgekehrt. Sie ließen sich vornehmlich in der Au nieder, die ihnen wohl das billigste Unterkommen gab in Stadtnähe mit ihrer besseren Verdienstmöglichkeit.
Der Zufall wollte es, daß im Jahre 1740, als München Kaiserstadt wurde, das Schäfersche Haus in der Lilienstraße, das spätere Leihhaus, dem türkischen Gesandten als Wohnhaus zur Verfügung gestellt wurde.
Ein beträchtliches Fremdelement, diese 840 Türken vom Jahre 1686, zu denen sich in den folgenden Jahren noch weitere zugesellt haben mögen, denn unsere Stadt zählte damals ja kaum 26000 Seelen.
Bis um die Mitte des vergangenen Jahrhunderts fanden sich übrigens in der Au noch Nachkommen der Kämpfer von Ofen und Mohacs; aber sie trugen längst keinen Fez mehr und holten sich beim Damenwirt oder bei den Paulanern wie die gewachsenen Auer ihre Maß Bier, die Mohammed seinen Getreuen doch so streng verboten hatte.

Heimliche Kaffeestadt im Schatten des Bierbanzens

Kurfürst Max Emanuel, der Krieg, die Türken – Ein getaufter Türke namens Schönwein gründet in der Kaufingerstraße die erste Kaffeestube »Zum Türken« – Konkurrent Koller im Kühgassl und Salvatorstraße 5 – Vom »Tambosi« zum »Annast«, »Luitpold«, »Fürstenhof«, »Zur Stadt Wien«, »Perzl«, »Neumayr« – In München wird der meiste Kaffee getrunken – München und Genua

Zehn Jahre nach der Gründung seiner Firma, 1792, stellt der Münchner Kolonialwarengroßhändler Angelo Sabbadini eine »General-Billanz« seines Etablissements von 1782 auf mit einer Warenliste, aus der man die alle Grenzen überspringenden Geschäftsverbindungen dieses Hauses ablesen kann. Als einzige Kaffeesorte steht da ein Posten Surinam-Kaffee verzeichnet, der aus der damals niederländischen Kolonie Guayana an der Nordküste Südamerikas stammt. Etwa um dieselbe Zeit bringt das »Münchner Intelligenzblatt« die »Preise der Specereywaren auf der heutigen Dreykönigsmesse bey den hiesigen Handelsleuten« am 13. Januar 1783, als Notierung für »Feinen Surinam Caffee, das Pfund 52 und 54 Kreuzer«. Man darf also, da von einer anderen Kaffeesorte nicht die Rede ist, annehmen, daß damals in München ausschließlich Kaffee aus Surinam in Haushaltungen und Kaffeehäusern getrunken worden ist.

Der Siegeszug des Kaffees ist um 1780 schon entschieden gewesen, und die Abmahnungen der Kaffeegegner waren weiter nichts als Rückzugsgefechte, an deren Wirkung sie selbst nicht recht glaubten. Der Hofkammerrat Johann Franz Seraph von Kohlbrenner, der Herausgeber des erwähnten Münchener Intelligenzblatts, scheint zu ihnen gehört zu haben. Unter dem Titel »Kleine Erinnerung, an die sich niemand kehren wird« läßt er in der Ausgabe vom 17. Juli 1783 eine dieser Philippiken erscheinen: »Daß der Caffee ein schädliches und schleichendes Gift ist, das haben schon sehr viele Ärzte aus zureichenden Gründen erwiesen; und sie sind darinn eins, daß in den Familien, worinn seit 60 Jahren Caffee getrunken wird, keiner mehr sey, der an der Stärke seinem Großvater gleiche. Und wo sind die schönen ungeschminkten Kernbacken unserer Großmütter geblieben? Sind unsere jungen Herrn nicht lauter Marionetten? und unsere allerliebsten Tocken, Dinger, die sich in verschlossenen Sänften herumtragen lassen müssen, damit der Frühlingswind sie ja nicht austrockne?«

Schließlich rüttelt der Herr Hofkammerrat Kohlbrenner seine Leser zur völligen Absage an den Kaffee auf, den er für alle Koliken, Magenkrämpfe und Hypochondrien verantwortlich macht: »Die Mode, eine schwarze Lauge zu trinken, hat ja lange genug gewährt; und es ist wohl hohe Zeit, daß man endlich einmal etwas anderes genieße, das der Gesundheit gedeihlicher wäre.«

Die Frage, wieviel von der so herabgewürdigten »schwarzen Lauge« in München getrunken worden ist, beantwortet Kohlbrenner mit einer Schätzung. Er meint nämlich, 2000 Münchner Familien frönten dem teuren Laster, und da er, wie wir heute sagen würden, ein guter Volkswirtschaftler war, rechnet er an täglicher Ausgabe für Kaffee pro Familie sechs Kreuzer und folgert, daß die Münchner täglich 200 Gulden, im Jahr also 73000 Gulden dafür auf den Tisch des Krämers legen, die natürlich ins Ausland fließen. In der Annahme, daß die Schätzung der 2000 Verbraucherfamilien richtig ist, kann man weiter schließen, daß in rund einem Viertel der Münchner Haushalte die Kaffeekanne auf dem Tisch gedampft hat. Diese Rechnung kann natürlich nur ungefähr dartun, wie es in München um den Kaffeeverbrauch in der zweiten Hälfte des 18. Jahrhunderts bestellt war.

Als sparsamer Staatshaushalter versteigt sich der Herr Hofkammerrat endlich zu dem Vorschlag, statt des teuren Kaffees dem in »unserem Vaterlande wachsenden Caffee, den gedörrten Cichorien- oder Scorzenerwurzeln« den Vorzug zu geben und empfiehlt außerdem noch etliche Sorten von Hülsenfrüchten und Getreide, besonders Gerste, Reis und Korn; denn, so meint er, »die Gerste macht Raum um die Brust, stärkt den Magen und macht fett, Reis kühlet sehr ab, vermindert das Acidum oder die überflüssige Magensäure, dient denen, die eines sanguinischen Temperaments sind und einen stärkeren Magen oder denen, die einen Tag zuvor eine Depanche gehabt haben; Korn ist aus allen Getreidearten die beste und ähnlichste mit dem Kaffee...«

Wie wenig wohl Herrn Kohlbrenner selbst mit diesen Ratschlägen ist, beweist der Schlußsatz seiner Epistel: »Wir können noch manches über die Schädlichkeit des Caffees anbringen; allein wir wollen es bey diesem bewenden lassen, um etwa nicht viele unserer Leser, und sonderheitlich meinen schätzbarsten Freund – in Harnisch zu bringen.«

Wer mag nun dieser schätzbarste Freund des Hofkammerrats gewesen sein? Vielleicht sein Bruder im Olymp, der damalige Hofpoet Matthias Etenhueber, der Verfasser des Wochenblatts in Versen, worin er alle Begebenheiten der Weltgeschichte reimweise seinen Lesern allwöchentlich vorsetzte? In jenem Blatt nämlich galoppierte Etenhueber als riesiger Streiter für den Kaffee in die Schranken. So im Jahre 1767, als er den Hymnus anstimmte:

»Das ist der Caffee, das sind die edlen Bohnen,
Die uns Arabien erzeugt in Millionen
Aus diesen wird ein Trank, ein solcher Trank bereit',
Der sich berühmen mag des Weines Trefflichkeit
Wo nicht gar vorzugehen, doch ihm sich gleichzusetzen.
Wer hätt nicht am Caffee ein Labsal und Ergetzen?
Fast ganz Europa ist in diesen Trank verliebt
Bis zur Vergötterung!
Das schwächere Geschlecht kann seiner nicht entbehren.«

Und was die Schädlichkeit des Kaffeegenusses betrifft, darüber geht der Poet gänzlich ungerührt hinweg und singt:

»Hat er schon Gift in sich, levantisch lieber tot,
Als deutsch lebendig sein zu jener Bohnen Spott!«

So streitbar es klingt, sind wir damit auch der Poesie des Kaffees und des Kaffeehauses in München ein Stück nähergerückt. In seiner Untersuchung »Sage und Siegeszug des Kaffees« schreibt Heinrich Eduard Jacob leider keine Zeile, wann und wie sich unsere Landeshauptstadt des »levantinischen Tranks« bemächtigt hat. Von der Mark Brandenburg, mit der er sich ausführlicher befaßt, berichtet er, man habe bereits in den siebziger Jahren des 17. Jahrhunderts am Kurfürstlichen Hof in Berlin Kaffee getrunken. Die beiden freien Reichsstädte Nürnberg und Regensburg jedenfalls dürfen sich mit Berlin um das Erstgeburtsrecht des Kaffeetrinkens streiten, denn aus ihnen wird erstmals darüber berichtet. In Nürnberg mögen es aller Wahrscheinlichkeit nach ausländische Handelsherren gewesen sein, in Regensburg aber, wo seit 1663 der »immerwährende Reichstag« versammelt war, ausländische Gesandte, die den Geschmack am Kaffee in die Stadt brachten.

Das älteste Kaffeehaus Münchens in der Residenzstraße, in dem Haus mit dem Pultdach, betrieb in den Jahren 1699 bis 1730 der Hofzuckerbäcker Claudius Sura (nach einem Kupferstich von Johann Stridbeck, um 1700).

In München – und das ist ein Glücksfall – besitzen wir in dem Kupferstich des Augsburgers Johann Stridbeck jun. sogar ein Bild des ältesten Kaffeehauses der Stadt, das der aufmerksame Künstler ausdrücklich als »Caffe Hauß« vermerkt. Es steht in der »Schwebinger Gasse«, der späteren Residenzstraße Nummer 5, an der Ekke der Schrammergasse. Nach dem »Häuserbuch der Stadt München« war das Anwesen von 1699 bis 1730 im Besitz des Hofzukkerbäckers Claudius Surat. Das Haus mit dem behäbigen Pultdach, noch ganz in der schlichten Bürgerlichkeit der Gotik, mag in seinem Innern in eine Kaffeestube eingeladen haben, deren Einfachheit ein behagliches Verweilen in sich begriff. Die Güte des Getränks wie die leckeren Zuckerbäckereien des Meisters Surat dürften wohl außer Frage stehen.

Nun scheint auch bei dem Aufkommen der Kaffeekultur in München der Krieg, wenn auch nicht, wie meist angenommen wird, der Vater, so doch der Beschleuniger der Dinge gewesen zu sein. Anno 1686 nämlich hat der Kurfürst Max Emanuel 840 Gefangene aus dem Türkenkrieg nach München geschickt, die, wie Kriegsgefangene zu allen Zeiten, zu verschiedenen Arbeiten verwendet wurden. Ein Teil der Türken fand es an der Isar bekömmlicher als am Bosporus, sie machten sich vor allem in den billigen Quartieren der Au seßhaft, arbeiteten als Tagelöhner oder Sänftenträger, schworen dem Koran ab und ließen sich taufen. Einer von ihnen hieß Josef Ferdinand Schönwein. Ob er sich diesen Namen selbst gewählt hat oder ob er ihm einfach zudiktiert worden ist, läßt sich heute nicht mehr feststellen. Möglicherweise ist ihm der Wein, den er als Muselmann hatte verachten müssen, zur Freude seines Lebens geworden. Schönwein muß wohl ein stattlicher Mann gewesen sein, denn er wurde für würdig erachtet, in die kurfürstliche Leibgarde der Hartschiere aufgenommen zu werden. Ein einträglicher Posten war das nicht, aber er war dafür auch nicht anstrengend. Als Max Emanuel indessen im Spanischen Erbfolgekrieg mit der unglücklichen Schlacht von Höchstädt das Land verlor und nach Brüssel ins Exil gehen mußte, bedurfte es keiner Leibhartschiere mehr. Die österreichische Besatzungsmacht richtete sich als »Kaiserliche Administration« für ein Jahrzehnt ein und schaltete nach ihrem Gutdünken. Schönwein hielt Umschau unter den Verdienstmöglichkeiten, die ihm die Stadt mit ihren rund 35000 Einwohnern bieten konnte, und da er, wie anzunehmen ist, nicht auf den Kopf gefallen war und Unternehmungsgeist besaß, gab er um die Konzession für eine Kaffeesiederei ein, die ihm auch erteilt wurde. Im Haus Kaufingerstraße 7 mietete er sich ein und schrieb über die Türe seiner Kaffeestube das anregende Firmenschild »Zum Türken«. Leider hat sich kein Chronist der Zeit aufgelegt gefunden, uns eine Schilderung der Kaffeestube und ihres Gründers zu übermitteln, was um so verwunderlicher ist, als das Geschäft florierte. Er hatte eine Münchnerin, Margaretha Maximiliana, geheiratet; die beiden scheinen gut gehaust zu haben, denn im Jahre 1721 war Schönwein bereits in der Lage, das Haus, in dem er seine Kaffeestube betrieb, um den nicht geringen Kaufpreis von 7700 Gulden erwerben zu können. Zwei Jahre später freilich starb der bayerische Türke, Margaretha Maximiliana erbte Haus und Geschäft, das sie weiterführte, schließlich verheiratete sie sich in zweiter Ehe mit dem Hofkoch Jakob Euvard (Eberhard).

Ohne Konkurrenz freilich war Schönweins Kaffeestube »Zum Türken« nicht. Im Kühgaßl hatte sich bereits 1709 ein Kaffeesieder ansässig gemacht, auch ein Türkenkämpfer, freilich von der Gegenseite, Johann Georg Koller war sein Name. Die Gründung, die ebenfalls »tempore administrationis« gebilligt worden ist, kam der Zeit ebenso entgegen wie jene Schönweins in der Kaufingerstraße. Am 20. Februar 1714 bereits konnten Koller und seine Ehefrau Maria Magdalena das unweit gelegene Anwesen Salvatorstraße 5 um die Kaufsumme von 1870 Gulden und 12 Reichstalern von dem Konzeptmeister und kurfürstlichen Rat Melchior D'Artespin erwerben und seine Kaffeestube dorthin verlegen. Er mochte dem Türken um eine Nasenlänge voraus gewesen sein, wenn die zeitgenössische Angabe stimmt, die besagt, »daß es eine stattkundige Sache seye, daß die sothane Kollersche Kaffe-Siederey die älteste von München sey«. Im Jahre 1737 ist Koller gestorben, und seine Witwe führte das Geschäft fort. Nun erst erfahren wir aus den Akten des Nachlaßgerichts, was uns der Chronist verschwiegen hat, die Einrichtung der Kaffeesiederei nämlich. Im Jahre 1746 macht die Witwe »Magdalena Kollerin, hofbefreite Kaffeesiederin« ihr Testament. Es muß ein recht bescheidenes Geschäftchen gewesen sein, denn in ihrem Inventar finden sich nur »13 Paar irdene Kaffeeschalen mit fünf Löffeln, zwei Zinnern Theegeschirr und ein derlei Kaffeegeschirr«. Über sie selbst, den Kreis ihrer Kunden gibt das amtliche Papier keine Auskunft.

Aus alledem gewinnen wir die Gewißheit, daß der Kaffeegenuß in den Familien wie in der Öffentlichkeit von Anfang an Freunde gefunden hat und künftig nicht mehr aus dem Volksleben wegzudenken war.

Den Gegnern sind ebenso viele Lobsänger erwachsen, die, wie in anderen deutschen Landen, sogar in Versen ihrer Anhänglichkeit an die »schwarze Lauge« Ausdruck gaben:

»Was einst Stamboln nur allein
Mochte süß und lüstern seyn,
Schmeckt auch jetzt der Christen Kehle
Und die bettelärmste Seele
Preist Levantens braunen Flor
Mit dem weißen Rockelor«,

womit wohl das weiße Rahmwölkchen gemeint war, das den braunen Trank krönte.
Zu den beiden Erstgründern kamen in der Folge weitere Kaffeesieder. Eine Elisabeth Wagner ersucht 1721 um die Verlängerung ihres von der österreichischen Verwaltung bis 1718 laufenden Hofschutzes und erwähnt zur Stützung ihres Gesuches, daß ihr Mann im Krieg wider die Türken gefallen sei. Im Jahre 1723 meldet sich der Maler Ferdinand Schneider mit der Bitte um Erteilung einer Konzession für eine Kaffeestube, weil er altershalber seinen Beruf nicht mehr ausüben könne. Ihm schließen sich 1725 die Erben des Sekretärs Miller an, der in Diensten des Generals Grafen Morawitzky gestorben ist.
Die Weinschenken der Stadt verfolgten den wachsenden Zug zum Kaffee mit Besorgnis. So bescheiden die Anfänge auch sein mochten, sie witterten darin für die Zukunft eine empfindliche Konkurrenz. Sie wurden bei Hofe vorstellig mit ihren Befürchtungen und hofften, bei dem neuen Kurfürsten Karl Albrecht, der 1726 zur Regierung gekommen war, Gehör zu finden. Sie wurden dann auch nicht enttäuscht. Karl Albrecht sicherte den Weinschenken der Stadt im Jahre 1727 zu: »nit ainign eine Concession auf ein Kaffeehaus zu erteilen«, vielmehr wolle er »jene aber, so mit Concessionen versehen befundten«, abgehen lassen.
Wie aber sollte eine papierene Verordnung jemals für immer Gewalt haben über die sanfte Unermüdlichkeit eines Gaumenreizes wie des Kaffeegenusses? Der Anlaß, die Zusicherung brechen zu müssen, fand sich auf seltsame Weise. Die Kurfürstin Amalia hatte ein kostbares diamantenes Ohrgehänge verloren. Der ehrliche Finder war der »Opern-Einsager«, also Souffleur, und Sprachlehrer Karl Bellini. Einem solchen Gesuchsteller konnte man denn doch unmöglich die Bitte um Erteilung einer Kaffeehaus-Konzession abschlagen. Auch Bellinis Gründung florierte, denn nach 30 Jahren verstiftete er sie auf die Dauer von zehn Jahren seiner Base Maria Barbara Mair, die schließlich einen Elsässer, Joseph Philippi, heiratete.
Die Kaffeehäuser schossen in dem kleinen München, das zwischen den Stadtmauern und Toren immer noch nicht den Umfang der gotischen Stadt gesprengt hatte, wie Pilze aus dem Boden. Im Jahre 1757 ersuchen der Hofzimmerputzer Reisner und ein herrschaftlicher Pastetenkoch Pfisterer um Konzessionen, Maria Katharina

Lefeubre, eine »Hofzehrgadensschreibersgattin« (= Buchführer über das Speisemagazin des Hofs), hatte seit 1767 eine persönliche Kaffeeschanksgerechtigkeit inne, um 1770 hören wir von einem Hofgerichtsadvokaten Lizt Negger, der in der Weinstraße eine Kaffeestube unterhielt. Fünf Jahre später macht die hofgefreite Kaffeeschenkin Maria Munditia, die Witwe des bereits 1726 konzessionierten Rossignol, ihr Testament, im Jahr darauf, 1776, erfahren wir von einem Schlesier Christian Glasewitz, der über Paris und Augsburg nach München gekommen war und eine Kaffeesiederei eröffnete.

Zehn Kaffeestuben gab es um 1769 bereits im kleinen München; sie lagen allesamt im innersten Kern der Stadt, am heutigen Marienplatz, in der Kaufinger-, Diener-, Burggasse, in der Weinstraße, der Sendlinger Gasse und am Fischmarkt. Wie schon aus den Berufen der Konzessionsanwärter vielfach hervorgeht, setzte sich ihr Kreis hauptsächlich aus Hofbediensteten zusammen, die, meist aus Altersgründen, um die Sinecure einer Kaffeestube nachsuchten und unter Hofschutz standen. Sie waren von den bürgerlichen Lasten der Stadt befreit und unterlagen nicht, wie die übrigen Bürger der Stadt, dem Zunftzwang. Die Absicht der Stadtväter, die Kaffeesiedereien zugunsten ihrer steuerzahlenden Wein- und Bierwirte zu vermindern, mußte an der Praxis des Hofes scheitern, ihren niederen und ausgedienten Bediensteten an Stelle einer Pension solche Kaffeeschenksgerechtigkeiten zu verleihen.

Im Jahre 1781 ersucht der mit fünf Kindern gesegnete Sohn eines Hoftrabanten, Anton Riedl, um eine Konzession, um dieselbe Zeit wandte sich Leni Gallmayr an den Landesherrn, Kurfürst Karl Theodor, mit der Bitte, ihrem Mann, dem kunstreichen Hofmaschinisten Joseph Gallmayr an Stelle der eingezogenen Pension eine »Kaffeeschenks-Concession« zu erteilen, die der alternde Erfinder kurioser Automaten denn auch bewilligt bekam. Wie es selbst bei der Überfülle der Kaffeestuben dennoch möglich war, zu einem bescheidenen Wohlstand zu kommen, schildert Karl Trautmann in seinen »Altmünchner Kulturbildern« wahrhaft ergreifend am Beispiel der Leni Gallmayr und ihrer Kaffeeschenke am Rindermarkt im Haus des späteren Gasthofs »Zu den drei Rosen«.

Graf Rumford urteilt allerdings in seinem »Pro memoria« von 1796 mit reformerischem Eifer recht abträglich über die große Zahl der Kaffee- und Bierwirtshäuser, die er überflüssig nennt. Eine solche

Gerechtigkeit, meint er, sei gewöhnlich die letzte Zuflucht derjenigen, welche die Handarbeit scheuen, keiner Profession kundig oder des Domestikenstandes müde seien.

Das Gewerbe scheint tatsächlich erheblich überbesetzt zu sein. Burgholzer zählt in seinem »Wegweiser für Fremde und Reisende« vom Jahr 1796 fünf bürgerliche und 53 hofgeschützte Kaffeesieder auf, und selbst wenn es sich bei den hofgeschützten um kleine und kleinste Kaffeestuben vom Umfang jener des Johann Koller mit ihren 13 Paar irdenen Kaffeeschalen handelt, dürften die Bedürfnisse kaum noch Anlaß zu neuen Konzessionen gewesen sein.

Die Zeit war reif, die herkömmlichen Kaffeesiedereien, die den kleinbürgerlichen Auskochgeschäften des 19. Jahrhunderts etwa vergleichbar waren, aus ihrer Begrenztheit auf eine höhere gesellschaftliche Ebene zu heben. Wieder einmal war es, wie so oft, ein Ausländer, der Italiener Giovanni Pietro Sarti aus Venedig, der den Wandel herbeiführen sollte. Er gehörte zur italienischen Kolonie der Stadt, die seit den Tagen der Kurfürstin Henriette Adelheid einen festen gesellschaftlichen Kreis Münchens bildete, und war als kurfürstlicher Lotteriekollekteur konzessioniert. Im März 1774 wurde Sarti die Genehmigung erteilt, in einer kleinen Boutique unter den Hofgartenarkaden Kaffee, Schokolade, Limonade, Gefrorenes und andere Erfrischungen feilzuhalten. Die unternehmerische Beweglichkeit Sartis, vom Finanzmann zum Cafétier überzuwechseln, ist erstaunlich; wäre dieser Sprung jemals bei einem schwerblütigen Altmünchner denkbar gewesen? Sarti hatte von Anfang an die vornehme Welt der Hofgartenflaneure für sich gewonnen, der gute Zuspruch bestimmte ihn, um die Genehmigung zur Errichtung eines kleinen Kaffeehauses an der Hofgartenmauer einzugeben, was ihm auch bewilligt wurde; auch die Erweiterung des zierlichen Anbaus und seine Erhöhung um ein weiteres Stockwerk fand im Jahre 1784 ein offenes Ohr der Behörde. Als Sarti im Jahre 1796 starb und das Unternehmen seiner Haushälterin, »Madame Lampert«, testamentarisch vermacht hatte, erlitt es keine Einbuße. Bis 1808 im Besitz der Aloysia Lampert, ging es im selben Jahr für 13000 Gulden in den Besitz von Johann Nepomuk Schuster und dessen »angehende Ehefrau« Nannette Keil über. Wir haben dies so ausführlich berichtet, um lückenlos darzutun, wie es möglich war, daß ein renommiertes Münchner Kaffeehaus in den Besitz der seltsamsten Cafetière gekommen ist, die in München wohl jemals verzeichnet ist. Jene Nannette Keil nämlich hatte als Kammerdienerin der Kurfürstinwitwe Maria Leopoldine ihrer Herrin die sicher erwünschte Gelegenheit verschafft, ihre geschäftstüchtige Hand als Geldgeberin ins lukrative Spiel zu bringen. Als Schuster, der »angehende Ehemann«, seinen Zinsverpflichtungen nicht nachkam, brachte Maria Leopoldine das Kaffeehaus ganz in ihren Besitz; ein Unternehmen mehr in ihren ausgedehnten Kommerzien, die von Beteiligungen an Utzschneiders Lederfabrik und anderen bis zu Boutiquen auf der Auer Dult reichte, später sogar gewinnbringende Spekulationen in Eisenbahnaktien im Jahre 1837 einbezog, von denen der preußische Gesandte am bayerischen Hof, Graf Dönhoff, zu berichten wußte, sie habe gute Geschäfte an der Börse in Paris gemacht und fast eine Million in Eisenbahnaktien gewonnen. Ihr Pächter war wiederum ein Italiener, Luigi Tambosi, der schließlich im Jahre 1831 das Kaffeehaus in seiner nach dem Abbruch des alten Sartischen Baues neuen Gestalt als Hofgartenkaffee im Bazargebäude endgültig in seinen Besitz brachte.

Mit Tambosi – sein Grab im Südfriedhof ist heute noch erhalten – beginnt eine neue Epoche des Münchner Kaffeehauses. »Alles, was Tambosi in seiner Kunst leistet, ist ausgezeichnet und verdient den Beifall des Publikums«, schreibt August Lewald 1835. Tambosi ist nach Lewald überhaupt der einzige Cafetier, dem er zutrauen würde, ein weltläufiges Etablissement aus seinem Betrieb entwickeln zu können. »Der Bazar«, meint er, »hätte eine sehr geeignete Lage dazu, und ich erblicke in Gedanken schon das weiße und blaue Zelt sich über dem herrlichen Trottoir in gehöriger Ausdehnung sich erheben. Wer es unternehmen sollte? Tambosi! Tambosi for ever! Encore Tambosi! würden Engländer und Franzosen rufen. Aber Tambosi kennt die Kaffeehäuser Italiens und Frankreichs, und es ist nicht zu bezweifeln, daß er dem Bedürfnis am ersten, seinem ganzen Umfange nach, würde abhelfen können.«

Aus dem »Tambosi« ist später das Hofgartenkaffee Annast geworden, aus den schlichten Kaffeestuben wurden große Konzertcafés, voran das Café Luitpold, die Cafés Fürstenhof und Zur Stadt Wien, von denen Ludwig Thoma bei der Schilderung seines Onkels Postsekretär meinte, er sei noch gestorben, »bevor man zwischen Marmorsäulen unter überladenen Stuckdecken eine Tasse Kaffee trank und sich einbilden konnte, in einem Bahnhof oder einem

Tempel zu hocken«. Freilich, wer an die Behaglichkeit eines »Perzl« oder »Greif« am Marienplatz oder des Café Gröber am Viktualienmarkt gewöhnt war, mochte sich mit der neumodischen Monumentalität in Marmor und Stuck schlecht abfinden. Wir kämen ins Endlose, wollte man sie alle auch nur aufzählen. Noch immer erinnern sich die älteren Münchner ans Café Karlstor, in dem, wie damals auch in den übrigen Kaffeehäusern, der Kaffee und die Milch aus großen Nickelkannen von schwarzgekleideten, weißgeschürzten Kellnerinnen kredenzt wurde; ans alte Café Gröber am Viktualienmarkt denken sie und ans Café Union, das im Keller des Hauses Ecke Herzogspital- und Herzog-Wilhelm-Straße ausschließlich Damen als Gäste duldete. Im »Loch«, wie diese kuriose Dameneinkehr in ihrer waschhausmäßigen Düsternis mit Recht genannt wurde, hausierten Tändlerinnen mit Schmuck, Wäsche, Spitzenwerk und allem möglichen Tand. Und ein weiteres Café, das »Haarpuderwaberl« genannt, nach der Puderhändlerin Barbara im Erdgeschoß vermutlich, darf nicht vergessen werden: das heutige Café Neumayr am Viktualienmarkt, in dem sich bis heute die Poesie der alten Münchner Kaffeestube erhalten hat, in leicht verändertem Stil, wie begreiflich. Aber immer noch trumpfen die Tarocker, Schafkopfer, die selten gewordenen Tertler mit ihren Karten auf den Marmortischen auf.
Und daß gerade dieses Café ein Refugium der heimlichen Männersehnsucht nach der Jugendzeit geblieben ist, habe ich einmal erfahren. Wir saßen zu dritt am Tisch, jeder dem andern unbekannt. Im Plaudern erfuhr ich, daß der eine zwar in einer Herberge der Au geboren, in New York aber Inhaber mehrerer Geschäfte sei, denen er in den Wintermonaten Adieu sage, um sie in München und nicht zuletzt in seinen Kaffeehäusern zu verbringen. Der andere erwies sich auf dem Sprung nach Südamerika, wo er früher schon ein Jahrzehnt als Maschineningenieur gearbeitet habe und wohin er nunmehr wieder für etliche Zeit zurückkehre. Ich möchte wetten, daß die beiden, wenn sie noch am Leben sind, noch manchen geschlagenen Nachmittag an den Marmortischen sitzen werden, zeitunglesend, träumend und plauschend mit dem »Herrn Nachbarn«.
Denn der Münchner Kaffee ist ebensowenig bloß ein Genußmittel wie das Kaffeehaus nur eine Verzehrstätte ist. Im Schatten des Bierbanzens führen sie kein Schattendasein. Das hat mir in den zwanziger Jahren ein Hamburger Kaffee-Importeur verraten. In Mün-

»Münchner Frauencafé« nennt Josef Puschkin seine Zeichnung, die er um 1880 angefertigt hat. Das »Weibercafé« befand sich im Keller eines Hinterhofs an der Ecke der Herzog-Wilhelm- und der Herzogspitalgasse und bestand bis nach dem Ersten Weltkrieg. Selbst die honorigsten Bürgersfrauen schätzten das sogenannte »Loch«.

Das Münchner Damencafé im Jahre 1910 (nach einer Gouache von René Reinicke)

chen, behauptete er, werde der meiste Kaffee getrunken, es sei die Metropole der Kaffeefreunde Deutschlands. Und das ist nicht wenig, wenn es sogar ein Hamburger Kaffee-Importeur sagt, der seine Ladungen extra wegen unserer Stadt nicht nach Hamburg, sondern nach Genua dirigierte, das der Kaffeestadt München näher liegt.

Vier böse Wochen für Giacomo Casanova

Casanova wohnt im »Goldenen Hirsch« und erwirbt bei Kurfürst Max III. Joseph das Schutzrecht – Er erklärt die warmen Füße der toten Kaiserinwitwe Amalie

Kein Tag, keine Nacht war lang genug, um den Becher der Lust bis zur Neige zu leeren. Rätselnd stehen wir vor den Prunkschlössern des Rokoko, bewundern den Einfallsreichtum, die Phantasie, die ein Cuvilliés und seine Dekorateure an Wänden und Plafonds der Parkschlößchen versprühten, preisen wohl auch die generösen Bauherren solcher weltentrückter Pracht; doch unserem Staunen bleibt ein Rest vermischt, den wir nicht auflösen, nicht deuten können. So ist es wohl auch nicht nur eine »Anregung zum Sehen«, wie Artur Weese seine »Erzählung von den Schicksalen der Münchner Kunst« nennt. Nicht Schauen allein, Begreifen des heute fast Unbegreiflichen ist es wohl, was er uns lehren möchte, wenn er erzählt von jenen fernen Tagen des Rokoko, das ein Taumel war in der Kunst wie in der Wirklichkeit, die es mit allen Reizen bis an die Grenze des Ermattens zu überfeinern suchte:
»Nach der Jagd, vornehmlich nach den langen und aufregenden Parforceritten im Forst, liebten es die Herrschaften, in dem blauen Spiegelsaal zu soupieren. Die Türen standen offen, wenige Stufen führten zu den Beeten, die aus Tausenden von Pflanzen den weichen Blütenduft ausatmeten. Hohe, dunkle Laubwände, von der Schere des Gärtners schnurgerade beschnitten, umgaben das versteckte Jagdhaus und schützten das paradiesische Gehege, in dem die abgeschiedene und ganz entrückte Einsamkeit durch keinen Mißklang gestört werden durfte. Nun genoß der Kurfürst mit den Nächsten und Vertrauten seines Gefolges die Stille und Intimität des kleinen Kreises. Die Tafelrunde saß um den ovalen Tisch, und das rötliche Licht der Wachskerzen strahlte durch die hohen Schei-

ben auf die abenddunklen Wiesen und Beete. In den Kristallen der venezianischen Lüster bricht sich der warme Schein, aus den glatten Spiegeln über den reichen Trumeaus wird er tausendfältig zurückgeworfen. Flimmernd und gleißend zieht er über die silbernen Schnitzereien der Wände und die zierlichen Ranken und Gewinde, die bis zum Plafond aufsteigen.

Er umspielt die geschmeidigen nackten Körper der Putten, Nymphen und Amoretten, die auf Gesimsen tanzen und schweben, er funkelt in dem rinnenden Wasser der Fontänen und Quellen, mit denen die Stuckdekoration der Plafonds phantastisch belebt ist. Überall, an all den scharfgeschnittenen und kantigen Formen der versilberten Ornamente blitzt es auf, und das Kerzenlicht setzt sich mit seiner sanften Wärme an dem kalten Grundton des blauen Saales erst recht in Wirkung. Es müssen Gefühlsregungen von höchster ästhetischer Feinheit gewesen sein, denen sich das vom Genuß fast erschöpfte Geschlecht hingab. Mit den zartesten Mitteln der Illusion wehrte es die harte Wirklichkeit ab, die unbekannt und ungefragt draußen vor den Mauern des riesigen Parkes lag. Diese Menschen lebten, solange sie das Spiel freute, in einer Welt des entzückendsten Scheines. Und wie bei jedem Märchen aus alten Zeiten ist das erstaunte Weltkind von heute durch all den Glanz, der über die Schlösser und Gärten, die Säle und goldenen Tafeln gebreitet ist, viel tiefer ergriffen als der Märchenprinz, dem die Wunderwelt gehört und der natürlich weder vom Strahl der Lichter noch dem Glanz der Schönheit geblendet wird...«

Eine »Anregung zum Sehen«, wie gesagt, nennt Weese diese Schilderung, indem er ein Bild gibt, ein schillerndes Tableau, und er überläßt es uns, die Gedanken, die es in uns erweckt hat, fortzuspinnen, das Begreifen dieses Geschlechts zu vertiefen.

»Ob einer ein guter Mensch sei«, wie Thomas a Kempis die Kardinalfrage stellt, »danach fragen wenige.« Am wenigsten die Elite des Rokoko. Ihr galt biedere Plumpheit als Todsünde, bäuerliche Rechtlichkeit als Unvermögen eines stumpfen Geistes. Dahin hatte es dieses frivole Geschlecht gebracht, den offenbaren Betrug als »corriger la fortune« zu entsühnen und an seine Tafel zu bitten, weil es neue und gesteigerte Reize von ihm erhoffte; selbst das Verbrechen, dessen Eigennutz offen zutage lag, durfte damit rechnen, sich als Bagatelle absolviert zu sehen, sofern es sich mit Grazie und Esprit in den Mantel der Frechheit zu hüllen verstand.

Doch hat diese Zeit auch einen Goethe und Schiller, einen Kant und Haydn, einen Gluck und Mozart hervorgebracht; indes darf sie sich darum nicht rühmen, keine andere Weltstunde sei begnadet genug gewesen, um das Erscheinen so erlauchter Geister zu ermöglichen. Dafür gibt es andere, für die sie dieses Vorrecht in Anspruch nehmen darf. Sie hüllten ihre geringe Abkunft in den Wohllaut klingender Namen, die ihre Zeitgenossen von Leuten von Distinktion verlangten, und sie richteten ihr Auftreten danach, das so glanzvoll und verschwenderisch war, daß die geblendete Umwelt nicht im Traum daran dachte, sie auf ihre wahre Bedeutung zurückzuführen.

Einer dieser schillernden Abenteurer hieß Giuseppe Balsamo, der sich Graf Alexander Cagliostro nannte, der andere war als Giacomo Casanova zur Welt gekommen und hatte sich aus eigener Machtvollkommenheit den Namen eines Chevaliers de Seingalt zugelegt. Beiden gemeinsam ist ein Umgetriebensein, das ihre zweideutige Existenz ihnen auferlegte; in allen großen Städten Europas wußten sie Freunde und Bewunderer, die sich von ihnen willig schröpfen ließen und die ihnen weiterhalfen, wenn es ihnen geraten erschien, neue Fangplätze aufzusuchen. Im trüben fischten sie überall, beide Meister des »Corriger la fortune«, die das Glück auf ihre Weise zu verbessern suchten.

Es wäre unverständlich gewesen, wenn die beiden nicht auch die bayerische Hauptstadt heimgesucht hätten und ihren Hof, dessen Bankhalter beim Pharaospiel »für die geschicktesten Verbesserer des Glücks in ganz Europa« galten. Doch während wir von Cagliostro nur die dürftige Nachricht haben, er sei im »Goldenen Hirsch« an der hinteren Schwabinger, der heutigen Theatinerstraße abgestiegen – einem der vornehmsten Gasthäuser übrigens, das selbst Kaiser und Könige nicht verschmähten –, läßt sich der Chevalier de Seingalt ausführlich über seinen zweimaligen Aufenthalt in München aus.

Fünfzehn Monate lang hatte Casanova unter den Bleidächern der Sala dei Dieci im Dogenpalast von Venedig geschmachtet, in die ihn Betrügerei und Blasphemie gebracht hatten, bis es ihm im Jahre 1756 gelungen war, gemeinsam mit einem Komplizen, durch einen waghalsigen Ausbruch die Freiheit zu gewinnen. Die beiden wandten sich, abseits von vielbefahrenen Straßen, gegen Norden, um über Bayern nach Frankreich und Paris zu gelangen, jener »einzi-

gen Stadt der Welt, wo die blinde Göttin denen ihre Gaben spendet, die sich ihr anvertrauen und die Umstände zu benutzen wissen«. Es kann kein Zweifel sein, daß Casanova mit diesem graziösen Epitheton jene Fortuna meint, deren Schönheitsfehler zu verbessern seinem Talent anheimgegeben war.
Zunächst freilich hatte er es mit den Mißhelligkeiten der Fluchttage zu tun und mit seinem alles andere als angenehmen Komplizen Balbi, einem entsprungenen Mönch, der, wie man so sagt, zu Wasser und zu Lande nichts taugte und in seinem Kloster ebenso ein Stein des Ärgernisses war wie in der Welt.
Um Geld in die Hände zu bekommen, verkaufte Casanova seinen Hut und die Silbertressen seines Rockes, die ihm als Luxus erschienen, der zu seiner augenblicklichen Lage nicht paßte. In Bozen schließlich wandte er sich an einen bekannten Bankier, von dem er sich hundert Zechinen borgte. So kam er zu Kleidern und Wäsche und konnte, als er schließlich mit Balbi in München angekommen war, sich im »Goldenen Hirsch« einmieten.
Sofort spähte er nach Beziehungen aus. Einem Casanova bedeuteten Beziehungen lebenslang so etwas wie ein Betriebskapital. Die beiden Venezianer von der Familie Contarini, die sich seit einiger Zeit in Begleitung des Grafen Pompei aus Verona in München aufhielten, fesselten seine Aufmerksamkeit wenig. Etwas anderes war es mit der Gräfin Coronini. Er hatte sie bereits früher in Venedig im Kloster Santa Giustina kennengelernt, sie konnte sich, wie er gesprächsweise erfahren hatte, guter Beziehungen zum bayerischen Hof rühmen. Durch sie hoffte er, wie man so sagt, zwei Fliegen mit einer Klappe zu treffen: Sicherheit für sich selbst, da er immerhin als Ausbrecher aus venezianischer Gefangenschaft möglicherweise Scherereien zu erwarten hatte, zum zweiten aber, Eingang zu finden am Hofe, um dort sein Glück zu finden als gewandter Nutznießer des Glücksspiels, das dort, wie bei allen europäischen Höfen, das Gespenst der Langeweile zu bannen hatte.
Die Gräfin war damals siebzig Jahre alt und den Schmeicheleien Casanovas, wie erwartet, zugänglich. Sie versprach ihm, für ihn das Schutzrecht bei Kurfürst Max III. Joseph zu erwirken, der in seiner angeborenen Güte bei solchen Ersuchen bekanntlich kaum nein sagen konnte. Schon am nächsten Tage brachte sie ihm die Nachricht, Seine Hoheit sähen keinen Grund, der sie verhindern könnte, ihm den sicheren Aufenthalt zu gewähren, den Begleiter

Jacques Casanova de Seingalt im Alter von 63 Jahren

Balbi dagegen möge er so bald wie möglich aus der Stadt schaffen, seine Aufführung sei hier zu bekannt, als daß er nicht mit Mißhelligkeiten zu rechnen habe. Diese Weisung kam Casanova kaum ungelegen. Die plumpen Liebeleien, die Balbi allerorts anzuknüpfen pflegte, mußten den Hofmann Casanova binnen kurzem kompromittieren, außerdem verband ihn mit dem vierschrötigen, unsauberen Gesellen nichts als das gemeinsame Abenteuer der Flucht aus den Bleikammern. Er fand durch einen italienischen Tänzer eine Möglichkeit, den Unerwünschten mit einem Empfehlungsbrief an einen Domherren in Augsburg abzuschieben.
Casanova war nun allein in seinem Element. Jedoch, um seine unbestreitbaren Fähigkeiten, die Früchte seines stets wachen Geistes

zu pflücken und den Strapazen gewachsen zu sein, die einen Abenteurer auf dem gesellschaftlichen Parkett des Hofes erwarten, dazu fühlte er sich so kurz nach den körperlichen Anstrengungen seiner Flucht kaum imstande. Er litt an Anfällen von Nervenkrämpfen, die einen beunruhigenden Charakter anzunehmen drohten. Er setzte sich selbst ein paar Wochen auf strenge Diät, doch ohne sich deshalb gänzlich abzuschließen.

Zur selben Zeit, am 11. Dezember 1756, war die Kurfürstinwitwe Amalie gestorben, die flotte Jägerin von einst, für die Cuvilliés das Zauberschlößchen der Amalienburg geschaffen hatte. Sie hatte ihren Gatten, den unglücklichen Kaiser Karl Albrecht VII., elf Jahre überlebt, und sie sollte noch im Tode den Münchnern eine Sensation bereiten. Die ganze Stadt sprach von einem »Wunder«, das sich an ihr vollzogen hatte.

Der Leichnam der Kaiserinwitwe war in einem Saal der Residenz öffentlich aufgebahrt. Das Wunderbare daran war, daß die Füße der Toten nicht erkaltet, sondern »ganz warm waren«.

»Man sieht nicht alle Tage ein Wunder«, sagte sich Casanova, und er machte sich auf, um entweder etwas Erbauliches zu sehen oder darüber zu lachen. Außerdem litt er stets selbst unter kalten Füßen, und er hoffte, sich Aufklärung darüber zu verschaffen.

Für einen Mann vom Schlage Casanovas galt es stets als angenehm, das Publikum von sich reden zu machen, auch wenn die Anregung dazu von den warmen Füßen einer verstorbenen Majestät ausging. Er fand nämlich, als er sich unter der Menge eingefunden hatte, die das Prunkbett der Kaiserinwitwe umstand, heraus, daß die Füße der Toten einem »in sehr geringer Entfernung stehenden glühenden Ofen zugekehrt waren«. Ebenso rasch, wie das Gerücht die Runde gemacht hatte, erzählten sich die Münchner diese Erklärung und daß es kein anderer war als Casanova, dessen Scharfsinn wieder einmal das scheinbar Wunderbarliche auf natürliche Weise enthüllt hatte.

Die drei Münchner Wochen der Rekonvaleszenz hatten ihn wiederhergestellt, und da ihm offenbar die Pforten der Residenz nicht ganz bereitwillig geöffnet waren, erwog er eine Veränderung, die ihn zu goldreicheren Küsten führen könnte. Das Glück war ihm günstig. Eine Schauspielerin, Madame Rivière, war aus Dresden angekommen mit ihrem Sohn und einer Tochter, die sie in Paris zu verheiraten dachte. Sie war eine Bekannte Casanovas, der er seine

Begleitung anbot. »Da ich die Absicht hatte, mich in Paris niederzulassen, so nahm ich diesen Glücksfall als ein Vorzeichen, daß bei meiner Abenteurerlaufbahn, in die ich mich zu stürzen gedachte, das Glück mir zur Seite stehen würde.« Am achtzehnten Dezember reiste Madame Rivière von München ab, zwei Tage darauf, als ihn ein aus Venedig eingetroffener Wechsel wieder flottgemacht hatte, folgte ihnen Casanova, um sich der Reisegesellschaft in Straßburg anzuschließen.

Das war sozusagen das Debüt des Chevaliers in München, kein besonders aufregendes, wie man sagen muß, und er hätte es als Vorzeichen vermerken können, wenn ihm für Unglücksfälle ein ebenso feinfühliges Organ gegeben worden wäre wie für das Glück oder was er für Glück hielt. Er hatte unter den Bleidächern von Venedig alle Schwächen seines Charakters genau erkannt; aber er hätte dort viel länger als fünfzehn Monate bleiben müssen, um die Grundsätze anzunehmen, die ihn von diesen Schwächen hätten heilen können.

Die Stadt Straßburg gehört wie Regensburg und Schaffhausen zu den Städten, in denen sich viele altdeutsche Orts- und Wirtshausnamen erhalten haben. Zur schönen Gelegenheit, zum Walfisch, Roter Herzfleck, Fröhliche Türkengasse kann man in Regensburg lesen. Zum glühenden Feuerofen, zum Palmbaum, zum Römischen Kaiser heißt es in Schaffhausen. Straßburg hat den Eisernen Mann, den Fuchs am Buckl und Wo der Fuchs den Enten predigt; auch einen Gasthof zum Heiligen Geist gibt es in Straßburg. Der Reisende, der an einem schönen Julitag des Jahres 1762 im Gasthof zum Heiligen Geist abgestiegen war, schrieb später in sein Tagebuch, er sei damals von seinem guten Geist verlassen worden; aber das wußte er bei seiner Ankunft in Straßburg noch nicht. Es ist unser Chevalier de Seingalt, der auf dem Weg nach Augsburg war, um dort im Auftrag der Regierung von Portugal an einem Kongreß teilzunehmen. Er hatte sich vor seiner Abreise von Paris mit dem Marquis Desarmoises verabredet, in Straßburg mit ihm zusammenzutreffen, um von dort gemeinsam nach Augsburg zu reisen. Wir haben kein Bildnis dieses seltsamen Marquis, der durchaus nicht der Sohn des Marquis Desarmoises von Nancy war, für den er sich ausgab, sondern ein früherer Kurier des französischen Außenministeriums, von dem er eine ganz kleine Pension bezog; eine hagere,

ausgedörrte Gestalt, so können wir uns ihn vorstellen, mit einem geierartigen Gesicht und einem stechenden Blick, aus dem die Habsucht schielte, keineswegs aber als einen wohlgenährten Mann, wie sie Jordaens gerne malte.
Der Marquis hatte einen Köder an seiner Angel hängen, mit dem er Casanova reizte, die Reise zu unterbrechen und im »Heiligen Geist« abzusteigen: Eine hübsche Dame habe ihre Abreise nach Augsburg aufgeschoben in der Hoffnung, sie könne mit ihm zusammen reisen. »Sie kennen die Dame«, sagte der falsche Marquis, »aber ich habe ihr mein Ehrenwort geben müssen, Ihnen nicht ihren Namen zu nennen. Sie hat nur ihre Kammerzofe bei sich, und ich bin überzeugt, sie werden sich freuen, Sie zu sehen.« Die Neugier überwog alle Bedenken Casanovas. Die beiden begaben sich zum »Heiligen Geist«, und der Chevalier stellte sich der übrigens tatsächlich sehr hübschen Dame vor, ohne sich ihrer jedoch erinnern zu können. Allmählich im Gespräch dämmerte es ihm, sie in Dresden kennengelernt zu haben, wo sie als Tänzerin am Theater aufgetreten war und als Freundin des Grafen Brühl, des Oberhofstallmeisters des Königs von Polen und Kurfürsten von Sachsen, galt. Die beiden fanden das Zusammentreffen als überaus angenehm, und sie vereinbarten, am nächsten Morgen nach Augsburg abzureisen, wo sich Madame Renaud, so hieß Casanovas erneuerte Bekanntschaft, von ihm trennen würde, um sich nach München weiterzubegeben; sie gedachte dort ihre Diamanten zu verkaufen.
Die kurzen Reisetage nach Augsburg genügten, um die beiden als Liebespaar gelten zu lassen; Madame schätzte es nicht, zur Nachtzeit zu reisen, dagegen liebte sie üppige Soupers mit erlesenen Weinen, und Casanova teilte diese Vorliebe mit seiner schönen Gesellschafterin. In Augsburg war von den Vorbereitungen des Kongresses noch nichts zu merken, außer daß der Gasthof »Zu den drei Mohren« vom französischen Gesandten bereits vorausbestellt war, so daß sich Casanova durch die Vermittlung des Bankiers Corti, an den er Kreditbriefe hatte, ein hübsches möbliertes Haus mit einem Garten mietete, das die Renaud sehr nach ihrem Geschmack fand. »Das ist reizend, lieber Freund«, rief sie, »wir werden gute Soupers machen, und die Nächte hindurch werden wir spielen.« Sie erbot sich, ihm eine ausgezeichnete Köchin zu besorgen. »Die bayerischen Köchinnen sind mit Recht berühmt«, meinte sie.
Doch der Kongreß, für den diese standesgemäßen Zurüstungen ge-

troffen worden waren, ließ auf sich warten. Er fand – doch das wußte man damals noch nicht – überhaupt nicht statt. Augsburg war zu jener Zeit längst nicht mehr die weltoffene Handelsstadt wie zu Zeiten der Fugger und Welser, einen Hof gab es in der Freien Reichsstadt auch nicht, und die Sittenstrenge, die die Bürgerschaft beobachtete, konnte nicht nach dem Geschmack eines so lockeren Vogels wie Casanova sein. Es fiel daher Madame Renaud nicht schwer, ihn zu überreden, bis zum Beginn des Kongresses mit ihr in München weniger puritanische Wochen zu verleben, als sie ihm Augsburg mit Gewißheit auferlegen würde. Man reiste also ab, voraus der berittene Kurier Leduc, den Casanova schon seit der Abfahrt von Paris in seinen Dienst genommen hatte, einen Lohndiener und den unvermeidlichen Desarmoises im Gefolge. Im Gasthof »Zum Goldenen Hirsch« nahm die Reisegesellschaft Wohnung. Casanova und seine Begleiterin hielten die Fiktion aufrecht, als seien sie noble Eheleute. Der Chevalier gab anderntags seine Empfehlungsbriefe reihum ab, und Herr von Foulard, der französische Gesandte, lud ihn zum Mittagessen ein und stellte ihn schon am nächsten Tag dem Kurfürsten Max III. Joseph vor.
Über alle Fallgruben, die ein Abenteurer wie Casanova auf Schritt und Tritt zu gewärtigen hat, ist er seit seiner Flucht leichtfüßig hinweggetänzelt, überall gelang es ihm, unter Aufbietung seines geschärften Geistes, goldene Äpfel zu pflücken, ohne zu straucheln – in diesen vier Wochen seines Aufenthaltes in München aber taumelte er von einer Dummheit zur anderen. Ein anderer hätte wohl von einer Verschwörung aller gegen sich gesprochen, doch Casanova war gegen sich ehrlich genug zu bekennen, daß er sich in einer Krisis befunden habe, die seinem bösen Geist gestattet habe, ihn mit Blindheit zu schlagen.
Zunächst ließen sich die Tage verheißungsvoll an. Er fand, wie gesagt, Eingang bei Hofe und sah sich von der Kurfürstinwitwe von Sachsen, Marie Antoinette, der Schwester des regierenden Kurfürsten, aufs freundlichste aufgenommen. Die hochgebildete Dame, eine Freundin von Musik und Malerei, Mitglied der Römischen Akademie, zog ihn oft ins Gespräch und ließ sich von ihm die Umstände seiner Flucht aus den Bleikammern von Venedig und von den mannigfachen politischen Ereignissen erzählen, deren Augenzeuge er war. Mancher Hofklatsch mag dabei wohl auch unterlaufen sein, denn Casanova hatte sich mit nicht wenig Geschick auch

Kurfürstenwitwe Maria Antonia von Sachsen, Schwester von Kurfürst Max III. Joseph

auf dem Parkett von Versailles bewegt; doch daß er seine mehr oder weniger anrüchigen Aventiuren preisgegeben hätte, verbot ihm sein Geschmack – und die Etikette. Daß ihn Marie Antoinette übrigens durchschaute, sollte er erst noch erfahren.
Von solchen Begegnungen abgesehen, begannen nun flotte Tage, wie sie ihm Madame Renaud in Aussicht gestellt hatte. Er ließ sich, wie es seine Gewohnheit war, auf das Pharaospiel ein, ein rasantes Glücksspiel jener lockeren Zeit – und das an einem Hofe, von dem

er wußte, daß seine Bankhalter für die geschicktesten Verbesserer des Glücks galten. Er hielt sich für einen noch tüchtigeren Voltenschläger, doch stimmte das offenbar nicht so ganz. Er spielte jeden Tag, und wenn der Abend gekommen war, setzte er im Goldenen Hirsch das muntere Spielchen mit Madame Renaud, dem Marquis Desarmoises und anderen Glücksrittern fort, die sich da eingefunden hatten. Seine Mittel begannen zu schwinden, er verlor oft auf Ehrenwort und sah sich gezwungen, seine Zuflucht zu Wucherern zu nehmen, bei denen er durch Vermittlung seiner schönen Gattin auf Zeit und des Marquis seine Juwelen versetzte.

Es begann ihn in zunehmendem Maße zu beunruhigen, daß er von seinem Diener Costa, den er in Paris mit der Weisung zurückgelassen hatte, ihm nach Erledigung gewisser Geschäfte mit den Pretiosen nachzukommen, keine Nachricht erhielt, noch daß er selbst eingetroffen war.

Binnen weniger Wochen sah sich der Glücksspieler um hunderttausend Franken in bar und vierzigtausend Franken in Schmucksachen erleichtert, mit einem Wort, er war am Ende. Daß sich Madame Renaud und der »verräterische« Desarmoises den Löwenanteil der Beute zugeschanzt hatten, erfuhr er erst, als sie ihm längst außer Sichtweite entronnen waren.

Das Schlimmste aber war, daß Casanova zu kränkeln begann. Seine geistige Wachsamkeit ließ beträchtlich zu wünschen übrig, er achtete nicht sonderlich darauf und vernachlässigte die Krankheit, die ihm seine Begleiterin »mitgeteilt« hatte, die »Schlange, die aus der Hölle vorgekrochen war«, zu der sie sich in Casanovas Augen nunmehr entpuppt hatte.

Die Kurfürstinwitwe schien die Misere zu ahnen, in die der sonst so muntere Chevalier geraten war. Eines Tages, als ihr Casanova wiederum seine Aufwartung machte, sagte sie zu ihm: »Man weiß hier, mein Herr, wie Sie mit der Renaud leben und welchen Lebenswandel sie bei Ihnen führt, vielleicht ohne Ihr Wissen; dies schadet Ihnen sehr, und ich rate Ihnen, ein Ende damit zu machen.« Das war gut gemeint, doch Casanova, der der letzte gewesen wäre, anderen als seinen eigenen Intuitionen zu gehorchen, fühlte sich empfindlich gekränkt.

Es sah nicht gut aus um Casanovas nächste Zukunft. Nicht nur das Ausbleiben seines Juwelen-Costa machte ihn besorgt, auch von der Marquise d'Urfé blieben die Nachrichten aus. Er fürchtete schon, sie sei gestorben oder sie wäre vernünftig geworden, »was«, wie er schrieb, »für mich auf dasselbe hinausgekommen wäre«. Die gute Marquise d'Urfé, muß hier nachgeholt werden, war nämlich eine schrullige alte Dame von siebzig Jahren, die einem krankhaften Mystizismus huldigte. Der Chevalier hatte in Paris ihre Bekanntschaft gemacht und sie zur Aufnahme in die höheren Grade der Rosenkreuzer vorbereitet, was selbstverständlich beträchtliche Mittel zur Voraussetzung hatte. Kein Lebenszeichen vom Juwelen-Costa, kein Kreditbrief von der Marquise d'Urfé und in einem Zustand, der es ihm unmöglich machte, nach Paris zurückzukehren, um, wie er schrieb, »meine Lebensruhe wiederherzustellen und meine Börse zu füllen«. Ein Rest von Entschlossenheit war ihm gerade noch verblieben. Er verabschiedete sich unvermittelt von Madame Renaud und war froh, «daß Desarmoises es für gut fand, bei der unwürdigen Kreatur zu bleiben«.

Er wandte sich nach Augsburg zurück, bezog das schöne Haus mit Garten und hätte sich nun wohl der Kochkünste seiner beiden bayerischen Köchinnen Gertrud und Anna Midel erfreuen können – wenn ihm nicht sein Arzt, der Doktor Algardi, eine drakonische Kur zudiktiert hätte, die zur Heilung von seinem Leiden nötig geworden war. Er war nur ein Schatten seines einstigen Selbst, als er nach zweieinhalb Monaten zwar seine Gesundheit wiedererlangt hatte, nicht aber sein gutes Aussehen und seine einst unerschöpflich scheinende Spannkraft.

In diesen Leidenstagen wurde ihm der Betrug seines Dieners Costa zur Gewißheit. Der Italiener war mit sämtlichen Diamanten, Uhren, Tabaksdosen, der Wäsche und den gestickten Kleidern seines Herrn verschwunden, die ihm Frau d'Urfé in einem Koffer nebst hundert Louisdor Reisegeld gegeben hatte.

Ein Lichtblick blieb: Die gute Dame schickte ihm einen Wechsel von fünfzigtausend Louis, den sie zum Glück nicht mehr Zeit gefunden hatte, dem Diener mitzugeben. Diese Summe kam, wie sich begreifen läßt, dem Chevalier sehr gelegen. Er war wieder flott, wenigstens finanziell.

Gegen Ende September stand endgültig fest, daß der Kongreß der Mächte, der Casanova zu dieser Reise nach Augsburg bewogen hatte, nicht zusammentreten würde. Die Renaud, die ihm, wohl mit halbem Herzen, beim Abschied in München die Zusage gegeben hatte, sie würde ihn nach Beendigung des Kongresses in Augs-

burg abholen zur gemeinsamen Rückreise nach Paris, vermied es, ihn bei der Durchfahrt aufzusuchen. Sie fürchtete wohl, Casanova würde sie und Desarmoises zwingen, die unterschlagenen Schmuckstücke an ihn zurückzugeben. In Begleitung des falschen Marquis rollte sie durch Augsburg, neuen Zielen in Paris entgegen.
Casanova hatte in Augsburg noch die menschenfreundliche Gelegenheit, einer völlig abgebrannten italienischen Schauspielertruppe zu vollbesetzten Häusern zu verhelfen, indem er alle seine gesellschaftlichen Minen springen ließ, eine Verbesserung des Glücks auf ausnahmsweise ganz geraden Wegen.
Nachdem er noch den Ärger hatte erleben müssen, von seinem Kutscher Leduc bestohlen zu werden, reiste Casanova von Augsburg über Konstanz nach Basel ab, wo er im teuersten Gasthof der Schweiz abstieg. Nach München gelüstete es ihn niemals wieder.
Der falsche Marquis Desarmoises ist kurze Zeit darauf in der Normandie im tiefsten Elend an der Schwindsucht gestorben. Nicht so tragisch folgerichtig sollte sich die Zukunft von Madame Renaud gestalten. Sie wurde die Gattin des Kronjuweliers Böhmer, von dem, angeblich im Auftrag der Königin Marie Antoinette, Kardinal Rohan im Jahre 1785 ein Halsgeschmeide für 1600000 Livres kaufte, woraus der sog. Halsbandprozeß entstand. Madame Renaud, alias Böhmer, trat in diesem Prozeß als Zeugin gegen Cagliostro auf, der das verwickelte Schwindelmanöver ausgetüftelt hatte. Sie sagte gegen Cagliostro ungünstig aus, indem sie über seine Betrügereien an gewissen europäischen Höfen berichtete, über die sie als einstige Tänzerin mit galanten Beziehungen unterrichtet war.
Der Sturm auf die Bastille am 14. Juli 1789 setzte dem Ancien régime ein jähes Ende. Dem Ancien régime, in dem ein Casanova als Chevalier de Seingalt sein Glück verbessern konnte und von dem Talleyrand mit einem wehmütigen Erinnerungsseufzer gestand, wer nicht im Ancien régime gelebt habe, wisse nicht, was leben heißt.

Eine Waschfrau half Senefelder erfinden

Die Entwicklung des Flachdruckverfahrens durch Alois Senefelder

Sooft der Geistliche Rat Simon Schmid beim Bennobrünnl an der Frauenkirche vorbeikam, fesselte ihn der Grabstein des Freiherrn von Prielmayer dermaßen, daß er eine Weile stehenbleiben mußte. Nachdenklich betrachtete er die hochgeätzten Buchstaben der Grabtafel aus Kelheimer Kalkstein, die ihn auf kuriose Gedanken brachten. Wenn man eine Steinplatte ähnlicher Art mit beliebigen Schriften und Zeichnungen ätzen und beliebig viele Drucke herstellen könnte, wieviel Bereicherung des Unterrichts! Der Herr Geistliche Rat, der neben seiner Bestallung als Hofkaplan an der Maxburg auch als Lehrer an der Realschule zu Unserer Lieben Frau wirkte, dachte an weiter nichts, als an eine wohlfeile Lehrmittelbeschaffung; ob er es aber über Anfänge hinaus zu praktischen Ergebnissen gebracht hat, wissen wir nicht. Nur dies vermögen wir mit Sicherheit aus den gedanklichen Überlegungen des Hofkaplans zu erkennen: Die Zeit war reif für die Erfindung des Steindrucks oder der Lithographie, wie sie später genannt wurde; denn zur selben Zeit war schon ein anderer auf dem Wege zu dieser bahnbrechenden Tat, der sie ohne Wissen um die Bemühungen seines unbekannten Mitbewerbers einleitete: Alois Senefelder.

Nicht Lehrmittel oder Bilder zu vervielfältigen, wie der Schulmann Schmid, lag dem jungen Senefelder im Sinn, sondern selbstverfaßte Theaterstücke, die kein Verleger drucken lassen wollte, denn der junge Mann war in der Kulissenluft aufgewachsen und sah seine Zukunft in der Welt der Bühne, auf der es sein Vater Peter Senefelder zu einem guten Namen gebracht hatte.

Während eines Engagements in Prag war der kleine Alois als Erstgeborener im Jahre 1771 zur Welt gekommen, mit den Eltern und der rasch anwachsenden Geschwisterschar fand er sich schließlich mit sieben Jahren in München. Der Herr Hofschauspieler gedachte seinem Ältesten einen gediegenen Schulsack zu geben, indem er ihn die Lateinschule, das Gymnasium und das Lyzeum durchlaufen ließ und schließlich an die Universität Ingolstadt zum Studium der Rechte schickte, das er mit Auszeichnung absolvierte. In diesem Augenblick trifft Alois ein arger Schicksalsschlag. Sein Vater, der

Churfürstliche Hofschauspieler, stirbt 1792. Auf den Schultern des Einundzwanzigjährigen liegt plötzlich die Sorge um die Mutter und sieben Geschwister. Er muß Geld schaffen, und zwar unverzüglich. Was aber vermag der matte Reiz des juristischen Broterwerbs, vor dem obendrein die jahrelange Hürde einer undotierten Anwartschaft liegt? Der junge Mann, der mit seinem Schiller und Lessing in der Tasche und mit Kotzebues Theatertriumphen im Kopf an seiner Zukunft baut, geht, wie der Vater, zur Bühne. Aus dem Höhenflug wird ein Schneckengang. Zwei Jahre spielt er vor dem hochwohllöblichen Publikum ohne Erfolg. Sie genügen zwar, seine Selbstkritik wachzurufen, nicht aber den Wahn zu zerstreuen, als Dramenschreiber für die Bühne bestimmt zu sein. Er wird Dramen schreiben wie Kotzebue, der erfolgreiche Stückeschreiber. Und er wird sie auch selber drucken, da sich kein Verleger seiner Musenkinder annimmt. Er experimentiert mit den Materialien, wie sie ihm die handwerkliche Druckpraxis seiner Zeit anbietet: mit einer Kupferplatte, die er geschenkt bekam, mit Kienruß, Unschlittseife und Wachs, aus denen er merkwürdige Tinten mischt, die er auf einer Kelheimer Kalkschieferplatte anreibt. Die Erfindung liegt in der Luft, aber Senefelder ahnt sie nur, er kann sie noch nicht fassen.

Ein Zufall reicht ihm den kleinen Finger. Die Waschfrau kommt ins Haus, um die schmutzige Wäsche abzuholen. »Loisl, schreib' d'Wäsch auf!« sagt die Mutter. Und Loisl schreibt, da ihm gerade kein Papier zur Hand ist, mit seiner Spezialtinte »d'Wäsch« auf die glattgeschliffene Steinplatte. Da steht sie, die Schrift, ein paar Tage lang, bis die Wäsche blühweiß wieder ins Haus kommt. Die Aufzeichnung hat ihren Zweck erreicht, er kann sie wegwischen. Schon hat er den Öllappen zur Hand, aber er zögert noch, der Finger des Schicksals tippt ihn an. Er greift nach der Säureflasche und gießt die ätzende Tinktur über Schrift und Stein. Eine Weile läßt er sie einwirken, befühlt dann die Fläche. Deutlich spürt er es: Die deckende Tinte hielt das Ätzwasser ab, die unbeschriebene Fläche hat sich gesenkt – eine Hochätzung ist entstanden. Mit einiger Sorgfalt gelingen ihm Abzüge des Wäschezettels, in Spiegelschrift natürlich. Die Erfindung schwebt nicht mehr als undeutliche Ahnung über seinem Haupt, er hat sie herabgeholt.

Aber er war nicht der erste, den Geldmangel um die praktische Auswertung seiner Erfindung betrogen hat, und auch Alois hatte,

Alois Senefelder (1771–1834)
Lithographie nach einem Porträt von Lorenz Quaglio

wie so viele andere Erfinder, keine Mittel. In Ingolstadt weiß er einen Bekannten, der einen »Einsteher« sucht, einen Ersatzmann, der um die Taxe von 200 Gulden für ihn dienen würde. Der Plan zerschlägt sich, denn die Militärkommission ist heikel. Obwohl Sohn kernbayerischer Eltern, hat Alois das Pech, in Prag geboren zu sein, er wird zurückgewiesen und wandert trübselig nach München zurück. Die Idee aber schläft nicht ein. Er ersteht eine kleine

Kupferdruckpresse um sechs Gulden. Das Papier, aus dem er eine Brotzeitwurst wickelt, erweist sich als ein schlecht gedrucktes Notenblatt. Noten wird er drucken! Für Noten gibt es keine Lettern! Tagelang streicht er vor der großen Musikalienhandlung Macarius Falter herum, aber er traut sich nicht hinein, um seine Dienste anzubieten. Der Hofmusikus Gleißner im Schleckergaßl suche einen Notenschreiber, erzählt ihm ein Freund. Senefelder sucht den Kompositeur auf, nach vierzehn Tagen war der Auftrag ausgeführt, jede Note stand scharf und sauber auf dem Notenpapier. Siebzig Gulden Reingewinn konnte er buchen und, was noch mehr war, die lebenslange Freundschaft mit Gleißner und seiner reschen Frau, die den in den praktischen Dingen des Lebens recht ungeschickten Senefelder selbstlos unter ihre Fittiche nahmen.

Die Churfürstliche Akademie, der er seine ersten Drucke eingesandt hatte, erwies sich als spröde. Sie überwies ihm ganze zwölf Gulden, den doppelten Anschaffungspreis seiner ersten Presse, mit dem lakonischen Hinweis, »damit er mit dem doppelten Betrag doppelte Erfolge erzielen könne«. Aber die Geldnöte schwanden mit den reichen Bestellungen auf Drucke von Vignetten, Heiligenbildern und Schulbüchern – von Kunst war noch nicht die Rede.

Der Offenbacher Musikalienverleger André machte ihm bei einem Besuch in München den Vorschlag, ihm die Erfindung um 2000 Gulden zu verkaufen unter gleichzeitiger Übernahme der Leitung. Senefelder schlug ein und nahm den getreuen Gleißner mit, das kurfürstliche Privileg auf 15 Jahre im Reisegepäck. An ein ängstlich gehütetes Monopol dachte er nicht, rasch sollte seine Erfindung in die Welt kommen, um der Volksbildung zu dienen. In Paris, in Wien und London richtete er persönlich Steindruckanstalten ein, und es spricht ganz für die Selbstlosigkeit Senefelders, daß er die Auswertung einer Nebenerfindung, nämlich der Stahlfeder, geriebeneren Leuten überließ.

Unterdessen ereigneten sich in München finstere Machenschaften. Seine Brüder, die sich unberechtigterweise als Inhaber des Privilegs ausgaben, hatten mit unzureichenden Kenntnissen eine eigene Druckerei eingerichtet und sie schließlich an die Feiertagsschule verkauft, nicht ohne sich gleichzeitig als Professoren der Steingravierkunst eine Pfründe zu sichern. Zurückgekehrt im Jahre 1806, fand er seine Brüder als wohlbestallte Nutznießer, sich selbst aber als Zaungast der Entwicklung, der zur Druckerei keinen Zutritt

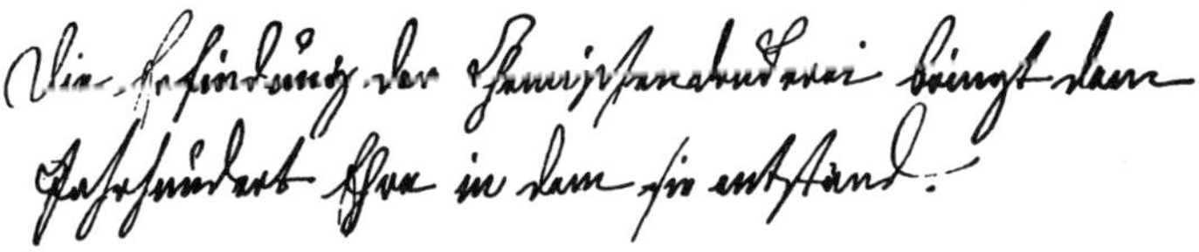

Bei einem Besuch in der Werkstätte Senefelders schrieb König Ludwig I. diesen Spruch auf eine Solnhofer Platte

hatte. Er fand einige Gönner, vor allem in Freiherrn von Aretin, in dessen Schwabinger Schlößchen Senefelder eine Druckerei einrichtete, aus der bald Meisterwerke, wie die Nachbildung der Randzeichnungen Dürers in Kaiser Maximilians Gebetbuch, hervorgingen, die das helle Entzücken Goethes hervorriefen. Senefelder nahm den Kampf um das entrissene Privileg auf, es war die letzte Stunde für ihn, um nicht in das dunkle Erfinderschicksal so vieler vor ihm abzusinken, denn auch der bayerische Staat hatte inzwischen drei lithographische Anstalten ins Leben gerufen. Eine Bittschrift an den König entflammte die helle Empörung des guten »Vaters Max«. »Was treibt ihr denn mit mir?« rief er zornbebend, »ich gebe dem Senefelder ein Privileg mit Androhung von 100 Dukaten Strafe gegen jeden Eingriff, und nun habt ihr mir selber drei solcher Anstalten errichten lassen!« Ein Machtwort Max Josephs beendete den Streit. Senefelder wurde in den Staatsdienst aufgenommen mit dem Titel »Königlicher Inspector der Druckerei der Steuer-Kataster-Kommission« mit einem Gehalt von 1500 Gulden, mit ihm der treue Gleißner, der 1000 Gulden Salär erhielt. Wenn Senefelders Finanzschifflein trotzdem manchmal noch ins Schwanken geriet, so nur, weil er die Experimentierlust trotz aller erreichten Erfolge nicht zu zähmen verstand und sein unwirtschaftlicher Sinn und seine Gutmütigkeit Geldsachen stets gering achteten. Daß er schließlich nicht scheiterte, verdankte er in erster Linie seiner haushälterischen Frau Anna Maria Reiß, die er, nachdem ihm die erste Gattin nach kaum dreijähriger Ehe gestorben war, im Jahre 1810 geheiratet hatte. Schließlich suchte ihn, wohlverdient, doch ungerufen, der Ruhm. Goldene Medaillen, der Zivilverdienstorden der bayerischen Krone und viele andere Ehrungen wurden ihm zuteil. Sein Lehrbuch der Lithographie fand in der ganzen Welt Verbreitung, die namhaftesten Künstler, wie Wagenbauer, Warnberger, Hauber und Klotz, der rührige Gustav Wilhelm Kraus und zahllose spätere, bedienten sich seiner Erfindung, um ihre Schöpfungen wohlfeil unters Volk zu bringen. Eine unermeßliche Ernte, aus der wir heute noch schöpfen. Am 26. Februar 1834 starb Senefelder nach heftigen Gichtanfällen an einem Bluterguß im Gehirn. Seine Totenmaske und seine Presse bewahrt das Deutsche Museum.

Der wahre Märchenkönig Bayerns

Ein Samtkissen aus Schnauzbärten für den neugeborenen Sohn Max Josephs – Der neue Kurfürst – »Grüaß di Good, Maxl, weilst nur da bist.« – Montgelas und das Bündnis mit Frankreich – Das Königreich 1806

Im Kunstschmiedegeranke, das den Bogensturz des »Zweibrücker Hofs« am Broglieplatz in Straßburg schützt, liest man heute noch die Initialen MJ. Zwei Buchstaben nur, sie bedeuten dem Straßenbummler nicht viel. Aber dem Bayern, der der Geschichte nicht ganz davongelaufen ist, gibt's einen Riß. Hinter dem Zeichen verbergen sich die Vornamen Max Joseph. Sie gelten dem Oberst und späteren Generalmajor Prinz Max Joseph von Zweibrücken-Birkenfeld, dem Kommandeur des französischen Regiments »Elsaß«, der damals noch nicht im Traum daran dachte, jemals eine Rolle in der europäischen Politik zu spielen. Ein behäbiger Mann mit einem breiten, behaglichen Lachen, der in Paris gelegentlich sorglos Schulden machte, die der französische König dann bezahlte. Der König Ludwig XV. hatte eben, wie man so sagt, einen Narren gefressen an dem pfälzischen Offizier, der sich mit solcher natürlichen Direktheit in seinen Salons bewegte. Am 25. August 1786 wurde dem Obersten ein Sohn geboren, den er nach dem König Ludwig taufen ließ; als er tags darauf vor die Front seiner Truppe trat, sah er sich lauter glattrasierten Gesichtern gegenüber. Ein Grenadier überreichte ihm ein goldbordiertes Samtkissen für den Neugeborenen, es war mit den Schnauzbärten seiner Krieger gepolstert, die sich, um ihrem Kommandeur eine Freude zu machen,

ihrer Manneszierde begeben hatten. In beiden Begebenheiten wird schon die Bezauberung deutlich, die das Wesen dieses Mannes auf die Zeitgenossen nach oben und nach unten ausstrahlte.
Die Zeitläufte suchten Max Joseph unter unwahrscheinlichen Glücksumständen heim, um ihn weit über seine eigenen Erwartungen hinauszuheben. Der Pfalzgraf Christian war schon im Jahre 1775 auf der Hirschjagd plötzlich vom Tod ereilt worden, und Max Joseph mußte den Sansculotten der Revolution weichen und Straßburg verlassen. Er kehrte in die Heimat zurück, in der Karl August, sein älterer Bruder, die Herrschaft angetreten hatte. Es gefiel dem Schicksal, an dem Märchen fortzuspinnen, in dem der Tod, wie so oft in Märchen und Sagen, die Fäden zieht. Karl August starb unerwartet im Jahre 1795 und machte damit den pfälzischen Thron für Max Joseph frei, ein formales Ereignis freilich, denn die Franzosen hatten sein Land besetzt, und Max Joseph saß so ziemlich auf dem trockenen in seinem Exil in Rohrbach bei Heidelberg. Hier erreichte ihn vier Jahre später die Nachricht vom Tod des kinderlosen Kurfürsten Karl Theodor in München, den am Spieltisch der Schlag getroffen hatte. Der Kurhut Bayerns und der Pfalz war, unbegehrt vom Prätendenten, aufs Haupt des Herzogs herabgeschwebt.
Eine drückende Bürde. Die Österreicher standen, freilich als Bundesgenossen gegen Frankreich, in Bayern; die bayerische Armee von 15000 Soldaten und 800 Offizieren hatte kaum Gewicht, die Staatsschulden waren unter seinem Vorgänger auf eine Höhe geklettert, die niemand genau kannte, dazu ein versimpeltes, devotes Beamtenheer, ein Drahtverhau an Monopolen und Vorrechten, die den kleinen Mann so gut wie ganz in die Hände der Privilegierten auslieferten, und ein jämmerliches Schulwesen, das keine Erneuerung aus der Jugend erhoffen ließ. Bayern war reif für eine Revolution, mit der nicht wenig liebäugelten.
Da zog der neue Kurfürst Max Joseph durchs Neuhauser Tor in München ein. »Grüaß di Good, Maxl, weilst nur da bist!« Mit diesem Ausruf und dem spontanen Händedruck über den Kutschenschlag hinweg hatte der Kalteneggerbräu die Grußformel gefunden, die alle dachten.
Gewiß, es war viel Vorschußjubel in dieser Brandung des Empfangs, aber der neue Herr hatte schon zwanzig Jahre vorher auch eine Vorschußzahlung geleistet, von der München und Bayern

wußte: Der verstorbene Kurfürst hatte ihm die Zustimmung zu seinem Projekt, Bayern gegen die rheinischen Lande an Österreich auszutauschen, um die schöne Summe von 500000 Gulden abkaufen wollen, die der Prinz trotz chronischer Geldnöte ausgeschlagen hatte. Nun war, unerwartet für ihn selbst, das Echo aus den bayerischen Herzen auf ihn zugerollt und mit ihm die große Erwartung des Volkes.

Doch hier fing das Märchen dieses Lebens an, in die Wirklichkeit überzugehen, denn ein Wunschhütchen fand sich nicht im Reisegepäck des angekommenen Monarchen. Um das große Loch im Staatshaushalt zu flicken, mußte er von seinem Land gleich 2¼ Millionen Gulden fordern, dazu kam eine Entscheidung, die an die Existenz Bayerns als selbständigen Staat rührte: das Bündnis mit Frankreich oder mit Österreich. Die Neutralität, die Max Joseph unter allen Umständen zu wahren trachtete, konnte von beiden Mächten nicht eingehandelt werden. Alle Voraussetzungen für eine hoffnungsvolle Entwicklung lagen bei Frankreich, bei seinen Erfolgen, der Kraft seines neuen Regiments. Von Österreich war, selbst wenn es siegte, nur Beeinträchtigung zu erwarten. Unvergessen waren die bitteren Erfahrungen des Spanischen und des Österreichischen Erbfolgekriegs: »Niemals hat eine Mutter von einer unnatürlichen Tochter mehr Undank geerntet als das Stammland Bayern von dem Erzhause Österreich, solange dieses die Kaiserkrone trug.« Nicht das Herz, sondern die Vernunft und das berechtigte Interesse führten die Feder Max Josephs und seines Ministers Graf Montgelas, als sie die Unterschriften unter das Bündnis mit Frankreich setzten.

Der geschliffenen Staatskunst des »allmächtigen« Grafen Montgelas ist es zu danken, wenn aus dem Altbayern der Stammlande das größte und auch glücklichere Staatsbayern werden konnte, das die fränkischen Lande und Schwaben vereinigte. Das Wirken des Staatsschöpfers, dessen Büste seltsamerweise bis heute noch nicht in der Ruhmeshalle des bayerischen Volkes an der Bavaria gefunden wird, ist ohne Max Joseph auch nicht denkbar. Die kluge Erfassung der Zeitumstände, die Elastizität, mit der Max Joseph den politischen Erfordernissen begegnete, haben mit dem Gebietszuwachs endlich auch den alten bayerischen Königstraum wahrgemacht.

Das war am 1. Januar 1806. Unter Paukendröhnen und Trompe-

König Max I. Joseph im Marktgewühl
(anonymer Stich)

tenschall reitet der Reichsmarschall durch Münchens Straßen und ruft feierlich den »Allerdurchlauchtigsten und Großmächtigsten Fürsten und Herrn, Herrn Maximilian Joseph als König von Bayern und allen dazugehörigen Ländern« aus. Im Thronsaal der Residenz versammeln sich nach strengem Zeremoniell die ersten Würdenträger des Landes, und der Prinz, der nie auf eine Krone hatte hoffen dürfen, tritt als König vor die glanzvolle Versammlung. Man vergegenwärtige sich, was damals wie heute bei ähnlichen Solennitäten an Schwulst zu hören war und ist. Dieser König aber sagte schlicht: »Es freut mich, euch zu sehen. Ich wünsche euch allen ein gutes neues Jahr. Wir bleiben die alten...« Nun ja, auf dem Zepter dieses phrasenlosen Königs stehen ja auch die Worte: »Es dient nicht der Unterdrückung, sondern dem Schutze des Bürger.«

Man muß diese Jahreswende 1805 auf 1806 in den Wehen jener umwälzenden Zeit sehen. Der republikanische Kalender hatte aufgehört mit diesem Tag. München erwartete Napoleon, der zur Ausrufung des Königreichs und zur Festsetzung der Hochzeit seines Stiefsohnes Eugen Beauharnais mit Auguste, der Tochter des Kurfürsten, sein Kommen angekündigt hatte. Die Kaiserin Josephine war bereits mit ihrem Gefolge und fünfzehn Köchen in der Residenz eingezogen, am Silvestertag früh um eins war Napoleon von einer Abteilung Bürgerwehr-Kavallerie eingeholt worden. Nach der Ausrufung des Königreichs – eine Krönung fand nicht statt – Hochamt in der Hofkirche. Neben dem bayerischen Hof der kaiserliche, Napoleon, Josephine, die beiden Murats, Minister, Talleyrand und Maret unter ihnen, Militär- und Ziviluniformen, goldbetreßte Röcke, funkelnde Orden. Feste, Paraden, Konzerte, Diners ohne Zahl. Montgelas und Maret arbeiten den Heiratskontrakt aus. Aber der Königin blutet das Herz bei dieser Verbindung, sie arbeitet dagegen, wo sie kann, und auch Max Joseph, dem Vater, ist nicht wohl bei dem Gedanken, seine Tochter der Familie des despotischen Gewalthabers zu verbinden. Er weiß an diesem Neujahrstag ja noch nicht, wie gut gerade diese Ehe, die die Konvention zustande gebracht hat, sich bewähren wird. Auch sonst ist der glückstrahlende König, der zum erstenmal seine Krone trägt, nicht frei von den Sorgen, die ihm die Staatsfinanzen nach den Aderlässen der unaufhörlichen Kriegsrüstungen verursachen.

Aber diesem Glückskönig mit dem guten Herzen schlägt alles zum

Besten aus. Wenn er sich in den neubayerischen Landen Schwabens und Frankens sehen läßt, ist es, als wäre ein Vater erschienen; keine Ressentiments, geschweige denn Aufsässigkeiten. Dabei läßt die Verwaltung noch viele Wünsche offen, denen sich die drängenden Zeitbedürfnisse der Sicherheit versagen.
Einen König von Napoleons Gnaden nennen ihn später Hämische. Nichts schiefer als das. Die Umstände herbeigeführt zu haben, durch die die Erhöhung möglich war, das dürfen wir dem Franzosenkaiser verbuchen. Sein Werk und Werkzeug aber war Bayerns Krone nicht. Sie wäre sonst ebenso versunken mit ihm wie die Königreiche, die er erdacht und ins Leben gerufen hatte. Nein, die Würde und die Reinheit seiner Absicht konnte dem jungen bayerischen Königreich niemand anderer geben als sein erster Repräsentant allein. Den Inhalt und den Fortbestand aber sicherte dieser Institution das gute Herz Max Josephs, von dem die Bürger und Bauern noch lange nach seinem Tode sagten, es sei »das beste Herz« gewesen.

Der letzte Tag des Königs

Am 13. Oktober 1825 stirbt König Max Joseph nach der Feier zu seinem Namenstag in Schloß Nymphenburg

Käme ein längst Verstorbener in die heutige Herzogspitalstraße, er würde gewiß die einstige Röhrenspeckergasse in ihr erkennen. Sie ist lauter geworden, gewiß, und von den alten Häusern der Gotik hat sich kaum noch eines erhalten, aber zusammen mit der Damenstiftstraße und ihren noblen Fassaden weckt sie auch heute noch die Empfindungen, die sie einem Reisenden der Postkutschenzeit mitgeteilt haben mag. Das Winkeldasein zwischen der Neuhauser und der Sonnenstraße hat ihr gut getan, und die kummervollen Eindrücke der Kriegszeit, die ihrer Südseite arg mitgespielt hat, konnten frühere Erinnerungen nicht ganz auslöschen. Von ihren älteren Hausbesitzern freilich weiß sie nichts mehr: den großen Meistern der Renaissance, die sie zu einem rechten Künstlerviertel machten. Hubert Gerhard hat in ihr gewohnt, der Meister der Michaelsplastik in der Nische der Sankt-Michaels-Kirche, Friedrich Sustris, der sein Haus seinem Schwiegersohn Hans Krumpper vererbte, die Maler Kaspar Stuber und sein Sohn Niklas, der Hofmaler, um nur ein paar zu nennen. Und als Herzog Albrecht V. sein Gregorianum gründete, das sich »Haus der armen Studenten zu Sankt Gregor dem Großen« nannte, kam viel junges und musikfrohes Leben in die stille Gasse. Die bayerische Geschichte kennt viele berühmte Namen, die einst auf den Schülerlisten des Gregorianums ganz bescheiden verzeichnet standen: Ärzte, Juristen, Äbte, Musikerzieher, Kapellmeister und Wissenschaftler, wie der Schöpfer der beiden klassischen Werke der Geschichte Freisings und der Chronik von Benediktbeuern, Karl Meichelbeck. Der Münchner Bürgersohn Valentin Adamberger hat in dieser Anstalt das Rüstzeug empfangen zu seinem späteren Wirken als Opernsänger, der unter seinem Künstlernamen Adamonti ein Liebling der theaterfreudigen Wiener wurde.

Mit der Säkularisation wurde das »Domus Gregoriana« im Jahre 1808 in das aufgelöste Karmelitenkloster verlegt. Der Häuserkomplex, in dem es untergebracht war, der mehrere Anwesen der Herzogspitalgasse und angrenzender Wohnhäuser der Neuhauser Straße umfaßte, kam in Staatsbesitz, aus dem sie in die Hände von Privatleuten übergingen.

Jakob Ludwig, der königliche Rat und Hofgerichtsadvokat, Universitätsfiskal und Armen-Instituts-Assessor war einer der Käufer, der das Anwesen Nr. 18 am 22. Februar 1808 um 18000 Gulden erwarb. Die alten Häuser aus gotischer Zeit, meist durch Stockwerksaufbau erhöht und vielfach umgebaut, entsprachen nun gewiß nicht mehr den Wohnbedürfnissen der Zeit, die aus der Enge und der Lichtlosigkeit drängte. Auch der Herr königliche Rat und Hofgerichtsadvokat Ludwig war keineswegs gesonnen, das Haus selbst zu beziehen oder gar Mieter darin aufzunehmen, die ihm die aufgewendeten Kaufgulden doch nur mäßig verzinst hätten. Er ließ das Anwesen, wie viele Käufer klösterlicher Liegenschaften, abreißen und betraute keinen Geringeren als Johann Bapt. Métivier mit dem Neubau eines Palais, das im ersten Stock einen stattlichen Ballsaal erhalten sollte. Es wurde ein nobler Sitz, würdig der Palais der nahen Damenstiftstraße, und auch die Rechnung Ludwigs stimmte. Er gewann als Mieter den russischen Gesandten am Bayerischen Hof, Graf Woronzow-Daschkow, dem es fortan als Gesandtschaftspalais diente. Es gehörte damals wie heute zu den Routineangelegenheiten eines Gesandten, bei persönlichen Festtagen des Regenten oder Präsidenten des Landes, in dem er akkreditiert war, in der Gratulationscour unter den ersten zu stehen. Der junge Graf Woronzow wußte wohl, wieviel seinem Kaiser Alexander II. am guten Einvernehmen mit Bayern gelegen war, denn niemals versäumte der Zar, bei den Namenstagsfeiern zu erscheinen, die der bayerische Gesandte, Graf Bray, in Petersburg gab. Der bayerische König Max I. Joseph andererseits verfehlte nicht, diese Höflichkeit zu erwidern, wenn ihn der russische Gesandte zur Geburtstagsfeier des Zaren Alexander ins Gesandtenpalais an der Herzogspitalgasse einlud wie an jenem 29. Dezember 1823. »Diese Ehrung«, so schreibt der preußische Gesandte Johann Em. von Küster etwas hämisch an seinen König, »ist wohl weniger dem Wohlwollen des Königs für den jungen Gesandten zuzuschreiben, als dem Wunsche S. M., dem Kaiser Alexander einen neuen Beweis einer Freundschaft zu geben...«

Kurzum, an jenem 12. Oktober 1825 war wieder die Reihe am Grafen Woronzow, stellvertretend für seinen Zaren, dem bayerischen König zu seinem Namenstag besondere Ehren zu erweisen. Die Stadt sprach von dem solennen Ereignis, das im »Hotel« der russischen Gesandtschaft vor sich gehen sollte. Den ganzen Tag über waren die Münchner seit dem frühen Morgen auf den Beinen, als der Bruder des Kronprinzen Ludwig, der überaus beliebte Prinz Karl, der Feldmarschall Fürst Wrede, die Generalität vor der Michaelskirche vorfuhren, die königlichen Garden und die übrigen Truppen der Garnison in das Gotteshaus einzogen, um dem Hochamt zur Feier des Namenstags Max Josephs beizuwohnen, während sich in der Frauenkirche die hohen Hof- und Staatsbeamten, der Stadtmagistrat und das Kollegium der Gemeindebevollmächtigten zum feierlichen Gottesdienst einfanden. Dieses Schauspiel, das sich jedes Jahr in schöner Wiederkehr erneuerte, mochte den Münchnern die Gelegenheit zu einem Frühschoppen in gehobenem Stil geben, eine solche Sensation war es nicht wie der glänzende Ball, der am selben Abend viele Zaungäste in die Herzogspitalgasse lockte. Und was die Neugierigen einander vom Aufwand des Festes zuraunten, es hatte seine Richtigkeit damit: Der Festgeber hatte alles aufgeboten, was den Glanz und die Verschönerung des Balles erhöhen konnte: Die Treppe, die zu den Gesellschaftszimmern des Palais führte, war mit mehr als 1500 Blumenstöcken in geschmackvollsten Arrangements dekoriert, und von den elfhundert Kerzen, die in den Räumen erstrahlten, bekamen auch die Zaungäste in der sonst so schwach beleuchteten Gasse mehr als nur einen Schimmer ab. Freilich, von dem Reichtum und der Pracht der Festtafel konnten sie sich nur aus Märchenbüchern eine Vorstellung bilden. »Bedeckt mit den schönsten Plateaux und Geschirren in Vermeil (= feuervergoldetes Silber) und Silber«, berichtet der Stadtchronist, »den herrlichsten Bronzen, dem feinsten Chrystallglas und Porzellan und hohen, goldstrahlenden Kandelabern zeigten sie neben dem Reichtum auch den feinsten Geschmack in den zierlichen Gefäßen, worin antike Formen sich mit der modernen Kunst vereinten. Es war ein Luxus hier angewandt, den man in München vielleicht noch nie gesehen.« Immerhin fiel auch für die Nasen der Zaungäste vor dem Portal etwas ab: »Die Dielen der Gemächer«, so wird berichtet, »wurden mit Rosenöl besprengt, bis auf die Straße heraus hatte sich das Aroma der Blumen, der Speisen und des Parfüms verbreitet.« Zu den Nasengenüssen gesellten sich auch mit der Auffahrt der Ehrengäste Augenschmäuse. Mit König Max und der Königin Caroline waren drei Prinzessinnen erschienen, die Exkönigin von Schweden, eine Schwester Carolinens mit dem Prinzen Gustav und der Prinzessin sowie das gesamte diplomatische Korps Münchens. Und doch dämpften unklare Gefühle die Stimmung der Eingeweihten des hohen Kreises. Schon am frühen Morgen hatte der König geseufzt: »Wenn nur der Tag schon vorüber wäre!« Er dachte weniger an die anstrengenden Zeremonien, denen er sich nicht entziehen konnte, als vielmehr an die seltsamen Zufälle, die jeden seiner Geburtstage bisher begleitet hatten. Bald brannte es irgendwo in der Stadt, oder ein Lakai starb eines jähen Todes, ein andermal zersprang einem Minister während einer Jagd die Flinte und riß ihm die Hand weg, und im Jahr vorher war der Königin beim Aderlassen eine Ader verletzt worden. Auch dieser 12. Oktober hatte sein böses Vorzeichen. Bei Bauarbeiten im Hofgarten war eine Mauer eingestürzt und hatte mehrere Arbeiter schwer verletzt. Nicht, daß der König abergläubisch gewesen wäre, es bedrückte ihn, sich mit so bedauernswerten Unglücksfällen in unerklärlichen Zusammenhängen zu wissen. Könige freilich dürfen in der Öffentlichkeit solchen Gemütsstimmungen nicht nachgeben. Heiter und freundlich, wie es seine Art war, sei er auch bei diesem Fest allen begegnet, heißt es, er spielte in einem der

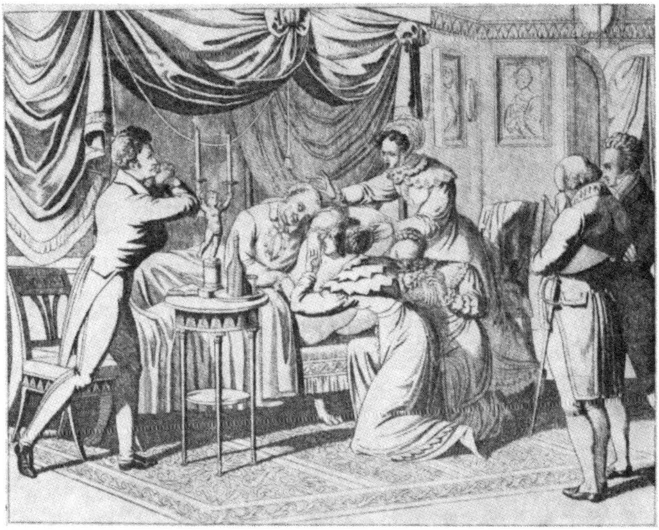

Tod Max Josephs in der Nacht vom 12. auf 13. Oktober 1825
(nach einem anonymen Kupferstich)

Gesellschaftszimmer L'Hombre, das feinste Kartenspiel, das darum auch ein königliches Spiel genannt wird, und gewiß ist, daß er sicher von allen Gästen der zurückhaltendste war, der die Generosität des Gastgebers kaum strapazierte; er trank nämlich nur ein Glas Zuckerwasser. Das Souper, das gegen ein Uhr früh angerichtet worden ist, wartete er nicht ab und verabschiedete sich vor elf Uhr nachts von der Königin und seinen Töchtern, um sich nach Nymphenburg zurückzuziehen. Selbst die Zaungäste hatten bis zu dieser Stunde ausgehalten, und wir dürfen die Regie eines freundlichen Schicksals darin sehen, daß es einfaches Volk war, das seinem König noch einmal die Hände zum Gruß entgegenstreckte.
»Nicht wahr, ich halte Wort und komme früh zurück«, rief er seinen Leuten zu, die seine Rückkehr in Nymphenburg erwartet hatten. Seinem Kammerdiener befahl er, ihn am nächsten Morgen frühzeitig zu wecken, und das hieß spätestens um sechs Uhr.
Die Nachtstunden verrannen. Als die Schloßuhr die sechste Stunde geschlagen und aus dem Schlafzimmer des Königs nichts zu hören war, wartete der Kammerdiener im Vorzimmer noch eine Weile,

betrat dann leise das dämmrige Schlafgemach, dessen Fensterläden halbgeöffnet waren. Er rief den König, der, wie es seine Gewohnheit war, auf der linken Seite lag, mit dem Kopf auf dem linken Arm, der sich auf das Kissen stützte, der Kammerdiener wußte es nicht anders. Und doch war an diesem Morgen des 13. Oktober alles anders, und den Diener beschlich ein beängstigendes Gefühl. Der König regte sich nicht bei den wiederholten Anrufen. Da trat der Diener, der inzwischen die Läden zurückgeschlagen hatte, an das Lager und stellte bestürzt fest, daß der König tot war. Seine Züge waren unentstellt, die Augen und der Mund geschlossen, ein wenig lächelnd, wie er ihn im Leben gekannt hatte, so war der König hinübergegangen ins unentdeckte Land, von deß Bezirk kein Wanderer wiederkehrt.

Bestürzung bemächtigte sich aller Bewohner des Schlosses, die die Trauerbotschaft aus dem Schlaf gerissen hatte. Die Balltoiletten lagen noch in den Zimmern herum, weinende Töchter und Nichten umstanden das Sterbelager. Die Königin saß halb betäubt, wie eine Bildsäule, am Bett des Toten. Sie wollte das Unfaßbare nicht glauben und ließ den Leichnam in warme Tücher einschlagen in der Hoffnung, ihn zum Leben erwecken zu können.

Wie ein dunkler Schatten lief die Todesnachricht über das ganze Land Bayern hinweg. Unaufhörlich rollten die Wagen, wanderten die bestürzten Münchner über die Fürstenstraße nach Nymphenburg hinaus und starrten zu den Fenstern des Sterbezimmers hinauf. Ihre Gedanken gingen zurück zu jenem 20. Februar 1799, als Max Joseph, damals noch Kurfürst, aus der Pfalz kommend, nach München gekommen war, so jubelnd begrüßt, wie er nun betrauert war. Auf die silberne Urne, die sein Herz zu Füßen der schwarzen Madonna in der Gnadenkapelle von Altötting bergen sollte, ließ der neue König Ludwig mit goldenen Buchstaben schreiben: Das beste Herz. Es war keine Floskel. Ganz Bayern nahm das Wort auf.

Sansculotten im Residenztheater

Französische Truppen unter General Moreau in München

Den Münchner Polizeidirektor Baumgartner überlief an jenem 26. Mai 1800 eine Gänsehaut, als er sich anhören mußte, was ihm der französische Soldat, ein Elsässer, sagte, den die Österreicher vor Landsberg gefangen und ihm zum Verhör überstellt hatten: Bei den Franzosen, gab der Mann zu Protokoll, sei von gar nichts anderem die Rede, als directement nach München zu marschieren und vor allem die zehn Millionen Kontribution zu holen, die das Land noch von 1796 her gemäß dem damals mit dem Oberkommandierenden General Moreau abgeschlossenen Vertrag von Paffenhofen der französischen Republik schulde.

Daran war nicht zu deuteln, und es hieß auf ein Wunder hoffen, wenn sich Moreau den Münchner Braten entgehen lassen und seine Truppen bei Ulm einfach haltmachen lassen oder gar vom Lech, den sie bereits erreicht hatten, wieder zurückziehen würde. Das »Wunder vom Lech« ereignete sich wirklich, aber es erwies sich leider als unbeständiger als jenes viel spätere »Wunder von der Marne«. Ganze drei Wochen wiegte es die Münchner in trügerische Zuversicht. Der Hof, der inzwischen von Landshut, wohin er geflohen war, wieder zurückgekehrt war, mußte sich erneut Hals über Kopf zur Flucht, diesmal über Cham nach Amberg, entschließen.

Eine ganze französische Division, so lief das Gerücht am Abend des 26. Juni um, sei im Anmarsch mit dem Ziel, München so rasch als möglich zu besetzen. An eine Verteidigung der Stadt war ernsthaft nicht zu denken; das bayerische Militär rückte ab, um die Verbindung mit den verbündeten Österreichern nicht zu verlieren, und als der Herr Stadtrichter Sedlmair, Major und Kommandant der Bürgergarde, in seine schönen strohgelben Hosen, in die hohen Kanonenstiefel geschlüpft war und den dunkelblauen Rock mit den reich mit Goldlitzen bordierten schwarzen Brustklappen angezogen hatte, konnte ihm sein Adjutant, der Weingastgeber Franz Albert, nur betrüblich melden, daß anstatt der zwei nur ein knappes Bataillon der Bürgerwehr am Platz stehe, da »die Bevölkerung viel zu aufgeregt und beängstigt sei«. Die einzelnen Abteilungen bezogen also die Wachen an den Toren – Gewehr bei Fuß und ungeladen. Stunde um Stunde liefen Hiobsbotschaften ein. Punkt 11.30 Uhr am Samstag, dem 28. Juni, hieß es: »Das kaiserliche Husarenpikett bricht auf und reitet nach dem Karlstor, die ganze Dachauer Straße ist bedeckt mit feindlichen Truppen.«

Was von den Österreichern an spärlichen Nachhuten in der Stadt war, setzte sich durch das Isartor über den Gasteig nach Osten ab. Der nachrückenden französischen Vorhut – Chasseurs zu Pferd – folgte durchs Karlstor das ganze sechste Regiment. Eine Horde. Vom Blau und Rot der Uniformröcke war unter der Kruste von Schmutz nichts mehr zu erkennen. Brustklappen, Gilets und Leinwandhosen spiegelten alle Erdfarben. Die bloßen Füße staken in zerrissenen Halbschuhen, die Hosen waren so ausgefranst, daß die blanken Knöchel zu sehen waren. In wilden Strähnen hingen den Sansculotten die Haare über die Schläfen herunter. Der Divisionsgeneral Decaen, ein junger Mann von höchstens dreißig Jahren, ritt vor der Truppe her. Hochmütig wie je ein Sieger musterte er von oben herab die Bürgerdeputationen, denen nichts weiter übrigblieb, als gute Miene zum unguten Spiel zu machen.

Wir wollen uns jetzt nicht weiter in den Straßen und Wirtshäusern der Stadt herumtreiben und schildern, wie sich die stolzen Republikaner gleich am ersten Abend lautstark und übermütig bemerkbar machten, ihnen auch nicht weiter anrechnen, daß sie schließlich samt und sonders auf den Wachtstuben, in Wirts- und Kaffeehäusern, voll des süßen Biers und Weins, herumlagen und ihren Rausch ausschliefen. »Um die liederlichen Weibsbilder rauften sich Offiziere mit Soldaten, und es gab blutige Köpfe«, berichtete der Platzmajor Magg in seinem ersten Rapport.

Dem Herrn Divisionsgeneral Charles Mathieu Isidore Decaen wollen wir aber doch folgen. Ein falscher Alarm am Morgen des folgenden Tages hatte ihn in üble Laune versetzt. Der junge Mann affektierte die Gepflogenheiten des Ancien régime und bestellte sich im Residenztheater eine Aufführung des »Don Juan«. Der ganze Zuschauerraum war von französischem Militär gefüllt. Die Beleuchtung der Hofloge, rügte der General gegenüber dem Theaterdirektor Babo, sei miserabel, sie müsse entschieden verbessert werden. Über die Leistungen der Sänger und Sängerinnen verlor er kein Wort.

Am nächsten Tage wurde der Obergeneral Jean Viktor Moreau erwartet. Schloß Nymphenburg war unter Aufsicht Decaens als

Obergeneral Jean Victor von Moreau, Stich von R. Zahn

Hauptquartier des damals mächtigsten Mannes der Rheinarmee aufnahmebereit gemacht worden. Auf dem Theaterzettel des 1. Juli stand eine Aufführung der »Zauberflöte«. Auch Moreau, der sich übrigens als umgänglicher und für die Nöte einer besetzten Stadt aufgeschlossener Herr erwies, entschloß sich schon am ersten Abend zu einem Besuch. Theaterdirektor von Babo komplimentierte die Herren Generale zur Hofloge. Doch Moreau winkte bescheiden ab: »Non, non, je ne veux pas entrer ici!« rief er, doch sein General Lahorie drückte ihn mit sanfter Gewalt in die Loge. Sich in der ersten Reihe niederzulassen, dazu ließ er sich jedoch nicht bewegen.

Als er ins Parkett blickte, wunderte er sich, nur Militär zu sehen. Der Theaterdirektor, über die Ursache befragt, machte diesmal aus seinem Herzen eine Mördergrube: Die Münchner seien bescheiden genug, meinte er, um bei den wenigen Plätzen den fremden Gästen keinen wegzunehmen. In Wahrheit bedankten sich freilich die Münchner dafür, mit den abgerissenen Sansculotten, die so übel stanken und die ein Höllengeraufe um die besten Plätze veranstalteten, in solche Tuchfühlung zu kommen. Merkwürdig und lobenswürdig bleibt dabei, daß selbst der zerlumpteste Freibeuter ohne weiteres seine Louisdors aus dem Sacktuch herausknotete, um sein Billett an der Kasse zu berappen. Unzuträglichkeiten gab es jedoch alle Tage; man entschloß sich daher, den gesamten Theaterbetrieb unter militärische Regie zu stellen und an jedem Abend eine Wache von achtzehn Mann mit einem Offizier für die nötige Ordnung sorgen zu lassen.

Das Residenztheater erfreute sich weiterhin des ungeminderten Zuspruchs der Sansculotten, nicht zum ungeschmälerten Wohlgefallen seines Direktors. »Das war eine schreckliche Qual für mich, diese gestrige Vorstellung«, ist ein nicht seltener Stoßseufzer in seinen Tagesberichten an das Generalhofkommissariat. »Der Grenadier-Sergeant der Wache zog sich bei seinen Bemühungen, die turbulenten Insassen einer Loge zur Raison zu bringen, eine Herausforderung zum Zweikampf zu, der auch wirklich heute am frühen Morgen zum Austrag kam...«

»Nous sommes les maîtres ici« war eine Redensart, die Babo öfter als ihm lieb war hingepfeffert bekam, und etliche der Aktricen verstanden es gut, dies gewinnbringend für sich umzumünzen. Da begehrte beispielsweise Madame Pleyer von Babo ein Extrabenefiz, das ihr der Direktor aus guten Gründen abschlagen mußte. Madame Pleyer, die sich über den Verlust ihres kürzlich verstorbenen Gatten zu trösten versuchte, steckte sich daraufhin hinter einen ihrer Verehrer, den Bataillonschef Aschenbrenner. Eine Aufforderung, die mit sämtlichen Unterschriften der Offiziere des Bataillons unterstrichen war, hielt Babo ein paar Tage später in den Händen. So kam Madame Pleyer auf Umwegen dennoch zu ihrem Benefizabend, denn »bei der Heftigkeit des Charakters«, so schreibt Babo, »durch den sich die französische Nation auszeichnet, hätte ich es natürlich nie riskieren können, auf meiner Weigerung zu bestehen«.

Und doch senkten sich auf dieses sorglose Treiben auch gelegentlich Schatten. Ein paar Tage vor der entscheidenden Schlacht von Hohenlinden, die zur endgültigen Aufsage des bayerisch-österreichischen Bündnisses führte und eine fast anderthalb Jahrzehnte lange Vernunftehe mit Frankreich einleitete, am 27. November, hatte sich Moreau, der sich übrigens gerne »Monseigneur« nennen hörte, zur Aufführung der Oper »Maria« von Montalban eingefunden. Die Aufmerksamkeit für das Geschehen auf der Bühne freilich wollte sich nicht einstellen. Mit gerunzelter Stirne und ernster Miene schien Monseigneur mehr auf die Zuflüsterungen des Generals Desolle zu hören als auf die Arien der Sängerinnen. Man war seiner Sache nicht sicher, und wenn die kaiserlich-österreichischen Generäle weniger gamaschenknöpfig und den verzopften Kriegsregeln des 18. Jahrhunderts weniger sklavisch ergeben gewesen wären, so hätte sich in diesen Tagen wohl eine Wende vollziehen können, die vielleicht nicht einmal ein Bonaparte mehr imstande gewesen wäre zurückzufädeln.

Am 1. Dezember war bei Hohenlinden die letzte Chance einer intakten, gut ausgestatteten Armee vertan, über eine ausgemergelte, schlecht disziplinierte Horde Meister zu werden.

Drei Monate später, am 19. März, kam Moreau von Salzburg her wieder nach München und erschien noch am selben Abend im Theater. Drei Tage später fand ihm zu Ehren eine große Galavorstellung mit der Oper »Das unterbrochene Opferfest« statt, die sich Monseigneur gewünscht hatte. Es wurde eine Glanzvorstellung, die alle Zuschauer in Jubel versetzte. Was Moreau dem beglückten Theaterdirektor nach der Vorstellung sagte, entschädigte Babo für viele Unbill der letzten Monate: »So etwas würde die Pariser Oper mit einem Aufwande von Millionen nicht fertigbringen.« Das war keine bloße Schmeichelei. Es war die Anerkennung eines Mannes, der, wie seine tragische Zukunft beweisen sollte, keine Kreatur seines obersten Kriegsherrn Napoleon wurde. Sein einziger Fehler war – seine Frau. »Hätte Moreau nicht seine Frau gehabt, so würde er sich vortrefflich mit mir vertragen haben, denn er war im Grunde ein braver Mann...« Dieses Urteil Napoleons, zwanzig Jahre später in Sankt Helena hingesprochen, stimmt, freilich nur zur Hälfte. Wie Bernadotte und Pichegru konnte Moreau dem Ordnungsstifter der Revolution den Selbstherrscher nicht verzeihen, zu dem sich Bonaparte später aufgeworfen hatte. Am 2. September 1813 starb er an der Verwundung, die er auf der Seite der Verbündeten bei Dresden erlitten hatte. Den Sturz seines Widersachers hat er nicht mehr erlebt.

Zwischen Kriegsfeuern und Friedensschalmeien

Einzug Napoleons am 24. Oktober 1805 in München

Immer enger zog sich in den Oktobertagen des Jahres 1805 das Netz der französischen Armee um die Österreicher und ihren General Mack zusammen, der in Ulm sein Hauptquartier aufgeschlagen hatte. Seine Ausweichtaktik hatte ihm nichts als Niederlagen beigebracht. Das Korps des Feldmarschalls Auffenberg hatte am 8. Oktober bei Wertingen eine beträchtliche Niederlage erlitten, Auffenberg selbst war in Gefangenschaft geraten. Die Verbissenheit, mit der sich das Korps des Fürsten Schwarzenberg am 11. Oktober bei Ulm auf eine Division des Marschalls Ney geworfen hatte, fruchtete nicht, die Österreicher mußten sich unter großen Verlusten nach Gundelfingen und Lauingen zurückziehen. Noch verlustreicher für die Kaiserliche Armee war der blutige Tag von Elchingen am 14. Oktober, der den Franzosen 6000 Gefangene und 24 Kanonen einbrachte. Tags darauf erschien Napoleon selbst vor Ulm, um die Niederlage des Gegners zu vollenden. Schon war die Stadt ringsum eingeschlossen und alle Anhöhen von den Franzosen besetzt, als Napoleon die Stadt zur Kapitulation aufforderte mit der Drohung, er werde andernfalls »tun müssen, was er in Jaffa getan habe«, die gesamte Garnison nämlich über die Klinge springen zu lassen. Die angeknüpften Verhandlungen wurden indessen abgebrochen, General Mack verstieg sich sogar zu dem Befehl an seine Truppen, er wolle das Wort Übergabe nicht mehr hören, und forderte sie zu Ausdauer und Entschlossenheit auf, zu jener Ausdauer und Entschlossenheit, die ihm selbst während der ganzen Kampagne dieses »Dritten Koalitionskriegs« fehlte. Noch am gleichen Tage ließen die Franzosen ihr Geschütz spielen, es gab etliche Tote in Ulm und Zerstörungen an Häusern, die Lage war aussichtslos geworden. Am 17. Oktober endlich unterzeichneten Marschall Berthier und General Mack ein Übereinkommen, wonach die gesamte eingeschlossene österreichische Armee von 25000 Mann mit allen Waffen übergeben werden sollte. 60 Kanonen, viele Fahnen und Pferde fielen in die Hand der Franzosen. Noch immer aber stand ein österreichisches Korps von 20000 Mann unter General Kienmaier am Lech. Er stand zwischen zwei Feuern, zwischen Murats Dragonern, den Korps von Davoust und Marmont, die bei Neuburg a. d. D. Stellung bezogen hatten, und Marschall Bernadotte mit französischen und General von Wrede mit den bayerischen Truppen. Den Österreichern blieb keine andere Wahl mehr als schleuniger Rückzug unter Vermeidung jeder Feindberührung, und Kienmaier, von dem einzigen Gedanken beflügelt, sich mit den von Braunau heranrückenden Russen unter Kutusow zu vereinigen, passierte in Eilmärschen am 11. Oktober München und setzte am folgenden Tag über die Isar, heftig bedrängt von Bernadotte und Wrede. Kienmaier verlor in diesen Tagen von seiner Nachhut 1400 Mann, 19 Kanonen und andere Waffen und Gepäck. Zwei Haubitzen, zwei Kanonen und neun Munitionswagen fielen in die Hände der Vortruppen Wredes. Napoleon zog am 24. Oktober mit prächtigem Gefolge in München ein. Der Jubel überbordete alle Bedenken, als sein Wort bekannt wurde, das er in der Landesdirektion am selben Tag gesprochen hatte: »Ich will für mich keine Eroberung in Deutschland machen; alles, was ich erobere, soll dem Kurfürsten von Bayern gehören.« Es war der Jubel der Erwartung beim Hof wie beim Volk, die sich in allen berechtigten Hoffnungen stets getäuscht sahen, wenn sie an der Seite Habsburgs gekämpft und gelitten hatten, nun aber, im Bund mit Frankreich und seinem Heros, hoffen durften, unbeglichene Rechnungen der Vergangenheit endlich bereinigt zu sehen.

Nur zwei Tage bleibt Napoleon in München. Die Verfolgung der Österreicher nimmt ihn ganz in Anspruch. Die Sonne von Austerlitz beleuchtet seinen größten Sieg über die verbündeten Österreicher und Russen am 2. Dezember.

Am 28. September 1805 erst hatte Kurfürst Max IV. Joseph durch die Unterzeichnung der Ratifizierungsurkunde den Anschluß an Frankreich vollzogen und dem Bündnis mit Österreich endgültig entsagt; es war ein Akt der »Realpolitik sans phrase«, der Selbsterhaltung. Und diese Wendung fand ein Echo im Volk, wie es nicht leicht einem anderen Ereignis zuteil geworden ist.

Am 30. November 1805 erlebten die Münchner das Schauspiel des Einzugs der Kanonen und Feldzeichen, die sie unter Wrede bei den Kämpfen um Ulm erobert hatten. Die militärische Disziplin, die die bayerische Armee im Verband mit der französischen zu gewinnen sich anschickte und die sie mehr und mehr zu einer Elitetruppe machte, wurde selbst im Ablauf dieses Einzugs sichtbar. Vom Isartor herein bewegte sich der Zug durch das Tal zum Marktplatz, dem heutigen Marienplatz, bog dann in die Schwabinger Gasse (= Dienerstraße) ein, zog zur Residenz, wo er Punkt zwölf Uhr einzutreffen hatte, marschierte sodann durch den Apothekerbogen in die Residenz und zum Arsenal an der heutigen Salpeterstraße beim Marstall, wo die Kanonen aufgestellt werden sollten. Ein Detachement Kavallerie, je eine Kompanie Schützen und Grenadiere bildeten den Zug. Die Fahnen wurden von Kadetten getragen, von Unteroffizieren eskortiert. Es folgten ein Bataillon Infanterie, eine Halbkompanie Artillerie, die Kanonen wurden von einer Halbkompanie Artillerie und einer Eskadron Kavallerie begleitet.

In der nüchternen Sprache des Standortbefehls lautete die Anweisung folgendermaßen: »Es muß Sorge getragen werden, daß sowohl die Kadetten als auch das übrige Militaire um 9 Uhr früh an der Isarbrücke sind, damit der Zug längstens halb elf Uhr in der Stadt ist, das Te Deum sicher um 11 Uhr, und so bis 12 Uhr in der Residenz sein kann.«

Ein militärisches Schauspiel sollte es werden, kein Volksfest, keine Vereinsangelegenheit, wie aus der Verfügung hervorgeht: »Der Antrag, daß Postillions und Lehnrößler vorreiten sollen, wurde durch die Mehrheit der Meinung als eine zur gegenwärtigen Feyerlichkeit nicht gehörige Sache verworfen.«

Die Jugend zu gewinnen, das war damals wie heute die Absicht bei allen öffentlichen Begebenheiten; da heißt es beispielsweise: »Die Hauptsache ist, daß durch die Schuljugend diese feierliche Begebenheit auf die Nachwelt gebracht wird. Es kommt also wohl darauf an, daß die Schuljugend alles wohl übersehen kann.«

Was gab es auch an diesem Tage alles für sie zu erleben! Das Einsammeln der Lorbeerbüschel, mit denen die Fahnen und Feldzeichen geschmückt waren, zum Binden der Kränze bestimmt, die bei den Seelengottesdiensten die Katafalks zieren sollten; das Gepränge des Zugs selbst mit den Kadetten und den Unteroffizieren, wenn sie unter Trommelklang und Pfeifenschrillen zur Frauenkirche marschierten und zum Chor hinauf sich aufstellten, den schwarzen Pomp des Castrum dolores (= Trauerbühne, Katafalk), das, wie es heißt, »so hoch als möglich zu errichten« sei, damit auch jedermann die Zier der Waffen sehe, mit denen das Castrum dolores geschmückt war: das Kavallerie- und Infanterie-Kaskett, den Ka-

Einzug Napoleons I. in München durch einen Triumphbogen auf der Rückreise von Preßburg nach Paris (nach einer Bleistiftzeichnung von Max Heß)

valleriesäbel und -degen mit Portepee, das Paar Stiefel mit Sporen, die schimmernden Armschilde, den Brustharnisch und den Helm der Kürassiere.

Es muß wie ein Erwachen gewesen sein aus dem dumpfen Gefühl, nur Korn zu sein zwischen zwei Mahlsteinen; verbündet mit dem Mächtigsten der Zeit, keimte die Hoffnung, es werde nun endlich Friede sein in einem Bayern, das immer der Arbeit und der Sorge um den kleinen Erfolg zugewandt war. Jenes Bayern, das kaum jemals vermessen über seine Grenzen hinausstrebte, das sich selbst genug war, von dem Aventin schon 330 Jahre vorher gesagt hatte, es sei »erlich und unsträflich, raicht kainem zu nachteil, kumpt kainem zu übel«.

Am 1. Januar 1806 las man an allen Zäunen eine Proklamation, die mit Jubel aufgenommen wurde. Es hieß da:

»Da durch die Vorsehung Gottes es dahin gediehen ist, daß das Ansehen und die Würde des Herrschers in Baiern seinen alten Glanz und seine vorige Höhe und Wohlfahrt des Volkes, und zum Flor des Landes wieder erreicht, so wird der Allerdurchlauchtigste und Großmächtigste Fürst und Herr, Herr Maximilian Joseph, als König von Baiern, und allen zugehörigen Ländern hiemit feyerlich ausgerufen, und seinen Völkern allenthalben kund und zu wissen gemacht. Lang und glücklich lebe Maximilian Joseph, unser allergnädigster König, und lange und glücklich lebe Karoline, unsere allergnädigste Königin. So geschehen und verkündet in der Königlichen Haupt- und Residenzstadt München am ersten Tage des Jahres Ein Tausend Acht Hundert Sechs.« Zwei Tage später, am 3. Januar, erließ der Direktor der Kgl. Bair. Distriktskommission, Carl Freiherr von Drechsel, folgende Anordnung: »Dem königl. bayrischen Landgericht München wird der Auftrag ertheilt, sämtlichen Pfarrern des Landes zu eröffnen, daß sie Sonntag, den 5. ds. ein hohes Amt in ihrer Pfarrkirche mit Feyerlichkeit halten, und nachher die Proklamation wegen der in Baiern angenommenen Königswürde öffentlich mit einer anpassenden Rede ablesen.«

Die große Feierlichkeit sollte sich tags darauf, am 4. Januar, begeben. Es hatten sich in der Wohnung des Landgerichts-Kommissars alle Herrschafts- und Hofmarks-Verwalter, sämtliche Pfarrer und die »Dorfführer«, wie die Obleute, die heutigen Bürgermeister, damals genannt wurden, versammelt. Das Salutschießen der Kanonen machte die Fenster erzittern, die Glocken dröhnten, als der Landrichter, Lic. Oeggl, vortrat und die Proklamation verlas und sie den Anwesenden zur Unterschrift vorlegte mit dem Ermahnen, sie möchten dem König mit der bisherigen Treue und Anhänglichkeit dienen und ihre Amts- und Untertanenpflichten erfüllen. Und nun traten sie vor, die Pfarrer und Schulinspektoren zuerst, Johann Georg Hasl von Aschheim, Georg Kuttentreuer von Kirchheim, Max Joseph Sartori von Oberhaching, Dominikus Schmotz von Ottendichl und wie sie alle hießen, dann die Bürgermeister, wie Michael Jerma von Unterföhrung, Adam Madere von Feldkirchen, Johann Kachel von Ödenstockach, Michael Midl von Garching, Blasius

Schaftlmayr von Unterhaching, Franz Wöstermayr von Pullach, Philipp Sewald von Solln und weiter in der Reihe; keiner von ihnen mochte ahnen, welche Belastungsproben ihrer noch harren sollten in einer von pausenlosen Kriegsnöten zerworfenen Zeit.

Auch die Jugend nicht, die am selben Vormittag in Begleitung von Pfarrer und Schulinspektor Fischer und seinen beiden Kaplänen Hauber und Messerschmid vor dem Landgerichtsgebäude in der Au anmarschiert war. Die Luft war erfüllt vom Krachen der Böller, dem Geläute der Glocken, deren Schall über die Isar herüberscholl, vom Jubilieren der Trompeten, dem Dröhnen der Pauken, als Baron Drechsel in seiner Kutsche ankam und von einem Lied aus jungen Kehlen willkommen geheißen wurde, in dem der Dichter die Bajuwaren von den keltischen Bojern abstammen ließ, den stammverwandten Galliern Frankreichs:

»Auf Bojer! stimmt alle im freudigsten Klange
Frohlockend und jauchzend zu unserm Gesang!
Die stürmenden Fluthen des Kriegs sind hin,
Wir sehen den Oelbaum des Friedens schon blühn.

So sah aus der Arche nach mondlangem Regen
Einst Noe mit Sehnsucht der Taube entgegen,
Wie schwoll ihm sein Herz, wie lachte sein Blick,
Bracht' ihm sein lieb Täubchen den Oelzweig zurück.

Verkünd es, o Isar, der Erdball soll's wissen,
Verkünd es den fernsten Gestaden und Flüssen:
Napoleon, rufe, verschafft unserm Land
Den süßesten Fried' mit höchsteigener Hand!

O laßt uns den Größten der Tapfern und Weisen,
Bojariens Retter Napoleon preisen,
Hört, Fried' ist geschlossen! Der Mächtigste sprach's,
O Dank, großer Kaiser! Dank König Dir, Max!

O König der Könige, Schöpfer der Welten!
Woll Du diesen Frieden Höchst-Beyden vergelten,
Erhalte in Wohlfahrt und Frieden sie lang!
Das fleht und bittet hier unser Gesang.«

Was sich hier in Versen zwischen die verstaubten Papiere im Amtston gemischt hat, mag sich wie eine Hymne politischer Kannegießer ausnehmen, doch es verrät auch in seinem Schwung die Stimmung der Augen- und Ohrenzeugen dieses Januartags von 1806 – und den unüberhörbaren Ruf nach Frieden in jedem der Verse. Und, als wollte der Schreiber der Reime privatim dem beherrschenden Gefühl der Zeit Ausdruck geben, fügte er am Rand des Blattes schwunghaft die Formel hin: »La Paix est faite!« Der Friede ist geschlossen! Es war das Faktum, das vor einer Woche mit dem Friedensschluß von Preßburg vollzogen worden war. Ein Zwischenhoch nur, das vorübergehen sollte mitsamt den Hoffnungen, die die Welt, nicht nur Bayern, daran geknüpft hatte.

Die Schuljugend zog nach der Begrüßung, wie es heißt, »in schöner Ordnung wieder in die Schule zurück, indem die Landmiliz den Zug eröffnete. Der Herr Kommissar, begleitet von einer Abteilung Kavallerie, fuhr ab durch die Reihen der Schuljugend und war Zeuge von dem Gefühl, wovon jeder der Anwesenden durchdrungen war.«

Doch mischen sich schon jetzt ernstere Töne in die hochgeschwellten Stimmungswogen. »Jeden Tag«, heißt es in einer Verfügung, »werden gegen 100 blessierte und kranke Soldaten der französischen Armee durchgeführt, welche Leinwand zum Verbinden nötig haben. Um nun diesen Kriegern, denen das Vaterland so viel Dank schuldig ist, soviel Erleichterung als nur möglich zu verschaffen, werden die Pfarrer gebeten, in ihren Gemeinden Sammlungen von Leinwand zu veranstalten...«

Noch sieht freilich all das wie ein Epilog des Krieges aus, ein Abzahlen des letzten Hellers an Tribut für die Kriege der jüngsten Vergangenheit. Auch die Anordnungen der Behörden zum Empfang der Heimkehrer zählen zu jenen letzten, diesmal freudig erfüllten Pflichten. Pfarrer Franz Xaver Konrad von Sendling berichtet darüber:

»Die Empfangsfeyerlichkeit der am 24. ds. Mts. durch Sendling ziehenden kgl. bairischen Truppen betreff, wird hiemit die schuldige Anzeige gemacht, daß, da das kgl. Leibregiment nur in einzelnen kleinen Abteilungen von Zeit zu Zeit seinen Durchzug hielt, man selbes nur mit Lösung der Peller (= Böller), Darreichung der Lorbeerkränze, auch dessen beyde Fahnen, und Aufstellung sämtlicher feyerlich gekleideter und mit Kränzen gezierten Schuljugend bewillkommnen konnte. Mit mehr Ordnung konnte das in Parade durchziehende Königl. Dragoner-Regiment Minuzi (d. i. Minucci-Dragoner) empfangen werden. Sämtliche nunmehr sehr zahlreiche

Schuljugend wurde abermals aufgestellt, und an sie schloß sich die erwachsene Jugend und das Volk an. Mit herzlicher Freude wurden die braven Krieger empfangen, ihre Standarte mit einem zierlichen Lorbeerkranz geziert und dabey die Peller unter frohem Jubel wiederholt abgeschossen. Eine packende Kantate konnte wegen der Kürze der Zeit nicht abgesungen werden, und wäre ohnhin durch die schmetternde Musik des besagten Regiments unterbrochen worden. Die tapferen Vaterlandsverteidiger legten sich hierauf kurze Zeit außer dem Dorfe und wurden mit Wein, Brot und Bier bewirtet. Bey erfolgtem Aufbruch wurde obige ländliche Feyer im Dorfe Untersendling zum Abschied wiederholt und zum Beschlusse ein feyerliches Hochamt und Te Deum gehalten, worunter die sämtliche Schuljugend den deutschen Kirchengesang absang, und aus aller Herzen innigster Dank für den gesegneten Fortschritt der Bairischen Waffen zum Himmel emporstieg. Nie werden wir vergessen, mit welcher Rührung sämtliche Truppen diesen unsern zwar sehr einfachen, aber doch herzlichst gemeinten Empfang aufnahmen.«

Ein amtlicher Bericht des Sendlinger Pfarrers als Schulinspektor an seine vorgesetzte Behörde, nicht mehr, und dieser Bericht soll auch nicht höher eingeschätzt werden. Ein Abgesang an Krieg und Gewalt wie auch jenes zweite Gedicht, das ich in den Akten gefunden habe. »Praendl, Didascatus«, so nennt sich der Verfasser mit seinem Namen, der Lehrer Praendl von der Vorstadt Au, der dem Sehnen seiner Zeit die Verse gewidmet hat:

»So strahlt die Sonn' stets doppelt schön
Im hohen Himmel oben.
Schien gleich die Welt selbst zu vergehn
Nach Sturmes-Saus und Toben,
So schmecken auch, ja ganz gewiß,
Nach überstand'nem Leiden
Wie Honigseim, ja doppelt süß,
Des Lebens edle Freuden.«

Daß des Lebens ungemischte Freuden keinem Sterblichen zuteil werden, daß wußte und dichtete Schiller als Zeitgenosse des Lehrers Praendl von der Au, der, und mit ihm ganz Bayern, in den folgenden acht Jahren bis zum Erlöschen des napoleonischen Vulkans viel Wermuttropfen im Freudenbecher des vermeintlichen Friedens von 1805 trinken mußte.

Napoleon tanzt im Herkulessaal der Residenz

Napoleon wirbt bei Max Joseph um die Hand der Königstochter Auguste für seinen Stiefsohn Eugen Beauharnais

Ein Generalthema schlugen alle Reisenden an, die in der Zeit zwischen den Befreiungskriegen und dem 48er Jahr deutsche Städte besucht haben: »Der unleidlichste Polizeidruck lastete auf der Stadt, in der auf den Straßen nicht einmal geraucht werden durfte, und wo der Fremdling gleich nach seiner Ankunft sich persönlich auf der Polizei zu melden und um Aufenthaltsbewilligung zu flehen hatte...« So der Kunststudent Friedrich Pecht, der dies im Oktober 1833 nach seiner Ankunft in München berichtet. Einiges stimmt allerdings daran nicht. Von einem Rauchverbot auf den Straßen war auch damals keine Rede mehr, sondern nur im Hofgarten, und die Meldung auf dem Polizeibüro war auch keine Maßnahme, die für München ausschließlich charakteristisch gewesen wäre. Typisch für unsere Stadt war dagegen schon eine weitere Beobachtung: »Die Grobheit, mit der man da (auf der Polizei) angeschnauzt wurde, war jedenfalls weit klassischer als die Architektur Klenzes...« Die notorische Grobheit, die übrigens auch von Einheimischen gleicherweise immer wieder bezeugt ist, beweist wieder einmal, wie die bestgemeinte Polizeiverordnung durch ihre üble Handhabung verdorben werden kann.

Nun, wir wollen auf die Polizeipraxis des Vormärz keinen Stein werfen – der »Übermut der Ämter« verlagert sich ja nur, aber er stirbt nie ganz aus –, wir wollen uns lieber einer Polizeiverordnung zuwenden, die der Münchner Polizeidirektor Baumgartner am 21. Februar 1805 zur Bewältigung der drei Faschingstage erlassen hat. Sieben Punkte sollten den Trubel in erträglichen Grenzen halten:

1. Werden die Straßen die drey Nächte hindurch beleuchtet seyn.

2. Sind alle Fackelträger mit rothen, von der Polizey gestempelten Billets auf den Hüten versehen, worauf ihre Ziffer steht. Wer von einem dieser Fackelträger übel bedient wird, beliebe sich die Ziffer zu merken und auf der Polizey zu melden. [Späte Faschingsheimkehrer ließen sich gerne von solchen Fackelträgern durch die dunklen Gassen »heimleuchten«.]

3. Täglich werden zum Dienst des Publikums 38 Fiacres auffahren. Die Preise sind bekannt. Über die Isarbrücke wird Niemand geführt, der nicht gekannt ist. Wer ein Glas einschlägt, wird angehalten werden, solches zu 1 fl. 12 Kr. zu vergüten.
4. Wer sich einer unsittlichen Maske bedient, muß es sich gefallen lassen, auf die Polizey geführt zu werden.
5. Die Eltern, welche mit ihren Kindern ausgehen, werden ersucht, dieselben bey sich zu behalten, damit sie nicht mit aller Ungezogenheit den Masken nachlaufen.
6. Das Publikum hat an diesen Tägen jederzeit soviel Beweise der Ordnungsliebe gegeben, daß es überflüssig gehalten wird, selbes zum Genusse seines Vergnügens ohne beunruhigende Störung eines Dritten zu ermahnen.
7. Dienstags mit dem Schlage 12 Uhr um Mitternacht endet sich die Tanzmusik – doch stehet es jedem frey, so lange es ihm anständig ist, im Gasthause zu bleiben.«
Die Harmlosigkeit dieser Polizeiverordnung läßt beinahe auf einen recht temperierten Fasching des Jahres 1805 schließen, was angesichts der allgemeinen Unsicherheit, in die sich ganz Europa durch Napoleons Blitzkriege gestürzt sah, erklärlich wäre. Der Polizeidirektor überzeugt uns aber, offenbar nicht ohne eigenes Behagen, vom Gegenteil. Wir heutigen Münchner möchten neidisch werden bei diesem Aufgebot an phantasievollen Einzelmasken, von ganzen Gruppen und Gesellschaften, die sich ohne die geringste organisatorische Aufmunterung in Bewegung setzten. »Es ist für den Beobachter interessant zu sehen, wie sich das Publikum bey den öffentlichen Lustbarkeiten benimmt, und welche Masken vorzüglich gewählt werden«, schreibt Baumgartner, ohne zu ahnen, wie aufschlußreich es für uns nach 150 Jahren noch ist, seine Schilderung mit unserem Fasching zu vergleichen. Die Millionenstadt könnte getrost Anleihen an diesem Reigen des kleinen München von 35 000 Einwohnern des Jahres 1805 machen, ohne diese Phantasiefülle zu erschöpfen, denn selbst seine Aufzählung ist nur etwa ein Drittel des ganzen Faschingsaufgebots. Wir müßten noch die Gesellschaften mit ihren bis zu 70 Maskierte zählenden Zügen rechnen, darunter eine Darstellung »Achilles und Hektor« mit einem rauschenden Gefolge von Priestern, Priesterinnen und griechischen Soldaten, die den Kampf um die schöne Helena vor Troja zwischen dem Isar- und dem Karlstor noch einmal auskämpften.

Was der kleine Mann fühlte und in ein paar selbstvergessenen Wochen zu bannen suchte, das wußten die Kabinette Europas: Es waren Wochen, allenfalls Monate eines politischen Zwischenhochs. Um die Jahreswende bereits drohte im Zusammenhang mit der Schaffung des Königreichs Italien durch Napoleon ein neuer Krieg Frankreichs mit Österreich. Die Fronten hatten sich bereits geklärt: England, Rußland, Österreich und Schweden haben sich zur Herstellung des europäischen Gleichgewichts entschlossen, sie stehen gegen Frankreich, dem sich Spanien »angeschlossen« hat. Schon schieben sich die französischen Heere gegen den Rhein, Napoleon sucht die Entscheidung in Süddeutschland, am 28. September 1805 vollzieht Kurfürst Max Joseph – ein Vierteljahr später wird er der erste König Bayerns sein – nach langem Hinhalten die Ratifikation des bayerisch-französischen Vertrages. Bayern steht zwischen zwei Feuern. Am 13. September rücken die Österreicher in die Isarkaserne ein, am 17. Oktober muß der österreichische General Mack in Ulm die Waffen strecken, am 24. Oktober reitet Napoleon mit prächtigem Gefolge in München ein, doch bleibt er nur einige Tage. Die Verfolgung der österreichischen Armee nimmt ihn ganz in Anspruch. Am 2. Dezember schlägt er bei Austerlitz die vereinigten Österreicher und Russen. Dann kehrt er nach München zurück, um als Brautwerber seinem Stiefsohn Eugen Beauharnais die Hand der bayerischen Königstochter Auguste von Max Joseph zu erwirken. Er hätte sie durch ein Regiment Kürassiere entführen lassen, wenn ihm Max Joseph die Prinzessin nicht gutwillig gegeben hätte, verrät er viel später dem König.

Am 15. Januar, dem Tag nach der Hochzeit, vereinigt sich im Herkulessaal alles zum Hofball in großer Gala.

Die Generäle und Marschälle sind in ihren prächtigen Uniformen erschienen mit kurzen Hosen, weißseidenen Strümpfen und Schnallenschuhen, und Napoleon mischt sich im purpurnen Kaisergewand unter die Tanzenden. Er ist ein schlechter Tänzer, er verwechselt die Schritte, er ist kein Held auf dem Parkett. Eben tanzt er an einer Gruppe vorüber. Den Domherrn von Waldkirch belustigt der Anblick des cäsarisch gewandeten Tänzers dermaßen, daß er schallend ausruft: »Sackra, tanzt der Schwanz aa!« Rasch verduften die Diplomaten aus der Nähe des verdutzt zurückbleibenden Domherrn.

Wieder feiern die Münchner ihren Fasching. Sie sind »noch einmal

davongekommen«, ahnen sie, wie sie das nächste Kriegsgewitter zurücklassen wird?
Den Bayern ist die Freundschaft mit Napoleon und den Franzosen oft zum Vorwurf gemacht worden. Aus der Sicht der Befreiungskriege und ihrer Hinterher-Gescheitheit läßt sich das verstehen. Aber die Sprache der Akten und Gesandtschaftsberichte sollte genügen, um zu erkennen, daß es für Bayern eine Frage auf Leben und Tod und nicht der dynastischen Erhöhung war, die Bayerns Interessen an die Seite Napoleons führen mußte und nicht an jene Österreichs, dessen Freundschaft dem Lande schon so oft in bitteren Leidensjahren zum Unheil ausgeschlagen war. Die Münchner jedenfalls ließen sich vom Pomp der Tage nicht täuschen, und der ehrliche Westenrieder weiß in seinem Tagebuch nichts zu berichten von Begeisterung. Und sollte uns nicht auch dies ein Zeugnis sein, daß kein bayerischer Maler jener bilderfreudigen Zeit von den zweifellos großen Augeneindrücken so sehr bewegt worden ist, um auch nur ein Bild davon zu zeichnen oder zu malen?

Das harte Brot der königlichen Posthalter

Das Postwesen von der Thurn-und-Taxis-Post bis zur königlich bayerischen Post und zum letzten Postillion

Am 1. Januar 1806 war Bayern zum Königreich ausgerufen worden, drei Wochen später fand in der Residenz beim Staatsminister Frhr. von Montgelas bereits eine Konferenz »rücksichtlich des Postwesens« statt, an der neben dem Minister und den Geheimen Räten und Referendaren auch der Fürstlich Dirigierende Geheime Rat Frhr. von Vrints-Berberich als Vertreter des kaiserlichen Generalpostmeisters Fürst von Thurn und Taxis teilnahm. Es ging um nichts weniger als um den Verbleib des Postwesens beim Hause Thurn und Taxis, für den der Gesandte des Generalpostmeisters gewichtige Gründe ins Feld führte, oder um die Übernahme des gesamten Postwesens in die Hand des neuen Königs, dessen Vertreter eine Beibehaltung der bisherigen Verhältnisse als Beeinträchtigung der Souveränität ablehnten und das Postinstitut in diesem

Falle als Fremdkörper im Staate bezeichneten. Bei aller Wendigkeit des fürstlichen Sprechers und trotz vieler Zugeständnisse, die Zeichen der Zeit standen gegen ihn und seine Sache. Die Empfehlungen der Versammelten an den König räumten dem bisherigen Inhaber des Postwesens lediglich eine Übergangsfrist ein und gipfelten in der Auffassung, »daß nur ein wahrer Vorteil aus der gegenwärtigen Veränderung zu ziehen ist, wenn man die ganze Administration der Posten in den königlichen Landen vollkommen übernimmt«. Die bisherigen Reichsposttallmeister wechselten das Thurn und Taxissche Wappenschild gegen die Rauten mit der Krone aus und wurden selbst zu königlich bayerischen Poststallmeistern. Geblieben ist der unternehmungsfreudige Optimismus, mit dem jeder künftige Bewerber um die Postmeisterstelle sein Amt antrat. So hatte sich auch der Posthalter von Eurasburg bei Augsburg, Ignaz Heckel, goldene Berge von der Münchner Posthalterstelle versprochen, und er ging mit Elan im Jahre 1810 daran, das bisherige Mietverhältnis im Baron-Mayr-Haus an der Fürstenfelder Gasse, in das er nach seinem Vorgänger eingezogen war, zu lösen und seinen Poststall in das neuerworbene Haus gegenüber zu verlegen. 45 gute Pferde mit ausreichendem Wagenmaterial, dazu ein Ökonomieanwesen an der Bayerstraße, das er zukaufte, nahmen seine ganzen Finanzen in Anspruch. Heckel hatte, wie man sieht, ziemlich viel Zukunftsgläubigkeit investiert und konnte nur hoffen, auf seine Rechnung zu kommen, wenn nicht unvorhersehbare Umstände eintraten.

Sie traten aber ein, und wenn sie Heckel nicht umwarfen, so war es seiner Umsicht und seiner Rührigkeit zu danken. Schon 1823 bat er die Generalpostadministration um Zuweisung von Holzfuhren im Winter, damit seine Pferde in dieser Zeit der Verminderung im Extrapostdienst beschäftigt seien, dazu gesellte sich eine von Jahr zu Jahr steigende Futtermittelverteuerung und eine Schmälerung seines Fahrbetriebs durch die Gasthofbesitzer, wobei er nachwies, daß bei seinem Dienstantritt die ersten Gasthöfe der Stadt nur sechs Pferde unterhielten, mit denen die Gäste höchstens in die Stadt und in die nächste Umgegend gefahren wurden, während nunmehr die drei größten Gasthöfe zwanzig Pferde besäßen, mit denen sie regelmäßig Fahrten selbst zu entlegenen Ausflugsorten unternähmen.

Das größte Unglück aber traf ihn im Jahre 1832, als sein Haus fast ganz in Flammen aufging und bis auf die Fundamente abgetragen werden mußte. Wenn der rührige Mann nun auch nicht die Flinte ins Korn warf und sein Anwesen zweckmäßiger als zuvor wieder aufbaute, wobei ihm die Postarmenkasse durch Übernahme einer zweiten Hypothek half, er wollte sich nach fünfundzwanzigjährigem Dienst nicht der Fährlichkeit aussetzen, durch unberechenbare Einbußen doch noch unter die Räder zu kommen. Er verkaufte seinen gesamten Besitz an den Gatten seiner Nichte, Clement Pachmayr, der damit zu seinem Nachfolger wurde.

Der neue Posthalter hatte das Glück, in das wirtschaftliche Zwischenhoch zu geraten, das mit den großartigen Bauten Ludwigs I. und der Gründung seiner Kunstsammlungen zahlreiche Fremde nach München führte. Sein Pferdebestand wuchs in den Sommermonaten bis auf 60 und 70 an, aber wenn sich die ersten Eisenbahnlinien mit dem vermehrten Zustrom von Gästen aus allen Ländern zunächst günstig auswirkten, so trat doch mit dem weiteren Ausbau der Bahnverbindungen bald ein Stillstand ein, der Pachmayr nach einem Zerwürfnis mit der Postverwaltung veranlaßte, sich gänzlich vom Postdienst zurückzuziehen.

Sein Nachfolger wurde im Jahre 1841 der Lohnkutscher Martin Barth, der sein Anwesen an der Nordwestecke des Wittelsbacherplatzes am Durchgang zum Jägergaßl in die Posthalterei einbrachte. In seine Dienstzeit fällt eine wesentliche Strukturänderung des Postbetriebs mit der Aufnahme von innerbetrieblichen Verbindungsfahrten zwischen der Hauptpost im ehemaligen Törringer-Palais am Max-Joseph-Platz und dem Hauptbahnhof. In den zwölf Jahren seiner Posthalterei nahmen diese Fahrten einen solchen Umfang an, daß sie dem Poststall mit der Zeit doppelt und dreifach zurückgaben, was ihm die Eisenbahn entzogen hatte. Barth war einer der wenigen glücklichen Münchner Posthalter, die ihr Schäfchen ins trockene bringen konnten. Nunmehr wechselte die Posthalterei im Jahre 1853 zum Karlsplatz hinüber, und zwar in die Ecke Schützen- und Bayerstraße, wo der neue Anwärter, Georg Sedlmayr, als Hausbesitzer und Privatier das Grundstück besaß, auf dem sich heute das Haus »Imperial« erhebt. Seinen Titel kgl. bayerischer Poststallmeister trug Sedlmayr mit großem Stolz, aber er sollte bald erfahren, wie fadenscheinig der Glanz war, der von dieser Würde ausging. Nach dem Dienstvertrag unterhielt er im Sommer 80, im Winter dagegen 60 Pferde, dazu acht Chaisen, drei Felleisenkarren und fünf Estafettentaschen. Die Einführung weiterer Eisenbahnlinien drückte seinen Pferdebestand innerhalb von vier Jahren schon auf 40, im Jahre 1860 hatte er gar nur noch 19 Rösser im Stall stehen. Wenn etwas seinen Ruin verhindern konnte, so nur eine wesentliche Zunahme der Stadtfahrten, von der Personenbeförderung über Land war nichts mehr zu erhoffen. Diese glückliche Wendung aber erlebte Sedlmayr nicht mehr, er starb 1864, seine Gattin führte die Posthalterei bis 1867 fort, und nun konnte der inzwischen großjährig gewordene Sohn Georg das Amt übernehmen.

Die Erschließung weiterer Wohngebiete in der rasch wachsenden Stadt brachte tatsächlich eine so starke Belebung, daß der junge Nachfolger den Bestand bis 1871 wieder auf 32 Pferde, bis 1876 sogar auf 58 erhöhen konnte. Der Betriebsumfang im Jahre 1871 wird deutlich in den Zahlen der täglichen Fahrten, die mit 48 Bahnhoffahrten für Fahrpost, 6 für Briefpost, ferner 36 Briefwagenfahrten und drei Au- und Haidhausenfahrten anfielen. Der Erlös aber hielt mit den nötigen Aufwendungen für zwei weitere Stallungen an der Bayer- und Schwanthalerstraße nicht Schritt. Sedlmayr geriet in Schulden und sah sich genötigt, seinen gesamten Besitz im Jahre 1877 zur Befriedigung seiner Gläubiger zu veräußern.

Obwohl die Zentralisation des Betriebes in der sich mehr und mehr ausbreitenden Stadt keine Wirtschaftlichkeit mehr zuließ, fand sich in Gottfried Eckart ein unternehmungslustiger Poststallmeister, der seine Landerfahrung als Posthalter in Markteinersheim und Neustadt a. d. Aisch daransetzte in der sicheren Erwartung, auch die schwierigen Stadtverhältnisse zu meistern. 58 Pferde, 26 Betten, 5 doppelte Betten, Geschirre, Schlittenböcke, Säcke, Wagen und Kleiderkästen erwarb er um 29000 Gulden von dem gescheiterten Sedlmayr, 43 Postillione saßen an seinem Tisch. In der Dachauer Straße erstand er ein tiefgründiges Anwesen, das bis zur Hasen-, der heutigen Seidlstraße, reichte, das letzte Refugium der Münchner Postillione, die mit ihren Gespannen nach dem ersten Weltkrieg mit ihren gelben Paketwagen in langen Reihen aus den Torfahrten trabten bei ihren Zustellfahrten. Schon bald nach der Übernahme kam Eckart in Geldschwierigkeiten, aber auch sein Vorschlag, die Postverwaltung möchte den Betrieb in Eigenverwaltung übernehmen, fand ebensowenig Gehör wie dasselbe Ansinnen seiner Vorgänger, die sich bereits verblutet hatten. Schon mit 59 Jahren starb Eckart, der inzwischen Landtagsabgeordneter gewor-

Der alte Poststall (links) an der Bayerstraße, heute Imperialhaus (nach einem anonymen Aquarell)

den war. Ließ sich eine Dezentralisation nun auch keinen Tag mehr länger aufschieben, am Privatbetrieb wurde nicht gerüttelt. Ein zweiter Poststall wurde rechts der Isar durch den Besitzer der Maximiliansbrauerei, Johann Nep. Kreiller, den bekannten »Kreillermuckl«, eingerichtet, schließlich 1898 ein dritter in der Marschallstraße in Schwabing und ein vierter für den Westen in der Donnersbergerstraße.

Das Jahr 1922 brachte links der Isar die Einstellung aller Postfahrten im Pferdebetrieb, rechts der Isar sah man 1927 den letzten Postillion hoch auf dem Kutschbock. In den weißledernen Hosen, dem roten Gilet und dem silberbetreßten blauen Rock, auf dem Haupt den lackglänzenden Zylinder, den an festlichen Tagen der weißblaue Federbusch zierte, dazu das messingblitzende Posthorn an der Hüfte, wer diesen Postillion noch erlebt hat, dem ist das alte Bayern in seinen letzten Stunden begegnet. Die Posthalter seiner Landeshauptstadt aber haben dieses königliche Bayern nicht mit dem genießerischen Behagen stets sich mehrenden Wohlstands getragen, sondern meist in drückender, unbedankter Pflicht.

Drei Brüder mit dem Namen Spitzweg

Simon wird bestimmungsgemäß erst Kaufmann, dann Weltreisender – Carl, der Apotheker, wird ein berühmter Maler – Eduard wird nicht Arzt, sondern Kaufmann

Der Vater Spitzweg, Simon mit Vornamen, war so etwas wie ein politischer Kopf. Es lockte ihn weniger, das Anwesen samt Tafernwirtschaft und Posthalterei seines Vaters in Unterpfaffenhofen zu übernehmen, als sich im nahen München umzutun, bürgerlicher Handelsmann und Hausbesitzer zu werden und ganz im Sinne seiner Zeit in die Speichen des Weltgetriebes zu greifen, um den Fortschritt befördern zu helfen. Er heiratete eine Münchner Früchtehändlerstochter, erwarb von seiner Prinzipalin, der »verwittibten Handelsmännin« Maria Anna von Bachmeyr, die bürgerliche Handlungsgerechtigkeit und gründete im Jahr 1805 in dem Eckhaus Neuhauser Straße und Eisenmanngasse eine Materialwarenhandlung mit »Tuch-, Wollen-, Baumwollen-, Seiden- und Spezereywaren, Kommission und Spedition«. Das Politische an Simon waren seine zahlreichen Ehrenämter, seine staatsbürgerlichen Funktionen als Magistratsrat der Stadtgemeinde, als Vertreter der Bürgerschaft in der Volkskammer, und im Familiären das Organisationsschema, das er sich hinsichtlich seiner drei Söhne zurechtlegte. So sollte der älteste Sohn Simon Kaufmann werden und dereinst das elterliche Geschäft übernehmen, der zweite, Carl, den Apothekerberuf ergreifen und der dritte, Eduard, als Arzt der leidenden Menschheit dienen. So könnten sie, wie der Vater scherzhaft meinte, »einander in die Hände arbeiten«.

Das Leben freilich brachte einige Korrekturen an diesem Plan eines umsichtigen Familienvaters an; aber während man weiß, daß Carl zwar bestimmungsgemäß Apotheker wurde, aus Berufung aber schließlich zu Pinsel und Palette griff, und daß aus dem Jüngsten, Eduard, keineswegs ein Arzt, sondern ein Kaufmann wurde, ist man über das vielfältige bunte Leben des älteren Simon, ebenfalls Kaufmann, über Vermutungen und sogar Irrtümer kaum hinausgekommen. Noch im Jahre 1916 schreibt der gewiß gut orientierte Hyazinth Holland in seiner Spitzweg-Monographie: »Über den Arzt Simon Spitzweg (der er nie war) ist am wenigsten bekanntgeworden, nur daß er seine Studien in München und Wien sehr gut beendete, aber auf einer wissenschaftlichen Reise, insbesondere zur Untersuchung der Cholera, in Ägypten als Opfer dieser Krankheit zu Kairo verschollen ist.«

Nun, das einzige Richtige daran ist der Tod des Simon Spitzweg, der am 28. April 1829 in Kairo, im Begriff, die Heimreise anzutreten, an der Pest gestorben und vom Pfarrer Bartolomeo di Braciliano bei der Parochialkirche Mariä Himmelfahrt der Erde übergeben worden ist. Wir verdanken indessen diese Aufklärung nicht eigenem Forschungsdrang, sondern der Freundlichkeit eines Nachfahren, Herrn Wilhelm Spitzweg, der nach Familienaufzeichnungen und Briefen das hübsche Erinnerungsbuch »Der unbekannte Spitzweg« geschrieben hat (Verlag Braun und Schneider). Darin sind die Briefe der drei Brüder Spitzweg, die sie zeitlebens wechselten, zusammengebunden zu einem Bilde einstigen Familiensinns.

Simon also ist, wie die Briefe zeigen, bestimmungsgemäß Handlungskommis geworden. Er ist im Juni 1823 mit zwei Abschiedsbriefen in der Tasche, wie sie nur die väterliche und mütterliche Liebe schreiben konnte, nach Augsburg gereist, um im »Comptoire von Birett und Dreer« einzutreten. Mit der ganzen Erlebnisfähigkeit seiner achtzehn Jahre berichtet er über das gesellschaftliche Leben in der einstigen Reichsstadt, über Ausflüge an der Seite des Prinzipals, über Kochrezepte, Feierlichkeiten und Geschäftsreisen, über die Unterhaltungen der bunten Reisegesellschaft im Postwagen, »einem wyrtenbergischen Käsestecher, einem Rabbiner, einem Tübinger Studenten, einem Passauer Handlungskommis, einem französischen Pflanzenforscher oder Botaniker, einem russischen Kurier«. Und einmal, am 4. Februar 1824, heißt es: »Ich erhielt Karls Ölgemälde, für das ich mich morgen bey ihm bedanken werde, da ich ihm ohnedem zu seinem Geburtstag (dem sechzehnten) gratulieren muß.«

Der Bankrott des Hauses macht seiner Augsburger Tätigkeit ein Ende. Er reist nach Triest, um eine neue Stellung im Hause Leopold Marinitsch anzutreten. Als indes die mehr als zweifelhafte Geschäftsführung von ihm verlangt, ein zweideutiges Unternehmen mit seinem Namen zu decken, verläßt er schon nach zwei Monaten das Haus und hißt die Segel nach Alexandrien, wo ihm der dänische Konsul Daniel Dumreicher eine aussichtsreiche Position in seinem Handelsgeschäft in Aussicht gestellt hat. Der Wechsel erweist sich als Treffer in Simons Lebenslotterie. Briefe zwischen Simon, seinen Brüdern und dem Vater flattern übers Mittelmeer, die ägyptischen freilich kommen schwefeldurchräuchert an und sind kaum leserlich; die fast jedes Jahr auftretende Pest macht diese Schutzmaßnahme notwendig. Aber Simon hat, außer über die lastende Hitze, kaum über seinen Gesundheitszustand zu klagen. Er schildert das Treiben in der Eingeborenenstadt und der Hauptwache, einer elenden Hütte, »in welcher 15 bis 20 Janitscharen mit übergeschlagenen Beinen hocken und Tabak rauchen. Der Commandant hat keine andere Auszeichnung als einen silbernen Knopf auf dem langen Stocke; er verurteilt die Arrestanten, die die Patrouille liefert, zu Prügel, die er ihnen selbst gibt.« Eines Tages »kam Lord Hudson, der berüchtigte Gefangenenwärter Napoleons in St. Helena, mit einer englischen Fregatte hier an, um nach Ceylon zu reisen, wo er Gouverneur wurde. Da er an Land ging, befürchtete man mit Recht eine Unruhe unter den zahlreichen Bonapartisten, die meistens exiliert sind.«

In der Heimat gehen die Briefe des Weltfahrers natürlich von Hand zu Hand, und ebenso, wie Simon alle Vorfälle in allen Einzelheiten übermittelt, so erfährt der Sohn und Bruder in der Ferne von allen Neuigkeiten: vom Abbruch des Chedeville-Hauses vor dem Schwabinger Tor und der alten Veste gegen den Max-Joseph-Platz hin, vom Siberschen Haus hinter dem Leuchtenberg-Palais, vom Neubau des Odeons, des Bazars und vieler Privathäuser, »alle im höchsten und reichsten Style«. Einmal heißt es: »Carl kömmt nicht von der Retorte«, dann kommt wieder, in einer Kiste beigepackt, »ein gutgezeichnetes Portrait«, das der Bruder, mit einem gefühlvollen Reim versehen, zur Erinnerung schickt. Wie ihm die Eindrücke zuwirbeln, so reiht sie Simon aneinander: Wie die Soldaten der Leibgarde des Paschas einem desertierten Mamelucken auf öffentlichem Platz mit den dünnen Säbeln den Kopf abschneiden oder ein Erdinger Bäckersohn Hausmeister bei den Schweizer Missionaren wird und Europäer den Turban nehmen und zum Islam übertreten. Dazwischen wieder eine Notiz: »Für Carls Prinzipal habe ich eine schöne Pfeife gekauft. Das Mundstück ist von Ambra mit einer farbtonigen Kugel und goldnen Zierrathen. Ich wünsche, daß es dem Herrn Leibapotheker Freude machen wird«; und es folgt eine genaue Gebrauchsanweisung für des Bruders Prinzipal, der kein anderer ist als Franz Xaver Pettenkofer, den man sich also

»Der Renegat«
oder »Ein Spießbürger, ins Türkische übersetzt«
von Carl Spitzweg

aus einer türkischen Pfeife schmauchend denken darf, deren »sich der Pascha immer bedient«.

Simon Spitzweg ahnt natürlich nicht, daß diese Schilderungen seinen Bruder Carl dereinst zu einigen seiner stimmungsvollsten Bilder anregen werden, dem »Moslim« und dem »Türkischen Café«, die sich in seinem Schaffen zwar seltsam, aber keineswegs befremdend ausnehmen. Ach, der gute Simon ahnt vieles nicht! Er erfährt die schwere Erkrankung seines Vaters, aber er ist in Alexandrien gebunden, weil der Konsul Dumreicher auf einer ausgedehnten Reise begriffen ist. Er rüstet alles zur Heimkehr, um sofort nach dem Eintreffen seines Prinzipals die Geschäfte übergeben zu können, doch der Tod des Vaters kommt ihm zuvor, einen Brief der Mutter mit der Todesnachricht trägt Dumreicher in der Mappe, als er in Triest das Schiff nach Alexandrien besteigt. Nun hält Simon nichts mehr. Mit der »Magdalena«, die mit Leinsaat nach Amsterdam in See stechen wird, will er die 60- bis 70tägige Heimreise antreten. Zuvor hat er aber noch ein kurzes Geschäft in Kairo zu erledigen und Depeschen zu überbringen. Dort jedoch herrscht die Pest. Vielleicht hatte Simon davon noch nicht erfahren, vielleicht vertraute er auch seinem guten Stern, jedenfalls, er reiste nach Kairo. »Ein hitziges Fieber raffte ihn in drei Tagen dahin«, schrieb Dumreicher später der Mutter und den Brüdern im alten München. Ein armseliges Bündel brüchiger, schwefelvergilbter Amtspapiere ist alles, was von ihm in die Heimat fand.

Auch Eduard, der jüngste der drei Brüder, hat seine Ziele als Handelskommis bis Triest, durch ganz Italien, bis Wien und Ödenburg gesteckt, ehe er sich in München niederließ, die namhafte Musikalienhandlung Josef Aibl erwarb, die unter seinen Söhnen ins Weltläufige aufblühte und mit den Namen Peter Cornelius, Josef Rheinberger, Hans von Bülow, Max Reger und Richard Strauss Bedeutung gewann. Jeder der Briefe Eduard und Carl Spitzwegs bezeugt das brüderlich-einhellige Verhältnis der beiden, bis sie alte Spechte geworden waren und kurz hintereinander – Eduard im Jahre 1884 und Carl im darauffolgenden Jahr – starben.

Wie Carl Spitzweg malte und zeichnete, so verstand er auch in Worten zu malen und zu zeichnen. Alle Holprigkeiten seines Werdegangs hat er ganz mit sich selbst abgemacht, denn daß der Weg vom Apothekerprovisor und gestandenen Kaufmannssohn zur »brotlosen Kunst« des Malers und Zeichners auch damals nicht eitel Honiglecken war, das wissen wir aus anderen Zeugnissen. Doch Spitzweg scheint vom Pillendrehen und den ersten kleinen Erfolgen an bis zur allgemeinen Anerkennung auf dornenlosem Pfad aufwärtszuwandeln. Was ihn dazu befähigt hat, war sein Humor. Er schillert in allen Briefen. Über die Sommerdult schreibt Carl Spitzweg zum Beispiel: »Die Sommerdult hat begonnen, und vor dem Karlstor ist wieder ein Heer von Buden, sonderbar beynahe lauter Wilde (und sind schon so viele hier) Nr. 1 eine Esquimau; Nr. 2 ein Ashantee; Nr. 3 in einer Bude eine Afrikanerin, eine Südamerikanerin und ein Ostindier, diese tanzen Galopp zusammen und singen Haidhauser und Auer Lieder und beißen gar nicht mehr.«

Seine Schilderungen von Paris und London sind wahre Kabinettstücke und kulturhistorisch bedeutsame Stadtporträts obendrein. So machte er mit Eduard Schleich die Überfahrt von Calais nach Dover: »Schleich hat ungeheure Manschetten vor dem Seefahren und tat sehr ernsthaft und einsilbig. Er mochte nicht rauchen, er weiß schon warum.« Und über London: »Ich kann mir sehr gut denken, daß ein Hypochonder, wenn er noch keiner wäre, es hier kommod werden könnte. Schleich geht auch herum, als wenn ihm der Hund das Brot genommen hätte, und faselt zwischenhinein von seinen Bergen.«

Moritz von Schwind und Eduard Schleich, seine besten Freunde, waren schon dahingegangen, sein Bruder hatte ihn verlassen, aber aus den alten Papieren schimmert noch goldener Humor:

Oft denk ich an den Tod, den herben,
Und wie am End ich's ausmach?!
Ganz sanft im Schlafe möcht ich sterben
Und tot sein, wenn ich aufwach.

Diesen letzten Wunsch hat ihm das Schicksal erfüllt. Als die Münchner auf der Theresienwiese ihr Oktoberfest feierten, am 23. September 1885, standen Franz Lachner, der Generalmusikdirektor, und Eduard Grützner, der Maler, am Sterbebett des Freundes und drückten ihm die Augen zu. Nur wenigen war wie ihm so bereitwillig ein Heimatrecht eingeräumt in den Herzen aller.

Der hundertfältige Tod auf der Isarbrücke

Der Einsturz der Isarbrücke (erbaut 1759–1761)
am 13. September 1813

Keine der Münchner Isarbrücken hat, wenn man so sagen darf, die Popularität der Ludwigsbrücke gewinnen können. Das mag seinen Grund darin finden, daß sie die erste und für viele Jahrhunderte auch die einzige Isarbrücke war und die Lebensader der Stadt überhaupt, auf der ihr die Zölle aus dem starken West-Ost-Verkehr zugeflossen sind; um 1300 schon waren es täglich rund 80 Frachtwagen mit 300 Pferden, die die Isarbrücke passierten und die am Isartor einen ganzen Katalog von Zöllen berappen mußten. Eine Lebensader für den Stadtsäckel, eine sehr verletzliche freilich, denn die zorngeschwollene Isar machte mit dem hölzernen »Gebild aus Menschenhand« in ihren besten Hochwasserjahren kurzen Prozeß. Alle paar Jahre, so 1400, 1401, 1404, 1418, 1462, 1463 und so weiter, fiel die immer wieder erneuerte Holzbrücke der Isar zum Opfer. Ein für allemal glaubte man dieser Brückensorge enthoben zu sein, als Kurfürst Max III. Joseph in den Jahren 1759–1761 die Brücke aus Stein erbauen ließ, eine Ewigkeitsbrücke, wie man dachte. Tatsächlich konnte ihr die Isar fünfzig Jahre lang nichts anhaben. Man war vertrauensselig geworden bis ins 52. Jahr ihres Bestehens; nur so läßt sich die große Zahl an Menschenopfern erklären, die die Einsturzkatastrophe am 13. September 1813 forderte.

Der Einsturz der Isarbrücke am 13. September 1813

Ein schöner Spätsommertag, dieser 13. September. Alle Welt war unterwegs zu den Kellern jenseits der Isar, zu den Gartenwirtschaften im Prater oder auf der Lüften am heutigen Rosenheimer Platz, man schlenderte so dahin in Feierabendstimmung, verbummelte eine Zeitlang an der Brüstung der Brücke und schaute dem tosenden Schauspiel der Wasser zu, die zwischen den Brückenbogen hindurchgurgelten. Drei Minuten vor sieben Uhr abends. Lassen wir einen Augenzeugen berichten: »Ein dumpfer Schlag, überstimmt von einem gräßlichen Menschengeheule, eine Staubwolke, vergleichbar einer gelblichen Rauchsäule, die sich am letzten Sonnenstrahl färbt, verkündet, daß ein Joch der Brücke in den Strom

(nach einer Lithographie von Carl Hohfelder)

gestürzt, ein zweiter Schlag, daß noch drei Bogen mit einer Menge Menschen in die Fluten gesunken sind. Einen Augenblick noch zeigt die des Raubes frohe Welle die Opfer; fürchterliches Hilferufen, gefaltete Hände, konvulsivische Bewegungen der Ringenden, selbst ein verzweiflungsvolles Arbeiten der Schwimmer über den schon wieder Verschlungenen; Jammern fliehender Freunde, Väter, Mütter, Bekannter erfüllet die Szene des furchtbarsten Schrekkens. Das Tosen der zertrümmerten Pfeiler, das düstere Dunkel der eingebrochenen, durch ein schwarzes Gewitter beschleunigten Nacht, der Fackelschein an beiden Ufern und die Beleuchtung der gebliebenen Brückenreste, die mit zauberartiger Schnelle erfolgte

Scheidung der Haupt- und Vorstadt, welche in Momenten der Gefahr durch schnelle Hilfe und Rettung seit Jahrhunderten keine Trennung kannten, bildeten ein Ganzes, an dessen Darstellung jede Schilderung erliegt.«

Über hundert Menschen ertrunken, die Zahl wiegt schon schwer, und was man sich an Einzelschicksalen erzählte, macht sie noch niederdrückender: Kinder wurden von den Händen der Mütter gerissen, Männer von den Armen ihrer Frauen, ein Soldat, der einem vorübergehenden Kameraden noch einen Nachtgruß zuruft, wird verschlungen, ein Handwerker sieht seinen Gesellen, der ein paar Schritte vor ihm hergeht, in die Tiefe sinken.

Auf seiner von Hochwasser bedrohten Insel steht der Praterwirt Anton Gruber, überlegend, ob er sein Häusl räumen soll. Er hört das Krachen der einstürzenden Brücke, doch kann er sich den Schlag nicht erklären. Da treiben sie schon vor seinen Augen vorüber, und einer, der sich eben noch über Wasser halten kann, ruft seinen Namen, da verschlingt ihn die nächste Woge. Ein Schwimmer rettet sich mit letzter Kraft auf einen Block, da verläßt ihn die Kraft, und er sinkt in die Tiefe. Tschakos, Hüte, gebauschte Gewänder, Schleier treiben herunter, kein Laut mehr ist hörbar, alle Töne sind erstorben. Über hundert Tote meldet am nächsten Tag der Polizeibericht. Die Münchner erzählten sich, es wären noch mehr gewesen, wenn die Totengräbersfrau nicht gekommen wäre. Mit einem Schubkarren habe sie sich den Weg gebahnt durch das Gewimmel auf der Brücke, kurz vor dem Einsturz. Ein Grabkreuz habe sie auf ihrem Karren zum Friedhof gefahren und gerufen: »Schaugts auf, der Tod kimmt!« Es war eines jener Zusammentreffen, die man vereinfachend Zufälle nennt. Ihr witzig gemeinter Ruf ist vielen zum Warnruf geworden, die darauf den Schritt beschleunigten und das Ufer gewannen.

Die Katastrophe hat die Münchner noch mehr beschäftigt als die Schlacht bei Dennewitz, in der der Marschall Ney sieben Tage vorher geschlagen worden war und die der Loslösung Bayerns von der Seite Napoleons kurz vorausging. Viele Künstler und Dilettanten haben das schauerliche Ereignis in Zeichnungen festgehalten. Das merkwürdigste Zeugnis des Tages aber ist das Bild, das Fräulein Biedermeier in Seide gestickt und in ihrer Stube aufgehängt hat zum ewigen Angedenken. Im Stadtmuseum kann man es heute noch sehen.

Kronprinz Ludwig fährt ins Armenhaus Europas

Kronprinz Ludwig, der spätere König Ludwig I., auf Italienreise

»Unsere Reise ist ausgezeichnet durch Abenteuer – wenn nicht lauter romantische, so doch halsbrecherische und ergötzliche... Wahrhaftig, man sollte immer das Testament machen, ehe man in Sicilien eine Reise unternimmt.« An solche Fährlichkeiten denken die Urlaubsreisenden unserer Zeit nicht, wenn sie mit Bahn oder Flugzeug »ihre Schritte« zur fernen Insel am südlichen Ende des italienischen Stiefels richten. Das mit den »Schritten« ist bei dem Reiseunternehmen, an das wir hier erinnern wollen, wörtlich gemeint. Zwar bediente man sich zweier Reisewagen und gelegentlich auch Sänften, die von Maultieren getragen wurden, aber so manche »Miglia« mußte zu Fuß bewältigt werden, obwohl ein Königssohn zur Reisegesellschaft gehörte, Kronprinz Ludwig, der spätere Ludwig I., und seine Begleiter, die sich am 15. Oktober 1817 früh fünf Uhr von Nymphenburg in zwei Reisewagen nach dem gelobten Land der Künste aufmachten.

Die Reisegesellschaft war klein. Da war der General der Hartschiergarde, Graf Sceverras Testaferrati, ein gebürtiger Sizilianer, der dem Vorzug seiner Herkunft die Teilnahme verdankte, dann der Regierungsrat, Graf Karl von Seinsheim, der Inspektor und spätere Direktor der königlichen Bildergalerie, Georg Dillis, als Kunstberater und Bildberichterstatter gewissermaßen, schließlich Johann Nepomuk Ringseis, der, obwohl erst 32 Jahre alt, sich einen guten Ruf als Mediziner erworben hatte und als ärztlicher Betreuer der Gesellschaft zu fungieren hatte. Zwei Hoflakaien und je ein Kammerdiener der beiden Grafen sollten die nicht immer ungemischten Freuden des sizilianischen Abenteuers mit ihren Herren teilen.

Es war nicht die erste Italienreise des 31jährigen Kronprinzen. Seit 1805, seiner ersten Unternehmung, war er mehrmals schon über den Brenner gefahren, nur Sizilien war ihm bisher verschlossen geblieben. Nun aber, da er alles, was er tat, mit System betrieb, wollte er die Insel kennenlernen, deren wechselvolle Geschichte in großartigen Kunstwerken der Griechen, Römer und Normannen zur Gegenwart spricht. Sieben Monate, bis zum 15. Mai 1818, sollte die Reise dauern, die, vom Kronprinzen so unkonventionell gedacht und geplant wie nur möglich, den Teilnehmern die kuriosesten Erlebnisse bescherte, über die unsere heutigen Italienfahrer weder nach der angenehmen noch nach der mißhelligen Seite auch nur eine Zeile in ihren Urlaubstagebüchern zu berichten wüßten. Diese kleinen Erlebnisse am Rande, das Ungeplante und Unverhoffte, sollen das Anliegen dieses Berichtes sein, nicht die Begegnungen mit den Stätten der Künste und die Erregungen, die ihre Betrachtung in den so verschiedenen Gemütern der Reisenden hervorgerufen haben.

Als komische Figur fällt schon beim Reiseantritt der adelsstolze Graf Sceverras auf, der General der Hartschiergarde, der schon unter Kurfürst Karl Theodor in bayerische Dienste getreten war und der die Rolle des Reisemarschalls mit aller Würde und Distanz zu spielen gedachte. Sich an die Vorschriften der Etikette zu binden war nun nicht die Absicht des Kronprinzen, der gleich bei der Abfahrt nicht etwa den Grafen Sceverras als den Vornehmsten an seine Seite in die Kalesche rief, sondern seinen Jugendfreund und Reisegenossen, Graf Seinsheim, worüber sich der sizilianische Graf nicht wenig indigniert zeigte. Erst am folgenden Tag lud Ludwig den Grafen in seine Kalesche und fortan wechselweise bald Dillis und Ringseis zu munteren Gesprächen. Doch hätte der Graf der kleinen Eitelkeiten längst entsagen können, die der Kronprinz mit ebenso kleinen Bosheiten zu quittieren pflegte. So bei einem Hofball, als Ludwig, um sich zum Tanz zu stellen, ihm, dem General, sein Kaskett zur Aufbewahrung in die Hand drückte, als wäre er ein beliebiger Lakai. Auch das Augenzwinkern hat er völlig übersehen, als ihm der Minister, Graf Thürheim, beim Abschied in ernsthaftem Ton sagte: »Ihnen übergeben wir den Kronprinzen, Sie tragen die Verantwortung!«, worauf Graf Sceverras ebenso ernsthaft nickte, während sich Dillis und Ringseis kaum enthalten konnten, in Gelächter auszubrechen eingedenk des in allen Dingen auf Selbständigkeit bedachten und aller Gängelung abholden Prinzen. Und so gedachte Graf Sceverras seine Rolle tatsächlich zum Gaudium der übrigen Teilnehmer zu spielen, indem er sie mehrere Male folgendermaßen umschrieb: »Graf Seinsheim wacht über die Kasse, der Maler über die Kunst, der Doktor über die Gesundheit und ich… ich über alles!« Als dem Prinzen diese Reglementierung überbracht wurde, rief er lachend: »Ja, ja, über alles, wie der Wind.« Immerhin waren von dem Grafen als Sizilianer und Kenner des Landes vielerlei Hilfen zu erwarten, wie er denn auch mehrmals versicherte: »La Sicile que je connais comme ma poche« (Sizilien, das ich kenne wie meine Tasche), worüber sich allerdings, wie man später sehen wird, keine geringen Zweifel einstellen sollten.

Schon in den ersten Tagen erteilte ihm Kronprinz Ludwig eine Lehre darüber, daß er nicht gewillt war, über sich verfügen zu lassen. Eines Abends war man an einer Station angekommen, und alle vermeinten, man bliebe hier über Nacht. »Halten, aussteigen, abladen!« befahl der Graf zum Wagen hinaus. Augenblicklich streckte auch der Kronprinz den Kopf zum Wagenfenster hinaus und rief lachend: »Sitzen bleiben, umspannen, weiterfahren!« Statt des guten Nachtquartiers bekam man im nächsten Ort ein miserables, aber der Prinz hatte gezeigt, daß er nicht über sich verfügen lasse.

Wie wichtig sich Graf Sceverra nahm, soll nur noch diese Anekdote beweisen: Er behauptete nämlich, als erster Kenntnis von der Überfahrt Napoleons nach Ägypten im Jahre 1798 gehabt zu haben. Nach Malta reisend, wollte er das Schiff Bonapartes, der damals noch französischer Konsul und Oberfeldherr war, erkannt haben. Von einer geschichtlichen Folge dieser im Grunde verfehlten Expedition wußte er zwar nichts zu melden, aber er setzte hinzu: »Ich werde es Europa sagen, jawohl, ganz Europa!« Daß Europa damals gar nicht neugierig auf diese Nachricht mehr war, diese weise Erkenntnis kam dem Grafen Sceverra nicht.

Das Ziel des ersten Reisetags war Rattenberg, das der Wagen des Prinzen gegen zehn Uhr nachts, der zweite Wagen aber erst vier Stunden später erreicht hatte. Er sei eben »zu wenig geschmiert worden«, meinte Sceverra mit deutlicher Spitze gegen die kronprinzliche Sparsamkeit, die jedem der beiden Postillione nur einen Kronentaler Trinkgeld zugemessen hatte. Das sei die Taxe, die er, Graf Sceverra, für honorabel zu halten pflege, ein Prinz dagegen müsse seinem Rang gemäß splendider sein. Doch darum scherte sich der Kronprinz nicht. Sein haushälterisches Sparen war ja nicht Selbstzweck, sondern diente wahrhaft mäzenatischen Absichten, zu deren Erfüllung er den Tadel unköniglicher Knausrigkeit in Alltagsdingen leichten Herzens ertrug. Schon der folgende Tag sollte den Reisenden einen Vorgeschmack der Unbill bringen, die sie auf der Tour mehrfach erwarten würde. Bei starkem Schneetreiben in bitterkalter Nacht rutschte einer der Reisewagen am Brenner in den Straßengraben. Trotz des Vorspanns von acht Pferden und der vereinten Kräfte der Reisenden, die sich in die Räder stemmten, gelang es erst gegen zwei Uhr früh, nachdem man aus dem nächsten Dorf zwei weitere Pferde herbeigeholt und vorgespannt hatte, den Wagen unter den Flüchen der Postknechte aus dem Matsch des Straßengrabens zu ziehen. Bei köstlichem altem Rheinwein feierten die Ausgefrorenen, nachdem sie in Bozen angekommen waren, den Vorabend zum vierten Jahrtag der Völkerschlacht bei Leipzig.

Am nächsten Tag, man war in Ala angekommen und stand im Begriff, abzureisen, lieferte der jähzornige Graf eine neuerliche Probe, diesmal seiner tollwütigen Unbedachtheit. Der Kammerdiener Jean, ein Lothringer, hatte vergessen, die Reisekasse im Wagen zu verstauen, wie es seine Obliegenheit gewesen wäre. Schon saßen die Postillione auf dem Kutschbock, neben ihnen der vergeßliche Jean, unwissend, daß Graf Sceverra die Kasse bereits im Wagen untergebracht hatte. Eben wollten sich die Pferde in die Stränge legen, da donnerte die Stimme des Grafen: »Jean!«

»Herr Graf?« antwortete der Kammerdiener.

Der Graf: »Haben Sie nichts vergessen?« Jean: »Nein, Herr Graf.«

Graf: »Ich bitte Sie noch einmal, haben Sie nichts vergessen? Wirklich nichts vergessen?«

Jean: »Gewiß nicht, Herr Graf.«

Darauf Graf Sceverra in flammender Wut: »Meine Pistole! Meine Pistole, um Ihnen den Kopf zu zerschmettern! Ich werde gehängt, ich weiß es, und Ihr, Unglückseliger, werdet es auch... aber ich werde gerächt sein!« Womit er sein und Jeans gewaltsames Ende meinte. Natürlich hatte niemand die Unbesonnenheit, dem Wütenden die Pistole zu reichen, und so blieb, wie Ringseis in seinem Tagebuch vermerkt, »das Leben zweier wertgeschätzter Reisegefährten für die Folge der Reise erhalten«. Der opernhafte Auftritt läßt ahnen, daß über den Reisezweck hinaus kurzweilige Auftritte die Tage wie die Nächte würzen würden. Alle empfanden so, auch der Kronprinz, der, ohne im mindesten ungehalten über derlei Extemporées zu sein, außerordentlich vergnügt war, wie Ringseis vermerkt: »Er ist unter uns der unermüdlichste und freut sich über allen Ausdruck, Rom und Sizilien zu sehen. Vor Freude ißt, trinkt und schläft er kaum.« Er witzelt über die gewaltigen Nasen, mit denen die gütige Natur uns vier begabt hat und freut sich diebisch, wenn die Bauern am Weg und die Wirte Ringseis als jüngsten für den Prinzen, ihn selbst aber für einen Kammerdiener halten. Sie meinten nämlich, der ansehnliche und große Reisewagen der drei Begleiter wäre allein würdig, einen Prinzen durch Italien zu schaukeln. Und eben der verwechselte Ringseis war es, der die Huldigungen der Südtiroler mit gnädigem Gruß erwiderte.

Für die eisenbahnlose Zeit konnte die Reise ein bloßes Durchfliegen des Landes genannt werden, meint Ringseis in seinem Bericht; daß man die Gegend auch so noch unvergleichlich besser genießen konnte als heute, wird man ihm gerne glauben. Weniger genußreich allerdings war das Angewiesensein auf die Dienste der Kutscher, der Postillione, der Wirte und die Zudringlichkeit des Gassenpöbels. »Solch ein Gesindel, solche Lumpen, solche Spitzbuben, solche Diebe, solche Bettler sind mir noch nicht vorgekommen. Auf zehn Schritte weit von ihnen ist man schon bestohlen, und wenn man sie nur ansieht, jucken einen die Läuse am ganzen Körper!« Weil dies ein Mann schreibt, der vom Elternhaus und seiner Jugend her keineswegs auf Samt und Seide gebettet, vielmehr unterm kleinen Volk aufgewachsen war und sich auch später als Arzt diesem Kreis nicht entfremdet hatte, darf man ihm aufs Wort glauben.

Selbst in Rom hielt man sich nur ein paar Tage auf. An dem Kunsterlebnis, das die Reisenden dort erwartete, dürfen wir nicht vorübergehen: der Begegnung mit der Äginetengruppe, die der Kronprinz für seine im verflossenen Jahr durch Klenze erbaute Glyptothek erworben hatte. »Sie sind von ausgezeichneter Schönheit, die Gesichter ausgenommen«, so beurteilt sie unser Tagebuchschreiber. »Eins soviel werth, als alle miteinander gekostet haben«, urteilt er zutreffend und fügt hinzu: »... und von Thorwaldsen vortrefflich ergänzt.« Hier freilich ist unsere Kunstauffassung anderer Meinung. Die Restaurierung, selbst durch einen Meister wie Thorwaldsen, schätzt unsere Zeit nicht, und man hat sie denn auch in jüngster Zeit wieder beseitigt. »Man wird erstaunen, wenn man diese Statuen zusammen sieht, die allein schon eine Galerie ausmachen. München wird in Zukunft in Kunstsammlungen der erste Ort nach Rom sein.« Wir wollen über die Rangfolge nicht streiten, sicher aber hat Ringseis recht, wenn er den kostbaren Giebelfries der lebensvollen Ägineten als einer ganzen Galerie würdig bezeichnet.

Im Neapolitanischen war damals nicht gut reisen. Auf Überfälle durch Straßenräuber mußte man stündlich gefaßt sein, und die Regierung hatte denn auch in Viertelstundenentfernungen militärische Postenstationen von fünf bis acht Mann aufgestellt zum Schutz der Reisenden. Nirgends wie hier in Neapel und in Capua fanden die Reisenden auch nur annähernd eine ähnliche Lebendigkeit des Volkstreibens. Kaum hatte ein Fremder Miene gemacht, einem Bettler etwas zu geben, sah er sich schon von zwanzig, dreißig anderen Bettlern umgeben, besonders Buben, die »wie die Teufel« waren, heißt es. Sie machten Luftsprünge, schnitten Grimassen, schlugen Purzelbäume, kurzum gaben eine kleine Komödie, um die Aufmerksamkeit auf sich zu lenken, und waren weder zu vertreiben noch zufriedenzustellen. Die Wirte, Kellner, die Stiefelwichser und Lohnlakaien, selbst wenn sie doppelt entlohnt wurden, waren unverschämt genug, noch etwas darüber für den Branntwein zu ergattern.

Die pfiffige Unverschämtheit beseelte selbst die höchsten Kreise, in anderer Weise freilich, dafür um so ausgiebiger. Da weilte beispielsweise in Neapel ein Nobile, der einst längere Zeit in München am Hof gelebt hatte. Vor einigen Jahren hatte er der Königin Karoline mehrere Kisten mit angeblich etruskischen Vasen geschickt. Bei der Ankunft stellte sich heraus, daß sie sämtlich in Scherben gegangen waren. Trotz aller Künste erwies es sich als unmöglich, die Bruchstücke zusammenzusetzen. Die Kisten sind mit hoher Wahrscheinlichkeit schon mit Scherben abgeschickt worden. Dieser vornehme Neapolitaner leistete sich neuerlich einen Trick, als er von der Ankunft des kunstbegeisterten bayerischen Kronprinzen hörte. Er ließ dem Prinzen gegen Leibrente seine »berühmte« Gemäldegalerie anbieten und bat ihn um seinen Besuch, hinzufügend, daß er zwar in hohem Grade leidend sei und zu Bett liege, doch würden seine Bedienten dem Prinzen alle Säle zeigen. Beim Besuch und Durchwandern der Galerie erkannte Dillis die ganze Pracht »berühmter Meister« für lauter Kopien. Den Hausherrn selbst fanden sie im Bett liegend und elend hustend. Er fürchtete, kein Jahr mehr zu leben, was den Erwerb der Sammlung auf Leibrente besonders schmackhaft erscheinen lassen sollte. Doch der Kronprinz salvierte sich mit ausweichenden Antworten, er ließ den »vornehmen Mann« auf seinen Schätzen sitzen. Die Befürchtungen des kranken Besitzers für sein Leben sind nicht in Erfüllung gegan-

gen; er lebte noch viele schöne Jahre, die ihm nur getrübt sein mochten durch die Erfahrung, die er mit dem vorsichtigen Bavarese gemacht hatte.
Die sprühende Lebendigkeit der Menschen in und um Neapel hatte ihre Entsprechung in der buchstäblichen Springlebendigkeit der Insektenwelt. Über die Betten in Fondi notiert Ringseis, sie seien zwar weiß überzogen gewesen, »aber unter dem Weißen habe das Braune gesteckt«, um dann fortzufahren: »Ich und Graf Seinsheim sahen am ganzen Leib aus wie gesottene Krebse. Ich fragte den Kellner, es müßten Skorpione im Bette gewesen sein, er aber versicherte zu unserem Trost, es wären nur Wanzen und Flöhe, ich vermuthe noch ein drittes Insekt. Aber das war nur ein Spaß gegen das, was wir hier, in Neapel selbst, von dem Thier, das man im Italienischen Pulci nennt, zu leiden haben. Der Kronprinz bezahlt täglich 25 Scudi, d. i. 60 Gulden (= etwa 100 Mark der Vorkriegswährung 1914!) bloß für die Wohnung, und dennoch solche massive Unreinlichkeit.«
Eines Morgens, Ringseis lag noch im Bett, stand Dillis auf, breitete auf dem Tisch seinen Mantel aus und bearbeitete ihn mit wuchtigen Schlägen eines Hammers. Ringseis fragte ihn, was das zu bedeuten habe, und erhielt die Antwort: »Etwas, was ich Ihnen auch dringend rate; in den Nähten sammelt sich das Ungeziefer, da schlag ich es in Scharen tot.«
Das Erlebnis der paradiesischen Landschaft ließ derlei Mißhelligkeiten leicht vergessen, auch dann, wenn das Erleben nicht ganz ungefährlich war. Vor ihrer Abreise unternahm die Reisegesellschaft eine Vesuvbesteigung, die nicht so risikolos war, wie es anfänglich schien. An einer Eremitenklause, die am Fuß des steilsten Abhangs lag, stieg man von den Reiteseln, umgürtete sich mit einem Tuch, an dem die voranschreitenden Führer, lauter Neapolitaner, den ersten nachzogen, an den sich die übrigen im Gänsemarsch hingen. »Es war schon dunkel«, heißt es in dem Tagebuch, »und das Steigen sehr beschwerlich über die vielspitzigen Lavaschlacken, die zum Theil unter unseren Füßen wegrollten, und durch die viele Fuß hohe und nachgebende Asche; doch ermunterte uns der von Zeit zu Zeit in sprühenden Funken auflodernde Krater, der glühende Steine auswarf, so daß ich wider meine Gewohnheit den Hut aufsetzte, damit allenfalls die Schlacken ihn durchbrännten, eh's mir an den Schädel ginge. Nun kamen wir in einen

seit langem ausgebrannten Krater von 500 bis 600 Fuß (ein Fuß = ⅓ Meter) im Umfang, doch rauchte es noch aus mehreren hundert uns umgebenden Öffnungen und wir unterschieden deutlich den Geruch von salzsaurem Gas, – der Boden unter uns und die ganze Atmosphäre wie in einem Dampfbad. Noch hatten wir eine Höhe von 7 bis 800 Fuß vor uns, die erst seit wenigen Jahren durch einen der letzten Ausbrüche entstanden war.«

Der Führer fragte an diesem Punkt die Reisenden, ob sie gewillt seien, noch weiter hinaufzusteigen. Dabei versagte Graf Sceverras kläglich. Er verstand den Dialekt des Führers nicht und konnte sich darum auch nicht vergewissern, welche Gefahren bei einem weiteren Höherklimmen sie erwarteten, denn für gewöhnlich war die erreichte Höhe das Ziel aller Vesuvbesteigungen. Sie waren der Meinung, man müsse bis zum Hauptkrater steigen, um auf der anderen Bergseite den Rückweg zu nehmen. Als sie ihre Bereitschaft zum weiteren Aufstieg verständlich gemacht hatten, nahm einer der Führer Reißaus. Im Fackelschein ging es über eine große Lavafläche, die erst in den letzten Tagen ausgeworfen worden war. Die Lava war so glühend, daß einer der Führer seine erloschene Fackel daran zu entzünden vermochte. »Ganz große Spalten in Lavafelsen«, schreibt Ringseis, »breiteten einen schreckhaften Schein durch die Nacht hin.« »›Gott sei Dank, daß dieß vorüber ist‹, athmete der Prinz auf, als wir an eine bessere Stelle gelangten, aber wie groß war unser Befremden bei der Nachricht, wir müßten den nämlichen Weg wieder zurücklegen. Zornig fuhr der Prinz den Hauptführer an, den selber ein Grausen befallen zu haben schien, warum er uns so gefährliche Pfade leite; ›Der da hat's ja gewollt‹, entschuldigte sich der Mann, auf Graf Sceverras deutend. Das Mißverständnis war geschehen, es half nichts, wir mußten zurück, von wo wir gekommen; aber gottlob, wir langten, wenn auch mit verkohlten Stiefelsohlen, so doch mit heiler Haut, wieder drüben an.« Der Kronprinz wünschte, daß keiner der Reisegenossen über dieses gefährliche Unternehmen nach München berichte. Graf Sceverras, dem »Verantwortlichen über alles«, mag darüber ein Stein vom Herzen gefallen sein.

Es war ein Kriegsschiff, mit vierzehn Kanonen bestückt, das im Liniendienst zwischen Neapel und Palermo als Paketboot fuhr, seine Stärke wie seine Schwäche war der Wind. Bei günstigen Windverhältnissen schaffte man die Überfahrt in achtzehn Stunden, doch nun lag das Schiff schon vier Tage in der windstill-bleiernen See, ohne der Küste Siziliens, die schon in Sicht war, auch nur eine Meile näherzukommen. Der Kronprinz hatte in den ersten drei Tagen dreimal Neptun opfern müssen, und auch Ringseis war nahe daran, sein halbes Vermögen daran zu geben, wenn sich damit der abscheuliche Zustand nur hätte besänftigen lassen. »85 Seelen« seien an Bord gewesen, schreibt Ringseis, ein Schiffsvolk, seltsam gemischt aus Menschen von allerlei Gesichtern und Kostümen. Die Ordenstracht der Franziskaner und Kapuziner war zu jenen Zeiten noch immer wie zu Sankt Francisci Zeiten in Stoff, Farbe und Form das Kleid der untersten Volksschichten Italiens. Die Luft war so mild, daß man, während sich die Münchner daheim in Pelze hüllten, unter freiem Himmel ohne sonderliche Winterkleidung an Bord lustwandeln konnte. Die Kost auf dem Schiff war höchst eintönig, Wein und Brot vor allem, was eine heftige Abneigung gegen den Rebensaft und ein ebenso großes Verlangen nach scharfen und gesalzenen Speisen, aber auch nach guter Milch erweckte. Seufzend gedenkt Ringseis »der vortrefflichen Schwabinger und des klassischen, von Herrn von Grimmeisen bereiteten Kaffees«. Seit sie in Italien sind, hätte er nirgends mehr einen guten Kaffee getrunken, »nirgends Rahm!« vermerkt er. Endlich kommt Wind auf, der das Schiff wie einen Pfeil dahinschießen läßt; doch als sie dem Land nahe gekommen waren, weht ihnen ein heftiger Landwind entgegen, der den Segler zum Lavieren zwingt, schließlich, als völlige Windstille eingetreten ist, bugsieren Boote die Brigg in den Hafen.

Als am Morgen des 13. Novembers die Ausschiffung beginnen sollte, kam der Kommandant der Marine in einer geschmückten Barke längsseits, um den Kronprinzen namens des Vizekönigs zu begrüßen und ihm als Absteigequartier ein königliches Gebäude anzubieten. Ludwig lehnte indessen ab, und als er hörte, daß sich einige tausend Menschen am Ufer eingefunden hätten, teils aus Neugierde, teils unter verschiedenen Vorwänden zu betteln, beschloß man, am anderen Ende des Hafens das Land zu betreten und sogleich den dreispitzigen Monte Pellegrino zu besteigen und die Grotte mit dem Grab der heiligen Rosalia zu besuchen. Die Findigkeit der Sizilianer, sich dem splendiden Besucher zu nähern, ist erstaunlich. Auf halber Höhe des etwa 700 Meter hohen Berges holte sie ein höflicher, überaus gut gekleideter Mann ein, ging der Gruppe wortlos voran. Man fragte ihn, was ihn bewege, so quasi den stummen Führer zu spielen, worauf er mit Grazie antwortete, er gehe bloß zu seinem Vergnügen auf den Berg und allenfalls, um Sr. Königlichen Hoheit zu Diensten zu sein. Kurz nach einer Wegbiegung hatte sich eine Musikantengruppe aufgebaut, die aus Leibeskräften anfing zu geigen und zu blasen. Sie wurden beschenkt und – fortgejagt.

Nun folgt eine Episode, wie sie sich in ähnlicher Weise mehrmals noch begeben sollte. »Bis auf diese so mühsam zu erklimmende Höhe«, berichtet Ringseis, »war uns nachgestiegen eine Frau von 40 Jahren, mit Spuren ehemaliger großer Schönheit, in einem schwarzen, langen, hin und wieder zerrissenen Kleid, mit schwarzem Kopftuch, wie man es hier trägt. Dem Kronprinzen eine Schrift vorzeigend, die er jedoch nicht las, gab sie an, daß sie aus einem ansehnlichen Hause von maurischer Abkunft – der maurische Adel wird hier und in Spanien sehr geschätzt – und durch Unglück herabgekommen sei. Ein sehr schöner Knabe von zwölf Jahren begleitete sie. Sie ward beschenkt und bedankte sich sehr anständig.«

Offenbar waren die im Hafen enttäuscht Wartenden nunmehr auf die Spur der Gesellschaft aufmerksam geworden, denn bald nach dieser Begegnung kamen ihnen beim Herabsteigen sechs bis acht Züge von Bettlern entgegen, darunter nicht wenige gut gekleidete, aber auch viele Elendsgestalten, besonders Blinde, deren Zahl in Italien damals ungeheuer war. Ringseis führt ihr Leiden auf die ständig grelle Sonnenbestrahlung zurück. »Welche Schmach für die Regierung«, ruft er aus, »die in einem vor allen Ländern Europas gesegneten Land die Müßiggänger nicht zu beschäftigen und die wirklich Bedürftigen nicht zu erhalten und zu unterstützen vermag oder es gar nicht will!« Hier drängt sich die heutige, nicht weniger mißliche Lage Siziliens auf; das »Armenhaus Europas«, hört man das Land auch heute noch in Berichten über die sozialen Verhältnisse nennen.

In Palermo trifft man einen Landsmann, den Theatinerpater Sterzinger, der als königlicher Bibliothekar in großem Ruf steht, den er sich durch mehrere Reisebeschreibungen erworben hat. Das Wirtshaus, das man bezogen hat, ist das beste, das die Gesellschaft bisher in Italien beherbergte. Die Wirtin ist eine Engländerin, der Wirt kann dagegen seine sizilianische Natur nicht unterdrücken. Bei der Abrechnung hat er sich um 25 Scudi zu seinem Vorteil verrechnet.

Graf Seinsheim entdeckt das Versehen: Es wäre der erste ehrliche Wirt in Italien gewesen, vermerkt Ringseis.
Auf den Trümmern der einst volkreichen Stadt, »in schauerlicher Oede«, wird die Elegie zur bildhaften Anschaulichkeit: »Kein fröhlicher Thon aus den Lüften, kein Bäumchen auf den Höhen, kein frisches Gräslein im Thale; nur hie und da ein armseliges Häuslein, ein Kreischen, ein Grillen und Zirpen von niedrigem Gethier; zwischen den alten Gesteinen eilfertig und furchtsam hin- und herwischende Eidechsen; weithin ein Meer von dürrem Gras und Disteln; dieß alles in der Gegend, in der einst das reiche, viellebendige Segeste gestanden! Aus dieser lebensleeren Oede erhebt sich auf dem Rücken eines sanft ansteigenden Hügels, in dessen Hintergrund ein höherer Berg emporragt, fast noch ganz erhalten seit dritthalbtausend Jahren, ein altgriechischer Tempel in seiner dorischen Säulenpracht, nebst wenigen Spuren eines alten Theaters. Und in dieser Einsamkeit, so fern der Heimath, wie rührte es mich, die Namen deutscher Handwerksburschen auf den Säulen eingekritzelt zu finden!«
Während Dillis eine Bleistiftzeichnung des Tempels anfertigt und Ringseis ihm dabei Gesellschaft leistet, ist der Kronprinz mit den übrigen nach Trapani weitergewandert. In einem armseligen, eine Viertelstunde weit vom Tempel gelegenen Hütte verbringen die zwei Zurückgebliebenen die Nacht. Zwei Mauleseltreiber und ein berittener Soldat teilen die Unterkunft mit ihnen. Ein Mann mit zwei Kindern bewohnt das Haus, in dem es weder Tisch noch Ofen, Herd, Bett, nicht einmal ein Trinkglas gibt. Doch das Abendessen ist opulent. Kalte Küche und Wein hat man mitgebracht, der Wirt wartet mit einem Vogel auf, den er geschossen und auf dem Ziegelfußboden gebraten hat. Ein mitgebrachtes Wachslicht, auf einem Holzblock festgepappt, und der Mond, der durch ein hohes Fenster scheint, beleuchten die romantische Szene: »Wir gaben unseren Leuten und den Wirthen von unserem Braten und Wein und sie wurden kreuzfidel; unser Wirth blies auf dem Dudelsack, der Soldat dazu auf seiner Pfeife, die Eseltreiber tanzten einen Sizilianischen, und ich bekam eine große Lust, mitzutanzen. Wir tranken alten Rheinwein auf das Wohl aller unserer Lieben, recht von Herzen, umso herzlicher, da wir so einsam waren, und sangen das Rheinweinlied von Claudius: ›Und wüßten wir, wo Jemand traurig läge, Wir gäben ihm den Wein...‹«

Das fröhliche Vorspiel erwies sich freilich als falsche Erwartung einer geruhsamen Nacht. Sie fragten, als das Wachslicht heruntergebrannt und der Wein getrunken war, ob er frisches Stroh hätte ohne Flöhe. »Capito, eccellenze, capito, paglia fresca senza pulci!« war die Antwort. Das frische Strohlager ohne Flöhe erwies sich als Gehäcksel in groben Jutesäcken von der Sorte, worin unsere Bauern die Schweinchen auf den Markt tragen. Eine düstere Ahnung beseelt Ringseis und Dillis; sie soll sich denn auch erfüllen. Von Schlaf war keine Rede. Es schien, als sei das ganze Lager lebendig geworden, und die Bestien möchten sie mit ihnen forttragen. »Unsere Noth uns gegenseitig klagend, hörten wir unterm Stroh etwas mit Macht sich durcharbeiten, mit starkem Sprung auf die Erde gelangen und sofort mit sehr feiner Stimme ein Gespräch anfangen wie zwischen einer alten Rattenmutter und ihren zarten Jungen. Wir trösteten uns, daß es bald Tag werden wird; Dillis läßt seine Uhr repetieren, es schlägt 1, 2, 3, 4, 5 bis 12 und ¾. Das war schier zum Verzweifeln. Ich stund auf, ging ins Freie und sah nach dem Siebengestirn, dahin, wo mein liebes Vaterland liegt. Wir haben nun alles gehabt, nur noch keine Skorpionen und keine Filzläuse; aber wir sind auch noch nicht am Ende unserer Reise.«
Nun denke man nicht, den anderen, voran dem Kronprinzen, seien solche Nächte unbekannt geblieben. Auch sie mußten dem schönen Land Sicilia unweigerlich den Tribut zollen, in dieser wie in anderer Weise, und manchmal zeigte sich in Begegnungen, wie wach der Urglaube der Menschen an die Macht eines Mannes von königlichem Geblüt geblieben ist. Wie das Volk den französischen Königen heilende Kräfte zuschrieb und Kranke den König umdrängten, um durch Handauflegung des Gesalbten zu gesunden, so mag mancher Sizilianer von der Allmacht des bayerischen Kronprinzen gedacht haben, dessen Wort und Fürsprache aus Not und Verzweiflung zu retten vermöge. In Girgenti, dem Agrigent der Alten, begab sich eine solche Szene, als eine Frau sich in ihrer Ausweglosigkeit an den Kronprinzen wandte. Ihr Mann, sagte sie, sei von einem anderen mit einem Stein wiederholt auf den Kopf geschlagen worden, worauf er sich des Angreifers mit einem »vom Gesetz nicht verbotenen Messer« des Feindes erwehrte. Der Stich, den er ihm versetzte, erwies sich, infolge schlechter ärztlicher Behandlung, als tödlich. Der Mann wird eingesperrt und wahrscheinlich zum Tod verurteilt, weil er aus Armut seinen Prozeß nicht

betreiben kann. So fleht die Frau den Kronprinzen um Verwendung beim Herzog von Calabrien an. »Mit den Bitten der Frau vereinigt sich das Flehen ihrer Schwester, mit einem säugenden Kind an der Brust und fünf anderen neben sich; hinter beiden aber ruft, händeringend mit einem schwarzen, zurückgeschlagenen Schleier auf dem Kopf und glühenden Augen, die Schwester des Ermordeten um Rache, Rache, die hier eine Tugend ist.« Eine Opernszene, die freilich nicht ein Theaterdolch, sondern eine wirkliche stählerne Klinge heraufbeschworen hat. Auch das Volk fehlt darin nicht: »Das Volk auf den Höhen, in dichten Gruppen, in der Nähe und Ferne spricht laut für den Thäter.« Der angeredete Prinz ist gerührt, er verspricht, sich für den Unglücklichen zu verwenden, der Jubel des Volkes ist unbeschreiblich. »Der ganze Berg scheint Leben zu erhalten, kleines Geschütz wird ausgelöst auf allen Höhen ringsum, die Freude zeigt sich in tausend Tönen und Farben, und im Geleit von Segnungen ziehen wir von Monte allegro ab«, so vollendet Ringseis das Bild, das mehr ist als ein Schaugebilde. Der Prinz hat nachmals übrigens tatsächlich für den Täter ein gutes Wort eingelegt, nachdem er sich vom Richter über die näheren Umstände hat unterrichten lassen. Der Unglücksmann ist daraufhin begnadigt worden.

Eine Reise für Sammlerherzen, und dies ist die lichtere Seite jener Tage. Auf San Giuliano hat der Prinz einen phönizischen Kopf aus gebranntem Ton erworben, ein seltenes Stück, auf das er sehr stolz ist. Ringseis selbst richtet seine Aufmerksamkeit hauptsächlich auf Mineralien. Dann und wann, wenn sie Wagen und Sänfte verlassen haben und zu Fuß weiterwandern, bringt der Kronprinz seinem Arzt einen und den anderen merkwürdigen Stein, den er vom Straßenrand aufgelesen hat, »zolfi« nennen sie die Einheimischen, weil sie allesamt in den Schwefelbergwerken vorkommen; doch hören wir ihn selbst: »Ich spähte überall nach den Tändlerläden, und nicht nur Mineralien, auch antike Münzen, Kupferstiche, seltene Bücherausgaben u. dgl. erwarb ich oft um billigen Preis.« So spendabel war nämlich das Gehalt selbst eines Leibarztes nicht, daß er sich etwa kostspielige Passionen hätte leisten und jeden Preis hätte zahlen können. Wo sich sein Ruf als Arzt und Sammler verbreitet hatte, erhielt er als Honorar manchen wertvollen Gegenstand, wie er in einem Brief erzählt: »Wir sind schon acht Tage hier und werden noch einige Tage bleiben, weil Dillis für den Kronprinzen sehr viel zu zeichnen hat. Auch ich habe alle Hände voll zu thun. Es sind zehn Ärzte hier und fast alle haben mich zur Konsultation gezogen, acht Miglien weit sind Kranke zu mir gekommen; ich bin oft verlegen über die ungewöhnliche Bescheidenheit, die Ärzte und Kranke gegen mich äußern. Das hätte mich eigentlich nicht wundern sollen. War schon ein Principe di Baviera eine magische Erscheinung, so mußte doch auch sein Leibarzt etwas Vorzügliches sein! Vom Marchese Sclavani habe ich einen goldenen Ring mit schöner Camee bekommen, ein anderer schenkte mir zwei sehr schöne Fossilien, die nur in Sizilien vorkommen.«

Die Straßen Siziliens – wir erwähnten es schon – waren miserabel, ebenso miserabel wie die Regierung. Und die Sizilianer ertrugen sie als lebenslängliche Bürde. Eines Tages fragte der Kronprinz einen Bauern nach Stand und Befinden. Ohne Umschweife erklärte der Bauer: »Was wollt Ihr, unter solch einer niederträchtigen Regierung?« Der Kronprinz, lernend nicht nur in Dingen der Kunst, auch in der Kunst der Staatsführung, hört betroffen die Erklärung des Bauern und notiert sich den Sachverhalt: »Während nämlich in einigen Theilen der Insel die Hungernden Gras aßen, ließen in anderen die Besitzer das Getreide auf dem Felde verfaulen, theils weil die Weiterbringung in dem straßenlosen Land nicht möglich war, theils weil eine hohe Mahlsteuer die Ausnützung des Gottessegens zu kostspielig machte; schenkte man einem Armen das Getreide, so half es ihm nichts, wenn man ihm nicht die Mahlsteuer dazu bezahlte.« Selbst die österreichischen Truppen, die im Lande stationiert waren, konnten ihren Kornbedarf nicht aus dem Lande dekken, weil, zumal im Winter, ein Transport auf den angeschwollenen Gebirgsflüssen unmöglich war. Sie waren gezwungen, ihren Bedarf in Odessa und auf amerikanischen Schiffen zu kaufen, die die Insel ansteuerten. Was war aus der Kornkammer der Antike, dem fruchtschweren Sizilien, geworden!

Auf »lasterhaften Straßen«, auf dem Weg ins Tal Ispica, ist denn auch der tragisch-komische Unfall geschehen, der als kleine Arabeske auch in die bildende Kunst eingegangen ist: »Ehe wir dort ankamen«, schreibt Ringseis, »stürzte, durch einen aus dem Boden ragenden Felszapfen aus ihren Stangen geschleudert, die Sänfte, in der Graf Sceverras und ich uns befanden, heraus, und wir stunden in derselben fast auf dem Kopf. Ein Glück war es, daß zu jener Zeit die hölzernen Fensterladen gerade auf der Seite geschlossen waren,

Zu Pferde und in Sänften erklomm die Reisegesellschaft des Kronprinzen Ludwig die Felsenklippe mit dem Castel Brolo auf Sizilien (nach einem Aquarell des Reiseteilnehmers Johann Georg von Dillis)

auf welche die Sänfte fiel; sonst hätten wir uns vielleicht den Schädel auf den spitzen Steinen eingeschlagen. ›Denken Königl. Hoheit!‹ betheuerte Graf Sceverras nachträglich – ›als wir auf dem Kopf in der Sänfte standen, fuhr der Ringseis noch fort zu lesen!‹« So umweltvergessen also las Ringseis in seinem geliebten Homer, daß er wohl auch den Weltuntergang über den Gesängen des blinden Dichters aus dem alten Griechenland nicht wahrgenommen haben würde.

Mit der dokumentarischen Bezeugung in der bildenden Kunst aber hat es folgende Bewandtnis: Als Karl Rottmann im Auftrag des Königs Ludwig I. seine Italienfresken in den Hofgartenarkaden malte, setzte er in das Bild, das den Namen Messina trägt, ein lesendes Figürchen in eine der Sänften, das, trotz mangelnder Porträtähnlichkeit, den Arzt Dr. Ringseis darstellt. Vielleicht, ja wahrscheinlich, hat der König selbst den Künstler inspiriert, seinen einstigen Reisegenossen in jungen Tagen damit zu verewigen.

Bei solch monatelangem Zusammensein ohne höfische Distanz ergeben sich Einsichten in Charakter und Wesensart der Reisegenossen, die der Alltag mit seinem festen Zeremoniell niemals bieten kann. Auch hier erweist sich Ringseis als der sachliche Beobachter, der er gegenüber allen Augeneindrücken ist.

Man hatte sich von dem Grafen Sceverras, dem gebürtigen Sizilianer, erwartet, er werde als Kenner von Land und Leuten die Reisegesellschaft über gewiß zu erwartende Schwierigkeiten durch das von jeglichem Fremdenverkehr noch unberührte Gebiet bugsieren. Nicht nur daß sein Anspruch, er kenne das Land wie seine Tasche, keineswegs zutraf, er verstand nicht einmal den Dialekt der Sizilianer. Das Vertrauen des Kronprinzen, der ihn bald durchschaute, war ebenso rasch dahin, und die Reaktion des Prinzen auf diese Erkenntnis läßt Ringseis interessante Beobachtungen über den Charakter Ludwigs anstellen. Manche Leute glaubten, so stellt er fest, Ludwig sei leicht zu durchschauen. In Wahrheit aber kehrte er immer neue und überraschende Seiten seines impulsiven Wesens hervor. Seine Unberechenbarkeit sei indessen in seiner höchst mannigfaltigen Originalität und nicht in seiner vermeintlichen Wandelbarkeit zu sehen. »Nun sind aber Prinzen«, schreibt Ringseis, »auch die ununterrichtetsten, unerfahren in zahllosen Dingen, die wir anderen, früh auf die eigenen Füße gestellten Menschenkinder, schier bewußtlos lernen; und obwohl Kronprinz Ludwig hervorragend Autodidakt und selbständiger gewesen als die große Menge seiner Standesgenossen, so konnte es doch nicht fehlen, daß er in einem so eigenartigen Lande einen Verstoß um den anderen beging.« Der sachkundige Ratgeber, dessen der Prinz wie seine Begleiter bedurft hätten, fehlte, und so bewegte die natürliche Lebhaftigkeit den Prinzen, die Führung entschlossen in seine Hand zu nehmen und Anordnungen zu treffen, die die Reisenden häufig in Schrecken brachten, vor allem auf halsbrecherischen Wegen, die

ihn nicht davon abhalten konnten, vorbestimmte Ziele zur Nachtzeit zu erreichen.«
In einem Brief vom 11. Dezember 1817 aus Cattania schildert Ringseis die Kavalkade: »Voran auf stattlichem Rappen ein Campiere in rother, blau ausgeschlagener Uniform, die feine Zipfelhaube auf dem Kopf; dann mit grünlederner Kappe der Prinz zu Fuß, Graf Seinsheim neben ihm in ähnlichem Kostüm wie er; der Bediente des Kronprinzen mit schief über die Brust geschnalltem Ranzen zu Pferd; ich auf einem Maulesel mit Schuhen, langen gelben Hosen, dem Rhabarberrock, grüner Haube, Brillen auf der Nase und einem Buch in der Hand, weil man auf diesen sicher gehenden Tieren höchst bequem lesen kann; dann eine leere Sänfte, von 2 Maulthieren getragen, noch ein drittes leergehendes, seines Reiters gewärtig; in der zweiten Sänfte Dillis, ebenfalls die Brille auf der Nase, aber die Gegend betrachtend und zeichnend; Graf Sceverras auf einem stolzen Maul, edel wie ein General und gewandt wie ein Italiener; hierauf im langsam schweren Zuge folgend die Bedientenschaft mit den Lastmaulthieren, die einherziehen hoch und breit von Kisten und Koffern wie bewegliche Häuser; Ghecco, der Kammerdiener des Grafen Seinsheim, als Adjutant auf einem flüchtigen Maule den Zug auf- und abreitend und das Proviantwesen kommandierend; schließlich endlich die ganze Karavane, ein zweiter Campiere auf einem Falben, eine Wurst in der einen, eine Flasche in der anderen Hand.«
Das ist nicht nur im Wort geschildert. Später, zu seiner Hochzeit, wird Ringseis vom Minister von Lerchenfeld eine Nymphenburger Vase zum Geschenk erhalten, auf der nach einer Zeichnung von Dillis dieser kronprinzliche Zug in hübscher Porzellanmalerei abgebildet ist. Die Vase ist bis heute erhalten geblieben. Das Bayerische Nationalmuseum hat sie im Besitz.
Beim Pfarrer in Villa Asmondi, in stockfinsterer Nacht, gibt es nicht viel zu beißen. Zwei ganze Eier hat man in dem Dorf aufgetrieben, dazu drei kleine, in ranzigem Öl gekochte Fische und zwei uralte Hennen, die geröstet waren. »Wir dankten Gott dafür«, meinte Ringseis etwas säuerlich, als er im Gebälk des Hauses die herrlichsten getrockneten Trauben hängen sah. Aber sie hingen leider zu hoch. Der Kronprinz duldete nicht, daß man auch eine davon pflücke, bevor man den Pfarrer gefragt habe. Den Einwand, daß man dafür ja hinterher zahlen könne, läßt er nicht gelten. Also

wird der Pfarrer geweckt. Er ist ärgerlich, daß man ihn wegen einer solchen Lappalie im Schlaf störte und dreht sich auf die andere Bettseite. Ein unbedeutendes Zwischenspiel, wird man sagen, kaum der Erwähnung wert. Nicht so ganz. Es erhellt wieder einmal die rechtschaffene Denkweise eines Fürsten, der auch dann, wenn er befehlen konnte, bürgerliche Gepflogenheiten als für sich verbindlich erachtete.

War schon der Pfarrer mürrisch, die Reisenden in sein Haus aufzunehmen, wie wenig anziehend erst das Volk, das den reinen Gegensatz zu der paradiesischen Natur des Landes darstellt: Krank, gelb, aufgedunsen, bettellumpig nennt es Ringseis. »In dieser gewaltigen Natur welche niederträchtige, kleinlich verschmitzte Schelme, welche einstudierte Bosheit in der Volksklasse!« ruft er aus. »Indessen der Satz: Wie die Regierung, so das Volk, hier bewahrheitet er sich vollends. Dieses Volk, das da Jahr um Jahr so viel an Steuern für die Straßen zahlt, daß man das Land mit Silberstraßen überziehen könnte, muß sich mit den elendesten Verkehrswegen behelfen. Wie sollte es anders geraten als zu Böswilligen und Schelmen?«

Immer wieder ist in den Reiseberichten Ringseis' davon zu hören, und da ist es denn eine wahre Labsal, wenn man, wie in Messina, einem Landsmann begegnet, dem Bankier Kilian aus Augsburg, der bald darauf bayerischer Konsul werden sollte. Ringseis ist ihm besonders zugetan, er nennt ihn seinen Wohltäter, der ihm alle Jahre durch seine Vermittlung regelmäßig die köstlichsten Arten sizilianischer Weine, den roten Faro, den feurigen Marsala, den öligen Syrakusanermuskat für den Keller und zuzeiten eine Kiste Orangen zugehen läßt. Eine große Kostbarkeit in der eisenbahnlosen Zeit!

Es nahm ein trauriges Ende mit dem bayerischen Konsul, wie berichtet wird: »Mit dem Jahr 1848 hörten die Weinbesorgungen sowie die Orangensendungen auf: Der gute arme Kilian hatte, als die königlichen Schweizer zur Besiegung der Revolution nach Messina kamen, den unglücklichen Gedanken gehabt, sich Ansehens halber in seine bayerische Konsuls-Uniform zu kleiden, die Soldaten hielten ihn für einen aufrührerischen Offizier und fielen über ihn her; von den erhaltenen Wunden konnte er sich kaum mehr erholen, zugleich war sein Besitzthum theils durch Plünderung, theils durch die bösen Zeiten überhaupt geschmälert worden und der Wackere brachte die letzten Lebenstage in Kummer hin.«

Der beschwerlichste Teil der Reise von St. Agatha bis Cefalù ließ selbst den abgehärtetsten Teilnehmer, den Grafen Sceverras, in den Stoßseufzer ausbrechen: »O mein Gott, laß doch diese Reise eine Buße sein für alle Sünden meines Lebens!« Fackeln besaß man nicht in dieser stürmischen Nacht, denn man hatte gerechnet, das Ziel noch bei Tageshelle zu erreichen. Zwei Stunden hatte es geregnet, als man an die gefährlichste Strecke gekommen war, bis an die Knie sanken Maultiere und Fußgänger in den lehmigen Grund. Streckenweise mußten die Tiere durch die wilde Brandung des Meeres waten und die Reisenden Sänften und Wagen verlassen und stundenlang über Geröllhalden und durch Moräste stapfen. Ringseis erinnerte sich an seinen Tiroler Führer, der ihn einstens über das Plumser Joch in finsterer Nacht geleitet hatte und der ihn mit den Worten tröstete: »Sei froh, daß d' an Weg net siachst!« Als sie endlich nachts zehn Uhr beim Bischof von Cefalù, der ihnen Unterkunft geboten hatte, angekommen waren und im Kreis des Domkapitels empfangen wurden, erbleichten die Herren und schlugen die Hände über dem Kopf zusammen bei der Erzählung ihres nächtlichen Abenteuers. Nicht lange vorher waren nämlich auf demselben Wege zwei Maultiertreiber mit ihren Tieren in die Tiefe einer Schlucht gestürzt. Den alten Dillis hatte die Wanderung am meisten angegriffen. Plötzlich fing der Künstler laut und heftig zu schluchzen an. »Tröstend nahm ich den alten Mann unter den Arm«, berichtet Ringseis, »und dem über diesen Ausbruch ergriffenen und bestürzten Prinzen die Hoffnung aussprechend, daß durch Ruhe, durch Stärkung mit kräftiger Suppe und edlem Wein das Gleichgewicht von Geist und Leib bald wieder hergestellt sein werde, geleitete ich den Erschöpften auf sein Zimmer, erbat mir, während die Gesellschaft zur Tafel ging, für mich selber Speise und Trank dorthin, bewog ihn, sich zu legen und mit mir essend und trinkend sich zu erquicken. Den nächsten Morgen befand er sich wohl und vermochte über seinen gestrigen Zustand und die vorhergegangenen Abenteuer wieder herzlich zu lachen.«
Man stelle sich den Prinzen irgendeiner anderen Dynastie im damaligen Europa vor, wie so ganz anders, als Kavalierstour nämlich, ein solcher Prinz die Sache erledigt haben würde! Es war ein so richtig wittelsbachischer Stil des Reisens, wie ihn nachmals sein Sohn Max I. und noch später sein jüngster Sohn Luitpold als Prinzregent auf seinen Jagden gepflogen hatten.

Sein polnischer Feldzug schien dem Kronprinzen selbst ein Kinderspiel gegen die Strapazen dieser Kunstreise. Übrigens trug er, auch das ist ein Zeugnis seiner Bedürfnislosigkeit für seine Person, auf dieser Reise denselben Mantel, den er zu Beginn des Rußlandfeldzuges Napoleons 1812 in Polen getragen hatte, »... und weil ihm neue Stiefel beim Zufußgehen lästig fielen, trug er die alten so lang als nur immer möglich, und wenn wir irgendwo so einmarschierten, fiel mancher Blick verwundert auf die Stelle, wo die fürstliche Zehe, nur vom Socken geschützt, durch eine Lederspalte blinzelte«, erzählt Ringseis.

Als man die Küste erreicht hatte und in Palermo auf die Einschiffung wartete, erging an den Prinzen eine Einladung beim Fürsten Butera, dem Haupt des ältesten Fürstenhauses in Sizilien. Man schrieb Silvester 1817, und die reich, allzu reich beschickte Tafel verleitete die Gäste, tiefer in die Schüsseln zu greifen, als es im Hinblick auf die am nächsten Tag beginnende Seereise tunlich war. »Es war ein Fehler gewesen, vor der Einschiffung, da man Weniges, aber Nahrhaftes und Leichtverdauliches essen soll, an reich besetzter Tafel zu erscheinen«, schreibt Ringseis. Man hatte dem Kronprinzen zuliebe viel Zuckerpapp und eine Menge »verlarvter Speisen« vorgesetzt, die einem an einfache Kost gewöhnten deutschen Magen nicht bekommen. Nachts elf Uhr betraten die Reisenden den »Tartaro«, der sie nach Pästum übersetzen sollte. Die erste Stunde des neuen Jahres 1818 begrüßte man an Bord mit Punsch, den der Kronprinz hatte bereiten lassen, um sich dann in die Kajüten zu begeben. Von Schlaf war keine Rede. Man litt in der Nacht und noch mehr am nächsten Morgen. Mit Widerwillen nahm man um zehn Uhr den Morgenkaffee, wie sterbende Fliegen lagen allesamt auf dem Deck herum, weil Liegen noch das Erträglichste war: »Unsägliche Uebligkeit«, stellt Ringseis fest. »Mir ist der Kopf heiß, schwindlicht; Himmel und Erde drehen sich beständig um mich herum.« »Der erste geht ab«, sagte Seinsheim, als Dillis seufzend verschwand, und so der zweite, dritte – nur Ringseis kann nicht verschwinden, »das ist eben mein Unglück«, meint er. Eine Marterfahrt, von der uns der Chronist leider nicht berichtet, wie sie der Kronprinz überstanden hat. Endlich, am 2. Januar, taucht der Vesuv landwärts aus dem Morgendunst. »Wie freudig es uns war, den Fuß ans Land zu setzen, kann nur empfinden, wer diese abscheulichste aller Krankheiten kennt«, beteuert der Arzt.

In Pästum ergibt sich ein Gespräch mit einem Archidiakonus, das wieder einmal zeigt, wie wenig wir Erdbewohner voneinander wissen. Ringseis trifft ihn in einem Kramladen, und in dem Gespräch, das sich zwischen ihm und Ringseis entwickelt, erkundigt sich der Geistliche, wer denn der Herr sei, mit dem er angekommen ist. »Der Kronprinz von Bayern und ich bin in seinem Gefolge«, antwortete Ringseis. Darauf der Archidiakonus: »So seid Ihr also Franzosen.« Ringseis berichtigt: »Nein, Deutsche, Bayern«, worauf der andere fragt: »In welchem Theile von Oesterreich liegt Bayern?«; er hielt nämlich Bayern für eine österreichische Stadt. Man wundere sich über den italienischen Archidiakonus des Jahres 1818 nicht. Auch der amerikanische Präsident Wilson wußte bekanntlich bei der Ausarbeitung der Bestimmungen des Versailler Vertrags 1919 nicht, wo Elsaß-Lothringen liegt.

Am 19. Januar reist man von Neapel nach Molo di Gaeta ab, um Velletri zu erreichen. Die Gegend war verrufen wegen der zahlreichen Räuberhorden, die dort ihr Unwesen trieben, und man nahm deshalb drei bewaffnete Reiter mit. Der bayerische Gesandte in Neapel, Graf Jenison, hatte die Reisenden mit aller Offenheit über die Zustände der Provinz aufgeklärt und über ein Vorkommnis berichtet, das sich erst vor kurzem ereignet hatte: »Ein reicher Mann aus der Gegend ward von den Räubern angegriffen, worauf sie den Verwandten bedeuteten, sie sollten, ich weiß nicht wie viel Scudi, an einen bezeichneten Ort bringen, sonst würde es dem Gefangenen übel ergehen. Die Summe wird indessen am bestimmten Tage nicht gebracht und den folgenden erhalten die Verwandten beide Ohren des Gefangenen zugeschickt – darauf die Nase, und endlich, weil sie das Geld nicht aufbringen können oder wollen, den Kopf.« Auch auf welche Weise man sich mit den Räubern zu arrangieren suchte, erfahren wir: »Graf Jenison erzählte auch, daß man eine Ausraubungsassekuranzkasse zu errichten vorgebe, nach der Art der Feuerversicherung, und daher von den Reisenden eine Abgabe fordere, daß aber die Ausgeraubten gleichwohl keine Entschädigung bekommen.« Und klingen nicht ganz vertraute Ungeheuerlichkeiten in der Umgangspraxis mit der Unterweltorganisation der Mafia in Amerika und in Sizilien an unser Ohr, wenn wir weiter hören: »Die Frechheit und Sicherheit der Räuber geht ins Unglaubliche. Kein Wunder; konnte ja die neapolitanische Regierung sich so entehren, mit dem Räuberhauptmann einen förmlichen Vertrag zu schließen. Die Sitten sind so verwildert, daß uns adelige Familien in Neapel erzählten, sie wagen deßwegen nicht auf ihren Landgütern zu wohnen, weil sie fürchten, von den Dienstboten ermordet zu werden.«

Keine Mär aus grauen Tagen ist auch der Bericht des Wirtes in Velletri, der nach der Ankunft der Reisenden erzählt: »... daß vor zwei Tagen ein reicher Mann der Stadt sei ausgeraubt worden. Der Räuber mit zwei Gehilfen kam nach Sonnenuntergang ins Haus, zwang die Bewohner zu kochen und zu braten, blieb die ganze Nacht und nahm 2000 Scudi mit sich fort. Der Räuber ist ein bekannter Einwohner der Stadt, der Haus und Feld besitzt, aber schon seit drei Jahren bei Tag nicht sichtbar ist, nachts aber, wie die Leute erzählen, in sein Haus kommt; die Wohlhabenheit seines Weibes hat indessen zugenommen – wie man sagt – von ihm. Gleichwohl hat noch niemand die Frau in Untersuchung genommen. Warum? ›Sie teilt den Raub mit der Obrigkeit.‹ Soviel die Worte des Wirts.«

Noch zur Zeit der Anwesenheit der Reisenden aus Bayern hat sich übrigens der Räuber von Velletri, Barboni hieß er, freiwillig ergeben. Er wanderte für drei Monate ins Gefängnis wie andere auf neun Monate. »Dann werden sie los und können's wieder fortsetzen, wo sie es gelassen.«

Wie eine ewig schleichende Krankheit wuchert das Räuberwesen in Sizilien fort – in wechselnden Formen, doch immer mit dem nämlichen Ergebnis. Die Franzosen unter Napoleon und Macdonald wurden seiner Ende des 18. Jahrhunderts nicht Herr, und wenn es auch Mussolini gelungen ist, der Mafia die Köpfe abzuschlagen, so wuchsen sie, ähnlich der lernäischen Schlange, doppelt wieder nach, als sich die Amerikaner im Jahre 1944 der Hydra Mafia als Hilfsorganisation zur Eroberung des südlichen Italiens bedienten.

Der Charakter eines Volkes ändert sich nicht, er spottet – unsere Zeit hat es erwiesen – aller »re-education«. Man muß an »Don Camillo und Peppone« denken, wenn wir die Erwägungen des Dr. Ringseis vernehmen, die er über seine Erfahrungen mit den damaligen Italienern angestellt hat. Er fragt sich: »Worin liegt wohl der Grund dieser Verdorbenheit? Zum Theil, glaube ich, liegt er in der Race. Vier Fünftel der gegenwärtigen Italiener stammen von Sklaven ab (denn man rechnete bei Griechen und Römern auf einen Freien vier Sklaven; wie schlecht aber letztere waren, das weiß

man); und diese seine, den Herrn betrügende Sklavenlist charakterisiert noch jetzt den Italiener.« Hier freilich können wir dem sonst so nüchtern betrachtenden Ringseis nicht ganz folgen. Er denkt nicht an die Flut der Völkerwanderung, die ganze Ströme nichtitalienischen Geblüts in die ursprüngliche Erbmasse brachte, nicht nur im nördlichen Italien, sondern vor allem im Neapolitanischen. Um so mehr aber hat auch heute noch Gültigkeit, was der strenggläubige Katholik Ringseis in religiöser Hinsicht herausgefunden hat. Er schreibt: »Aber der Geist der christlichen Religion, der den Menschen neu gebiert, wandelt das sündlichste Element um. Jawohl! Allein am Geiste der christlichen Religion fehlt es in Italien mehr als in jedem anderen Land, und dieses ist der Hauptgrund der Verdorbenheit. Es ist gar kein Zweifel, daß im italienischen Volke mehr als bei jedem anderen der Wahn herrscht, man könne ohne innere Umwandlung, bloß durch äußerliche Übungen und Gebräuche, sich von Sündenstrafe befreien.« Mit solcher Gedankenfracht beladen, erreicht die Reisegesellschaft Rom, das sie mit heißem Wunsche suchten, mag auch Sizilien das eigentliche Ziel gewesen sein.
Ringseis ruft sich die Fülle des Geschauten noch einmal ins Gedächtnis zurück. Die hohen Tempel von Segeste und Agrigent hat die Gesellschaft besucht, die »Riesentrümmer« von Selinunt, Syrakus, Taormina und Catania bestaunt; das Großartigste aber war doch der Götterpalast des Neptun in Pästum. Vor dreizehn Jahren hat dieses erstaunliche Kulturdenkmal schon den Kronprinzen mit solcher Bewunderung erfüllt, daß er damals den Gedanken faßte, einen Tempel zu bauen, »worin einmal wohnen soll ein reicher Kreis hoher Götter- und Heldengestalten«. Im Jahre vorher – 1816 – hatte der Architekt des Kronprinzen, Leo von Klenze, den Auftrag erhalten, Pläne für diesen Tempel zu entwerfen, im Jahre 1830, als Ludwig bereits König war, wurde der Grundstein gelegt, zwölf Jahre später fand die Einweihung statt. Der Tempel, Walhalla genannt, erhebt sich auf den Donauhöhen bei Donaustauf. Daß der König den Bau einer Monumentalstraße in schnurgerader Direktheit von der Münchner Ludwigstraße zu dieser Bauschöpfung beabsichtigte, sei nebenbei erwähnt als Beispiel der Weitsicht eines wahren Städteplaners, der ahnungsvoll in die Zukunft wirkte, und dies zu einer Zeit, die weder an Eisenbahnen noch an Kraftwagen denken konnte.

Im Feuer seiner Liebe zu allen Künsten entfaltete Ludwig in Rom sofort eine rege Tätigkeit. Thorwaldsen erhielt von ihm den Auftrag, einen Teil der Lebensgeschichte Jesu in Reliefdarstellungen anzufertigen, von Rudolf Schadow erwarb er zwei Bildsäulen, von dessen Bruder Wilhelm zwei Gemälde und noch vielerlei. Die Frucht dieser Tage war vor allem auch die Einladung des Malers Peter Cornelius nach München, um die Festräume der eben im Bau befindlichen Glyptothek mit Fresken zu schmücken. Als weitere Schöpfung des Künstlers sollte 1833 das »Jüngste Gericht« in der Ludwigskirche folgen, das als größtes Chorwandgemälde gilt.

Man ist an jenem 21. Januar in Rom eingetroffen, dem Tag des Karnevalbeginns, und stürzt sich erlebnisfreudig ins berühmte Karnevalstreiben der Ewigen Stadt, wie es Goethe vor ihnen schon getan hat. Geben wir wieder Ringseis das Wort:

»Wir mischten uns am ersten Tag unter die Fußgänger und wurden einigermaßen weiß«, von den Gipsmehl-Konfettis, in Seidenpapier gewickelten Gipskugeln nämlich, »am zweiten fuhren wir und wurden noch weißer. Abends sagte der Kronprinz in Gesellschaft zu etlichen Preussen, er würde sie am folgenden Tag mit Confetti bedienen, wenn er sie sähe. Wir thaten schwarze Dominos um, Masken vors Gesicht, und fuhren vom Hause unseres Gesandten aus; aber schon waren wir erkundschaftet. Als wir an die Ecke des Palastes Ruspoli gelangten, einen seit Jahren berüchtigten Platz, kam ein dicker Hagel von Confetti auf uns losgeprasselt. Wir erwiderten fleißig, aber unglücklicher Weise stockte hier der Zug der Wagen, aus drei Batterien übereinander und jede davon vier Mann stark, hagelte es auf uns los, das Tageslicht um uns ward verfinstert, wir glaubten, im Staub der Confetti zu ersticken, wir fochten heldenmütig, aus beiden Händen schickten wir Geschoße ab; aber was vermögen drei gegen zwölf, die noch dazu sich frei bewegen können? Inwendig mit Schweiß, auswendig von oben bis unten mit Gipsmehl bedeckt, immer kämpfend und Geschoße entsendend, somit ehrenvoll, zogen wir uns zurück, auch im Zurückziehen das Gesicht noch dem Feinde zugewendet.«

Am nächsten Tag sollte der Strauß fortgesetzt werden; aber der Kronprinz bemerkte gegen die preußischen Landsleute, er sehe, daß es nicht gut sei, wenn Deutsche gegen Deutsche fechten, er wolle am folgenden Tag mit seinen Leuten auf Seite der Deutschen gegen die Welschen antreten. Tatsächlich scharten sich daraufhin

um die drei Bayern, den Kronprinzen, Graf Seinsheim und Ringseis, allesamt wiederum im Domino, Preußen, Hannoveraner, Württemberger und Rheinländer und deckten jedermann mit Gipsmehl-Konfetti gänzlich zu, wobei der österreichische Gesandte, Graf Kaunitz, in ihre Hände fiel. Bis zum 4. Februar, also vierzehn Tage lang, währte das turbulente Straßentreiben, dem sich die drei Bayern – der sechzigjährige Dillis zog die ruhigeren Gefilde der Stadt vor – mit aller Inbrunst ihrer Jugend hingaben. Diese Szene, scheinbar belanglos, mag die Anziehungskraft erklären, die von dem Kronprinzen auf die deutschen Künstler in Rom ausstrahlte. Zum Menschlichen in Ludwig fühlten sie sich hingezogen, er war ihr Kronprinz und später ihr König – auch ohne die Insignien der Krone, ohne die Vorrechte seiner Geburt.
Man besucht die Künstler in ihren Ateliers, erneuert alte Bekanntschaften und knüpft neue Verbindungen an. Täglich lädt Ludwig einen Künstler an seinen Tisch, er lernt jeden von ihnen nach Charakter und Begabung kennen; niemals hat sich ein fürstlicher Mäzen gründlicher und ernsthafter für seine Aufgabe als Förderer der Künste vorbereitet, und wenn er auch später kluge Ratgeber nicht verschmähte, sie konnten ihm nur bestätigen, was ihm eigene Urteilskraft eingegeben hatte.
Umfangreich ist die Namensliste der Maler und Bildhauer, die mit dem Kronprinzen damals in Verbindung kamen, neben Cornelius Overbeck, die beiden Schadows, Schnorr von Carolsfeld, der nachmals die Nibelungensäle der Residenz mit Szenen aus der deutschen Heldensage ausschmücken wird, die Brüder Veit und Eberhard, Koch, Fohr, Ruhl, Mosler, Barth und Platner; wir begegnen ihren Namen in der Neuen Pinakothek wie in den Bauschöpfungen Ludwigs. Man fühlt sich frei von allen Zwängen des Münchner Alltags: »Der Münchner Polizei zum Trotz tragen wir altdeutsche Röcke (sie galten daheim als revolutionär verdächtig); der Kronprinz brachte schon einen aus der Heimath mit, und nun hat er auch den Grafen Seinsheim und mich aufgefordert, uns solche machen zu lassen. Morgen wird uns Rom zum erstenmal darin sehen. Übrigens ist man hier die Tracht schon an den Künstlern gewohnt. Auch Schnurr- und Knebelbart mußt' ich mir wachsen lassen. Wie bin ich froh, aufgefordert zu werden zu dem, was ich selber gern thue.«
Daß es keine Kavalierstour eines jungen Fürsten mit etlichen Höf-

lingen war, sagten wir schon, und Ringseis betont immer wieder das kameradschaftliche Verhältnis der Reisenden untereinander. Alle höfischen Formen waren für die Dauer der Reise über Bord geworfen, man plauderte durcheinander, und es fiel keinem ein, höfischer Gepflogenheit entsprechend zu warten, bis der Prinz das Wort an einen Teilnehmer gerichtet hatte. »Daß doch hohe Herrschaften es öfter verstünden, jeden Anlaß zu wirklich gediegener Konversation zu nützen!« ruft Ringseis aus. Der Prinz nützt die Anlässe gründlich und sprengt ganz lautlos die Fesseln der Konvention. Den Grafen Seinsheim nennt er oft Karlchen, Ringseis wird zum Doktorchen oder gar zum Muckerl, der er bleibt bis in des Königs alte Tage.

Die Selbstzucht vor allem ist das Charakteristikum Ludwigs. Um fünf Uhr früh steht er auf, zum Anziehen braucht er keinen Kammerdiener, sein Scherzwort ist bekannt: »Anziehen kann ich mich selbst und ausziehen laß ich mich nicht!« Ständig führt er eine Schreibtafel bei sich, und Ringseis verrät: »...von früh bis spät war sein Geist beschäftigt, einzusammeln, zu ordnen und zu planen. Stets gedachte er des Vaterlandes, überlegend und besprechend, was für München, für Bayern brauchbar und förderlich sein könnte...

Sosehr es zutrifft, dieses »Ausziehen laß ich mich nicht«, wenn es um die Ehrung der Kunst und eines Künstlers oder Dichters geht, greift der später oft als knausrig verdächtigte Fürst unbedenklich in die Tasche: »Als wir das erste Mal an den Kaiserpalästen des Palatinhügels vorüberfuhren, sagte der Kronprinz: ›An dieser Stelle für Schiller einen Grund zu kaufen und ihm ein Haus zu bauen, hatte ich bei meinem ersten Aufenthalt in Rom im Jahre 1805 den Gedanken gefaßt, als mich die Nachricht von seinem Tod ereilte‹«, wie Ringseis überliefert. Der Tod kam Ludwig zuvor. Die lebenden Künstler in Rom aber wußten von der Noblesse des Prinzen. Sie bereiteten ihm und seinen Reisefreunden ein Abschiedsfest, wie es in der Gesellschaftschronik der Künstlerschaft nie wieder verzeichnet steht.

Eine Art Vorspiel in vertrautem Kreise sollte der 16. Februar bringen, ein kleiner Jubiläumstag übrigens, denn neunzehn Jahre vorher zog am selben Tag der Vater des Kronprinzen, Max Joseph, als Kurfürst in München ein und wurde Herrscher von Bayern. Man pilgerte nach Ripa Grande hinauf zu dem spanischen Weinwirt

Don Raffaele, der sich stolz Capitano nannte. Der Spanier schenkte seinen Landsleuten den Schoppen Wein um einige Groschen billiger, und weil er die Deutschen liebte, räumte er ihnen denselben wohlfeilen Preis ein. Außer dem Kronprinzen waren mit von der Partie neben den beiden Reisegenossen Ringseis und Seinsheim der dänische Bildhauer Thorwaldsen, Leo von Klenze, der Kunstmaler und Kunstvermittler des Kronprinzen Martin Wagner, die Maler Philipp Veit und Schnorr von Carolsfeld, ferner Baron Gumppenberg und der Kunstmaler Franz Catel, der die weinfrohe Szene in einem lebensprühenden Gemälde verewigt hat.
Von Don Raffaelo ging die Rede, er habe derart kostbare Weine in seinem Keller lagern, daß sie schlechterdings unbezahlbar seien; und wenn der Capitano auch von Statur und von Äußerem keineswegs einem Hidalgo ähnlich war, seiner Noblesse nach konnte er gut als solcher gelten. Er schenkte nämlich diese Kostbarkeiten in wörtlichem Sinn besonders geschätzten Gästen aus, also ohne Bezahlung dafür zu nehmen. Der Kronprinz sprach mit ihm spanisch und fragte ihn, ob er ihn denn nicht wiedererkenne; er sei schon vor dreizehn Jahren einmal zu Gast bei ihm gewesen, und zwar mit dem Kronprinzen von Bayern. Natürlich, nun erinnerte sich Don Raffaelo und meinte, das sei ein fröhlicher Prinz gewesen. Zur Bekräftigung gab der Spanier eine szenische Pantomime, wie sich der Kronprinz damals lebhaft auf Knie und Schenkel gepatscht habe, wenn er sich über etwas freute. Die Verwechslung ließ sich an jenem Tage auch nicht mehr ganz aufhellen, bis sich Don Raffaelo schließlich so weit an die Wahrheit herangetastet hatte, den Kronprinzen für dessen Bruder zu halten. Doch gab es ja noch manchen Frühschoppen bei dem Spanier in Ripa Grande, und es war keineswegs der einzige Spaß der Runde zu beobachten, mit welch klassischer Grazie Don Raffaelo seinen Irrtum zu korrigieren verstand.
Diese Frühschoppen bei Don Raffaelo oder in anderen romantischen Weinbeiseln Roms, sie werden noch viele Jahrzehnte lang unverwelkt in der Erinnerung der Künstler und ihres Patrons Ludwig lebendig bleiben. Wo in aller Welt gab es eine Szene wie diese zu erleben, die Ringseis schildert: »Auf dem zu jener Zeit noch als Trümmerwerk in den Strom hineinragenden Ponte Rotto gab einst der Kronprinz zur fröhlichen Verwunderung der Vorübergehenden und der Nachbarschaft, die sich zu den Balkonen drängte, ein heiteres Gabelfrühstück, an welchem nebst dem Gefolg auch

Künstler Theil hatten. Unvermeidlich war bei solchem Anlaß der Gesang, wozu ich meist den Anführer vorstellte.« So, wie er sich hier im Wort als Vorsänger bekennt, hat ihn denn auch der Maler Franz Catel in der Schenke des Don Raffaelo festgehalten. Wie sollten sich denn auch die leicht entzündlichen Künstler nicht vollends entflammen lassen bei solcher Anerkennung durch einen ebenso entzündlichen Prinzen wie Ludwig! Alle Tagessorgen hatten sie ja jenseits der Alpen zurückgelassen, das Leben war billig im damaligen Rom, daß selbst der Künstler mit schmaler Börse sein Auskommen hatte, konventionelle Verpflichtungen gab es so wenig wie irgendeinen Aufwand für Kleidung und sonstige Äußerlichkeiten.
In dieses Panorama des Wohlbefindens muß man sich das Abschiedsfest hineindenken, das die deutschen Künstler dem Kronprinzen bereiteten. Acht Tage und Nächte haben sie daran gearbeitet, »achtzig Künstler deutscher und verwandter Zunge«, berichtet Ringseis. In einen Palast der Allegorien hatten sie die Villa Schultheis nach einer Idee Peter Cornelius' verwandelt, als der Prinz an jenem Abend des 29. April von den feierlich in alten Kostümen gekleideten Künstlern eingeführt wurde. Die Wände waren über und über mit Gemälden verhängt, in denen alle Künste und Wissenschaften der Zeiten heraufgerufen waren. Da schritt Dante dem Zug voran mit seinem Gefolge, dem königlichen Sänger David, mit Phidias, Giotto und Homer, mit Erwin von Steinbach und Dürer, Raffael, Michelangelo, Holbein, Shakespeare und Cervantes, Wolfram von Eschenbach, Perikles und Augustus, Karl dem Großen und Lorenzo von Medici und berühmten Päpsten, Bischöfen und Dogen, Bürgermeistern und Königen. Der ganze Götterhimmel der Künste war aufgeboten, und die Gestalten der Bibel von Moses bis Simson rauschten schweigend durch die Räume. »Im Chor wurden Lieder gesungen, Gedichte für die Feier des Tags von Maler Müller, von Kästner, von Rückert wurden vertheilt, vorgetragen, gelesen«, wie wir weiter hören. »Um zehn Uhr«, heißt es, »winkte, festlich und lieblich mit Blumen und bunten Südfrüchten geschmückt, eine mäßige Tafel, besetzt mit kalten Speisen. Ein Künstler brachte dem Kronprinzen, dann dem ganzen bayerischen Hause ein begeistertes Lebehoch; aller Mund und aller Herzen stimmten drein. Wogegen der Kronprinz anstieß: ›Den deutschen Künstlern und allen, die sie und ihre Kunst lieben!‹ und: ›Möchten

alle Deutschen so einig sein, als wir es heute sind!‹« Alle drängen sich um den Prinzen, als er gegen ein Uhr nachts aufbricht, jeder will ihm die Hand drücken, ihm ein Abschiedswort sagen, aber jedes Wort erstickt in einer Woge des Zugetanseins, die jede Brust erfüllt. »Nach solcher Glorie, nach solchen Lichtern, durch solcher Liebe Glut und Innigkeit erhöht, war alles andere Schatten, es war nichts mehr zu sehen in Rom«, bekennt Ludwig Ringseis gegenüber auf dem Heimweg. Diese Worte sind nicht zu hoch gegriffen, und wenn man unseren Chronisten für befangen halten möchte, es gibt andere Kronzeugen für die unwiederholbare Erhebung dieser Abendstunden, den schwedischen Dichter und Philosophen Per Daniel Amadeus Atterbom etwa, der sie miterlebt und sie mit ebenso hochgestimmten Worten nacherzählt hat.
Von Florenz aus sandte Ludwig an die Künstler als Gegengabe eine Flasche kostbarsten alten Rheinweins vom Jahrgang 1634 aus seinem Würzburger Hofkeller. Gewiß eine königliche Gabe, aber auch eine seltsame, wenn man an die achtzig Empfänger denkt, die sich darein teilen sollten. Man kam schließlich überein, sie dem erkrankten Dresdner Porträtisten Karl Vogel von Vogelstein als Gesundungstrunk zu überlassen. Noch in derselben Nacht, gegen vier Uhr, rollten die Reisewagen der kleinen Gesellschaft zum Tor hinaus.
Ein kleiner Aufenthalt war in Venedig noch vorgesehen. Klenze, der sich hier der Gesellschaft angeschlossen hatte, wollte die Markuskirche der Lagunenstadt noch gründlich studieren. Die Geringschätzung, die Klenze der Gotik entgegenbrachte, verdroß Ringseis des öfteren, und sie kamen denn auch in heftige Wortgefechte darüber. So bei einer Gondelfahrt, als der Prinz, durch die Lebhaftigkeit des Streites aufmerksam geworden, den beiden am anderen Ende der Gondel zurief: »Nun, welcher von euch beiden wird den anderen in die Lagune werfen?« Und als ihm Ringseis verständlich machte, wie wenig ihn Klenze mit seinem Argument überzeugen könne, allein mit der erlernten Mathematik Kunstwerke ohne Erregung erzeugen zu wollen, rief Ludwig: »Bravo, Ringseis, bravo, der Klenze hat Unrecht, aber werfen Sie mir ihn nicht in die Lagune, ich brauche ihn noch!«
Mit den Tagen in Venedig endete die Reise des Kronprinzen nach Sizilien, und es bleibt nur noch nachzutragen, was Ringseis über die Kosten des Unternehmens berichtet: »Die Ausgaben seiner sie-

benmonatigen Italienreise beliefen sich auf 30000 Gulden, für welchen Betrag er auch einige Gemälde und eine Statue von Rudolf Schadow mitgebracht; dies ist allerdings für einen Prinzen eine äußerst mäßige Summe; wer aber wollte, anstatt zu loben, ihn darum tadeln? Er sparte ja nicht am nothwendigen Bedarf des Einzelnen unter uns, sondern am unnützen Glanz und Behagen, womit er sich hätte umgeben können.«

Die ganze Ernte dieser Reise aber können erst wir späten Enkel überschauen. Sie eröffnete eine Blüte der Kunst in München und Bayern, an deren Früchten wir und die Künftigen noch zehren. Wer immer dem Kronprinzen Ludwig damals oder später begegnet ist, wird Goethe beipflichten, der im Gespräch mit seinem Sekretär Eckermann sagte: »Da sehen Sie einen Monarchen, der neben der königlichen Majestät seine angeborene schöne Menschennatur gerettet hat.«

Die Sonnenstraße sprengte die Stadtmauern

1820 schleifte man die Türme und Stadtmauern – »Am Wall« entstand die Sonnenstraße

Sie könnte ebensogut »Auf dem Graben« heißen oder »Am Wall«, unsere Sonnenstraße, denn die Geburtsstunde dieses weit schwingenden Boulevards hatte geschlagen, als man daranging, die Stadtmauern zu schleifen und die Wassergräben einzuebnen. Wenn man freilich in Nürnberg den prächtigen Bummelweg am Frauentorgraben bis zum Plärrer verfolgt, möchte man bedauern, daß die Münchner von 1820 gar so eilfertig mit dem Niederreißen der Türme zur Hand waren; der Maler August Lebsché ist damals kaum mit dem Zeichenstift nachgekommen, um sie wenigsten im Bild noch festzuhalten. Andererseits gab es außer der strammen Erneuerungssucht doch auch recht triftige Gründe für den Abbau der als unnütz empfundenen Bauwerke, deren Errichtung einst die gesamte Kraft des Bürgertums erfordert hatte. Unsere Stadtmauern waren nämlich nicht wie jene von Nürnberg oder Rothenburg aus Stein, sondern aus Ziegelmauerwerk. Ihre Erhaltung hätte laufend

Unsummen erfordert, die Fundamente waren außerdem feucht und hätten nur unter Aufwendung riesiger Summen in einen ansehnlichen Zustand gebracht werden können.
In den Jahren zwischen 1818 und 1820 begann man zunächst mit der Bebauung der Stadtseite, gleichzeitig wurde die Doppelallee gepflanzt, denn die zusammengepferchten Städter von damals ver-

Am Graben zwischen Josephspitalgasse und Sendlinger Tor, jetzt Sonnenstraße (Aquarell von Joseph Puschkin, um 1850)

langten Licht, Luft und Grün, nachdem der Zwang des Wohnens hinter den Stadtmauern weggefallen war. So wurde gleichsam auch eine doppelte Sonnenstraße geschaffen, die spätere stimmungsvolle Zeile, unter deren Baumreihen die Buden des Kripperlmarkts ihre Augen aufschlugen.
Wenn aber auch das Leben der Sonnenstraße erst so richtig um 1820 anfängt, so gab es doch bereits im 18. Jahrhundert vor dem Sendlinger Tor namhafte Behausungen. Hier lag das Graf-Spreti-Schlößl, das im Jahre 1754 nach ihrer Berufung nach München von den Elisabetherinnen um 3500 Gulden erworben und mit einer Ka-

pelle angebaut wurde. Dieser Orden widmete sich ausschließlich der Krankenpflege armer und alter Leute, und da der Zuspruch der Kranken ständig wuchs, konnte der Orden, unterstützt von Münchner Bürgern, an den Bau eines eigenen Spitalgebäudes und einer Kirche denken, die schon im Jahre 1760 vollendet waren. Ein eigener Friedhof befand sich bei diesem Kloster, der sich zu einem wahren Zankapfel zwischen der Stadtgemeinde und dem Orden auswuchs und »arge feindtseligkeiten, verdruß und grobheiten« verursachte. Sogar auf den Schlachtfeldern der napoleonischen Kriege finden wir Elisabetherinnen bei der Krankenpflege. Nach der Klosteraufhebung im Jahre 1809 standen die Räume 14 Jahre lang leer, bis im Jahre 1823 das alte Heiliggeistspital dem Viktualienmarkt weichen mußte und die Spitalpfründner hierher übersiedelten. Das in den Jahren 1845 bis 1848 vergrößerte Gebäude diente nun viele Jahrzehnte als Altersheim. Bis 1853 bildete das Spitalgebäude die westliche Begrenzung der Sonnenstraße. Dann ging man an die Bebauung dieser Seite mit dem damaligen Gebärhaus, der Universitäts-Frauenklinik, die, nunmehr zum Postscheckamt umgewandelt, heute noch unverkennbar das Gepräge ihres Baumeisters W. Bürklein trägt, der auch die Maximilianstraße und den Hauptbahnhof schuf. Bald reihte sich auch an der Westseite ein Wohnhaus ans andere, nachdem bereits 1833 durch Oberbaurat Pertsch die Matthäuskirche erbaut worden war.

Mit all dem aber ist noch nichts gesagt vom eigentlichen Leben der Sonnenstraße. Zur Faschingszeit schlug ihre bewegteste Stunde. Eine Reihe von Vergnügungslokalen brachte den heitersten Umtrieb hierher. Da war das Orpheum, in dessen Sälen jeder einen Walzer gedreht haben mußte, der von sich sagen wollte, er habe den Münchner Fasching erlebt, zahlreiche Vereine hatten hier ihr Stammlokal. Neben dem Orpheum war es die Westendhalle, an der Stelle des späteren Volkstheaters, die großen Zuspruch fand. Ursprünglich hieß die Gaststätte »Zur Goldenen Ente«, um 1883 erhielt sie ihren neuen Namen, der sich rasch einbürgerte und das Unternehmen zu einer der volkstümlichsten Vergnügungsstätten werden ließ, die außerdem als Variété einen besonderen Ruf genoß. Die älteren Münchner aber werden sich noch der turbulenten Feste im »Trefler« erinnern mit den rauschenden Françaisen, zu denen Musikmeister Niklas aufspielte, justament im selben Hause, in dem der kauzige Romantiker Moritz von Schwind lebte und starb.

Wo man für die Maß Bier mit einem »Vergelt's Gott« zahlte

Im Franziskanerkloster bei St. Anna im Lehel bekam jeder Bedürftige einen Ranken Brot und eine Maß Bier am Tag

Mit einer Empfehlung in der Tasche von einem guten Freunde, der ihn an den Pater Eusebius im Franziskanerkloster am Lehel gewiesen hatte, machte sich August Lewald an einem Oktobertag des Jahres 1833 auf den Weg ins Lehel hinunter, ein Schriftsteller, Dramaturg des einstigen Isartortheaters, kurz ein Weltkind inmitten des noch ganz bäuerlich gestimmten Münchens, das die journalistische Neugier antrieb, hinter Klostermauern zu spähen, um darüber zu berichten. Jener Pater Eusebius aber schien ihm für sein Kundschafteramt in besonderer Weise geeignet, denn es war noch nicht gar lange her, daß der junge Ordensmann das Kleid des heiligen Franz genommen hatte. Beschäftigt mit dem pikanten Gedanken an die tanzlustigen und zechfreudigen Tage des Paters vor seinem Eintritt in den Orden, betrat Lewald das alte Gebäude und bemerkte als erstes »in einigen regelmäßigen Mauervertiefungen hölzerne Bänke und kleine Tische, worauf stattliche Krüge standen«, die er sofort als jene landesüblichen Gefäße erkannte, woraus man »das allgemein bekannte und beliebte, aus Gerste und Hopfen bereitete Getränk zu trinken pflegt«.

Abgesehen von den schlechten Gemälden an den weißgetünchten Wänden und der großen Reinlichkeit in allen Ecken des anschließenden Ganges, gibt ihm wiederum das Bier Gelegenheit zu einer weiteren Bemerkung. Ein älterer Mönch kommt ihm entgegen, einen leeren Krug in der Hand, vor einem kleinen Schenkfenster bleibt er stehen und läutet an dem Klingelzug. Ein lustig blickender Kopf erscheint am Fenster, eine Hand ergreift den Krug, verschwindet und reicht ihn schäumend gefüllt dem Wartenden, der sogleich daran nippt, um im Gehen keinen Tropfen des köstlichen Nasses zu verschütten.

Dieses Klosterbier der Franziskaner gehörte in der Tat zu den unwägbaren Werten unserer Stadt; es war so etwas wie eine Einrichtung, die der gebürtige Münchner als eine Selbstverständlichkeit hinnahm, obschon es eine ungewöhnliche Sache war. Bevor wir

Die Klosterbrauerei bei St. Anna im Lehel war die Zufluchtsstätte der Armen.

uns aber näher damit befassen, wollen wir unseren neugierigen Besucher auf seinem Entdeckungsgang begleiten.
Der alte Franziskaner mit dem schäumenden Maßkrug führt ihn in den ersten Stock des Klosterbaues zu den Zellen der Patres, über deren Türen die Schutzpatrone ihrer Bewohner gemalt waren.
Ein junger, recht blühender Mann mit blauen Augen und einem großen, freundlich lachenden Mund tritt ihm entgegen, Pater Euse-

Eine Maß Bier und ein Ranken Hausbrot als Gratisgabe half manchem Tagelöhner über verdienstlose Tage hinweg.

bius, der gerade über seiner nächsten Sonntagspredigt gesessen hatte. Nach kurzem Gespräch will sich der Besucher wieder verabschieden. Da kam er aber schön an. »Wie, Sie wollen schon fort? Es war stets eine schöne Sitte der Klöster, gastfrei zu sein, und unsere Häuser scheinen mir ganz dazu bestimmt, manche Sitte der Vorzeit zu schützen vor dem Untergang...« Und Eusebius nahm seinen Gast an der Hand und führte ihn die Treppe hinunter ins

Refektorium. Das freundliche Gesicht, das er schon bei seinem Eintritt im Schenkfenster bemerkt hatte, kredenzte auf einen Wink des Paters den vollen Krug und ein Stück Brot. Bier und Brot waren überaus kräftig, wie der Genießer loben mußte, und verwundert fragte er, wieso es in der Stadt nicht von derselben Güte angetroffen werde.

Nun bekam Lewald das Geheimnis der Güte des franziskanischen Klosterbiers zu hören. Es werde nicht gesotten, um beim Ausschank zu verdienen, sondern zur eigenen Nahrung, und manche Bürger kämen wegen des guten Trunks, um sich »an der lieben Gottesgabe zu laben«, und sie schenkten dafür reichlicher, als hätten sie ihren Abendtrunk im Wirtshaus genossen.

Eines freilich hat Pater Eusebius verschwiegen: die unzähligen Banzen, die die Franziskaner alljährlich als Gratisbier an die Armen ausschenkten, von denen sie nicht erwarten konnten, ein paar Kreuzer unter das Bierfilzl geschoben zu bekommen. Und das ist wohl der »innere Gehalt« der lieben Gottesgabe im Lehel und ein Beweis dafür, daß der Gerstensaft in unserer Stadt den Rang eines Nahrungsmittels hatte, das mit dem Brot in einem Atemzug genannt werden durfte. In norddeutschen Ohren freilich mußte das seltsam klingen; es war aber doch mehr als eine Kuriosität, wenn ein illustriertes Blatt wie die berühmte Wochenzeitschrift »Über Land und Meer« im Jahre 1867 eine Zeichnung veröffentlichte vom »Gratisbier an der Klosterpforte des Franziskanerklosters in München«, die wir hier wiedergeben. Sie stammt übrigens von berufener Hand. Der bekannt trinkfreudige Zeichner Josef Puschkin hat sie zu Papier gebracht, und wir dürfen mit Sicherheit annehmen, daß er mehr als einmal im Klosterbräustübl die Lippen an den Maßkrug der Franziskaner gesetzt hat. Und nicht nur Puschkin, wie Lewald weiter erzählt.

Nicht immer freilich sind es freundliche Gäste gewesen, die sich zu einem gemütlichen Abendtrunk im Refektorium des Klosters einfanden, und der Pater erzählt von ihnen wenig Erfreuliches: »Doch kamen nicht immer stille Bürger zu uns, die mit Erbauung in diesen Mauern sich Erquickung und Stärkung holen wollten; junge Leute aus allen Ständen eilten herbei und gedachten hier Gelage in Saus und Braus zu feiern. Sie begehrten mehr zu trinken, als sie vertragen konnten, brachten kalte Speisen mit, damit ihnen der Trunk besser munde, wollten auf unsere höfliche Mahnung nicht mehr

um sechs Uhr das Refektorium räumen und verhöhnten und verspotteten die Brüder.«
Noch schlimmer trieb es eines Tages eine andere Gesellschaft, die mit einer Rotte von Fanghunden erschienen war und, nachdem ihnen das Bier in den Kopf gestiegen war, schweinische Lieder anstimmte, aus den Vogelbauern an den Wänden die Singvögel freiließ, um sie von den Hunden totbeißen zu lassen, und Teller und Krüge zertrümmerte, bis eine Gendarmenpatrouille, durch den Höllenlärm aufmerksam geworden, die Krawaller festnahm und die Ordnung wiederherstellte. Um jene Zeit, als Puschkin an seiner Zeichnung strichelte, mag es auch gewesen sein, daß der berühmte Kammersänger August Kindermann des öfteren im Refektorium des Klosters einkehrte, wo er wegen seines Humors ein stets wohlgelittener Gast war. Bis auf den Tag, da ihn der Haber stach, nachdem er etwas über sein übliches Maß hinaus gebechert hatte. Ein Klosterbruder geleitete ihn, der über die gewöhnliche Zeit hinaus klebengeblieben war, durch den rückwärtigen Gemüsegarten zu einer kleinen Pforte, um den Leuten auf der Straße kein Ärgernis zu geben. »Haha«, lachte er verschmitzt, »das ist also das Hintertürchen, wo die schönen Mädchen hereingelassen werden!« »Nein«, erwiderte ihm der schlagfertige Pförtner, »das ist das Türl, wo die besoffenen Säu hinausgelassen werden.«

Ein königlicher Arzt, der allen diente

Herzog Carl Theodor wird nach dem frühen Tode seiner Frau, der Herzogin Sophie von Sachsen, Augenarzt und heilt Arme, ohne einen Heller zu nehmen, unterstützt von seiner zweiten Frau, Herzogin Maria-Josefa

Meran, auch Ostermünchen genannt, weil alle Jahre so viele Münchner zu Ostern dem Frühling nach Meran entgegenfahren, war im März 1885 so schön wie nur je. Blütenflocken stäubten über alle Wege, zartes Grün und zierliche Glycinien waren schon bis unter die Dachfirste der Villen hinaufgeklettert, der Kirschlorbeer an den Wegrändern stand üppig im Saft. Der Treffpunkt der Kurgäste, der Marie-Valerie-Garten, lag um die frühe Nachmittags-

stunde verlassen, nur drüben auf dem Weg zur Anhöhe von Obermais war Leben. Sarntaler und Pustertaler Bauern, Holzknechte, Winzer, dazwischen ein rasselnder Fiaker, strebten einer der Villen zu, deren Gittertore weit geöffnet waren. Ein Lakai wies die Ankommenden in die oberen Räume.
Ein seltsamer Cercle, der sich da seit ein paar Wochen um diese Stunde zusammenfand: Blinde mit erloschenen Augen, die sich von Dorfbuben geleiten ließen, Halbblinde, auf Stöcken sich ängstlich die Treppen hinauftastend, allesamt hergeführt durch die merkwürdige Nachricht, ein berühmter Augenarzt, ein wirklicher Prinz, habe sich niedergelassen, und er kuriere die Kranken aus purer Menschenliebe, ohne je einen Heller dafür zu nehmen. Es mußte wohl seine Richtigkeit haben, die Botschaft war schon zum Tagesgespräch von Meran geworden: Am Vormittag hatte der Arzt in den beiden großen Ordinationsräumen, die ihm im städtischen Krankenhaus nach seinen Wünschen eingerichtet worden waren, eine Reihe von Augenoperationen ausgeführt, und jetzt, kurz nach Tisch, begannen in seiner Privatvilla die Sprechstunden, 91 Patienten seien es gestern gewesen, hieß es. Er habe eine linde Hand und viel Geduld, und keiner gehe fort von ihm ohne Hoffnung, so lautete das Zeugnis aller, die sich ihm anvertraut hatten.
Was aber mochte den Arzt bewegen, als er so viele Hilfesuchende auf sich zukommen und vor der Türe seines Sprechzimmers warten sah? Als Menschenfreund erfüllte ihn sicher Genugtuung über das Vertrauen, wohl auch Freude über die Gnade des Helfenkönnens, die ihm zuteil geworden war, aber wenn er an den Zweck seines Meraner Aufenthaltes dachte, mußte er doch lächeln. Eine hartnäckige Bronchitis, die in dem ewig winterlichen München nicht von ihm weichen wollte, hatte ihn über die Berge gescheucht ins milde Klima Merans, aber sein Ruf war mitgereist als blinder Passagier; nun ja, er mochte sich nicht entziehen, um so weniger, als die linde Luft Südtirols ohnehin ihre heilende Kraft hergab.
So sind denn schließlich auch die zehn »Urlaubswochen« vergangen, und wenn er die Rechnung überschlug, dann hatten sie schöne Früchte getragen: eine ausgeheilte Bronchitis, 2000 Konsultationen, 1200 Behandlungen und 200 Staroperationen. Von diesem Jahr 1885 an kannten die Südtiroler Bauern ihren Augenarzt Herzog Dr. Carl Theodor und seine Gattin ebenso genau, wie ihn die Münchner kannten.

Carl Theodor, Herzog in Bayern (1839–1909), Münchens berühmter Augenarzt, mit seiner zweiten Gemahlin, Herzogin Maria Josefa von Braganza, Infantin von Portugal

Schriftstellernde und dichtende Ärzte und Maler sind seit Kortum und bis Carossa keine ganz ungewohnten Erscheinungen, ein Prinz aus der herzoglichen Linie Bayerns aber wird als Arzt weit mehr Vorbehalten begegnen als ein Bürgerlicher ohne Rang und Namen. Nach dem frühen Tod seiner Gattin, der Herzogin Sophie von Sachsen, die ihm nach nur zweijähriger Ehe entrissen worden war, wandte er sich entschlossen dem Medizinstudium zu. Die Kavalierpassionen, in denen er Meister war, die Hochgebirgsjägerei und das Reiten, schätzte er als Zutat, nicht als Inhalt eines ganzen Lebens, das vor ihm lag. Die Sprachwissenschaften, zu denen ihn eine ausgesprochene Begabung noch gewiesen hätte, verloren an Anziehungskraft gegenüber der Aussicht, den leidenden Menschen ver-

möge seiner besonderen gesellschaftlichen Stellung in weit höherem Maße helfen zu können als irgendein anderer.
Nachdem er sich mit den verschiedensten Zweigen der Medizin beschäftigt und in einer Irrenanstalt praktiziert hatte, bestimmte ihn ein bekannter Wiener Ophtalmologe, sich ausschließlich der Augenheilkunde zuzuwenden, besonders der operativen Wirksamkeit. Seine feinnervige Hand kam ihm dabei besonders zustatten, vor allem aber die Tatsache, daß er sich mit dem gleichen Geschick sowohl der rechten wie der linken Hand gleichzeitig bedienen konnte. Diese Begabung war keineswegs angeboren, sondern das Ergebnis einer unermüdlichen Erziehungsarbeit. Während seiner Studien hatte ihn eine Blutvergiftung des Gebrauchs der rechten Hand beraubt, und es spricht für die Energie des Herzogs, der diesen Anlaß benützte, um seine Linke in unablässiger Übung bis zur völlig gleichwertigen Gebrauchsfähigkeit zu schulen.
Anfang der siebziger Jahre nahm der Herzog in München seine Spezialpraxis als Augenarzt auf. Von Anfang an kein Modearzt für die Wehwehchen unverstandener Damen, suchten ihn zu allererst die Ärmsten der Armen auf, heimgekehrte Soldaten aus dem Siebziger Krieg, die Schaden an ihrem Augenlicht genommen hatten, und schließlich, mit dem sich mehrenden Ruf, Begüterte aus allen Kreisen.
Es ist an der Zeit, seiner »dritten Hand« zu gedenken, die sich ihm nach siebenjähriger Witwenschaft beigesellte, seiner zweiten Gattin, der Herzogin Maria Josefa von Braganza, Infantin von Portugal. Als charmante und geistvolle Frau kannten sie die Münchner, ihrem Gatten aber wurde sie die beste Assistentin, die es mit jeder Barmherzigen Schwester aufnehmen konnte. Anstatt ihre Zeit in Wohltätigkeitsbasars zu vertändeln, bemühte sie sich um die theoretischen und praktischen Kenntnisse, die sie in den Stand setzen konnten, ihren Gatten am Operationstisch und in der Ambulanz zu unterstützen.
Man sprach damals noch nicht so viel von den Nerven, und wie bei so manchem vielbeschäftigten Arzt darf man auch bei Herzog Carl Theodor fragen, wie er es möglich gemacht hat, in unverminderter Spannkraft fast pausenlos dem nie abschwellenden Strom von Heilungsuchenden gerecht zu werden. Selbst seine Ferien waren nicht viel mehr als Ortsveränderungen; in Meran zum Frühjahr, sommers im herzoglichen Schloß bei Tegernsee nahe Kreuth, öffneten

sich die Türen zu den Ordinationsräumen schon am Tage seiner Ankunft, dazu stand er mit namhaften medizinischen Autoritäten in einem regen Erfahrungsaustausch. Niemals, und das ist gewiß das höchste, was man von Carl Theodor sagen darf, hat ihn die Versuchung schwankend gemacht, dem Arzt durch den Herzog Vorspanndienste leisten zu lassen; nichts anderes ließ er von sich gegenüber der Öffentlichkeit gelten als sein Wirken, und dies nicht aus Spekulation, sondern von einem inneren Gesetz geleitet. Wie vielen Augenleidenden er und seine Gattin zu Helfern und Heilern wurden, das mag in den Listen der »Herzog-Carl-Theodor-Klinik« an der Nymphenburger Straße nachzulesen sein, ihr Zeithaben im willigen Anhören der seelischen Nöte ihrer Patienten und das caritative Verschenken an die Armen, das ist freilich nirgends verzeichnet. An seine Münchner Augenklinik und an die Filialen in Tegernsee und Meran hat das ideale Paar alljährlich ein Vermögen gewendet.

Am 30. November 1909 ist Herzog Carl Theodor gestorben und, seinem Willen gemäß, im schlichten schwarzen Rock beigesetzt worden. »Ein königlicher Arzt, der durch den Adel der Gesinnung den seiner Geburt überboten hat«, wie ein zeitgenössischer Chronist schrieb. Einer der ärmsten aus seiner Patientenschar, der alte Arthofervater von der Schwanthalerhöh, sagte damals bekümmert: »So a Mann sollt nia sterbn – und so oana kummt nimma!« Der Herzog hatte dem Veteranen von Siebzig das immer mehr schwindende Augenlicht jahrzehntelang zu retten versucht und, als das Unabänderliche dennoch eingetreten war, seine Hand von ihm nicht abgezogen.

Der bayerische Herkules war nie ein Halbstarker

Der Steyrer Hans aus Allach hebt mit dem Mittelfinger einen Stein von 528 Pfund und ist eine Münchner Einrichtung

Um das Jahr 1814 haben die Brüder Grimm das Märchen vom starken Hans aufgeschrieben, dem kräftigen Burschen, der sein Roß von einem Flußufer zum anderen heben, mit einer Hand Bäume ausreißen konnte und mit der Kraft seiner Schultern einen beladenen Wagen aus dem Straßengraben auf die Fahrbahn zu wuchten vermochte. Fünfunddreißig Jahre später, am 24. Juni 1849, ist der märchenhafte starke Hans tatsächlich in Allach an der Würm zur Welt gekommen als Sohn des Metzgermeisters und Gastwirts Josef und seiner Ehefrau Mathilde.

Er war erst vier Jahre alt, da fiel seiner Mutter schon einiges auf. Mit Vorliebe trieb er sich bei den Schweinen herum, die anderntags ans Schlachtmesser sollten, und fing mit den Tieren nicht ungefährliche Geräufe an. Umwerfen wollte er sie, deren Kraft ihn reizte, und seine Mutter sagte ahnungsvoll: »Mei Hansl werd a rechta Schliffi... der wachst si no aus!« Das war aber schon in Perchting bei Starnberg, wo sein Vater ein Gasthaus mit Ökonomie erworben hatte. Zunächst waren es weiter nichts als Bubenstreiche, die den kleinen Hans ins Gerede brachten. Mit einem Kameraden fing er sämtliche Hühner seiner Mutter zusammen und warf sie in einen Weiher: »So, dös müaßn jetzt alle Anterl wern!« In der Dorfschule war er als »stärkster Bua« der höchstgeachtete Raufer, dem kein Schweinseber zu wild, kein Baum zu hoch war und den beim Wettlaufen kein anderer einholen konnte. Als Zwölfjähriger trieb er schon die stärksten Tiere aus dem Gäu dem Vater ins Schlachthaus. Kein Metzger hatte jemals einen solchen Burschen an der Bank stehen. Das redete sich herum unter den Bauern von Perchting und Pasing, wo sein Vater anschließend eine Wirtschaft in Pacht genommen hatte. Im täglichen Umgang mit der Urkraft der Kreatur produzierte er als Fünfzehnjähriger sein erstes Spezialstückl: Er bändigte den bösartigsten Stier und führte ihn, Kraft gegen Kraft setzend, allein mit dem Mittelfinger im Nasenring, wohin er ihn nur haben wollte.

Zum erstenmal kam der starke Hans nach München, als sein Vater bald darauf die Wirtschaft »Wilhelm Tell« in der Schönfeldstraße übernommen hatte. Als Zwischenbemerkung sei hier eine Auffälligkeit eingeschaltet, die für das Wesen der Steyerischen aufschlußreich ist, für Hans aber von besonderer Bedeutung werden sollte: die unbayerische Ruhelosigkeit der Familie, die sie, kaum seßhaft geworden, schon wieder nach anderen Zielen greifen ließ. Dem starken Hans brachten diese häufigen Ortsveränderungen eine fast schlagartige Bewunderung aller Oberbayern ein, und wer nicht mit eigenen Augen Proben seiner sagenhaften Stärke gesehen hatte, der

konnte von Augenzeugen die beinahe unglaubwürdigen Stückln des Steyrer-Hans schildern hören.
Der Metzger Abenthum am Dultplatz, dem heutigen Maximiliansplatz, hatte jedenfalls noch nie einen Lehrbuben, der, wie sein Hans, jedes Kalb und jedes Ochsenviertel ohne Mithilfe auf die Fleischhänge heben und einen Hektoliterbanzen auf den Ganter stellen konnte. Von jeder Station seiner Metzgerburschenzeit wird eine neue Spezialität berichtet: In der »Alten Wirtschaft« in Lenggries entwickelt er den Sport des Steinhebens mit einem Finger an dem weitum berühmten »Hebmoarstoa«. (Für Wahlbayern: Unter »Hebmeier« versteht man in Lenggries einen Herkules.) Diesen Brocken erbat sich Hans zum Üben und brachte es nach kurzer Zeit dahin, daß er diesen Stein von vier Zentnern mit der Kraft seines Mittelfingers vom Boden heben konnte, den die stärksten Lenggrieser nur mit beiden Händen zu lupfen vermochten.
Der Siebzigerkrieg mehrte seinen Ruhm weniger als Soldat denn als Kraftmoar. Schon in der Garnison verwahrte er unter seiner Pritsche den Stein einer Wäschemangel im Gewicht von 100 Pfund, mit dem er ständig trainierte. Kein Soldat des Regiments hat ihm das Bravourstück nachmachen können: den Stein von der Schulter weg frei sechs- bis siebenmal gestreckten Armes hinaufzudrücken. Am Bahnhof in Straßburg machte er sich an eines der herumliegenden Eisenbahnräder und sagte zu seinen Kameraden: »Muaß i dös Radl da aufhebn?« »Nee, oller Freund, det läßt du wohl stehn!« sagte ein preußischer Kamerad. »Wos wett ma?« platzte Hans heraus. »Einen Taler.« Die Wette war im Nu für Hans entschieden. Im Park von Mancherau beobachtet er zwei Kameraden, die sich abmühen, eine eiserne Gartenbank in die leere Villa zu schaffen, ohne daß es ihnen gelingt, das schwere Möbel auch nur auf einer Seite mit vereinten Kräften zu heben. Hans nimmt seine ganze Kraft zusammen und schleppt die Bank auf dem Rücken über zwei Stiegen in ein Zimmer der Villa hinauf. Nach ermüdenden Tagesmärschen, wenn alle Kameraden erschöpft ins Gras sinken, springt er rein der Lustbarkeit halber mit vollem Gepäck über die breitesten Straßengräben, und in den Festungswerken von Montrouche expediert er die schwersten Mörser überallhin, wo man sie haben will.
Von dieser Art war der Ruhm, mit dem sich Hans Steyrer im Siebzigerkrieg bedeckt hatte und der ihm treu blieb, als er nach dem Krieg in fremde Lande ging, um die stärksten Männer der Welt

herauszufordern: in Wien Jagerndorfer, Stöhr, Ziegler und Rohrer, in Hamburg Karl Abs, in Berlin Grün und Ernest. Keiner gewinnt die Prämie von 1000 Mark, die der starke Hans ausgesetzt hat für denjenigen, der ihm das Heben eines 375 Pfund schweren Steins mit dem Mittelfinger nachmacht. Dabei hatte Hans noch ein Eisen im Feuer: einen zweiten Stein im Gewicht von 528 Pfund, den er im Jahre 1879 im Münchner Zirkus Herzog unter Herausforderung aller Schwerathleten seiner Zeit mit der Kraft seines Mittelfingers hob. In den Jahren 1880 bis 1885 forderte der eiserne Mann sogar in einer Europatournee die Konkurrenz aller Kraftsportler der Welt in die Schranken; Paris, Amsterdam, Antwerpen, Rotterdam waren die Stationen, und Hans blieb allerorten unbesiegt als »Bayerischer Herkules«.

Nebenher hören wir immer wieder von landläufigen Bravourleistungen, so im Jahre 1880, als er mit anderen auf der Landstraße bei Moorenweis einen Stier führte, der wegen der vorgebundenen Blende nicht mehr weiterzubringen war. Man nahm ihm die Blende ab, und nun gebärdete sich das Tier wie rasend. Aber Hans war gleich fertig mit ihm. Mit einer Hand fuhr er ihm in die Nüstern, mit der anderen packte er ihn bei den Hörnern und schleuderte den Wütenden mit einem gewaltigen Wurf in den Acker neben der Straße. Der Stier hatte seinen Meister gefunden und ließ sich nun, lamperlfromm geworden, ohne weitere Sperenzchen weiterführen.

Varietéstern, Zirkusathlet, dann wieder Metzgerbursch; man ahnt schon, daß Hans Steyrer von seinen Fahrten in die große Welt keine großen Reichtümer übrigblieben. Und das ist wahr: Die Stärke seiner Muskeln war die Schwäche seines haushälterischen Sinns, es gelang ihm nicht, das Geld zusammenzuhalten, obwohl er alles mehr als ein Verschwender war. Er heiratete die Tochter Mathilde des Schweinemetzgers Schäffer und übernahm gemeinsam mit ihr eine Wirtschaft in der Lindwurmstraße, dann den »Tutzinger Hof«, Ecke Bayer- und Hermann-Lingg-, der damaligen Kleestraße, und schließlich den »Tegernseer Garten« an der Tegernseer Landstraße, dem er den Namen »Gasthaus Steyrer-Hans« gab.

Seinem Lokalruhm tat das nicht den mindesten Abbruch, im Gegenteil: Ein bayerischer Herkules war den Münchnern lieber als ein internationaler Zirkuskünstler. Der Steyrer-Hans wurde zu einer Münchner Einrichtung wie das Platzl und das Glockenspiel. In den Zeitungen kündigte er an: »Alle Sonn- und Feiertage werden Kraft-

Der Steyrer-Hans, wie er sich den Photographen stellte

proben an die werten Gäste vorgezeigt. Besonders hervorzuheben ist das ›marschierende Reck‹, ausgeführt von den bayerischen Herkulessen Steyrer-Hans sen. und jun.« Bei dieser neuen Glanzleistung ließ der alte Hans den jungen an einem mit ausgestreckten Armen vorgehaltenen Reck Turnübungen ausführen. Und dann gab es so sagenhaft unwirkliche Dinge beim Steyrer zu sehen: seinen zwanzigpfündigen Spazierstock aus Eisen, ein Geschenk des sportbegeisterten Wieners G. von Nowotny, seine Schnupftabakdose aus Marmor, die 30 Pfund wog, zu der ihm einige Weilheimer Bürger einen Zinndeckel im Gewicht von weiteren 20 Pfund gestiftet hatten, und dazu konnte man der Übungsstätte des gewaltigen Mannes im Keller einen Besuch abstatten, in dem alle Gewichte, Eisenräder und Expander zu sehen waren, an die sich so viele Geschichten knüpften.

Als Wies'nwirt der »Spatenbude« ist er sogar zum Pionier einer heutigen Festgepflogenheit geworden. Er zog als erster Wies'nwirt von Giesing aus mit sieben geschmückten Zweispännern im »Corso« auf die Wies'n, voraus Hans mit Gattin im Vierspänner. Beim »Weißen« im Tal wurde Zwischenstation gemacht, aber die Polizei und der Oberamtsrichter verstanden keinen Spaß. Steyrer wurde zu hundert Mark Geldstrafe verurteilt wegen des »unerlaubten

Corsos«. »Dös is do a wengl kräftig«, meinte der Hans im Abgehen.
Am 25. August 1906 ist der bayerische Herkules »an einer Art Wassersucht« im Alter von 57 Jahren gestorben und im Ostfriedhof begraben worden. Der starke Hans, der das Märchen der Brüder Grimm wahrgemacht und um viele Pointen bereichert hat. Dies aber hebt ihn für immer ins Märchenhafte: daß er niemals seine Kräfte mißbrauchte und ferne allem Muskelprotzentum zeitlebens ein gutmütig-kindlicher Mensch geblieben ist. Bis heute ist er unvergessen. Aber außer dem »Hebmoarstoa« des Hans, seinem Spazierstock und seiner Schnupftabakdose gibt es auch noch quicklebendige Erinnerungen: seine beiden Enkelinnen Elisabeth und Mathilde, die heutige Frau Stadler von der Boschetsrieder Straße, die uns aus der Familienüberlieferung viel von dem erzählt hat, was in diesen Zeilen geschrieben steht. Nahe seinem Geburtsort Allach, in Obermenzing, hat die Stadtgemeinde München eine Straße zu Ehren ihres stärksten Bürgers benannt.

Ludwig I. legt einen Vers aufs Krankenbett Ferdinand von Millers

Ein Schmied der Erzgießerei Ferdinand von Millers verjagt die Gräfin Landsfeld (Lola Montez) aus der Gießerei – König Ludwig I. besucht Ferdinand von Miller am Krankenbett

In den fünfziger Jahren des vorigen Jahrhunderts war es außerhalb des Stiglmaierplatzes noch recht einsam. Die Löwenbrauerei, die Georg Brey nach 1826 aus der Enge der Löwengrube dort hinaus zu verlegen begonnen hatte, war noch lange nicht zu dem großen Komplex herangewachsen, als den wir sie heute kennen; ihre Nachbarin, die königliche Erzgießerei auf der Feldstraße, lag schon auf freier Flur, nur in der Grabenstraße, der heutigen Linprunstraße, staffelten sich einstöckige kleine Häuschen, die ebenso kleinen Leuten gehörten: Milchmännern, Salzstößlern, Handwerkern, in der Hauptsache aber Taglöhnern. Auf der mageren Schafweide hinter der Gießerei lagen Gußstücke herum, der Löwe, der Arm, das Haupt und andere Teile der Bavaria, die eben in Arbeit war.

An jedem Sonntagnachmittag gegen vier Uhr schien das Gelände ausgestorben, die Arbeit ruhte an diesem Tag, auch wenn sie noch so eilig war, und der Fußball war noch nicht erfunden. Nur ein Bauer kam, von Moosach her, im bedächtigen Ackerschritt gegangen. Auf einmal blieb er stehen und hob horchend den Kopf. Es war ihm, als hätte er eine Stimme gehört, einen Hilferuf, aber er konnte nichts Lebendiges entdecken, und nun schwieg die Stimme auch schon wieder. Er wollte sich eben wieder auf den Weg machen, als sich erneut die Schreie erhoben, die aus der Erde heraufzutönen schienen, denn der Rufer blieb ihm verborgen. Da ging der Bauer zum nahen Gießhaus und fand auch ein paar Leute, die er aus ihrem Sonntagsfrieden aufrebellte. Nach langem Suchen entdeckten sie den kläglichen Schreier, der mit dem Kopf voran im Innern des Bavarialöwen steckte, eingezwängt im Unterkiefer, so daß nur die Beine sichtbar waren. Man mußte erst seine Kamelhaarbluse zerschneiden, um den Heulenden ans Tageslicht zu bringen. Es war einer von den acht Millerbuben, der sich beim Versteckerlspielen diesen aparten Schlupfwinkel ausgetiftelt hatte, in dem ihn die Brüder und Freunde nicht gefunden und, überdrüssig des Spiels, die Partie längst aufgegeben und sich anderswohin zu kurzweiligeren Unterhaltungen wegbegeben hatten. Aus dem achtjährigen Löwenabenteurer ist später der berühmte Erzgießer, Bildhauer und Präsident der Akademie der Bildenden Künste, Münchens Ehrenbürger Ferdinand Freiherr von Miller geworden, der in seinem Erinnerungsbuch zahllose hübsche Geschichten seines reichen Lebens erzählt, viele lustige und auch so manche ernste. Eine weniger bekanntgewordene handelt von dem groben Schmied Reichherzer.

Um 1848 herum, in der Lola-Montez-Ära, war man mit dem Guß der Einzelteile zur Bavaria beschäftigt. Ganz München wußte natürlich davon, und an Neugierigen, die den Fortschritt der Arbeiten sehen wollten, fehlte es nicht. Da es aber für Betriebsfremde nicht ohne Gefahr war, in den Räumen der Gießerei herumzugehen, hatte der Vater Ferdinand ein striktes Gebot erlassen, keinen Besucher einzulassen, und den ältesten der Schmiede, einen gewissen Reichherzer, als Cerberus bestellt. Eines Tages war eine junge Dame mit zwei Studenten erschienen. Reichherzer stand an seinem Amboß und verwehrte den dreien den Einlaß. »Die Dame darf schon herein«, sagte einer der Begleiter, »das ist die Gräfin Landsfeld«. Reichherzer, der offenbar noch nicht vernommen hatte, daß mit diesem Namen die spanische Tänzerin Lola Montez hinaufgeadelt worden war, stellte sich den Eindringlingen in den Weg: »Gräfin Landsfeld hin – Gräfin Landsfeld her, das ist mir ganz gleich, wer es ist. Ich habe den Auftrag, keinen Menschen hereinzulassen ohne Erlaubnis des Inspektors. Und Sie kommen auch nicht herein!« Kaum gesagt, hatte die Dame ihre kleine Reitpeitsche erhoben, dem Schmied einen ihrer bekannten Hiebe versetzt und wollte ihn beiseite schieben. Da erwachte in Reichherzer der gache Zorn, er schwang seinen Jackelhammer: »Noch einen Schritt weiter«, rief er, »und ich hau dir den Schädel auseinander!« Das war nun grob, saugrob sogar, den Duzfuß nicht einmal eingerechnet, aber es half. Die Dame entwich mit ihrer Sauvegarde unter heftigen Drohungen.

Noch am selben Nachmittag erhielt Vater Ferdinand ein königliches Handbillett: Der Mann müsse sofort entlassen werden. Das war nun gar nicht nach dem Sinn Ferdinand von Millers, der, nachdem er sich von seinem Schmied den Hergang hatte berichten lassen, dem König schriftlich die näheren Umstände schilderte. Schon am nächsten Tag war Ludwig I. in der Gießerei: »Der Fall wurde mir anders erzählt, Miller, Sie haben ganz recht, aber sehen möchte ich den Mann doch.« Sie gingen zusammen in die Schmiede, und Miller zeigte ihm den Schmied, der nun freilich so gar nicht mehr martialisch an seinem Amboß stand. Der König sprach ihn an: »Sie sind also der Grobian, der die Gräfin Landsfeld erschlagen wollte. Sie haben ganz recht; Sie haben ihre Pflicht getan, aber ein Grobian sind Sie doch!«

Mag dieses Erlebnis für alle drei Beteiligten charakteristisch sein, ein weit ernsteres Ereignis wirft ein noch helleres Licht auf das Verhältnis des Königs zu seinem Erzgießer und leuchtet ins Herz eines Mäzens, der über seinem oft unerbittlichen Drängen auf Vollendung eines Werkes die menschliche Sphäre nie verletzte.

Es war zwölf Jahre später, 1860, und man war eben daran, eine Statue des Generals Wrede zu gießen, die der König als Geschenk der Stadt Heidelberg zugedacht hatte. Vater Ferdinand lag sterbenskrank in einem Zimmer neben dem Gußhaus, so lag die Verantwortung des Werks ganz auf den Schultern des achtzehnjährigen Sohnes. 27 Stunden war schon geheizt worden. Ferdinand stand mit dem Schmied Reichherzer im Gußhaus, als sie plötzlich im Gebälk Funken blitzen sahen, jeden Augenblick konnten die

Ferdinand von Miller (1813–1887),
Inspektor der königlichen Erzgießerei
(nach einem Stich von Weger)

Flammen aufzüngeln. Die Anweisung gebend, tüchtig weiterzuschüren, um vielleicht doch noch vor Ausbruch des Brandes den Guß ausführen zu können, stürzte Ferdinand zum Stall, sattelte das Reitpferd des Vaters und ritt in Karriere durch die Stadt, um die Feuerwehr am Jakobsplatz zu alarmieren. Eine Viertelstunde darauf war er zurück und fand, daß das Feuer nur geringe Fortschritte gemacht hatte. Der junge Erzgießer sah in den Ofen: Das Metall war zwar flüssig geworden, aber längst noch nicht heiß genug. Schon fielen brennende Sparren vom Gebälk. Die inzwischen eingetroffene Feuerwehr drängte, mit dem Löschen zu beginnen,

aber Ferdinand erklärte: »Wenn eine Spur Wasser in den Ofen mit seinen 80 Zentnern flüssigen Metalls komme, gebe es eine Explosion, wie wenn ein Pulverfaß in die Luft fliegt. Noch zehn Minuten wurden zugegeben, dann stieß der Gießer den Zapfen aus, das Metall prasselte in den Kanal, stockte aber schon beim Ablaufen. Der Guß war mißlungen. Die Balken stürzten lodernd in die Tiefe, kurz nachdem die Männer sich hatten in Sicherheit bringen können. Der Brand wurde gelöscht.
Da war auch schon der König eingetroffen, den die Brandmeldung rasch erreicht hatte. »Schöne Geschichten!« fauchte er den jungen Erzgießer an, »das Gußhaus abgebrannt! Was wurde gegossen?«
»General Wrede, Majestät, aber der Guß ist mißlungen«, stotterte Ferdinand. »Was, mißlungen! Zum Teufel noch einmal! Wrede muß im Frühjahr aufgestellt werden.« Darauf verlangte er, unverzüglich zum Vater geführt zu werden. »Majestät, es geht nicht. Er ist so angegriffen.« – »Macht nichts«, schnitt ihm Ludwig alle Einwände ab, »ich will Ihren Vater sprechen.«
Ferdinand voran, der König auf dem Fuße folgend, eilten sie die Treppe zur Wohnung hinauf. Beim Anblick des Königs brach der Kranke in Tränen aus. Der König sagte: »Miller, warum weinen Sie denn?«
»Ja, Majestät, es ist zuviel, was auf mich eindringt. Ich bin sehr schwer krank, das Gußhaus ist abgebrannt, der Guß mißlungen. Ich bin unglücklich, den Wunsch von Majestät nicht erfüllen zu können. Ferdinand hat sein möglichstes getan...«
Und nun geschah die Verwandlung des sonst doch so autokratischen Mannes, als der sich Aug' in Auge der baren Verzweiflung gegenübersah: »Aber was macht denn das?« rief er, als wäre ihm ein Glückslos zugefallen. »Das Gußhaus bauen wir wieder auf, und es ist ja ganz gleich, ob der Wrede dieses oder nächstes Jahr aufgestellt wird. Das macht alles nichts. Nur nicht weinen, Miller! Denken Sie sich, was ich alles durchgemacht habe...« Und er setzte ein paar Worte über die Bitternisse des 48er Jahres hinzu, die sich die Münchner nicht hinter den Spiegel stecken würden... »Damals habe ich mir die Verse niedergeschrieben:

Was ist, das ist
Ein Tor du bist,
Willst du darum dich grämen,
Wirst nur dein Leben lähmen.

Miller merken Sie sich das«, schloß er, »daß paßt für Sie auch. Da kann man nichts machen.«
In diesem Augenblick trat die Gattin des Meisters in die Stube und bat den König, den Spruch zu wiederholen, damit sie sich ihn merken könne. Der König ließ sich Papier und Tinte geben und schrieb den Spruch nieder, der zu allen Zeiten Gültigkeit hat für König, Bürger und Edelmann.

Die Münchner verlangten immer wieder »ihren Bürkel«

Der Maler Heinrich Bürkel, der Schilderer der Schiffstreidler, der Sennerinnen, der Schützenfeste, der Heuernte, der Roßmärkte, der Freund Adalbert Stifters, stirbt am 10. Juni 1869

In den Dezembertagen vor neunzig Jahren sah man oft den Maler Karl Spitzweg in das Haus Blumenstraße 7 eintreten. An einer Wohnungstüre des zweiten Stocks schellte er, nicht heftig, sondern gerade so laut, daß man die Glocke hören konnte; er bemühte sich, recht unbefangen dreinzuschauen. Es war ja nicht bloß ein Freundschaftsbesuch, sondern leider auch ein Krankenbesuch, zu dem er sich aufgemacht hatte. Es stand nicht zum besten um seinen Freund Heinrich Bürkel: Vor drei Jahren hatte ihn der Schlag getroffen, aber wenn er sich auch wieder aufrappeln konnte, so täuschte er sich selbst am wenigsten darüber hinweg, daß er die künstlerische Fruchtbarkeit der letzten Jahre nur seinem eisernen Willen, nicht aber seiner einst mühelos schaffenden Kraft verdankte.
Die auswärtigen Freunde des Kunstmalers und die meisten Münchner, ausgenommen seine intimsten Freunde, wie Spitzweg und Volz, wußten nicht um seine bedrohte Gesundheit. Wie sollten sie auch! Im Frühling des Jahres 1865 sah man im Kunstverein noch ein Gemälde von seiner Hand, den »Raubanfall mit dem Eichwald«, ausgestellt, der Oberlandesgerichtsdirektor Franz X. Molitor hatte es damals gewonnen, und nun im Herbst war er schon wieder mit zwei weiteren Ölgemälden im Kunstverein unter den Arkaden vertreten, einem »Pferdemarkt« und einem »Winterbild«,

das einen Kalkofen am Isarufer zwischen Grünwald und Pullach zeigte. Doch waren diese drei Meisterbilder das wenigste. Seine Malerfreunde wußten um weitere dreißig Gemälde, die der rastlos Tätige in diesem einen Krankheitsjahr geschaffen hatte, kaum weniger an Zahl als in seinen besten Jahren und, was noch mehr bedeutete, fast alle meisterliche Werke, in denen nichts von Erlahmung zu spüren war.

Nicht gerade seine besten Jahre, aber doch die schönsten Tage seines Lebens hat der Meister als Zwanzigjähriger in der Schleißheimer Galerie verbracht bei seinen geliebten Holländern Wouverman, Ruysdael und Wynant. Er hatte keine Zeit zu verlieren; denn die 50 Gulden, die ihm die Eltern in Pirmasens als Starthilfe mitgegeben hatten, drohten hoffnungslos im Bummelbetrieb der Akademie zu versinken, und was dann? Hier in Schleißheim konnte sich seine ohnehin anspruchslose Natur mit wenigem begnügen. Käse, Butter und Milch kosteten fast nichts, der Schleißheimer Lehrer Maier steckte ihm öfters Küchln zu, wohnen konnte er bei seinem gleichaltrigen Malerkollegen Ernst Kaiser, von dem wir heute noch viele Gebirgsbilder mit dem duftigsten Föhnblau haben, und ein freiherrlicher Gutsbesitzer stiftete dem jungen Mann eine Roßdekke, die noch kein Frierender je verschmäht hat.

Ja, hier in Schleißheim konnte er dem Galeriedirektor Peter von Langer eine Nase drehen. Als zu alt und talentlos hatte der Galeriegewaltige den Zweiundzwanzigjährigen charakterisiert. Bürkel brauchte das nicht zu verdrießen; er wußte sehr wohl, daß Langer einstmals auch Peter Cornelius alles Talent abgesprochen, Heinrich Heß gar von der Akademie verwiesen und Ludwig Schwanthaler den hämischen Rat gegeben hatte, sich wegen totaler Unbegabung einem anderen Beruf zuzuwenden. Nein, irremachen konnte Heinrich Bürkel dieses offenbare Fehlurteil nicht, nur das eine: Förderung hatte er keine zu erwarten, auf sich selbst gestellt würde er sich durchbeißen müssen bis zur bescheidenen Anerkennung.

In Schleißheim also kopierte er, wie gesagt, die Niederländer; aus eigenem kamen, ähnlich wie früher bei dem berühmten Pferde- und Schlachtenmaler Albrecht Adam, Reminiszenzen aus seinen Pirmasenser Kindheitstagen mit ihren ewigen Durchzügen des Soldatenvolks während der napoleonischen Kriege.

Er findet Käufer für seine Kopien, auch die Militärszenen bringt er an den Mann; das bringt ihm genug Mittel, daß er sich bald von der

Heinrich Bürkel (1802–1869)
(nach einem Holzschnitt von A. Neumann)

Kopistenarbeit lösen und auf Entdeckungsreisen gehen kann. Unter seinen Kollegen gewinnt er Freunde, Peter Heß und der Belgier J. Cogels gehören zu seinem Kreis, von dem er mehr Anregung und Weisung erfährt als von der Akademie und ihrer trockenen Formalistik. Mit Freund Karl Altmann wandert er in die Berge. Sie werden dem Pfälzer zum richtungweisenden Erlebnis.

Zu seinem Glück trat schon im Jahre 1824 ein Ereignis ein, das Bürkel, wie allen seinen Freunden, die sich der bis dahin von Offiziellen verachteten Genremalerei verschrieben hatten, den Weg in die Öffentlichkeit und die Gleichberechtigung eröffnete: die Gründung des Kunstvereins. Mit nicht weniger als acht Gemälden finden wir schon in der ersten Ausstellung den jungen Meister unter den Arkaden vertreten. Als erstes Bild eine Landschaft mit Bauernhütten und Regengewölk, mit der Darstellung der Emmeramkapelle bei Oberföhring, die übrigen Bilder Szenen mit polnischen Bauern, Pferdehändlern, französischen Grenadieren und russischen Kosaken.

Ein großer Segen für Bürkel, diese Kunstvereinsgründung, wie sein Enkel, Luigi von Bürkel, in der Monographie seines Großvaters schreibt: »Die Münchner verlangten ›ihren Bürkel‹ in der Verlosung, und vom Jahre 1825 ab hat er bis zu seinem Tode vierzig Bilder für über 100000 Gulden an den Kunstverein verkauft.«

Das Voralpenland und die ganze Kette des Hochgebirges erschließen sich dem Meister in der Beobachtung der Natur, der Menschen und der Tiere. Wo immer sich etwas rührt, auf der Erde oder am Firmament, es entgeht ihm nichts. Bürkel wird zum Schilderer der Schiffstreidler auf dem Inn, der Sennerinnen, der Schützenfeste, der Heuernte, der Kalkbrenner und Dorfschmiede, der Pferdeschwemme, der Hammerschmieden, Roßmärkte, der Fuhrleute und der Raufhändel. Wir wollen den Meister nun nicht begleiten auf seiner Romreise und bei seinem Aufenthalt in der Ewigen Stadt, in der er vom Herbst 1830 bis 1832 weilte und neue Eindrükke empfing, die seinem Schaffen mit der südlich bunten Welt eine zweite Ebene auftaten.

Seine Bilder gehen nun schon in alle Länder Europas und übers Meer nach Amerika. Die Kunsthändler reißen ihm jedes neue Bild von der Staffelei. Der Hausdiener des »Bayerischen Hofs« führt ihm jedes Jahr ein paar neue Kunstfreunde zu, aus Philadelphia, aus Edinburgh, Petersburg und London. Waren das noch Zeiten, da nicht hochgeeichte Kunstexperten, sondern schlichte Wirtshausknechtln ihre Vermittlerrolle spielten!

Es konnte nicht ausbleiben, daß die liebenswürdig-wahren Bilder Bürkels dem Meister in der Fremde Freunde warben. Adalbert Stifter ist einer davon. Seit 1835 sind Bürkels Schöpfungen seine Freude, schreibt Stifter 1860. Einer ersten persönlichen Begegnung mit dem Dichter des Böhmerwalds auf einer Wiener Kunstausstellung in den vierziger Jahren folgt der erste Besuch Stifters bei Meister Bürkel in der Blumenstraße im Jahre 1846. Ein reger Briefwechsel und persönliche Begegnungen pflegen eine Freundschaft, die nicht bloß auf den Ankäufen steht, die Stifter als Mitglied der Ankaufskommission für die werdende Landesgalerie in Linz fördert. Noch zwei Monate vor seinem Tod, am 21. November 1867, schreibt Stifter an den Freund: »Gott erhalte Dich in Deiner Schöpfungskraft, ein Bürkel kommt so bald nicht wieder auf die Welt; liebe mich ein bißchen für das Viele, womit ich Dich liebe, und sende mir einige freundliche Zeilen...«

Ja, und nun, da den Linzer Freund schon zehn Monate der Rasen deckt, sitzt Heinrich Bürkel in seinem alten Stuhl, den ein paar Eisenklammern zusammenhalten müssen, so baufällig ist er schon geworden. Das Möbel war mit ihm alt geworden, meinte er, nun mochte er ihm auch jetzt nicht den Abschied geben.

Von peinigender Schlaflosigkeit heimgesucht, verschärfte sich sein Leiden zusehends seit den Dezembertagen 1868. Längst ahnt er das nahende Ende. »Es gibt Menschen«, hörte man ihn damals sagen, »die mit Mut dem Tode entgegensehen. Man hätte sich mit religiösen Gedanken immer abgeben und mit gescheiten Leuten besprechen sollen, sonst steht man da, wie das Kind vor dem Dreck.« Mehr als bloß persönliche Tragik aber spricht aus einem anderen Begebnis, das uns sein Enkel überliefert: »Einmal versuchte er, an der Staffelei sitzend, das Vaterunser zu sagen. Er war peinlich davon berührt, die Worte nicht mehr zu finden...« Jenseits aller persönlichen Tragik erhebt sich hinter diesem Unvermögen das Antlitz seiner Zeit.

Am 10. Juni 1869 starb Heinrich Bürkel. Seine Bilder aber sind jung und bis auf diesen Tag umworben geblieben – von den Kunstsammlern und den liebevollen Betrachtern, die den ewigen Werten der Heimat, der Sitte und der schönen Bräuche zugetan sind.

Massenwahn treibt Sommerblüten im oberbayerischen Land

Die Unternehmungen der Adele Spitzeder

Berthold von Regensburg, der Dominikanermönch und Sittenprediger des Mittelalters, pflegte bei seinen Wanderzügen viele Zehntausende auf freiem Feld zu versammeln, denn keine Kirche vermochte ihre Überzahl zu fassen. Dann bestieg er einen Baum, prüfte die Windrichtung, wobei er eine kleine Feder in die Luft segeln ließ, und befahl seinen Zuhörern, sich in die Windrichtung um ihn zu scharen, damit sie ihn auch hören konnten, denn Lautsprecher gab es ja damals nicht. Seine Sprache war so gewaltig, die Derbheit seiner Formulierungen so volksnah und bilderreich, daß viele unter der erschütterten Menge ihr Hab und Gut von sich warfen und fortan das geistliche Kleid erwählten. Andere gingen, im tiefsten Grund ihrer Seele aufgewühlt, von dannen, verließen den Weg, den sie bisher in Bosheit und Niedertracht gegangen waren, und wandelten künftig auf dem Pfad der Tugend. Der Prediger Berthold war ein Fanatiker. Doch spielte er auf der Klaviatur des Massenwahns nicht als Hasardeur, und was er mit dem Feuer seiner Predigten bewirkte, geriet keinem zu Schaden.

Man kann nun eine Adele Spitzeder keineswegs mit dem Dominikanermönch Berthold vergleichen, nur eines ist beiden gemeinsam: die zwingende Fähigkeit, Menschen zu beeinflussen, der eine zu gutem, die andere zu schlimmem Ausgang.

Im Herbst 1870 war die Spitzederin in München angekommen als nicht unbegabte, aber intrigante Schauspielerin. In mehreren Gastspielreisen hatte sie nirgends Fuß fassen und sich einen Namen machen können. Mittellos, wie sie war, fiel sie, selbst völlig bedenkenlos, in die Hände schamloser Wucherer, die sie ausbeuteten. Die Zeitspanne, die sie in den Klauen der Manichäer festhielt, war ihre Lehrzeit. In ihren Erinnerungen, »Geschichte meines Lebens«, der wir hier folgen, schildert sie den Anfang ihres Aufstiegs von der bettelarmen Schauspielerin zur millionenschweren Betrügerin: »Durch meine frühere Holzfrau wurde ich mit der Frau eines in der Au wohnenden Zimmermanns bekannt, welch erstere sich damals in gesegneten Umständen befand und mich im voraus bat, Gevatterstelle zu vertreten. Sie brachte mir Geld und vermittelte späterhin noch weitere Darlehen von einem Berufsgenossen ihres Mannes. Letzterer machte sodann Geschäfte mit mir und war überhaupt der erste von den Tausenden, welche so viel persönliches Zutrauen zu mir faßten, ohne jedwede Sicherheit oder Dekkung Geld darzuleihen.« Der hohe Zins, den sie für die Gelder zahlte, nämlich zehn Prozent im Monat, ließ die Lawine der Geldgeber gegen alle wirtschaftliche Vernunft anschwellen. Manche wurden reich dabei, soferne sie ihre Darlehen so rechtzeitig zurückforderten, als der Strom des Geldeingangs das Rinnsal der Abheber beträchtlich überstieg; denn die Spitzederin zahlte bis dahin die gekündigten Gelder samt den enormen Zinsen bei Kreuzer und Gulden pünktlich aus.

Ein Schimmer von Mißtrauen freilich haftete ihren dubiosen Geldgeschäften auch in der ersten Zeit an. Teils waren es die heftigen Angriffe der Presse, teils Warnungen der Behörden und der Geistlichkeit und nicht zuletzt Gerüchte, die über ihre Lebensführung in Umlauf waren. Mehr als einmal hieß es, Adele Spitzeder sei außer Landes gereist, um eine Kur im Süden zu gebrauchen. Aber die Betrügerin hütete sich, trotz des Anratens ihres Arztes, jemals durch längere Anwesenheit die geldgierige Unvernunft stutzig zu machen und sich ihres Anblicks zu entziehen. So übte ihr Erscheinen, wie sie selbst schreibt, »... unter diesem Conglomerat von Leuten – besonders in der Sturm-und-Drang-Periode – stets eine, ich möchte fast sagen magische Wirkung aus«.

Lediglich am Wochenende wagte sie München zu verlassen zu einer Landpartie, da, wie sie berichtet, »ich mich zu der vom Arzt angerathenen Badreise nimmermehr entschließen konnte«. Im zweisitzigen Phaeton bevorzugte sie in der ersten Zeit Nymphenburg, bei späteren Ausflügen steckte sie ihre Ziele weiter. Ihre Begleitung war, wie sie selbst, verdächtig. Rosa Ehinger, ihre Freundin, »deren Art des Umgangs mit Adele keinen Zweifeln unterliegen konnte«, wie sie Georg Jakob Wolf charakterisiert, blieb stets an ihrer Seite, ferner Napoleon Homolatsch, ein Druckereibesitzer und Herausgeber eines Theaterblättchens, Friedrich Fränkel, ebenfalls Druckereibesitzer und Redakteur des »schätzbaren« Blättchens »Die Stadtfraubas«, und Dr. Zander, der als Redakteur des »Volksboten« sich ebenso wie die anderen dazu mißbrauchen ließ, die Praktiken ihrer Förderin zu verteidigen. Schmarotzer waren sie allesamt, wie auch Georg Zeitler, ein früherer Polizist, den sie als Kontrolleur in ihrem Geldinstitut angestellt hatte und der sich lange Zeit der besonderen Gunst Adeles erfreute. Feldafing war einer ihrer Lieblingsorte, wo sie bei einer Wirtin einkehrte, die bei ihr Geld angelegt hatte. Sie erwarb sogar eine Villa zwischen Feldafing und Possenhofen, die ihr »ziemlich billig angetragen« worden sein soll. Sie gab ihr den Namen »Rosa«, weil sie der Roseninsel gegenüber gelegen war, und ließ im Garten lauter Rosen pflanzen.

Die Selbstgefälligkeit, mit der sie über die Ovationen berichtet, die ihr von der Landbevölkerung dargebracht wurden, stimmt freilich nicht recht überein mit ihrer Behauptung, sie sei darüber tief betroffen gewesen und habe getrachtet, ihnen, so gut es ging, zu entfliehen. In Miesbach beispielsweise war sie beim Waitzingerbräu abgestiegen. Als sie wieder wegfahren wollte, hätte sich eine »Unmasse von Menschen angesammelt, alle von dem gleichen Streben beseelt, mich zu sehen, selbst die niederen Hausdächer waren dicht besäet von Personen«. Das ist sicher nicht übertrieben, wie so vieles in ihrer Lebensbeschreibung; es lebten ja zur Zeit der Veröffentlichung im Jahre 1878 noch genug Augenzeugen, die sie hätten Lügen strafen können. Daß sie aber dem Drängen, sich zu zeigen, höchst ungern nachgegeben habe, ist ganz unglaubhaft. Ein tausendstimmiges Hochrufen sei erschollen, die Gebirgsschützen spielten ein hübsches Lied, ihr Wagen wurde bekränzt, die begeisterte Menge hob sie in den Wagen, und Tausende säumten die Straßen ihrer Ausfahrt.
Bei der Durchfahrt durch Pfaffenhofen wollte sie, um die Pferde rasten zu lassen, eine Pause einlegen, als sie aus der Wirtschaft, vor der sie angefahren war, Tanzmusik hörte. Obgleich sie den Kutscher anwies, sofort weiterzufahren, hatten sie mehrere der Anwesenden erkannt und umringten ihren Wagen. Rasch sei die Musik hinter ihr her gewesen, spielte auf, und nur mit Mühe gelang es ihr, sich unter den lauten Jubelrufen der Menge zu entfernen.
Gleich einer regierenden Fürstin bei ihrer ersten Ausfahrt nach der Geburt des Thronfolgers reihten sich die Reisetriumphe der Adele Spitzeder aneinander. Bei einer Landpartie nach Bad Kreuth wurde sie in Sauerlach von der Frau des Stationsmeisters aufgehalten und gebeten, sich bei ihr auszuruhen. Beim Weg zum Abendessen ins Gasthaus hatte sich das Landvolk massenhaft angesammelt, und einer aus der Menge nassauerte plump: »Fräuln Spitzeder, mir hättn an Durscht, gengas, zahln S' uns a Maß, es is so hoaß heit!« Huldvoll genehmigte Adele: »No, laßt's enk halt an halbn Eimer (= 30 Maß) gebn!«
Der höchste Triumph stand ihr aber erst in Bad Kreuth bevor, wo die Reisegesellschaft übernachtete. Eine eben anwesende Musikkapelle ließ es sich nicht nehmen, der guldenschweren »Wohltäterin« einige Stücke zum besten zu geben. Die Kapelle wurde, gewiß nicht verstohlens, mit dreißig Gulden belohnt. Wenn es stimmt,

daß zu jener Zeit auch der bayerische Justizminister mit einigen Kollegen in Bad Kreuth weilte und Zeuge der Huldigungen wurde, darf man ihr ausnahmsweise beipflichten, wenn sie meint, »daß die Herren über diese Ovationen, welche man meiner Person darbrachte, nicht sonderlich erbaut gewesen sein mögen«.
Wie schamlos sich ihre Umgebung die gezielte Freigebigkeit der Spitzeder zunutze machte, geht aus einer weiteren Bemerkung hervor. Bei einem italienischen Bijouteriewarenhändler, der im Kurhaus einen kleinen Bazar unterhielt, erlaubte sie ihrer Gesellschaft, eine Kleinigkeit zum Andenken einzukaufen. Die Kleinigkeit habe sich auf über 130 Gulden belaufen, wie sie angibt.
Die Beamten waren ihr natürlich samt und sonders nicht grün. In Tegernsee traf sie bei einem Wirtshausbesuch viele »Gäste aus der besseren Gesellschaft«, darunter viele Beamte, die mit ärgerlichen Blicken mit ansahen, wie die Tegernseer den Wagen Adeles mit Blumen schmückten. Bei der Abfahrt habe ihr einer der Gäste nachgerufen, sie solle doch in den See fahren!
In Fürstenfeldbruck überschlug sich der Massenwahn kaum weniger. Kopf an Kopf standen die Leute am Marktplatz, aus allen Fenstern streckten sich Köpfe. Auch hier war gleich eine Musikkapelle zur Hand, was vermuten läßt, daß hier, wie anderswo, die Musiker zur bestimmten Stunde von ihr selbst beordert worden waren. Das Lied, das sie der Adele als Ständchen darbrachten, entspräche vollends ihrer schwärmerisch-verheuchelten Natur: »Du liebes Aug', du lieber Stern« hieß das Schmalzlied, recht für Adele geschaffen. Bei der Abfahrt freilich gab es ein Intermezzo, das kaum im Plan vorgesehen war. Ein junger Mann trat an die Kutsche, pfiff hinein und schrie: »Fahr zum Teufel in die Hölle und verschluck hundert Spitzkugeln!« Doch solchen Szenen war Adele von jeher gewachsen. Sie schwang den Schirm, um den Lästigen zu vertreiben; es kam aber nicht dazu, die Menge riß ihm den Hut vom Kopf, drängte sich zwischen ihn und den Wagen, und als er die Mauer nochmals durchbrochen hatte und Adele auspfiff, wurde er von der johlenden Menge übertönt.
So ging's in Aibling, wo sie einer Kellnerin, die sie als eine ihrer Einlegerinnen erkannte, zehn Gulden verehrte, damit sie sich auf dem eben stattfindenden Jahrmarkt etwas kaufe; so in Hohenthann bei dem feierlichen Empfang durch den Schulmeister und Bauern. Mit naiver Eitelkeit vermerkt sie, anderntags von dem Hohenthan-

ner Schulmeister »ein fein gesticktes Taschentuch« als Andenken erhalten zu haben.
Es sei ihre unausrottbare Gutmütigkeit gewesen, meint sie, sich von Wirten wie Hausknechten tüchtig ausnehmen zu lassen. »Das war eben meine schwache Seite«, bekennt sie heuchlerisch, und die wenigsten erkannten, daß es die Berechnung einer Menschenkennerin war, wenn sie allerorts die »Wurzen« spielte.
Das Bild der reisenden Spitzederin wäre nicht vollständig, wenn darin die Begegnung mit ihrer Zeitgenossin fehlte, der »Doktorbäuerin« Amalie Hohenester, die ähnlich umstritten, aber unangreifbarer war als Adele. Bei ihrem Besuch in Mariabrunn wurde sie in ein kleines Wartezimmer geführt, dessen Wände mit vielen Dankadressen und -gedichten geschmückt waren. Lassen wir Adele Spitzeder selbst erzählen: »Plötzlich hörte ich das Rauschen einer seidenen Robe, und die Doktorbäuerin stand vor mir. Ich reichte ihr die Hand mit den Worten: ›Grüß di Gott, Doktorbäuerin, i komm auch einmal zu Dir‹, und sie erwiderte meinen Händedruck herzlich, indem sie sagte: ›Freut mi, hab scho viel von Dir gehört, bist krank?‹ ›Freili, scho seit längerer Zeit‹, war meine Antwort, und ich schilderte ihr darauf mein Leiden, wofür sie mir Medikamente versprach. Längere Zeit sah sie mir durchdringend ins Auge und sagte dann: ›Du hast a guats Aug, i glaub, i könnt Dir guat sei.‹«
Die noblen Ausfahrten hat Adele Spitzeder bald darauf eingestellt. Die Winde bliesen gar zu unwirsch vom Polizeipräsidium und vom Schwurgericht her. Ihren Triumphen war kein Bestand beschieden. Gegen 80000 bis 100000 Gulden waren im Zenit des höchsten Wahns täglich ohne alle Sicherheit von den Verblendeten in ihre Kassen geflossen. Die Liquidation ihrer »Dachauer Bank«, wie sie der Volksmund genannt hatte, ergab bei 30000 Gläubigern eine Überschuldung von etwa acht Millionen Gulden, nach dem heutigen Geldwert etwa 60 Millionen Mark. Bei der Verkündung des Urteils, das auf vier Jahre Zuchthaus lautete, brach Adele ohnmächtig zusammen. Ihre Nutznießer und Mitwisser gingen straflos aus. Das Rezept, um diesem Fall zu entgehen, hat ihr die Doktorbäuerin Amalie Hohenester nicht geben können. Sie brauchte es selber, und das zu ihrem Glück.
Die Begegnung der Adele Spitzeder mit der Doktorbäuerin von Mariabrunn, Amalie Hohenester, hätte sie belehren können, wie

weit ein argwöhnisch beobachtetes Individuum in wirtschaftlichen Unternehmungen sich vorwagen kann, um die Grenzen nicht zu überschreiten, an denen es unweigerlich straucheln und fallen muß. Das Gefühl, auf der Geldwoge von Millionen alles zu vermögen, mag sie getrogen haben und nicht zuwenig die üppig wuchernde Phantasie, der sie sich hemmungslos hingab. Wir wollen freilich einräumen, daß sie sich bei der Aufzählung ihrer Pläne von dem Gedanken leiten ließ, der Welt darzutun, wieviel dem Volk durch den Prozeß entgangen ist, der sie außerstande setzte, ihre »wohltätigen« Pläne zu verwirklichen.

Ihr ehrgeizigstes Projekt war wohl, das Staatsgut Schleißheim anzukaufen, wie sie überhaupt erwog, sich im Güterhandel umzutun, »weil all dies viel sicherer und rentabler« sei, wie sie meinte. Die vielen Bauern, die ihr Geld bei der »Dachauer Bank« angelegt haben, so spekulierte sie, würden ihr in der Folgezeit viele Grundstücke verkauft haben, woran nicht zu zweifeln ist. Sie mußte sich aber diesen Plan aus dem Kopf schlagen. Wieder sind es die unaufhörlichen »Hetzereien«, die sie zwangen, die vielen Millionen, die zum Kauf des Staatsgutes erforderlich waren, tot liegen zu lassen, um bei einem Sturm auf die Bank jederzeit flüssige Mittel zur Auszahlung bereit zu haben.

Wir müssen uns kurz die Zeitsituation ins Gedächtnis rufen. Güterschacherer und »Bauernleger« beherrschten weithin den Immobilienmarkt. Zweit- und drittgeborene Bauernsöhne, nicht selten auch unmittelbare Erben, strömten in die Großstadt, in der ihnen die stürmische industrielle Entwicklung höhere Verdienstmöglichkeiten bot. Ein großes Bauernlegen und Güterzertrümmern fing an, wie es Ludwig Thoma so drastisch geschildert hat. Alle Welt staunte über die »Millionenbauern« der alten Dörfer rings um München, die über Nacht zu einem sagenhaften Reichtum gekommen waren – der Hauserlenz von Neuhausen war einer davon –, aber die kleinen Fretter übersah man dabei, denen ihre mageren Schafweiden um einen Pappenstiel abgedrückt worden waren und die dennoch meinten, wunders wie reich sie von nun an seien. Aus der täglichen Arbeit plötzlich in die Beschäftigungslosigkeit versetzt, verloren sie das Gleichgewicht, spielten die großen Herren, verdummten ihr Geld im Wirtshaus und auf der Rennbahn; bald war das kleine Gerschtl vertan, und so endeten sie im Armenhaus.

In diese Zeit war Adele Spitzeder gekommen. Von allen Seiten wurden ihr Güter und Bauernanwesen angeboten, so das Gut Laub bei Regensburg, das ihr ein Güterschacherer um 22000 Gulden schmackhaft machte. Sie ließ die Verhältnisse durch einen ihrer Faktoten untersuchen, und da es ihr als preisgünstig erschien, kaufte sie es gegen Wechsel und ohne jede Anzahlung. Doch war sie in dieser Anfangszeit ihrer Geldgeschäfte noch bedenklich, wie sie selber schreibt: »Da ich damals aber noch keine Ahnung hatte, welch riesigen Kredit ich einst noch genießen sollte, so stiegen Bedenklichkeiten in mir auf, ob ich dieser namhaften Verpflichtung auch nachkommen können werde.« Mit Hilfe eines Advokaten gelang es ihr, gegen eine geringe Summe den Kauf rückgängig zu machen. Sie begnügte sich für diesmal, ein kleineres Gütchen bei Oberföhring um 2700 Gulden gegen eine Anzahlung von nur 500 Gulden zu erwerben. Der Kauf des heruntergekommenen Gütchens erwies sich als gewinnbringend. Adele kaufte etliche Stücke Landes hinzu, ließ das Haus renovieren und veräußerte das Ganze schließlich um 9000 Gulden. Sie hatte überhaupt, wie man so sagt, eine gute Riechnase für derlei Immobiliengeschäfte, und wer weiß, ob sie nicht, in kluger Ausnützung ihres Kredits, für immer in geordnete Verhältnisse gekommen wäre, wenn sie sich nicht hätte fortreißen lassen von der Geldwoge, die sie selbst entfesselt hatte.
In den besten Wohnlagen Münchens, wie in der Maximilianstraße, Ecke Kosttor, erwarb sie ein Anwesen um 64000 Gulden, das sie bald darauf um 74000 Gulden verkaufte, in der Hildegardstraße ein weiteres um 36000 Gulden, das nach ihrem Sturz bei der Vergantung freilich nur um 18000 Gulden dem Bieter zugeschlagen wurde. Ihr Grundsatz, keines ihrer Häuser unter einem Gewinn von 10000 Gulden zu veräußern, war nur aufrechtzuerhalten, solange sie Herr darüber war und sich ihrer noch zur rechten Zeit entäußern konnte. Die meisten Anwesen verfielen der Konkursmasse, aus der sie nur unter den Kaufpreisen zu realisieren waren. So das Anwesen in der Königinstraße Nr. 2, in der Schönfeldstraße Nr. 9, ein weiteres in der Königinstraße Nr. 5, das sie aus dem Besitz des Privatiers Cohn, der sich aus Lebensüberdruß das Leben genommen hatte, um 43000 Gulden erwarb. Das prachtvoll eingerichtete Haus bestimmte sie dazu, »Leute von Distinktion zu empfangen, welche in diskreten Angelegenheiten« zu ihr kamen, um einen Pump aufzunehmen. In der Von-der-Tann-, der Reichenbach-, der

Eröffnung der »Ersten Münchner Volksküche von Adele Spitzeder« am 25. September 1872 am Platzl
»Mit Speck fängt man die Mäuse«, so lautete die Unterschrift des Spottbildes, das damals die Runde in ganz München machte.

Amalienstraße, der Landsberger Straße und Falkenturmstraße war sie als Hausbesitzerin ins Grundbuch eingetragen.
Ihre bekannteste Erwerbung war das Anwesen in der Schönfeldstraße mit dem Gasthaus »Wilhelm Tell«, das sie um 30000 Gulden an sich gebracht und an den Wirt Merkenthaler verpachtet hatte. Die Wirtschaft wurde eine Goldgrube für Merkenthaler. Im gegenüberliegenden Hause hatte Adele ihre Büroräume installiert, in denen sich die Leute stundenlang drängten, um ihr Geld loszuwerden, und die Wirtschaft wimmelte von frühmorgens bis in die Nacht hinein von Gästen. Die Fabel, Adele habe ihre Kunden im »Wilhelm Tell« mit Freibier und Gratiswürstln regaliert, stimmte allerdings nicht, wenn auch die Preise wohlfeil und jedenfalls kleiner waren als in anderen Wirtschaften.
Ihr populärstes Unternehmen war die »Münchner Volksküche von A. Spitzeder«, wie es auf einer Tafel des Hauses am Platzl Nr. 4 zu lesen stand, zu dem das angrenzende Haus Falkenturmstraße Nr. 4 gehörte. Beide Häuser hatte sie samt der »Bräu- und Taverngе-

rechtsame« um 92000 Gulden erworben, und da sie sich in einem höchst herabgekommenen Zustand befanden, mußte sie ziemliche Aufwendungen machen, um von oben bis unten die Häuser ansehnlich zu gestalten. Allein der Herd für die Volksküche kostete 1500 Gulden. Es gab da zwei Speisesäle, der eine im Erdgeschoß für die »gewöhnliche Volksklasse«, der andere im ersten Stock für die »feinere Klasse«. Im Erdgeschoß gab es Suppe, Fleisch mit Gemüse und Brot um 10 Kreuzer, im ersten Stock Suppe, Braten, Salat und Brot um 13 Kreuzer. Das Bier, das sie vom Leistbräu bezog, war um einen Kreuzer billiger als in anderen Wirtschaften. Das Vieh für die eigene Metzgerei bezog sie aus Schleißheim. Der Andrang war enorm. Zur Oktoberfestzeit wurden täglich drei Ochsen und viele Kälber geschlachtet, in einer einzigen Stunde mußten die Köchinnen an die 2000 Knödel drehen. Mit Kaffee oder Brennsuppe wurden die ersten Gäste um sechs Uhr früh bewirtet, um elf Uhr wurde das Mittagessen aufgetragen, abends gab es Voressen, Lunge, Gekröse, Würste und natürlich Bier, um acht Uhr abends wurden die Lokale geschlossen. Das Personal bestand aus einem Direktor, der 100 Gulden Monatsgehalt bezog, einem Buchhalter, einem Kassier, einem Metzgermeister mit zwei Gesellen, zwei Köchinnen, vier Spülerinnen, einem Schenkkellner, einem Kellner und einer Kellnerin. Drei Aufseher hatten für die Ordnung zu sorgen.

Die Eröffnung der Volksküche am 25. September 1872 glich dem Triumphzug eines Fürsten. Es fehlten freilich auch Gruppen von »eleganten Ladenschwengeln« nicht, die der »Volksfreundin impertinente Blicke« zuwarfen, doch Adele tröstete sich mit der Wahrnehmung, daß die Zahl ihrer Freunde eine bedeutend größere war als jene ihrer Feinde. Sie wurde mit Blumen und Kränzen überschüttet, und die Hochrufe wollten nicht enden. Haufen von Menschen umdrängten ihre Kutsche auf der Hinfahrt von der Schönfeldstraße bis zum Platzl, und als sie sich zu Fuß in eine Nebengasse gerettet hatte, fand sie ihre Kutsche von Girlanden und Blumen umkränzt. Was in der Seele des Polizeipräsidenten vorgegangen sein mochte, der viele Polizisten zum Ordnunghalten hatte abstellen müssen, kann man sich denken. Ohne jede Handhabe mußte er der offenbaren Volksverblendung noch Vorschub leisten. Aber auch im Gewissen der Volksbeglückerin lasteten Schatten. Wenn man ihren Aufzeichnungen glauben darf, sagte ihr eine innere Stimme, daß sie nur von Habsucht, Eigennutz und Heuchelei umgeben war.

Ihr Unternehmungsgeist aber litt nicht darunter. In der Schönfeldstraße hatte sie, wie erwähnt, ein Haus erworben mit einer Bäckerei, die sie an einen Meister verpachtet hatte mit der Verpflichtung zur Brotlieferung für die Volksküche.

Die Schauspielerin in ihr hatte den Gedanken reifen lassen, ein Vaudeville-Theater zu gründen. Sie erwarb die Westendhalle um 93 000 Gulden, beriet mit dem Hofschauspieler Hofpaur den Spielplan für Operetten-, Ballett- und Schauspielaufführungen und versprach sich eine große Zugkraft ihres persönlichen Auftretens an einem Abend der Woche. Am 6. Januar 1873 sollte das Theater eröffnet werden. Es kam nicht mehr dazu, zwei Monate vorher wurde Adele verhaftet und in Untersuchungshaft genommen.

Unter den Wunschplänen, die niemals Wirklichkeit wurden, findet sich die Anlage einer Rennbahn in Nymphenburg mit einer eigenen Eisenbahn, die sie auf ihre Kosten errichten lassen wollte, eine Brothalle in der Au, für den Januar 1873 die Einrichtung einer Weinhalle mit Weinvolksküche und einer Wohnanlage, ähnlich der Augsburger Fuggerei in Augsburg, für die sie bereits einen Bauplatz in Haidhausen in Aussicht genommen hatte. Schließlich begnügte sie sich mit dem Erwerb eines Hauses an der Nymphenburger Straße, in das sie Arbeiterwohnungen einzurichten gedachte. Es wäre verwunderlich, wenn sie, neben der geplanten Brotfabrik in der Au, ihr unternehmerischer Sinn nicht auch auf den Gedanken gebracht hätte, ihr Bier selbst zu brauen, das in der Volksküche in Strömen floß und wesentlich zur Rendite beitrug. Sie gab mehreren Unterhändlern Auftrag, in der Altstadt nach einer geeigneten Bräustatt Ausschau zu halten, und da berichtet sie: »...und schon waren Unterhandlungen wegen einer Brauerei im Thal im Gange, als mein Sturz dieses, für das Volk sicher sehr nützliche Projekt wie so viele andere zu Schanden gemacht.«

Wir haben diese vielen anderen Projekte kennengelernt. Es waren keine Utopien, sie bewegten sich allesamt keineswegs in einem Wolkenkuckucksheim. Sie waren durchführbar und beweisen keinen geringen unternehmerischen Geist. Die Fundamente waren es, die faulen, die alle ihre Projekte zuschanden machen mußten. Nicht die Polizei, nicht die Justiz, die sie stets als die großen Feinde ihrer volksbeglückenden Pläne hinstellte, haben sie verhindert,

»auch ferner Wohltaten übers Volk« zu streuen. Die granitene Dummheit vieler Tausender, die der Adele Spitzeder ihre Spargroschen ohne alle Sicherheit hingaben und die von dem Wahn befangen waren, in kurzer Frist ihr Darlehen zu verdoppeln, sie erst haben ihr ermöglicht, eine Rolle zu spielen, die den Goldmachern der alten Zeiten nicht unähnlich war.

Die schöne Coletta

Die schöne Tandlerstochter Coletta wird Biermädl bei Trappentreu im »Sterneckerbräu« – Kaulbach malt die junge Schönheit als Schützenliesl

Man kann selbst von einem altbairischen Dorfpfarrer nicht ohne weiteres annehmen, daß er auch mit der göttlichen Gabe der Divination begnadet sei. Der Pfarrer von Ebenried, das in der Nähe des oberbayerischen Pöttmes bei Aichach liegt, ist indessen dieser Gnade teilhaftig geworden. Eines Septembertages im Jahr 1860 brachten ihm die Hebamme und die Patin ein Neugeborenes, ein Mädchen, zur Taufe. Ein Fräulein aber war seine Mutter gewesen und das Kind folglich unehelich geboren. Dieser Umstand war jedoch nicht weiter erheblich. Entscheidend, vor allem für den Täufling selbst, war dagegen der Brauch, daß in solchen nicht eben seltenen Fällen dem Pfarrer die Wahl des Vornamens und damit die Bestimmung des Namenspatrons oder der -patronin oblag, deren Schutz und Hilfe der kleine Mensch künftig bis ans Ende seiner Tage anheimgegeben sein sollte. Der Pfarrer blätterte lange im Heiligenregister der katholischen Kirche. Dann taufte er das Kind auf den Namen der heiligen Coletta, die im 14. Jahrhundert im Klarissenorden zu Corbie in Nordfrankreich lebte und sich durch ihre reformatorische Tätigkeit den Heiligenschein verdient hatte. Der Name Coletta, muß man wissen, leitet sich von jenem Heiligen Bischof Nikolaus her, was soviel wie »Volkssieger« bedeutet und der als Patron der Seeleute, Fischer, Kaufleute und der Kinder überhaupt gilt. Eine weitverzweigte Patenschaft also, wie man sieht. Die kleine Coletta aus Ebenried brachte jedoch keinerlei Voraussetzung zu einem künftigen Seemann oder Fischer ins Le-

ben mit, doch so etwas wie eine Volkssiegerin ist sie schon geworden im kleinen Umkreis ihres dereinstigen Wirkens: eine Schönheit, die gern unter den Leuten war und der auch keiner bös sein konnte. Des besseren Fortkommens wegen verzogen damals viele zweit- und drittgeborene Bauernsöhne und -töchter nach München. Auch die Mutter Colettas lockte die Stadt mit ihren vielfachen Verdienstmöglichkeiten. Sie erwarb am Oberanger einen Tandlerladen und holte ihre kleine Coletta zu sich, als sie ins schulpflichtige Alter gekommen war. Sie war ja keine jener ledigen Mütter, die ihr Kind als eine leidige Last betrachteten, ungeliebt und ungepflegt, die Strenge ihrer Erziehung kam aus den Wurzeln der Liebe und einer tiefen Verpflichtung. Es lag nahe, daß sie Coletta in die benachbarte Klosterschule der Armen Schulschwestern schickte, zu jenen frommen Frauen, die in Wahrheit Gärtnerinnen junger Mädchenseelen sind. Der Halt, den sie ihren Pflichtbefohlenen geben, ist an der Gewalt der Stürme erprobt, die sie später erwarten. Und diesen Halt haben sie, wie sich erweisen sollte, ihrer Schülerin Coletta mitgegeben.
Dies waren die bescheidenen Erwägungen der Mutter Colettas:
»Ich denk, mei Colettl schickt sich für a Kellnerin«, dachte wohl die Mutter, als die Sechzehnjährige vor der Berufswahl stand, »sie is a netts Madel, und gern unter dc Leut is aa«, meinte sie und sprach bei Johann Baptist Trappentreu, dem Sterneckerbräu im Tal, vor. Dieser Bierbrauer und Wirt Trappentreu aber hatte nicht nur eine gute Hand als Stifter und verschwiegener Wohltäter, dessen heimliches Lob viele Glocken, die er gestiftet hatte, in Stadt und Land so laut sangen, daß die Schwankautoren Blumenthal und Bernstein über ihn das fröhliche Schlüsselstück »Matthias Gollinger« schrieben. Einem so währschaften Mann konnte man ein junges Dirndl wohl anvertrauen, ungeachtet des erwähnten Schutzengels, der dabei wohl auch seine Hand im Spiel gehabt haben mochte. Coletta wurde Biermädl beim Sternecker. Eine Art Lehrling also mit der Aussicht, einmal zur Würde einer Kellnerin aufzusteigen, vielleicht sogar selbst Wirtin zu werden, der Wunschtraum eines jeden Biermädels, das sich von Natur-, Geistes- und Leibeskräften zu diesem Beruf »schickt«. Alles das war bei Coletta vorhanden, und es fehlte an nichts. Fünf Keferloher Maßkrüge in jeder Hand und dazu zwei an die Brust gedrückt, das will von einem Biermädl gelernt und gekonnt sein! Ein freundliches Gesicht dabei

zu zeigen, als ob das alles bloß ein Spaß sei, und dazu ein keck hingeworfenes Scherzwort witzig zu parieren, das alles war Coletta naturhaft angeboren. Und schön war das Mädl, nicht zu sagen! Eine gefährliche Harmonie für viele Mädchen ihres Standes, nicht aber für Coletta. Ihr Fundus von der Mutter her, von den Armen Schulschwestern und auch von den liebsten ihrer Gäste, den Malern. Der alte Spitzweg war noch unter ihnen, denen sie Nierenbraten und Surhaxl auf den blankgescheuerten Ahorntisch serviert hat, ein alter Junggeselle mit mancher Lebensweisheit, die er ihr halb im Scherz zu hören gegeben haben mag. Und die jungen Dächse erst, dieser Maler Lenbach aus Schrobenhausen, der in derselben Heimatluft um Aichach aufgewachsen war wie Coletta, dieser Friedrich August Kaulbach auch und so manch anderer, die ihr alte Bekannte waren als Besucher im Trödlerladen der Mutter am Oberanger. Die Maler jener Zeit schmökerten doch allesamt in allen Tandlerläden des Ober- und Unterangers, um aus dem Strandgut der Vergangenheit Harnische und Hellebarden, brokatene Tuche und venezianische Samte zu ergattern für ihre Feste und ihre Ateliers, die oft wahren Rüstkammern glichen. Und da haben sie denn auch das Heranwachsen der kleinen Coletta vom Schul- zum Biermädl und schließlich zur Kellnerin miterlebt. Im Sternecker wärmte ihnen die Freundlichkeit und das heitere Lächeln des frischen Dirndls das Herz.
Zum Typus der schönen Münchnerin, der die ganze Stadt ansprach, wurde sie aber erst, als Friedrich August Kaulbach der Gedanke anfiel, ihre Schönheit zum Sinnbild der Münchnerin zu erheben. Im Jahre 1878 – Coletta war gerade achtzehn Jahre alt – stellte er sie auf einen Stuhl, gab ihr vier Maßkrüge in jede Hand, den rechten Fuß wie zum Tanzschritt erhoben: »Madl, so muß i di maln!« Dreimal wiederholte sie die Prozedur des Modellstehens. Kaulbach arbeitete die Skizzen aus, im Atelier malte er hernach das riesige Bild der Schützenliesl in dreifacher Lebensgröße dieser schönsten Münchner Kellnerin auf dem Bierfaßl mit fliegenden Zöpfen. Ins Atelier ist Coletta jedoch keinem Maler gegangen; man weiß als anständiges Madl doch nicht, was die Hallodri alles im Sinn haben! Die Königlich privilegierte Schützengesellschaft hat das Bild schließlich erworben und hütet es heute noch in ihrer Schießstätte an der Zielstattstraße.
Aus dem Biermadl ist eine resche Kellnerin geworden, der, um zur

Toni Aron hat die schöne Wirtin Coletta Buchner als Prunkstück zur Ausstattung des Bürgerlichen Brauhauses gemalt.

eigenen Herrin als Wirtin aufzusteigen, nichts weiter fehlte als ein Wirt. Ein Mädl wie sie brauchte nicht lange zu suchen, um einen tüchtigen Wirt und einen achtbaren Mann zu finden. Der Gastwirt Franz Xaver Buchner, ein namhafter Gastronom, der die »Nordendhalle« in Schwabing führte, hatte seine Frau früh verloren, und was ein Wirt ohne Frau ist, daß weiß man ja. Er hatte sein Auge auf die Schöne geworfen, und sie sagte gerne ja, obwohl Buchner vierzehn Jahre älter war als Coletta. Doch hatte das, ungeachtet der Frotzeleien seiner Stammgäste, nichts zu sagen. »De ißt aa net mehr wia a Alte!« pflegte er zurückzugeben. Auf die Nordendhalle folgte ein Großunternehmen, der »Bürgerliche Brauhauskeller« überm Gasteig, dessen Chef, der spätere Geheimrat Proebst, die Gediegenheit der Wirtsleute ebenso schätzte wie die Schönheit der Frau Wirtin. Der Kunstmaler Toni Aron hatte in jenen Tagen Coletta als leibhaftiges Prunkstück des Bürgerlichen Brauhauses gemalt, wie sie in der heiteren Anmut ihrer jungen Fraulichkeit vor der Schänke im Begriff ist, ihren Gästen zwei Arme voller schäumender Maßkrüge zu kredenzen. Georg Proebst erwarb das Bild, das heute im Brauereimuseum des Münchner Stadtmuseums eine Zeit versinnbildlicht, in der weiblicher Liebreiz und Bierumsatz in gegenseitiger Wechselwirkung standen.

Wie es nun einmal im Wirtsleben vielfach geht, es war ein oftmaliges Wandern alle paar Jahre. Auf den Bürgerlichen Brauhauskeller folgte die »Unionsbrauerei«, die »Blüte« unvergessenen Andenkens, das »Elysium«, wo Papa Schichtl seine ersten Zaubervorstellungen gegeben hat, dazwischen als Festwirtspaar auf der Landwirtschaftlichen Ausstellung des Oktoberfests 1897. Zu »Straßburg auf der Schanz« führte Coletta sieben Jahre lang die »Kriegervereinsgaststätte« am Stephansplatz, wo an hohen Tagen gegen 1000 Essen aus den Töpfen und Pfannen der Küche hergezaubert werden mußten. Als letzten Wirkungskreis finden wir das Wirtsehepaar in der »Rosenau«, jener biedermeierlich anmutenden Ausflugsgaststätte, die in einem weiten Wirtsgarten zwischen der Elisabeth- und Hohenzollernstraße an der Schleißheimer Straße gelegen war. Durch Karl Valentins »Brillantfeuerwerk« ist die Rosenau in die münchnerische Unsterblichkeit eingegangen. Man braucht einem Münchner nicht zu sagen, was, alles in allem, ein solches Leben der Wirtsfrau Coletta an Angestrengtsein, Kalamitäten mit Beschäftigten und Ärger mit Gästen abgefordert hat, die nicht mit der Fröhlichkeit junger Künstler und der lächelnden Weisheit eines Spitzweg begabt waren, einer Wirtin, die ihrem Franz Xaver in achtundzwanzigjähriger Ehe zwölf Kinder geboren hat. Sie selbst aber sei, so heißt es, mit jedem Kind nur noch hübscher geworden.

Mit fünfzig Jahren wurde sie Witwe – der jüngste Sohn war noch in der Lehre –, nach drei Jahren heiratete sie ein zweites Mal, einen

Postbeamten, den sie noch überlebte. Den letzten Krieg mit allen seinen Schauern, der ihr bescheidenes Heim in Sendling zerstörte, hat sie noch überstanden. Ihre Namenspatronin, die heilige Coletta, aber hat sie nicht aus den Augen gelassen. Als Greisin noch hat sie ihre Freunde, die alten und jungen Schützen, auf dem Oktoberfest in ihrem Schützenzelt besucht. Eine schöne alte Dame, ohne Runzeln im Gesicht, die Wangen voll Blut und Leben, mit hellen Augen und reschem Mundwerk, wie von ihr bezeugt ist. Sanft ist sie im Dezember 1953 als 93jährige hinweggenommen worden. Das schönste Wort hat ihr der Landesschützenmeister Brotzler ins Grab am Waldfriedhof nachgerufen: »Nur wir allein haben noch das Glück, dich in all deiner Lieblichkeit von damals zu besitzen! Sie ist unsterblich und wird nie vergessen sein – eingegangen in die Stadtgeschichte Münchens, und so bekannt und beliebt fast wie das Münchner Kindl!«

Der dramatische Mord in der Maximilianstraße

Der königliche Hofschauspieler Josef Kainz wird von den Gendarmen des Mordes verdächtigt und bekommt den Spitznamen »Meerschaumxaverl«

Was soll ein königlicher Hofschauspieler, der nur Zigaretten raucht, mit einer kunstvoll geschnitzten Meerschaumspitze machen, die er von einem König geschenkt bekommen hat? Nun, er kann sie unter einen Glassturz stellen zum ewigen Gedächtnis; dann aber hat die Meerschaumspitze, die ja zum Rauchen von Zigarren geschaffen worden ist, ihren Zweck verfehlt. Außerdem ist eine solche Reliquie unter einem Glassturz für einen jungen Schauspieler, der bald hier, bald dort seine Zelte aufschlagen muß, ein höchst unbequemes Requisit. Was der junge Schauspieler Josef Kainz, der dieses kostbare Angebinde von Ludwig II. als Zeichen seiner allerhöchsten Verehrung überreicht bekommen hat, damit anstellte, werden wir weiter unten sehen.

In den ersten Oktobertagen des Jahres 1880, als der 22jährige

Kainz jeden Donnerstagabend seinem einzigen Münchner Bekannten und späteren Freund Felix Philippi auf die Bude in der Maximilianstraße rückte, war es noch nicht weit her mit der Anerkennung des Künstlers durch die Münchner Theaterfreunde oder gar den König. Wie es zu den Zusammenkünften kam, die bald eine regelmäßige Einrichtung wurden, davon erzählt Felix Philippi in seinem »Münchner Bilderbogen«.

Auf einem abendlichen Bummel in den Gasteiganlagen klagte ihm Kainz sein Leid über seine unbefriedigende Beschäftigung am Hofschauspiel. Den »Schmoarrn« der Sardou Augier und Dumas Abend für Abend zu spielen hing ihm zum Halse heraus, und auf den Einwurf Philippis, er spiele doch auch Goethe und Schiller, Shakespeare und Kleist, rief er so laut, daß sich die Vorübergehenden umdrehten: »Aber net den Grüllparzer! Und weil ich ihn vorläufig net spülln kann, will ich und muß ich ihn lesen! Bei mir z'Haus geht's nöt, dös möcht meiner Mutter z'vüll Umständ moch'n. Oba bei Ihnen geht's! Woll'n Sie?«

So kam es zu diesen Zusammenkünften, die schon um vier Uhr nachmittags begannen und nicht selten bis zum frühen Morgen des nächsten Tages die Freunde vereinten in dem möblierten Zimmer Philippis in der Maximilianstraße, mit seinen zerschlissenen Tapeten, den gräßlichen Öldrucken an den Wänden, unter der qualmenden Petroleumlampe. Der Freundeskreis wurde mit Bedacht ausgewählt. Da waren Karl Pröll, der Vorkämpfer für die Deutschen in Österreich, Ernst Francke, der Herausgeber der »Sozialen Praxis«, der gefürchtete Rechtsanwalt und Strafverteidiger Max Bernstein, von dem noch Ludwig Thoma so interessant zu erzählen wußte, dann Ludwig Ganghofer, der erst vor einem halben Jahr den Riesenerfolg seines »Herrgottschnitzer von Ammergau« in seine Scheuer gebracht hatte; schließlich gesellten sich zu ihnen noch der Hofkapellmeister Levi und der berühmte Wagnersänger Heinrich Vogl.

Bei Wurst, Brot und Bier – wie bescheiden war man damals! – »erblühten alle Wunder, und alle Engel sangen«. In diesem Raum mit seinen lieblosen Möbeln las Kainz zunächst nur Grillparzer: den »Bruderzwist im Hause Habsburg«, die »Ahnfrau«, das »Goldene Vlies«, »Des Meeres und der Liebe Wellen«, er meisterte den »Treuen Diener seines Herrn«, »Weh dem, der lügt« und die »Jüdin von Toledo«. Nach Grillparzer folgten Schiller und Goethe,

Kleist mit dem »Prinz von Homburg«, kurzum das ganze klassische Repertoire, drei Jahre hindurch, solange Kainz an der Münchner Hofbühne wirkte. Seine Stimmgewalt war der fabelhaften Aufnahmefähigkeit seiner Zuhörer durchaus gewachsen. Man denke: Nach fünf Akten »Weh dem, der lügt!«, mit denen Kainz um acht Uhr geendet hatte, und einer Wurstpause dazwischen, las der Unverwüstliche noch die ganzen fünf Akte des »Don Carlos«! Um zwei Uhr früh war der Tabaksqualm so fürchterlich, daß Kainz bat, die Fenster zu öffnen, er könne »es sonst nimmer derschnauf'n«.

An jenem Abend schloß sich übrigens an das Trauerspiel ein Epilog, der in seiner Komik die von der Vorlesung noch erschütterten Gemüter auf das heiterste in die Wirklichkeit hineinimprovisierte. Kainz hatte im letzten Akt eben seine herzbewegende Klage an der Leiche des Marquis Posa ausgeströmt und mit dem vollen Register seiner Stimme dem eintretenden König Philipp entgegengedonnert: »Dein Geruch ist Mord!«, als es an der Wohnungstür ungeduldig und energisch klopfte. Zwei Gendarmen standen, die Hände am Säbelgriff, draußen: »Lassen S' uns eini! Da schreit oana allaweil um Hilfe! Mir ham's bei der Patruin drunten genau g'hört! Macha S' koane Umständ!«

Über dem Lachen und Johlen der Freunde, das sich nun erhob, jubelte Kainzens Fanfarenstimme: »Recht hamm S'! Der Marquis Posa is g'rad hier meuchlings ermordet worden!« Dann, zu den beiden Polizisten gewendet, die langsam begriffen, was hier gespielt wurde: »Steckt eure Schwerter ein! Was wollt ihr? Glaubt ihr, ich sei rasend? Ich bitte, haltet euch entfernt!« Schließlich sprang er auf den Stuhl, in der einen Hand seinen zerfledderten Band Schiller, in der anderen einen Maßkrug haltend, und deutete auf den Kammersänger Vogl: »Seht nur, wie seine Finger bluten! Das hat er getan, der große Künstler!« und trank den herzlich mitlachenden Polizisten ein schallendes »Prost!« zu.

Dann kam die Königszeit des großen Schauspielers Josef Kainz. Sie brachte ihm mit den vielen bekannten Ehrungen des Münchner Publikums und der Freundschaft des Königs auch die eingangs erwähnte Zigarrenspitze aus Meerschaum, ein Werk des Bildhauers Xaver Feldmann, dessen besondere Kunst es war, vorzüglich in Meerschaum zu schnitzen. Mit nicht geringem Stolz trug er den Spitznamen »Meerschaumxaverl«, den ihm seine Freunde angehängt hatten. Was aber tut ein Hofschauspieler mit einer preziösen Meerschaumspitze, die einen Rokokozug mit vier Pferden darstellt, nachdem er sie gebührend bewundert hat? Kainz versenkte sie in ihr samtenes Behältnis und brachte das unpraktische Möbel zur Frieda Koblank, einer bekannten Tändlerin, die eben drauf und dran war, sich den Niederungen des Trödelhandels zu entwinden und zur Antiquitätenhändlerin aufzusteigen. Viele Künstler fanden sich bei dieser Lieferantin ihrer Malrequisiten gelegentlich zu einem kleinen Kaffeeplausch ein, und Kainz versetzte das kostbare Stück bei ihr.

Kurze Zeit darauf machte der »Meerschaumxaverl« mit ein paar Freunden einen Ausflug nach Hohenschwangau und kehrte mit ihnen in der »Alpenrose« ein. Im Gastlokal fanden sie einige Diener des Königs in Livree, die um einen Tisch saßen und bewundernd einem stämmigen Reitknecht zuschauten, der, mit rotem Gesicht, aus einer Spitze Rauchwolken qualmte, von der aber nur das Mundstück aus einem mit Gaze überspannten Gestell herausschaute.

Hier sei eine kurze Darstellung der Zeremonie eingeschaltet, die beim Anrauchen von Meerschaumspitzen zelebriert wurde: Eine Meerschaumspitze mochte nämlich in ihrer lilienweißen Ursprünglichkeit noch so bezaubernd anzublicken sein, ihre höhere Weihe bekam sie erst, wenn sie angeraucht war und in schönem Goldbraun glänzte. Eine Gleichmäßigkeit des Tons verbürgte aber nur eine möglichst unaufhörliche Umwölkung; man steckte sie deshalb in ein Kästchen oder ein mit Nesselstoff umhülltes Drahtgestell, in dem die Spitze langsam zur Goldbräune herangebeizt wurde.

»Da schau!« sagte Feldmann, der mit seinen Freunden herangetreten war und einen seiner kunstvollen Rokokozüge erkannt hatte. »Was soll's denn kostn, dös Spitzl?« fragte er den hemdsärmelig paffenden Reiter. Der aber würdigte ihn keiner Antwort, so hingegeben war er seinem Rauchgeschäft. Ein anderer Stallknecht erklärte ihm schließlich gönnerhaft: »De is eahm net feil, de hat eahm nämli der König selba zum Präsent gmacht. Da spannen S', de schöne Meerschaumspitzn! Von denen gibt's nur zwoa! De oane da hat Seine Majestät dem Toni verehrt zum Andenken, und de ander, grad a solchene, nur zwoa Pferd weniger san draufgwesen, dem junga Schauspieler, der eahm so oft alloa was aufsagn muaß. Kainz hat er g'hoaßn, so a Kloaner, Magerer mit am schwarzen Schopf. Dem seine soll a net so schö o'graucht sei wia de; wissn S', der war druntn von de Schlowakn oda Ungarn gebürtig, da rauchan s' koana richtinga Zigarrn, bloß so Papierzigarr'n. Da werd koa Spitzn was. Es muaß eben alles in de richtinga Händ kemma!«

Ja, in welche Hände mag die Meerschaumspitze des Königs geraten sein, nachdem sie Josef Kainz bei der Koblank Frieda versetzt hatte? Vielleicht kann man sie in ihrem samtausgeschlagenen Köfferchen von rotem Maroquin hinter Glas in irgendeinem Museum bewundern als eine der letzten verspielten Kuriositäten des vergangenen Jahrhunderts? Vielleicht hat sie ein Sammler als Strandgut der monarchischen Zeit Bayerns aus dem Strudel der Auer Dult gefischt? Dem Zweck, für den sie einst vom »Meerschaumxaverl« geschaffen worden war, wird sie wohl auch später kaum gedient haben, sie war zu unpraktisch. Ein schöner Meerschaum, aber eben doch im Grunde nichts weiter als hohler Schaum.

Die bayerische Ahnfrau grüßt von der Theresienhöhe

Zur Vermählung Ludwigs I. mit Therese von Sachsen-Hildburghausen erhielt die Höhe den Namen der künftigen Königin Bayerns

Heiteres Dyonisiertum, gewürzt mit attischem Salz, schlichte Vätersitten unter dem blauen Himmel Griechenlands und dem weißblauen Altbayerns, ein genügsames Dahinwerkeln bei Tage und eine gemütliche Zwiesprache bei der abendlichen Halben unter Kastanien sind die Elemente, die unsere Theresienhöhe ausmachen. So ganz in allen Nuancen schmecken kann's freilich nur einer, der auf der Schwanthalerhöh' aufgewachsen ist und der steif und fest glaubte, was ihm der Vater verraten hat, als sie vor den Pfostenketten an der Bavaria standen, die den Fuhrwerken die Durchfahrt versperrten: daß jener, der die handgeschmiedeten Vierkantglieder der Eisenkette durchbeißen könne, zur Belohnung die Bavaria geschenkt bekäme. Aufruhr in der Bubenseele! Und so dumm war er, daß er wirklich einmal die Zähne daransetzte, um diesen hohen Preis, das für ihn als Inbegriff des Majestätischen geltende Stand-

bild zu gewinnen. Er hat's mit all seinen Roßzähnen, wie sie sein Zahnarzt, der Bader Wölfle, nannte, nicht geschafft; aber ganz vergeblich waren die Mußestunden, die er zu Füßen der Bavaria und zwischen den Säulen der Ruhmeshalle verbracht hat, doch nicht. Zum erstenmal ist da um ihn der Hauch einer fernen Welt geweht, hier war wirklich und greifbar, was er nur aus Andeutungen ahnen konnte, der ganze Ernst und die ganze Heiterkeit Griechenlands in den dorischen Säulen, den Giebelfeldern, dem seltsamen Rot, das zwischen den Säulenreihen glühte und das es sonst nirgendwo an den Wänden gab, in den Marmorbüsten mit den erloschenen Augen, die so weltentrückt nach innen gerichtet schienen.
Hellas habe dieses Land damals geheißen, hatte ihm der Vater gesagt, aber von den alten Hellenen täte längst keinem mehr ein Zahn weh, und wenn man's ganz genau nähme, dann sei der letzte Hellene eigentlich jener bayerische König gewesen, der die Ruhmeshalle und die Bavaria erbaut habe. Und der Vater unterließ nie, hinzuzufügen, daß in dem Hellas des Königs sehr wohl für jenes Marmorhaupt, auf das sein Spazierstock hinwies, Platz gewesen sei, für das Bildnis des Bierbrauers Georg Pschorr nämlich, der offenbar ein Bier gebraut habe, wie man es heutzutage gar nicht mehr antreffe. Aber um die väterliche Unterweisung nicht in die Niederung der Genußsucht abgleiten zu lassen, setzte er noch hinzu, daß die Bavaria aus den türkischen Kanonen gegossen wurde, die nach der Seeschlacht von Navarino aus dem Meer gefischt worden sind, wobei er freilich die Bavaria mit dem Obelisk verwechselt hatte, was aber nichts weiter ausmachte.
Solche unterhaltsamen Spaziergänge mit dem Vater gab es oft, und da war beinahe kein Stein und keine Zaunlatte, an der sich nicht irgendeine interessante oder kuriose Geschichte anknüpfen ließ. Da hinten zum Beispiel, am südlichen Ende der Theresienhöhe, steht am Wiesenhang ein granitener Grenzstein, der die Burgfriedensgrenze vom Jahre 1460 angibt. Das eingemeißelte Mönchswappen und der Rautenschild zeigen an, daß der Landrichter von Wolfratshausen auf der Seite hüben keine Macht mehr hatte, sondern alles nach dem Willen des Münchner Rats gehen mußte. Die Theresienhöhe selber aber war damals und bis ins vorige Jahrhundert hinein nichts weiter als ein Feldsträßchen, man nannte es einfach »Am Steig«. Zur Vermählung König Ludwigs I. mit Therese von Sachsen-Hildburghausen, mit der das Oktoberfest seinen An-

fang nahm, erhielt die Höhe den Namen der künftigen Königin Bayerns, der schließlich 1880 auch auf die jenseits der Bavaria sich hinziehende Bergstraße überging. Vor der Errichtung der Bavaria rauschte an dieser Stelle ein schöner Eichenhain, und noch im Jahre 1830 trug sich der König mit dem Plan, hier seiner Gemahlin ein Palais zu errichten. Er kaufte 18 Tagwerk Wiesen zusammen, und der 1823 gepflanzte Park erhielt den Namen Theresienhain, der spätere Bavariapark, wie er bis zur Ausstellungsgründung hieß.

Noch heute gehört der Rundblick auf die Stadt von der Höhe aus zu den schönsten Münchner Ausblicken. Für die Raschwüchsigkeit der Stadt spricht die Erzählung alter Schwanthalerhöher, denen im Jahre 1880 noch von der Höhe aus die Sicht über freies Wiesenland hinweg bis zum Sendlinger Tor und seinem Springbrunnen offen war.

Vor 150 Jahren sagten sich nämlich in dieser Gegend buchstäblich die Füchse und Hasen noch gute Nacht. Die »Sendlinger Haide«, wie man die unwirtliche Hochflur nannte, trug höchstens ein paar magere Äcker und Wiesmahden. Über weite Strecken zogen sich Kies- und Sandgruben hin, aus denen die Stadt ihren Baukies zog. So wurde beispielsweise für die Bauarbeiten an der Heiliggeistkirche im Jahre 1723 an der Theresienhöhe Sand geworfen.

Ein bescheidenes Leben begann im Jahre 1812 mit dem Bau des jetzigen Bavariakellers, der zunächst nach seinem Erbauer Wagnerkeller hieß. Als reiner Lagerkeller folgte ein Jahr später der Hakkerkeller, damals Pollingerkeller genannt, der etwa von 1830 an seine Hallen dem Sommerausschank öffnete. Von 1814 bis 1824 errichtete Georg Pschorr schließlich am nördlichen Ende der Theresienhöhe seine Großbrauerei mit den Bierkellern. Nach und nach siedelten sich zwischen diesen drei Kellern Gärtnereien an, und eine Zeitlang war die Höhe das Gemüseland, das die Stadt mit Cerealien versorgte.

Gegenüber dem Pollingerkeller aber hatte sich der Sandgrubenkönig der Höhe angesiedelt, der Realitätenbesitzer Anton Alex Zenner, dessen Sohn Nikolaus eine Art von Lokalberühmtheit wurde. Die Familie hatte sich durch den Sandgrubenbetrieb ein beachtliches Vermögen erworben, und Nikolaus verstand es, die durch den Kiesabbau erschöpften Gründe für seine Pferdezucht zu nutzen, die er mit viel Kennerschaft beträchtlich ausbaute. Als persönlicher Freund Xaver Krenkls konkurrierte er beim Oktoberfest scharf mit ihm und versah viele Jahre lang das Amt eines Rennmeisters. Die Herzöge Max und Ludwig von Bayern gehörten zu seinen Käufern, die sich oft in seinen Stallungen einfanden. Aber ein so guter Gesellschafter er auch war, es blieben ihm doch trübe Erfahrungen beim Verkauf seines Grundbesitzes nicht erspart. Seine letzten Lebensjahre verbrachte er, müde geworden vom Treiben der Welt, in Einsamkeit. Eine sonderbare Ministerialentschließung von 1840,

Die Neue Schießstätte von 1853 auf der Sendlinger Höhe,
heute Theresienhöhe
(anonymer Holzschnitt)

die sich gegen jede Bebauung der Höhe aussprach, wird verständlich, wenn man die Absicht kennt, die die Nachbarschaft der Bavaria vor störenden Bauwerken gesichert wissen wollte. Als man daher um 1850 an den Neubau einer Schießstätte heranging, wurde außer diesem Gesichtspunkt eine Reihe von bissigen Einwänden erhoben, die sich gegen die Entlegenheit des Platzes »an einem Feldweg in einer zur Winterszeit gar nicht zugänglichen Einöde« richteten. König Ludwig I. aber entschied sich gegen die weiterhin vorgeschlagenen Bauplätze am Gasteig und in der Leopoldstraße und hatte damit wieder einmal seine städtebauliche Umsicht bewiesen. In den Jahren 1852/53 erstand dann durch Friedrich Bürklein die Schießstätte im romanischen Stil, wie sie bis zu ihrer Zerstörung im letzten Krieg bestanden hat. Hören wir, was der Stadtchronist Ernst von Destouches über sie erzählt: »Gerne kehren die Münchner in ihr ein, namentlich, wenn sich der prächtige Schützensaal mit seiner entzückenden Aussicht auf das alte liebe München und auf die heimatlichen Berge zu festlichen Gelegenheiten öffnet. Da hängen an den Galerien die Schützenfahnen herab – lauter Angedenken an erinnerungsreiche Tage; die große mit dem Bilde der Patrona Bavariae und dem bayerischen Wappen von Kurfürst Max III. aus dem Jahre 1749, eine blaue und weiße mit dem Bilde seiner Schwester, der verwitweten Kurfürstin Maria Antonia von Sachsen, aus dem Jahre 1775, eine mit dem Bildnis des Kurfürsten Karl Theodor vom Jahre 1788, dann die vier bayerischen Königsfahnen mit den lebensgroßen Bildnissen der Könige von Max I. bis Ludwig II.«

So ist denn die bayerische Vergangenheit in ihren Zeugnissen doch noch auf der geschmähten »Steppe« heimisch geworden, und ein Stück kulturgeschichtlichen Lebens »auf der alten Haide« hat sogar selbst noch seinen Einzug gehalten unter dem schönen Holztonnengewölbe mit der Ehrenscheibe zum 50jährigen Mitgliedsjubiläum, das der letzte königlich bayerische Revierjäger der Schwanthalerhöh, Josef Holzapfel, im Jahre 1866 feiern konnte.

Das kuriose Schaustück der Theresienhöhe, das wir unseren Lesern nicht unterschlagen wollen, war das Panoramagebäude mit einem beträchtlichen Rundhorizont, in dem fast ausschließlich Szenen aus dem Siebziger Krieg gezeigt wurden. Namhafte Künstler, wie Kaulbach, Angelo Jank, Wilhelm Diez, wirkten bei den Entwürfen mit und malten die Horizonte und die Kulissen. Es begann mit der ersten Schau im Jahre 1887, die die Schlacht von Gravelotte brachte, und endete am 25. September 1915 mit dem »Sturm auf Champigny«, als das Gebäude durch einen Brand in einem benachbarten Schuppen so in Mitleidenschaft gezogen wurde, daß es abgebrochen werden mußte. Kaulbachs berühmte »Schützenliesl« wurde damals auch ein Raub der Flammen.

Mit der Erschließung des Ausstellungsgeländes im Jahre 1908 begann die neue Epoche der Theresienhöhe. Viele und nachhaltige Eindrücke haben sich seitdem ins Gedächtnis nicht nur der Schwanthalerhöher, sondern wohl aller Münchner eingeprägt. Die alten Erinnerungen aber haben sie nicht ausgelöscht.

Anitza-Ho, der indianische Münchner

Ein Münchner lebte lange unter Indianern, Eskimos und Arabern

Alexander C. war einer der Münchner, die man lange kennen muß, um zu erfahren, wieviel hinter ihnen steckt. Er machte so gar nichts aus sich. Von stillem, nachdenklichem Wesen, wie er war, hätte ich wohl auch nichts von dem Reichtum seiner Eindrücke und Erlebnisse erfahren, wenn ich nicht selber blutjung gewesen wäre; denn jungen Leuten war er wie ein gleichaltriger Freund zugetan.
Alexander hatte die sechs Jahre der Städtischen Höheren Handelsschule an der Herrnstraße hinter sich gebracht, der selbst im Ersten Weltkrieg Schüler aus allen Weltteilen zuströmten, und er fand sich nun munter plätschernd in einem Ozean der Hoffnungen, hinter dem lauter glückselige Ufer lockten und keineswegs kimmerische Felder des Nebels und der Enttäuschungen. Alexanders Passion für fremde Sprachen mochte die Pläne des Vaters stören, der eine Handschuhfabrik im Lehel betrieb, doch war er einsichtsvoll genug, um dem Sohn Reisen und monatelange Aufenthalte in England und vor allem in Frankreich zu ermöglichen. In Paris ist er dem alternden Emile Zola begegnet. Ein lächerlich erscheinender Glücksumstand brachte ihm die Freundschaft des damals auf der Höhe seines Ruhmes stehenden Mannes ein, es war einer der vielen Zufälle, die dem jungen Mann fortan immer wieder in den Weg rollten. Er versuchte sich, nicht ganz erfolglos, mit Übersetzungen, im Grund war es ein Lernen jenseits der Schule in der Freiheit eines idyllischen Häuschens in Lavarenne-Saint Hilaire sur Marne, auf das ihn Zola aufmerksam gemacht und das er mit seiner reizenden Jeanette bezogen hatte.
Einem anderen möchten die drei, vier Jahre Fremde genug erscheinen, doch für Alexander war es nicht anders als ein Naschen, dem die Hauptspeise erst folgen sollte. Wie groß, wie unausgehbar schien ihm die Welt, welche Vielfalt der menschlichen und tierischen Kreatur belebt sie! Und da sollte ein junger Mann aus der Knöbelstraße, wie es so schön heißt, in die Fußtapfen des Vaters treten? Jede Rückkehr in die Vaterstadt konnte da wohl keine endgültige Heimkehr bedeuten, nur kurze Rast, ein Atemholen, nichts

weiter. Amerika war das Wunschziel, das sich Alexander eröffnete. Und Vater C. konnte sich dem Drängen nicht versagen, hoffend, der Sohn werde sich die Hörner so gründlich abstoßen, daß seiner späteren Rückkehr als gebranntes Kind nichts mehr im Wege stehe. Wie Vater Carlé seinen Sohn Erwin, der nachmals unter dem Pseudonym Erwin Rosen sein erfolgreiches Erinnerungsbuch »Der Deutsche Lausbub in Amerika« schreiben sollte, nicht anders brachte Vater C. seinen Alexander zum Münchner Hauptbahnhof, die Fahrkarte Rotterdam–New York in der Tasche. Was für ein gutes Omen! Im selben Wagen reiste mit ihm ein alter Freund, Baron von Rummel, alias Gustl Waldau, seinem ersten Engagement am 4. November 1897 in »Romeo und Julia« im Stadttheater von Köln entgegen.

Dem Mißgeschick Erwin Rosens ist Alexander entgangen, schon in den ersten Tagen der Überfahrt auf Schiff den väterlichen Zehrpfennig beim Pokern zu verlieren. Dafür nahm ihn die Neue Welt, wie alle Ankömmlinge, in ihre unerbittliche Zucht, zuerst als Tellerwäscher in einem Hotel. Seine Erlebnisse der ersten Monate, die denen aller Ankömmlinge jener Zeit glichen, sollten ihm indessen nichts weiter als eine Starthilfe bieten. Seiner Passion für fremde Sprachen fiel unerwartet eine Chance zu, die er sofort wahrnahm: Eine Schule engagierte den jungen Deutschen als Tutor für die deutsche Sprache, die es ihm ermöglichte, seine Kreise weiter zu ziehen. Deutsch zu lehren war nun zwar seine Aufgabe, in fremde Idiome einzudringen seine selbstgewählte Lehre. Vergeblich in Bibliotheken nach einer Grammatik indianischer Sprachen forschend, wollte es der Zufall, daß er, in den Karteien einer Bibliothek blätternd, einem Missionar begegnete, der viele Jahre unter Indianerstämmen gelebt hatte. »Da werden Sie nichts finden«, meinte der Vielgereiste, »aber wenn Sie wünschen, kann ich Ihnen meine Aufzeichnungen über Indianerdialekte zur Verfügung stellen.« Und ob Alexander wollte! Jeden freien Abend verbrachte er fortan in der Klause des hilfreichen Mannes, der Gefallen an dem Deutschen und seinem Anliegen gefunden hatte. Es war ein Stück ursprünglichen Lebens, das er in den Studien des Missionars kennerlernte, und genug, um den Wunsch zu erwecken, an Ort und Stelle einzudringen in so entlegene sprachwissenschaftliche Gebiete. Lebten denn damals nicht noch in Kanada nomadisierende Stämme wie »zu Zeiten Winnetous«, die sich noch vor sieben, acht

Jahren die blutigsten Kämpfe geliefert hatten? So gut wie nur wünschenswert traf ihn das Erscheinen einer Anzeige der Canadian Railroad Companie, die zu einer Vermessungsexpedition an den Lorenzstrom rüstete und beauftragt war, Gebietsabtretungen einzuhandeln von den roten Männern. Ein sprachkundiger Dolmetsch, der in der Anzeige gesucht wurde, war Goldes wert. So griff sich der Chef des Unternehmens, ein Mr. Amstrong, den quecken Münchner, der sich als einziger Bewerber gemeldet hatte. Er sah sich der zwölfköpfigen Equipe zugestellt, mit einer riesigen Plattenkamera ausgestattet, die er zu bedienen hatte. Soweit es eine Eisenbahnlinie gab, ging es bis zur Endstation, dann in tagelangen Pferdemärschen in das noch völlig unerschlossene Indianergebiet.
Sie waren in die Jagdgründe der Irokesen geraten. Der Kenner Karl Mays mutmaßt nun die Folgen dieses ungebetenen Einbruchs in die Hoheitssphäre dieses als besonders blutrünstig verschrienen Indianerstamms. Doch die Phantasie des Reiseschriftstellers Karl May muß in diesem Fall die Segel streichen. Kein Ultimatum zum Verlassen des Gebiets erfolgte, keine Überfälle, keine Metzelei am Marterpfahl an den überwundenen Eindringlingen. Die »Wilden« Alexanders erwiesen sich wie jener Hurone Johann Gottfried Seumes als bessere Menschen. Das Verhältnis zu den Rothäuten entwickelte sich als durchaus friedlich, was die Dauer der auf neun Monate veranschlagten Expedition um etliche Monate verkürzen half. Die Vermessungsleute brachen nach getaner Arbeit ihre Zelte ab – zurück blieb Alexander mit einem ansehnlichen Lebensmittelvorrat und der Plattenkamera.
Caughnawagha hieß das Gebiet am Lorenzstrom, Wald, Weite und Einsamkeit ringsum, wo heute die Industriestadt gleichen Namens ihre Schlote in den Himmel reckt. Und die Rothäute? Würden sie, wie Seumes Hurone, dem Zurückgebliebenen Gastfreundschaft gewähren? Wird die Fabel vor der Wirklichkeit standhalten?
Chief American Horse, das »Amerikanische Pferd«, wie der Häuptling hieß, weist ihm gastfreundlich ein Zelt an, eine uralte Squaw soll ihm als Aufwärterin dienen. Jeden Morgen rückt die Alte an, doch mit den Konserven, die Alex in seine neue Welt eingebracht hatte, weiß sie wenig anzufangen. Am zweiten Tag nach seiner Ankunft fotografierte er einige Squaws, die mit ihren Kindern am Arm in der Nähe seines Zeltes den weißen Mann aus schicklicher Entfernung beäugen. Als sie bemerken, daß er mit sei-

nem schwarzen Kasten Geheimnisvolles im Schilde führt, wenden sie ihm den Rücken zu. Sie fürchten den bösen Blick für ihre Kleinen. Der nächste Tag scheint ihnen recht zu geben: Etliche der Kinder erkranken an den Masern. Eine böse Sache schwant ihm, und tatsächlich tritt eine wortlose, doch fühlbare Erkältung der Beziehungen ein. Die Alte erscheint frühmorgens nicht, niemand mehr nähert sich seinem Zelt, und die Blicke, die ihn aus der Ferne streifen, verheißen nichts Gutes. Als einziger nähert sich Chief American Horse mit eisigem Blick. Alex erbietet sich, die Kinder zu gesunden. Heimlich fleht er zu Manitou, die harmlosen Gaben von Bromsalz aus der Reiseapotheke möchten das Übel wenden. Nach ein paar Tagen sind die Indianerkinder wieder gesund. Er ist nun auch so etwas wie ein wundertätiger Arzt in den Augen der Irokesen. Schließlich rückt er mit seinem Anliegen heraus, für längere Zeit bei ihnen bleiben zu wollen. Seine Bitte wird erfüllt, anderthalb Jahre lebt er Zelt an Zelt mit seinen Gastgebern.

Was er in dieser langen Zeitspanne erlebt, würde ein ganzes Indianerbuch friedlichen Inhalts füllen. Sie nehmen ihn sogar in ihren Stamm auf, betrachten ihn als einen der ihnigen. Sein Name ist nun Anitza-Ho, was soviel heißt wie Vielfraß. Sie begreifen bei ihrer Genügsamkeit mit einer Mahlzeit einfach nicht, daß ein Mensch dreimal am Tage Essen zu sich nimmt. Aber dieser Name ist dennoch nicht hämisch gemeint. Bei der Aufnahmezeremonie springt er über die vier symbolischen Holzstämme, die mit Harz bestrichen und entflammt worden sind. Sie versinnbildlichen die vier Himmelsrichtungen: »Möge dich der gute Manitou in allen vier Winden vor Schaden bewahren, wie er dich vor diesem Feuer bewahrt!« Er wird Zeuge einer Kraftleistung, eines Heldenstücks, dessen nur mehr die Alten fähig sind: einen Hirsch in tage- und nächtelanger Verfolgung matt zu setzen, ehe er dem Hirschfänger verfällt. Er erfährt die hohe Moral der »Wilden«, für die das Gesetz einer ehernen Wahrhaftigkeit kein bloßer Wahn ist: Wer auf einer Lüge ertappt wird, ist des Lebens nicht mehr würdig.

Chief American Horse schenkt dem Gast sein höchstes Vertrauen. Er erzählt ihm die Geschichte seines Stammes, singt ihm die alten Lieder vor, sagt ihm die Mären und Sagen aus Urvätertagen. Die Mappen Alex' füllen sich mit Aufzeichnungen über Sitten, Bräuche und die Mundart der Irokesen. Längst versorgt ihn statt der Alten ein bildschönes Indianermädchen, das er Adelheid nennt. Das

Mädchen ist ihm nicht gleichgültig, und, er fühlt es, auch Adelheid bleibt nicht kühl bei ihren Begegnungen. Vielleicht hat man ihm das Mädchen zugespielt, Andeutungen Chief American Horses, er möchte sich dem jungen Mädchen ganz verbinden, lassen es ihm zur Gewißheit werden. Gerade diese gutgemeinte Auszeichnung macht ihm ein weiteres Verbleiben unmöglich. Eine Schlußfanfare soll in seinen letzten Tagen bei den roten Männern alles bisher Erlebte überstrahlen. Sie gilt nicht eigentlich ihm, doch ist er wie selbstverständlich in das Geschehen eingeschlossen: die Feier zum dreihundertjährigen Gedenken an eine große Indianerschlacht. Von weit her waren Tausende des Irokesenstammes auf ihren Pferden nach Caughnawagha gekommen, die Landschaft ist übersät mit Zelten, Feuer lodern auf, an denen Fleisch gebraten wird. Die Häuptlinge sitzen im Kreis, rauchen aus langen Pfeifen von rotem Ton mit langen Weichselrohren. Drei Tage währt das Fest, das eine Parade mit Hunderten von Canoes aus Büffelhäuten auf dem Lorenzstrom beendet. Alex wird das Herz schwer, sich von den roten Männern zu trennen. Mit sachter Zartheit löst er sich von seinen Freunden. Bedauernd lassen sie ihn ziehen, jeder ein roter Gentleman, wie Karl May seinen Winnetou genannt hat.

Er geht nach Montreal auf die Mac Gill University. Wieder ist es eine Grammatik, die seinen nächsten Weg bestimmt. Ihr Verfasser, ein einstiger Eskimomissionar, unterweist ihn gründlich. Mit einer Expedition der Geographischen Gesellschaft in Montreal, deren Aufgabe die Erforschung der »Rentier-Eskimos« ist, reist er an die Hudson Bai. Mit achtzehn schwer beladenen Hundeschlitten verlassen sie Edmonton in Nordkanada. An der Hudson Bai ist Zwischenstation. Packeis blockiert die Zufahrt, die nur ein paar Wochen im Juli schiffbar ist. In den Lagerschuppen der Hudson Bai Company von Goyahavn werden die Ballen von Pelzwerk gestapelt, die von weißen Fallenstellern und Eskimos in Hundeschlitten gebracht werden. Alex findet Aufnahme in der Bürobaracke der Faktorei und kommt so nebenher hinter das Geheimnis der unerhörten Gewinne der Company: Messer, Beile, Scheren, billiger Tand, Tabak und Tee sind die Preise für köstliche Pelze. Eines Tages keucht ein alter Trapper mit seinem Hundeschlitten ins Lager. Der alte Mann mit dem weißen Bart ist am Ende seiner Kräfte. Seine blauen Lippen fiebern, zum Sterben müde streckt er sich auf eine Pelzbank. Alex hüllt ihn in eine wärmende Decke und braut

Anitza-Ho alias Alexander C. mit seiner Aufwärterin, der Indianer-»Adelheid«, wie er sie nannte, vor einem Rindenzelt

ihm einen Grog. Da kommt der Alte ins Reden, ein Wort gibt das andere, zögernd kommen sie dem Greis von den Lippen, nicht nur aus Erschöpfung, wie viele Monate hat er mit keinem Menschen mehr Worte getauscht! Ein deutsches Wort fällt: »Wo bist du denn her?« fragt Alex verdutzt. »Aus München«, sagt der Alte. Rotes Leben kommt in seine abgehärmten Züge, er will so vieles von dem Münchner Alex aus München erfahren, das er vor mehr als fünfzig Jahren zum letztenmal gesehen hat. Es ist ein langes Gespräch, denn der alte Trapper wird nicht müde zu fragen nach so vielem, was er gekannt hat und was er an Neuem nicht mehr kennt. Auch vom Oktoberfest. »Ja gibt's denn dös aa no!« staunt er. Dann sinkt ihm der Kopf auf die Brust, und nun ist ihm kein Wort mehr gegeben, denn er ist tot. Am nächsten Morgen sägen sie ein Loch ins Eis und versenken darin den alten Münchner, der in die Fremde lief, die ihn nicht mehr freigegeben hat. Einige Mitglieder der Expedition sind erkrankt. Der erzwungene Aufenthalt geht nun in die vierte Woche, viel zu lange für das unruhige Gemüt des Erlebnisfreudigen. Er schließt sich drei Eskimofamilien an, die ihre Pelze verkauft haben und ihm gern gestatten, sich ihnen anzuschließen. Sie gehören zu den Coppermine-Eskimos weit oben in Baffinland, von denen Alex aus Knochen gefertigte Werkzeuge gegen Tabak und Tee eintauschen und vor allem ihre Sitten und Bräuche kennenlernen will. Die zurückgebliebenen Mitglieder der Expedition stellen ihm einen Schlitten und Hunde zur Verfügung. Das Kunststück, einen Hundeschlitten regelrecht zu beladen, glaubt er den Eskimos abgeschaut zu haben. Doch sie lächeln über seine Bemühungen, aber sie kritisieren ihn nicht und geben keine Ratschläge. Der weiße Mann ist in ihren Augen eben blöde und ungeschickt. Er kann keinen Iglu bauen, ja, nicht einmal die Arbeiten der Eskimofrau verrichten. Er kann keine Pelzschuhe schneiden und nähen, keine Felle zubereiten, nicht einmal Felle weich machen. Nichts kann er, der weiße Mann. Künftig werden sie den Schlitten des weißen Mannes selber packen. Bei der grimmigsten Kälte von 60 Grad. Alex paßt sich ganz der Lebensweise der Eskimos an, gewöhnt sich ans Essen roher Fische, an Seehund- und Rentierfleisch. Sie sind die gewaltigsten Esser der Welt, diese Eskimos – wenn die Fänge glücklich sind. Aber wenn die Rentiere eine andere Bahn ziehen und der Seehund ausbleibt, dann schwingt der Hunger seine Geißel über die Wüstenei.

In solcher Zeit gerät Alex einmal an eine Iglusiedlung. Kein Hundegebell, nichts regt sich, eine ungewöhnliche Situation in einer Eskimosiedlung mit ihren vielen Kindern. Der Atem stockt ihm, als er in den ersten Iglu eindringt. Er ist in schweigendes Totenfeld eingetreten. Der Hunger hat viel blühendes Leben fröhlicher Menschen ausgelöscht. Doch lernt er auch die Lebenden kennen. Acht Monate hat er unter den herzensheiteren, kinderliebenden Menschen verbracht, die stundenlang zu erzählen wissen, aber auch ebenso lange zuzuhören verstehen. Er zeichnet ihre Märchen auf und hält ihre Bräuche mit dem Wort und seinem geschickten Zeichenstift fest. Ihre Gastfreundschaft übersteigt alle abendländischen Begriffe. Das Vorrecht des Gastes abzuwenden, das Lager der Eskimofrau in der ersten Nacht teilen zu dürfen, brachte Alex in ein Dilemma, dem er nur unter vielen Floskeln und durch Hingabe eines Taschenmessers, zweier Klingen und Tabak entgehen konnte. Standhaft zu überwinden freilich zählt auch zu den unbedingten Tugenden eines Mannes, der ausgezogen ist, um fremde Menschen in fernen Welten zu erfahren. Acht Monate in Iglus, Seite an Seite mit einem Menschenschlag zu hausen, der sich mit dem eigenen Urin wäscht, dessen Tanningehalt an Gerbsäure die Haut widerstandsfähig gegen die eisigen Winde macht, dazu bedarf es einer Willenszucht, die den meisten nahelegt, ihre Weltenkenntnis lieber aus Büchern zu schöpfen, die von den Überwindern geschrieben worden sind.

Das Jahr 1904 verschlug Alexander unter die »Araber« – des Araberdorfs der Weltausstellung in St. Louis nämlich. Er meldete sich auf Anzeigen der Ausstellungsleitung zur Verwendung in diesem Dorf, das aus rupfenverkleideten Brettern samt einer kleinen Moschee mit dem Minarett täuschend echt aufgebaut worden war. Beim ersten Treffen mit den etwa dreißig Arabern fand er sich gründlich ernüchtert: Die Muselmanen waren ebensowenig echt wie er selber. Bis auf einen Teppichhändler, der war echt, dafür aber waren seine Teppiche falsch. Sie stammten aus Krefeld. Hatte ihn auch die Erwartung getrogen, in den acht Monaten, solange die Weltausstellung anberaumt war, Anfangskenntnisse im Arabischen gewinnen zu können, so machte ihn die buntgemischte Zusammensetzung der Bewohner des »Araberdorfs« neugierig, wie sich dieses seltsame Unternehmen entwickeln würde. Seinem Wunsch, dem Teppichhändler als Gehilfe zugeteilt zu werden, stand nichts entge-

gen. Sulejman, so hieß der Teppichhändler, nahm ihn auf, es war ihm gleichgültig, ob er einen unechten Sohn Allahs als Gehilfen hatte, wenn ihm sein Kismet schon einigen Gläubigen vorenthielt.
Ein paar Tage vor Ausstellungsbeginn wurde die Horde der Dreißig zusammengerufen, um sie in echte Muselmanen zu verwandeln. Sie wurden in die weit wallenden Gewänder der Araber gehüllt, mußten sich auf Anweisung schminken, vor allem hieß es, sich einzuüben in das Gebetsritual, das bei den täglich fünfmal zu verrichtenden Salads zu beobachten war. Die Niederwerfungen mit den beiden Daumen hinter den Ohrläppchen mußten mit der Exaktheit ablaufen, die den Söhnen Allahs angeboren ist. Als die Prosternationen immer noch einmal wiederholt werden mußten, hörte Alex neben sich den Nebenmann murmeln: »Herrgottsackra, wia lang dauert denn der Krampf no!« Ein Münchner! Noch dazu kein beliebiger, sondern ein Nachbar aus dem Lehel, der Sohn eines Privatbankiers, mit dem Alex sechs Jahre lang die bodenölduftenden Treppen der Städtischen Höheren Handelsschule hinaufgegangen war.
Die Obliegenheiten Alex' bei Sulejman bestanden hauptsächlich darin, die falschen Teppiche in täuschend echte Orientalen zu verwandeln. Frischer Roßmist spielte bei dem Verwandlungsverfahren die Hauptrolle, den Alex stundenlang in die am Boden liegenden Teppiche reiben, abkehren, wässern und die so manipulierten Krefelder zum Trocknen an die hölzernen Stangen hängen mußte, die sich um das hufeisenförmige Höfchen zogen. Auf Hunde war sein Augenmerk zu richten, die, sobald sie Anstalten machten, das Bein zu heben, zu den hängenden Teppichen geschleppt wurden, um sich an ihnen zu entladen, was Sulejman jedesmal mit genüßlichem Wohlgefallen beobachtete. Und wie das Schicksal manchmal scherzt, trafen sie unter der Horde einen dritten Münchner, und auch der war als einstiger Schulkamerad der Handelsschule entronnen.
Als nach acht Monaten im Dezember die Ausstellung beendet war, beschlossen die drei, beisammenzubleiben und gemeinsam einen Junggesellenhaushalt einzurichten. Doch das wäre beinahe schief gegangen. Jener dritte staffierte sich anspruchsvoll heraus, blieb tage- und nächtelang fort, um erst am Wochenende wieder aufzutauchen. Was er eigentlich trieb, konnten die beiden Ahnungslosen nie herausbekommen. Es mußte jedenfalls ein einträglicher Job sein,

den er ergattert hatte, und was ihnen weiter an Außergewöhnlichem auffiel, war sein großer Verbrauch an Reisekoffern. Auf einmal blieb der Geheimnisvolle ganz aus. Dafür erschien die Polizei, die in den zwei Zurückgebliebenen Komplizen argwöhnte, ein Verdacht, den sie mit Mühe zerstreuen mußten. Das Rätsel des Elegants wurde ihnen enthüllt: Ihr Zimmerkamerad war ein langgesuchter Zechpreller und Einmietschwindler, der montags in den besten Hotels aufkreuzte, bis zum Freitag den noblen Herrn spielte und dann unter Hinterlassung seines Koffers verschwand. An den Freitagen wurde nämlich damals die wöchentliche Hotelrechnung präsentiert.

Das Debüt des unsicheren Kantonisten bei den zwei Münchnern war damit beendet. Aber auch das Debüt Alexanders in Amerika. Die Heimat rief nach ihm. Siebzehn Kisten, gefüllt mit Zeugnissen seiner Wanderungen bei Indianern und Eskimos, und eine große Fotoausbeute begleiteten ihn bis New York, wo er seine Schätze einschiffte, um ein paar Tage später selbst zu folgen. Als er in Lissabon eingetroffen war, mußte er die Entdeckung machen, daß sechzehn der Kisten bei einem Hafenbrand vernichtet worden waren. Die unversehrt gebliebene barg indianische Gewänder, darunter eine ganze Häuptlingstracht vom Federschmuck bis zu den Mokassins, handgewebte Indianerdecken, Ton- und Holzpfeifen und eine große Anzahl der vorzüglichen Aufnahmen, die er aus seiner Plattenkamera herausgeholt hatte. Übergenug für eine kommende Zeit des Raummangels und der unvorhersehbaren Vernichtung, der auch dieser ansehnliche Rest bis auf weniges zum Opfer fiel, dem unser Bild entnommen ist. Und noch einmal beliebte der Zufall zu scherzen: Später, als Alex für viele Jahre in einem oberbayerischen Gebirgsdorf vor Anker gegangen war, unterhielt sein Schulkamerad H., der einstige »Araber« von St. Louis, im selben Ort eine Bankfiliale.

Niemand mag die Geschichten Alex C.s höher geschätzt haben als »seine Buben« der Oberschule, denen er später mit seinen Abenteuern listigerweise auch die vertrackte Syntax des Französischen und Englischen eingeträufelt hat.

Major Lutz

Rauferei zwischen Kürassieren und Stadtgendarmen in einem Wirtshaus im Tal

In einem der traditionellen Wirtshäuser im Tal, im Bögnerbräu oder beim Soller, der in der alten Zeit noch nicht zum Besuchsverbot für Militärpersonen herangereift war, kam es an einem Sonntag zu einer heftigen Rauferei zwischen Kürassieren und Stadtgendarmen. Hüben und drüben gab es blutige Köpfe, und es lag in der Natur der Sache, daß die Polizisten das Gros der also »Blessierten« stellen mußten. Das war nach dem Tatbestand keine Affekthandlung eines einzelnen mehr, die, wenn auch mit Ingrimm geschluckt, noch hingenommen werden konnte, sondern offenbarer Landfriedensbruch. Die Tat rief nach Sühne. Der Feststellung ihrer Person hatten sich die Störer der königlich bayerischen Ruhe kraft ihres Übergewichts entzogen, so daß eine Gegenüberstellung notwendig wurde, die für den darauffolgenden Tag anberaumt war.

Als Major Lutz der versammelten Mannschaft den Antrittsbefehl erteilte, fügte er grimmig hinzu: »Daß ma koana von dene o'tritt, de wo bei der Raffarei dabei warn, sunst sperr i'hn außerdem drei Tag bei Wasser und Brot ei!« Das ließen sich die Beteiligten denn nicht ein zweites Mal sagen, denn sie wußten, daß ihr Major mindestens dieselbe Abneigung gegen die Stadtpolizei hegte.

Am nächsten Morgen stand die Schwadron mit gelichteten Reihen im Kasernenhof. Mit Eiseskälte geleitete Major Lutz die Gendarmen, die mit ihren dick verbundenen Köpfen in der Höhle des Löwen sichtlich beeindruckt ihrer Amtspflicht nachkamen. Am Ende jeden Gliedes richtete er mit schneidender Kälte die Frage an die Forschenden: »Habt's no koan gfundn?«

Sie fanden keinen, denn die, die sie suchten, wirkten lediglich als Zuschauer der Szene mit, die sie von den Kasernenfenstern aus verfolgten. Beim letzten Glied angekommen, konnten die Gendarmen auf die Frage des Majors nur mit einem kleinlauten Achselzucken antworten. Das war das erwartete Stichwort für den bärbeißigen Lutz.

»Jetzt habt's aber Zeit, daß nauskemmts«, rief er drohend, »sunst laß i enk mit der Schambrär außipeitschn!« (Schambrär = chambrière, Abrichtepeitsche der Bereiter.)

So war der Major Lutz, der alle seine Reiter duzte. Mein Vater hat ihn noch als Bübl an der Hand des Onkels Eidelsburger in der Paul-Heyse-Straße beim Spazierengehen kennengelernt. Schon dem Bürschl fiel damals die seltsame Vertraulichkeit zwischen Offizier und Mann auf, wenngleich die beiden längst verabschiedet waren und den Zivilrock angezogen hatten.

»Woaßt as no, Eidelsburger, wia damals...«, und der Reiter Eidelsburger pflichtete bei: »Dös war a so a Ramasuri, Herr Major!«

Bei diesem Zusammentreffen fügte es sich übrigens, daß während des Gesprächs zwei Schwere Reiter, wie die Kürassiere inzwischen umbenannt worden waren, in der veränderten Uniform vorübergingen. Vor allem waren es die leichten Säbel, die des alten Majors höchliches Mißfallen erregten. »Schaug's nur grad o, Eidelsburger«, grantelte er und blickte ihnen geringschätzig nach, »wia's heutzutag daherschleicha, net amal hörn tuat ma's mehr... und dös soll de bewaffnete Macht sei!« Freilich, was waren das schon für Kindersäbel gegen die gewichtigen Schwerter der Kürassiere von dazumal, die bei jedem Schritt scheppernd aufs Pflaster stießen!

So gab es für die Zeitgenossen der guten alten Zeit immer eine »noch bessere« gute alte Zeit, und der Major Lutz und sein Reiter, sie haben ja beide die Jahre 1914 bis 1918 nicht mehr erlebt, um gewahr zu werden, daß es nicht nur die Uniform war, die sich an der bewaffneten Macht geändert hatte.

Der Kohlrabiapostel Gras war der Neuzeit nicht grün

Gusto Gras war ein sonderbarer Heiliger, ein Spinner, der von der Jahrhundertwende bis zu seinem Tode 1958 als Original in ganz München bekannt war.

Was sind das doch für Beschwörungen, mit denen manchmal bei abendlichen Gesprächen in Münchner Wirtsstuben die erloschenen Geister zitiert werden! Längst Heimgegangene kommen dran, aber auch solche, die mit uns noch den letzten Sommer lobten und nun nicht mehr die Äpfel essen dürfen, die wir im Herbst miteinander gepflückt.

Ja, so war's auch einmal im »Kreis der Freunde Altmünchens«, und so muß wohl auch nacherzählt werden, was einer der Herren berichtete von einem erst kürzlich von uns Gegangenen, den wir freilich nicht einen der Unsrigen nennen können; zu seltsam war das Leben dieses Menschen, das sich in keine Zeit, auch nicht in die von gestern und erst recht nicht in die von heute, einfügen wollte.
Um 1905/06 dürfte Gustav Gräser nach München gekommen sein. Wie alles an ihm den anderen ein Miß- oder ein Unverständnis war, so auch sein Name. Er gab sich u. a. auch als Sprachforscher aus, und trotz der besseren Erkenntnisse, die ihm aus der Sprachforschung hätten erwachsen müssen, bestand er hartnäckig darauf, sich »Gras« zu nennen statt Gräser. Er sei kein Plural, sondern eine Einzahl, eine Einmaligkeit, meinte er, und verfocht gegen alle Behördenschaft seine Umbenennung mit kohlhäsischer Unbedingtheit. Aus seinem Vornamen Gustav wurde ein Gusto, Gusto Gras also fürderhin bis an seinen Tod mit neunundsiebzig Jahren. Was er je gearbeitet hat, blieb in Dunkel gehüllt. Auf die Frage eines Wißbegierigen antwortete er, er habe einmal am Comer See einen Einbaum mit eigener Hand ausgehöhlt. Die Fama wollte von einer Herkunft aus einer Kolonie von Kohlrabiaposteln am Comer See wissen. Nach wohl glaubhafterer Version stammte er aus Siebenbürgen.
Nach der Art aller Naturapostel trug er eine sackartige Eremitenkutte, den Äquator umgürtete ein Lederriemen, die wallenden Haare hielt ein Stirnreif zusammen oder sollte es wenigstens tun. Nie sah man ihn anders als in Römersandalen mit bloßen Füßen einhergehen, einen Stab in der Rechten, eine Jagdtasche umgehängt und dazu ein Marktnetz mit Kohlrabi, gelben Rüben, Gurken, Blaukraut und Weißkraut drin, außerdem aber auch ein länglichrundes Blechfutteral, in dem er seine Poesien mit sich umhertrug. Mitteilsam, wie er war, unterbreitete er gerne jedermann seine Dichtungen. Sie waren auf farbige, meist quadratische Papiere geschrieben, manchmal in handspannenlangen Buchstaben. Das Quadrat war offenbar das mathematische Bekenntnis seiner Lebensform. Die Farben entsprachen in ihrer Symbolik den Gedichtinhalten. Die Liebesgedichte waren auf rotes, kritische Epigramme auf gelbes, die Gesänge, in denen er die Natur pries, auf grünes Papier geschrieben. Wo er wohnte, wußte früher kaum einer; wo man ihn antreffen konnte dagegen war allen Schwabingern, und

Gustav Gräser nach einer Karikatur von Karl Arnold

vor allem den Studenten, wenigstens im Winter kein Geheimnis. Er bevorzugte nämlich den Lesesaal der Staatsbibliothek, in dem es selbst an frostklirrenden Wintertagen behaglich warm zu sitzen war. Alle Welt verwickelte der kuriose Astrologe, Bildner und Reformer in Gespräche. Eine so angelegte Natur kann nicht in sich ruhen, das ist verständlich, sie drängt nach Ausbreitung ihrer Erkenntnisse. So entschloß sich Gusto Gras eines Tages, es war im Oktober 1907 herum, an die größere Öffentlichkeit zu treten. Er vergab eigenhändig an Bekannte ein aufrüttelndes Formular, Quadratformat natürlich, auf dem zu lesen stand:

»Wohlan! Nun muß ich offen frei'n
Um ein starkes Ringen!
Frisch-fromm, fröhliches Gedeihn
soll uns, komm! gelingen!
Komm! Trittit, trittit, tritt mit!
Bumm! Trarah! Willkommen!
Sattmatt ausgenommen!«

Und an den Litfaßsäulen erschien eines Tages für die weitere Öffentlichkeit ein quadratisches Plakat mit einer Art Sonne im Strahlenkranz und der Ankündigung: »Die Entstehung des Tanzes. Ein Vortrag von Gusto Gras und anderen Werdefrohen und – bist Du, willst Du – auch von Dir!«

Wer am Abend den kleinen Saal des Wirtshauses in der Türkenstraße betrat, sah am Eingang einen umgestülpten Papierkorb mit einem Teller darauf und einem Pappschild, auf dem bloß ein kategorisches »Hier!« zu lesen war. Die Aufforderung war offenbar doch nicht deutlich genug abgefaßt gewesen, denn Gusto Gras mußte unter Hinweis auf die Saalkosten das kategorische »Hier!« noch genauer interpretieren. Dann stieg der Vortragende in die Tiefen der Menschheitsgeschichte, die Zeit der »Uru«. Er teilte nämlich die Menschheitsgeschichte, wie er eingangs dozierte, in drei Abschnitte ein: die erwähnte »Uru«, den Zustand der unangetasteten Schöpfungsnaivität des Menschen bis zur Entwicklung des Feuers. Dann die Zeit der »Zwings« mit ihren vielerlei Zwingherrschaften, von der Leibeigenschaft und Sklaverei angefangen bis zum Schul-, Steuer- und Militärzwang, und schließlich als dritte Periode die Zukunft, in der man sich auf allerhand gefaßt machen mußte und muß. Und nun versetzte sich Gusto Gras, zu einem schlafschnarchenden Häuflein Mensch zusammengekauert, in die Rolle des ersten »Uru«-Individuums. Auf der anderen Seite der Bühne wucherte ein strauchartiges Gebilde mit einer zunächst unsichtbaren Glühbirne mittendrin. Gähnend und Urlaute ausstoßend, erwachte der »Uru«-Mensch und mimte naivstes Erschrekken, als plötzlich die Glühbirne aufblitzte im Gebüsch. Dann sah er wie zufällig seinen eigenen Schatten an der Wand gestikulieren

und stürzte vor Schrecken zu Boden. Als ihn die Neugier wieder hochgerappelt hatte, machte er die Beobachtung, daß die tanzenden Schatten an der Wand nicht unholde Fremdwesen, sondern ursprüngliche Phänomene seiner eigenen Gesten und Verrenkungen waren, eine Entdeckung, die der Uru-Gras denn auch in wilden Sprüngen demonstrierte, voller Glück und Freude.
Dies war die Geburt des Tanzes – frei nach Gusto Gras. In der anschließenden munteren Diskussion erwies der Kohlrabi-Apostel eine erstaunliche Fixigkeit im Vermeiden der Fallen, die ihm die »Werdefrohen« stellten. Nach diesem Debüt sah man ihn auch hin und wieder im »Simpl« eigene Verse rezitieren, und der Kathi Kobus war das Glas Zuckerwasser, das er konsumierte, nicht zu aufwendig dafür. Als eines Abends Spaßvögel das sanfte Wässerchen ohne sein Wissen ordentlich mit Rum anreicherten, rief er hinfort nur nach diesem »Göttertrank«.
An den Abenden suchte er, wenn er den Lesesaal der Staatsbibliothek oder den Simpl verließ, die unterhaltliche Zweisamkeit beim Heimweg. Doch seine üppig wuchernden Theorien endeten stets mit der Frage: »Sie haben doch sicher ein Sofa für diese Nacht bei sich zu Hause?« Denn, mit Respekt zu sagen, Gräser war zeitlebens ein Nassauer, der außer dem meist freundlich überlassenen Sofa auch den Morgenkaffee als pflichtschuldige Leistung seines Gastgebers dazu erwartete.
Mit dem ersten Mobilmachungstag 1914 verschwand Gräser von der Schwabinger Bühne der Originalitäten – und tauchte nach dem letzten Kanonenschuß 1918 ebenso plötzlich wieder auf. Auf die Frage nach seinem Erleben hörte man ihn sagen, er sei eben auch wie andere eingezogen worden, doch habe es für ihn zwar eine Uniform, doch keinen passenden Feldwebel gegeben. Er sei deshalb nach drei Tagen aus der Kaserne gejagt worden, wonach er sich unverzüglich auf eine Hütte im Gebirge zurückgezogen habe, um sich in den vier Kriegsjahren der Aushöhlungsarbeit seines zweiten Einbaumes zu widmen. So erlebte und überlebte Gräser die Weimarer Republik, das Dritte Reich, den zweiten Weltkrieg und noch die dreizehn folgenden Jahre. Kaum einer aus den sagenhaften Zeiten der Gräserschen »Uru« erinnerte sich mehr an ihn. Doch kamen auf Umwegen aus Leipzig die Fragmente des Protokollbuchs der Schwabinger »Bruchgesellschaft« wieder nach München-Schwabing. Und darin findet sich mitten unter den bekannten

Namen Trumpp, Prévot, Dietz u. a. unvermutet auch die Sentenz: »Durch! Das ist der Hecke Zweck!« Sie stammt von der Hand Gustav Gräsers, vulgo Gusto Gras, der am 27. Oktober 1958 dahingegangen ist als letzter Kohlrabi-Apostel.
Warum aber erinnern wir so umfänglich an einen Mann, dessen Charakterbild so leichtgewichtig verschwebt nach Wesen und Sinn, daß man es kaum an eine Wand nageln und sagen kann: Sieh, so war er! Ja, was war Gustav Gräser? Ein Scharlatan, ein Träumer, Schmarotzer, Wolkenkuckucksheimer, Phraseur, Faulenzer oder wirklich ein Apostel der Natur? Wir wissen es nicht; doch daß er nie zum »Menschenmaterial« gehörte, wozu unser Jahrhundert die Menschen kläglich erniedrigte, das machte Gustav Gräser auch jenseits aller persönlichen Wertung merkwürdig, höchst merkwürdig.

Der Südfriedhof ist kein toter Gottesacker

Seit Jahrzehnten läutet keine Glocke mehr über aufgeworfenen Gräbern, doch die Inschriften auf den Grabsteinen künden von berühmten Namen aus der lebendigen Münchner Geschichte

Die Ahornbäume im Südfriedhof sind müde geworden. Der letzte Regen hat ihre Blätter reif gemacht, lautlos segeln sie auf das Gräberfeld nieder. Bis über die Knöchel waten die Frauen in der goldenen Blätterflut, die ihre Rechen kaum zu fassen vermögen. In hohen Haufen türmt sich die leichte Last an den Wegrändern. Es ist die Stunde der stillen Töne, die vergessen machen will, daß sich die müden Bäume nach kaum ein paar Monaten der Sammlung wieder aufraffen werden, daß sie in unstillbarem Verlangen ihre Säfte in die Zweige treiben, um ihre Kronen mit neuem Grün zu bedecken. Denn die Natur kennt den Tod nicht.
Doch dieser Friedhof ist tot. Seit Jahrzehnten läutet die Glocke nicht mehr über aufgeworfenen Gräbern, spärlicher von einem Jahr zum andern werden die Besucher am Allerheiligentag, und auch sie sind schon so alt, daß sie selbst ihre Jahre oder gar Monate zu zählen anfangen, bis andere an ihr Grab treten werden, um es zu schmücken. Aber sind wir denn nicht selbst in diesem Friedhof an frischen Grabhügeln gestanden, weihrauchumwölkt, mit Kränzen

in den Händen und Trauer im Herzen beim letzten Abschiednehmen? Die Zeit kann das Band nicht zerschneiden, das uns mit ihnen verknüpft.
Viele freilich kennen wir nicht mehr aus Augennähe: Vor hundert, zweihundert Jahren sind sie dahingegangen, doch sollten wir sie darum nicht mehr kennen? Die großen Namen sind's, vor denen unser Schritt stockt, Reichenbach und Senefelder, Gabelsberger und Utzschneider etwa, von den Malern Georg von Dillis, Peter von Heß, Wilhelm von Kobell, Spitzweg, Karl von Effner, Wagenbauer; im Feuerofen der Vergänglichkeit sind sie zu lauterem Gold geläutert und sagen uns kaum weniger, oft aber noch mehr als ihren Zeitgenossen. Andere wieder mit klangvollen Titeln, mit Orden überschüttet, die ihre Erben unverkürzt in den Marmor schreiben ließen, haben mit dem Tag, da sie die Weltbühne verlassen mußten, ihre Bestimmung erfüllt, kaum ein Nachhall ihres Wirkens wird laut, wenn wir ihre Namen buchstabieren. Dann wieder tut sich mit anderen ein Zwischenreich auf, in dem die Bürger das Wort haben: Kampferseck, Reiffenstuel, Viernstein, Riederer, Rosipal, Eilles, Anton und Therese Seidl, Ehrengut, Multerer.
Und da hält denn auch schon der Schritt vor der grauen Marmortafel mit dem Genius daneben, der gesenkten Hauptes eine Aschenurne trägt: Benno Lunglmayr, steht da mit Goldbuchstaben, Weinhändler und Magistratsrat von 1792 bis 1852, ein würdiger Sohn seines Vaters Lunglmayr, des »Marchand de vin«, wie auf dem Brieflein zu lesen ist, das ihm Meister Desmarées in die Hand gegeben hat, als er ihn malte. In großartiger Renaissancemanier in Rotmarmor mit den Reihen betender Männer und Frauen fällt unweit davon die »Kaufmann A. Stürzersche Grabstätte« auf, doch ist Eva Theresia, geboren am 1. Oktober 1794, nicht die erste, die hier eingezogen ist. Der hochmögliche Hofkammerrat Stürzer ist ihr vorausgegangen, ein Freund der Blumen und der Spargelzucht, der an jenem 9. Juli 1789, als sein Heimgarten an der Frühling-, der heutigen Von-der-Tann-Straße, zur Erweiterung des Englischen Gartens weichen mußte, vermeinte »sein halbes Leben hergeben zu müssen«. Was könnte er, und noch mehr seine Mutter, die resche Wirtin »Zum Goldenen Hirschen« in der Theatinerstraße, erzählen an Hintergrundgeschichten, wenn sie es nur der Mühe wert geachtet hätten, ihre Erlebnisse aufzuzeichnen! Von Mozart, Kaiser Joseph II. und dem Chevalier Casanova, die neben vielen anderen

Zeitgenossen aus den Fenstern des »Goldenen Hirschen« schauten. Später haben sich die Stürzer der Kaufmannschaft zugewandt. Die Münchner, die ums Isartor wohnten, und die Botenfahrer des Münchner Ostens mögen sich noch der Stürzerschen Handlung Ecke Tal und Westenriederstraße erinnern, als es dort noch Zuckerhüte, Waschblaukugeln und Salzburger Balsam gab.

Wie sie im Kolonialwarenhandel nebeneinander bestanden, so haben sich zu den Stürzern die Sabbadini und Knorr auch in der Grablege benachbart. Unter einem Portikus mit Marmorsäulen sind sie auf Tafeln verzeichnet: Angelo Sabbadini von 1738 bis 1818, der Firmengründer, sein Schwiegersohn Ludwig Knorr und fortan die Nachkommen Franz und Julius Knorr, deren bärtiges Antlitz auf der Stele streng auf den Besucher blickt. Einer aus der Reihe, Angelo Knorr, steht in der ersten Front früher Bergbegeisterung. Die Alpenvereinssektion München verdankt ihm die Stiftung der nach ihm benannten Hütte.

War Knorr ein Natur- und Alpenfreund, so dürfen wir den stillen Schläfer unter dem Grabmal von Sandstein, Dr. Joh. Nep. Sepp, einen wortgewaltigen Verkünder bayerischer Kultur und Geschichte nennen, der auch uns Heutigen mit seinen Werken über das bayerische Oberland, über die Religionsgeschichte von Oberbayern, über die deutsche Nationalreligion neben Einzeluntersuchungen noch viel zu sagen hat. Der kgl. Universitätsprofessor, Mitglied des Frankfurter Parlaments und Ritter vom Heiligen Grabe, hat es nämlich nicht verschmäht, sein profundes Wissen in volkstümlicher Form unter die Leute zu bringen. Da liegt er nun gemeinsam mit seinem Schwager Dr. Ludwig Merz (1817 bis 1858), dem Mitinhaber des Fraunhoferschen Instituts, das damals in den Baulichkeiten des 1805 säkularisierten Klosters Benediktbeuern beheimatet war.

Namen über Namen! Da liegt Adolf Loehle (1838 bis 1905), der Direktor der Kunstanstalt Piloty und Loehle, der Verfertiger der Atlanten, auf denen unsere Finger einst den Zügen des Hannibal, den Seerouten des Marco Polo und Kolumbus, aber auch den Abenteuern des Old Shatterhand Karl Mays nachgereist sind; dort unter jenem Würfelsockel, dem die Bomben den Obelisk genommen haben, schläft der französische General Bastoul, den der französische Revolutionskalender am »25. Nivôse des Jahres 9 der Republik Frankreich« nach der Schlacht bei Hohenlinden gestorben sein läßt. Von der Zeit schon gebeugt, erzählt das Denkmal der »Churpfalzbairischen Edelknaben« von unerfüllten Knabenträumen einstiger Pagenherrlichkeit unter dem Pagen-Hofmeister Anton Creuzard Baron d'Amadien (1768 bis 1835) und seinem Nachfolger Johann Georg Ritter von Müller (1792 bis 1857), der nebenbei auch »der Kaiser-Ludwigs-Messe Hofbenefiziat« war.

Dem Mimen, dem die Nachwelt bekanntlich keine Kränze flicht, wuchern doch wenigstens die Stechpalmen übers Grab. Man muß die Zweige schon ein wenig zur Seite schieben, wenn man auf dem steinernen Mal mit der tragischen und komischen Maske die noch wohlerhaltene Goldschrift lesen will: »Bernhard Rüthling, 1834 bis 1880« steht da. Ach, die Triumphe des einstigen Theaterlieblings sind längst vergessen, aller Beifall verrauscht, der Rüthling am 1. Oktober 1864 nach der Aufführung der »Waise von Lowood« – seiner Antrittsvorstellung – viele Male vor den Vorhang rief und der ihm treu blieb, als er am 6. Januar 1871 mit Clara Ziegler als Thusnelda in Kleists »Hermannsschlacht« den Cherusker Hermann spielte und am 28. Mai gemeinsam mit Ernst Possart in Erckmann-Chatrians jokosem »Freund Fritz« auf den Brettern des Hoftheaters stand.

War ihm die dramatische Kunst das Leben, so wurde zwei anderen die Politik ihr Schicksal. Die Befreiung ihres griechischen Vaterlandes von türkischer Herrschaft hatte sie an den bayerischen Königshof geführt, aber die befreite Heimat sahen sie nicht mehr. Zwei Grabsteine errichtete ihnen, wie die Inschriften sagen, »ein alter Philhellene«, Ludwig I., König von Bayern. Elias Mauromichalis, der Spartiate, war der eine, der am 8. November 1836 mit sechsunddreißig Jahren an der Cholera starb, »Leonidas, Sohn des Odysseus, Enkel des Andrustos«, der andere, von dem es heißt: »Als Knabe gestorben zu München den 8. Dezember 1836.« Das schöne Königsblau, von dem die Schrift einst leuchtete, hat freilich der Regen so gründlich abgewaschen, wie Jakob Philipp Fallmerayer den Nimbus der hellenischen Vergangenheit des heutigen Griechenlands zerstört hat.

Zwischen den beiden Griechen ist im Jahre 1867 der Landschaftsmaler Christian Morgenstern eingerückt, der Schilderer stimmungsvoller Mondscheinnächte und sturmbewegter Seen, der in der bayerischen Voralpenlandschaft seine Erfüllung gefunden hat. Seinen Sohn, den Dichter Morgenstern und Schöpfer des Palmström und der Palma Kunkel, suchen wir freilich auf dem Südfriedhof vergeblich. Doch möchten wir es uns nicht versagen, an das Grab eines anderen Dichters zu treten, jenes Beda Hafen, der am 18. Februar 1875 geboren, am 16. Februar 1933 gestorben und den älteren Lesern der »Münchner Zeitung« aus zahllosen Versen von feiner, nur ihm eigentümlicher Prägung vertraut ist. Rufen wir uns zu diesem Gedenken eines seiner Gedichte ins Gedächtnis zurück, das er für die Nr. 215 v. Dienstag, 6. August 1929, geschrieben hat:

Völcker-Schau

Waß seynd dann das for Völcker-Rassen?
Sie lauffen mit erhobner Nas
und steyffen Schritten dorch die Gassen
ümb alles in den Blick zu fassen
dorch eyn gescherfftes Duppel-Glas!
Die eynen reden eyne Zunge
von außgesuchter Lihblichkeit
die auff- und abwärts geht im Schwunge!
Auch singen sie mit scharffer Lunge
so-offt sie die Naduhr erfreyt!
Die seynd auß Dräsden an der Elbe
und von der Bleyße manch-Mal auch
sie tragen vorne eyn Gewölbe
auch baumelt grünlicht oder gelbe
eyn Hütgen meist für ihren Bauch!
Doch waß seynd das for Bracht-Gestalten
Adonis-Jünger dorch un dorch
die Stangen in den Armen halten
und eynen Heyden-Dorscht ent-falten
und stältzen wie eyn Klapper-Storch?
Das seynd die Herren von der Pancke!
Das seynd die Ritter von der Spree
Von Selbst-Bewußtseyn keyn Gedanke
verdattert schweygt ihr Mund / der krancke
und schreyt nicht eyn-Mal: Dulihö!
Willtu die frembden Völcker sehen
diesälben seynd dorchauß nicht wild
so mußtu, ümb sie zu erspähen
ümb eylf Uhr für das Rath-Hauß stehen
dann hastu gleych eyn Sammel-Bild!

Anhang

Biographie

Geboren wurde Karl Spengler am 29. Juni 1901 auf der Schwanthalerhöh' in München. Nach dem Wunsch seiner Eltern, die ein Kolonialwarengeschäft betrieben, sollte er auch Kaufmann werden. Er besuchte die Städtische Handelsschule und machte eine kaufmännische Lehre. Aber das Kaufmännische lag ihm gar nicht und schon bald versuchte er sich im Schreiben. Gleichzeitig nahm er Schauspielunterricht beim Vater von Gustl Bayrhammer, da ihn auch das Theater sehr anzog. Schon 1927 erschienen Lokalspitzen in der »Münchener Zeitung« und Artikel in den hochangesehenen »Propyläen«.

Einen Einschnitt brachte der Zweite Weltkrieg, als Spengler in- und außerhalb der Landesgrenzen dienstverpflichtet war. Nach dem Krieg hatte er im Münchner Merkur am Entstehen der Münchner Stadtzeitung Anteil und wirkte hier lange Jahre als leitender Redakteur. Damals begann er auch mit dem Bücherschreiben; im Laufe seines Lebens entstand ein rundes Dutzend davon.

Karl Spengler gehörte zu den wenigen Schriftstellern, die schreibend die Vergangenheit gleichsam zur Gegenwart erwecken können. Es gibt von ihm den Erzählungsband »Die gewendete Münze«, einen Band mit Satiren, betitelt »Machtlos gegen Hexen«, und ein Wanderbuch »70mal Wandern zwischen Isar, Lech und Inn«, das er Schritt für Schritt selbst erwandert hat. Aber der Kernbestand seines literarischen Schaffens sind doch die München-Bücher, in denen er Chronistenpflicht und Erzählkunst auf unnachahmliche Weise vereint hat. Für Spengler war Geschichte keine Anhäufung von Jahreszahlen und Herrscherdaten. Mit dem liebenden Blick fürs Detail interessierte ihn vor allem, wie die Menschen früherer Jahrhunderte gelebt und was sie dabei alles erlebt haben, ganz gleichgültig, ob es sich um ein gekröntes Haupt oder um einen armen Vorstadt-Hausierer handelte.

Es erschien 1958 als erstes Buch das »Münchner Album«. Ein Jahr später konnte man einen Blick »Hinter Münchner Haustüren« tun, dann erschien »Es geschah in München«. Die Kupferstiche des Johann Stridbeck gab Spengler in einer herrlichen Faksimileausgabe heraus. Dann folgten »Münchner Historien und Histörchen«, die »Wittelsbacher am Tegernsee«, »Unterm Münchner Himmel« und zuletzt schließlich »Von Bayern und Zugereisten«.

Seiner Beliebtheit und seinen literarischen Verdiensten entsprechend, blieben auch die öffentlichen Ehrungen nicht aus: die silberne Jubiläumsmedaille der Stadt, der Poetentaler der »Turmschreiber«, das silberne Poetenschiff der »Barke« und der Ernst-Hoferichter-Preis.

Seinen 75. Geburtstag konnte Karl Spengler noch inmitten seiner Familie und seiner vielen Freunde feiern. Ein halbes Jahr später, am 25. Dezember 1976, erlag er einem heimtückischen Leiden.

Von Karl Spengler veröffentlichte Titel (Auswahl)

Münchner Straßenbummel (1960)
Es geschah in München (1962)
Die gewendete Münze (1963)
Hinter Münchner Haustüren (1963)
Machtlos gegen Hexen (1966)
Münchner Historien und Histörchen (1967)
Die Wittelsbacher am Tegernsee (1969)
Unterm Münchner Himmel (1971)
Zwischen Versailles und Ismaning (1974)
Von Bayern und Zugereisten (1976)

Erläuterungen zu den Quellen, auf denen die Erzählungen Karl Spenglers basieren

Nichts könnte die Frage nach den Quellen in Spenglers Werk besser klären als der Autor selbst mit seinem »Schlußwort an den Leser«, am Ende des Bandes »Hinter Münchner Haustüren« (S. 267f.). Es sei hier vollständig zitiert:

Ein bekannter Münchner Sammler hat mich einmal gefragt: »Wo bringen sie bloß die vielen Einzelheiten in ihren Aufsätzen her?« – Ich antwortete ihm: »Die stehen alle in den Büchern drin, die Sie in ihren Regalen stehen haben.« »Jaja«, meinte er, »man müßte halt die Bücher auch lesen, wenn man nur die Zeit dazu hätte!« Damit verrate ich das ganze Rezept dieses Buches, oder doch das halbe; denn außer in den Memoiren, Reiseblättern, Tagebuchaufzeichnungen und den Niederschriften von Spezialforschungen war die andere Hälfte in Archiven aufzustöbern oder auch aus den Erzählungen zuverlässiger Kenner herauszuklauben und festzuhalten. Mit der Aufzählung aller Quellen will ich gar nicht prunken; ihre Titel reichen von A bis Z, von dem bayerischen Geschichtsschreiber Johann Aventin bis zu dem eingeschweizerten Magdeburger Heinrich Zschokke, der die freilich nicht ganz zuverlässigen »Bayerischen Geschichten« geschrieben hat. Bei dieser Mosaikarbeit, von denen ich manches Steinchen vor dreißig, ja, vierzig Jahren gefunden habe, unterstützten mich unverdrossene Quellenspürer. Mein Dank gilt vor allem dem Direktor des Münchner Stadtarchivs, Herrn Dr. Michael Schattenhofer, und dem Leiter des Münchner Stadtmuseums, Herrn Dr. Max Heiß, und seinen Mitarbeitern, die mir bei der Auswahl der Bilder ihre Schätze ausbreiteten. Diese Liste der Helfer könnte ich beliebig verlängern; einen aber muß ich noch mit Dankbarkeit nennen: Den Leiter der Monacensia-Abteilung der Stadtbibliothek, Herrn Amtmann Ludwig Hollweck, dessen Wissen und Zeit ich so oft strapazieren mußte und der sich trotzdem nie versagte.

Ja, und nun höre ich Dich, lieber Leser, fragen: »Was ist denn eigentlich dein Anteil an diesen Ausgrabungen halb oder ganz vergessener Schicksale?«

Nun, ich habe versucht, in einer Zeit, in der alles zu wanken scheint, die Schatten der Vergangenheit heraufzurufen, damit sie uns Zeugenschaft ablegen für die Unveränderlichkeit des Menschenwesens. Hier meldet sich das unvermeidliche Goethewort an: »Neue Erfindungen können und werden geschehen, allein es kann nichts Neues ausgedacht werden, was auf den sittlichen Menschen Bezug hat.« Vielleicht spürst auch Du bei diesem oder jenem Schatten, der hier beschworen ist, wie brüderlich näher wir einem Menschen oft sind, dem auf gut Münchnerisch längst kein Zahn mehr wehtut, als einem Zeitgenossen, mit dem wir täglich Umgang haben. Über die fernsten Zeiten hinweg reichen uns die Früheren den Becher mit dem bekannten Wermutstropfen, und wir geben ihn weiter. »So wenig man von den Ereignissen der Zukunft weiß..., so sicher ist es, daß die bewegenden Mächte der Zukunft keine anderen sind als die der Vergangenheit.« Aber das ist von einem anderen Spengler, dem Oswald. Von wem anders aber als vom Menschen gehen die »bewegenden Mächte« aus? Vom Menschen in seinen Triumphen, seinen Irrtümern, seiner Mäusegeschäftigkeit und seinem hochgemuten Herzen. Ihnen, die uns diese Zeugnisse ihrer Erdentage hinterlassen haben, sei zu guter Letzt ins Grab hinein gedankt. Indem ich dies niederschreibe und aufs Kalenderblatt blicke, sehe ich, es ist der rechte Tag dafür.

Am Allerseelentag 1959 *Karl Spengler*

Im Vorwort zu diesem Auswahlband ist bereits gesagt, daß sich Karl Spengler bei der zeitlichen Zusammenstellung seiner Geschichten im 19. und 20. Jahrhundert einen Schwerpunkt gesetzt hat. In dem oben zitierten »Schlußwort« betont der Autor selbst, daß er die Quellen vor allem in der »Monacensia«-Sammlung der Stadtbibliothek München fand. Dies erklärt den Schwerpunkt 19./20. Jahrhundert, denn die Monacensia sammelt – ausführlich und vollständig – eben diesen Zeitraum. Wie ausführlich Karl Spengler sich mit Quellen beschäftigt hat, zeigen seine eigenen Anmerkungen, die er – leider nicht immer und in jedem Buch – gibt. Aber, zur Illustration für den interessierten Leser, sei hier der Anhang »Quellen und Literatur« aus »Unterm Münchner Himmel« (S. 252 ff.) wiedergegeben:

Staatsarchiv von Oberbayern
HL 187/82–285/2; HM II 3052 ff.; VA 3/63–4/116; 2/23; GL 2810/1282; GR 845/71; HR 218/70; RA 1414/21 445; 28 H; AR 3321–1861/3, 5, 10. Besitzlisten Pullach/Großhesselohe – Kataster St. Gde. Solln, Bd. 34; Rustikal- u. Dom. Umschreibbuch St. Distr. Solln 38 c.

Manuskripte
Birkmeyr, Karl: Der Lithograph Carl Hohfelder
Buchner, Ernst: Niclas Horverk, gen. der Schlesitzer (Vortrag)
Sabbadini, Angelo: Brief-Copialbuch, 1782
Wenk, Johann: Aufzeichnungen von Pfr. Johann Wenk. Hohenbrunn, 1947

Bücher

Adalbert von Bayern: Eugen Beauharnais. München, 1940
Adam, Albrecht: Aus dem Leben eines Schlachtenmalers. Stuttgart, 1886
Atzenbeck, Aenne: Ortsgeschichte der Gemeinde Pullach im Isartal. Pullach, 1956
Berger, Gustl: Das Hachinger Tal. München, 1909
Burgholzer, Joseph: Stadtgeschichte von München als Wegweiser für Fremde und Reisende. München, 1796
Chlingensperg, M. v.: Malerisches Bayern. München, 1846
Chroust, A.: Gesandschaftsberichte, Bd. III–II/; III/4, Abt. I, Bd. I
Dahn, Felix: Erinnerungen. Leipzig, 1898/99
Daxenberger/Fernau: München Hundert und Eins. Mach, 1840
Dirr, Pius: Denkmäler des Münchner Stadtrechts. München, 1934
Doeberl, Michael: Entwicklungsgeschichte Bayerns, Bd. I–III. München, 1928
Drouet d'Erlon, Graf: Vie militaire, écrité par lui même. Paris, 1844
Dürck-Kaulbach, Josefa: Erinnerungen an Wilhelm Kaulbach und sein Haus. München, 1918
Ernst, Hans: Was die Isar erzählt. München, 1958
Forster, J. M.: Die Franzosen vor München im Jahre 1796. München, 1890
Franziskanerprovinz, Bayerische: Dokumente ältester Münchner Familiengeschichte. München, 1958
Fuchs, Georg: Sturm und Drang in München um die Jahrhundertwende. München, 1936
»Geschichte und Thaten des Kaysers Carl des Siebenten...«. Frankfurt und Leipzig, 1745
Grohmann, Walter: Das Münchner Künstlertheater in der Bewegung der Szenen- und Theaterreform. Berlin, 1935
Grosse, Julius: Ursachen und Wirkungen. Braunschweig, 1896
Haeutle, Christian: Die Reisen des Augsburger Philipp Hainhofer nach Eichstätt. München und Regensburg in den Jahren 1611–1613. Augsburg, 1881
Heilmeyer, Alexander: Wanderführer Starnberger See. München, 1926
Holland, Hyazinth: Geschichte der altdeutschen Dichtkunst in Bayern. Regensburg, 1862
Holland, Hyazinth: Lebenserinnerungen eines 90jährigen Münchners. München, 1921
Hornstein, Robert v.: Memoiren. München, 1908
Hübner, Lorenz: Beschreibung der kurbairischen Haupt- und Residenzstadt München. München, 1805
Huhn, Adalbert: Geschichte des Heiliggeistspitals zwischen 1250 und 1500. München, 1891–1893
Isartalverein: 50 Jahre Isartalverein 1902–1952. München, 1952
Jahrbuch der Stadt München von 1832
Krämer, Wolfgang: Geschichte der Gemeinde Gauting. Gauting, 1949
Kobell, Franz v.: Wildanger. Stuttgart, 1859

Kobell, Luise v.: Unter den vier ersten Königen Bayerns. München, 1894
Kriegelsteiner, Franz Xaver: Der Forstenrieder Park. München, 1940
Lewald, August: Album aus Paris. Hamburg, 1832
Lewald, August: Panorama von München. Stuttgart, 1835
Lipowsky, Felix: Bayerisches Künstlerlexikon. München, 1810
Lutz, Fritz: Land um die Großstadt. München, 1962
Mayer, Josef Maria: Münchner Stadtbuch. München, 1868
Mayerhofer, J.: Geschichte des königlichen Lustschlosses Schleißheim. Leipzig, 1885
Mayerhofer, J.: Schleißheim. Bayr. Bibliothek, Bd. 8. München, 1890
Monumenta Boica, 35/II
Müller, C. L.: Der Keferloher Markt bey München – komisch vorgestellt. München, 1835
Müller, Christian: München unter König Maximilian Joseph I. Mainz, 1817
Münchner Künstlertheater. Festschrift zur Spielzeit 1912
Napoléon I: Mémoire pour servir à l'histoire de France en 1815. Paris, 1820
Oldenbourg, Rudolf: Die Münchner Malerei im 19. Jahrhundert, Bd. I. München, 1922
Paulus, Richard A. L.: Der Baumeister Henrico Zuccali. Straßburg, 1912
Pecht, Friedrich: Aus meiner Zeit. München, 1894
Prosch, Peter: Leben und Ereignisse des Peter Prosch, eines Tyrolers von Ried im Zillertal, oder das wunderbare Schicksal. München, 1789
Punkodai: Des Isarthors Zerstörung oder: Sieg von Luft und Licht. München, 1873
Regnet, C. A.: München in guter alter Zeit. München, 1879
Reisberger, Ludwig: Erinnerungen eines alten Malers. München, 1928
Reitzenstein, A. v.: Frühe Geschichte um München. München, 1956
Ried, H. A.: Chronik von Grünwald. München, 1938
Riezler, Sigmund: Geschichte Bayerns, 8 Bde. Gotha
Rosenberger, Ludwig: Die Frauenkirche. München, 1947
Sandrart, Joachim v.: Teutsche Academie der Bau-, Bild- und Mahlereikunst. Nürnberg, 1668–1675
Schlittgen, Hermann: Erinnerungen. München, 1926
Schnell, Hugo: Wessobrunn – Großer Kunstführer. München, o. J.
Solleder, Fridolin: München im Mittelalter. München und Berlin, 1938
Steub, Ludwig: Kleinere Schriften. Stuttgart, 1875
Stieve, Felix: Briefe und Akten, IV/480
75 Jahre Münchner Straßenbahnen 1876–1951. München, 1951
Trautmann, Franz: Im Hofgarten. München, 1884
Trautmann, Karl: Kulturbilder aus Alt-München. München, 1918–1930
Vangerow, Hans Heinrich: Die Isarflößerei und ihre Fernverbindungen nach Österreich zwischen 1318 und 1868
Vogel, Hubert: Die Urkunden des Heiliggeistspitals Nr. 36, 36a. München, 1960
Wagner, Hans: 200 Jahre Münchner Theaterchronik 1750–1950. München, 1958
Der Wasserbau in München. München, 1888

Westenrieder, Lorenz: Beschreibung der Haupt- und Residenzstadt München. München, 1783
Wolf, Georg Jakob: Die Entdeckung der Münchner Landschaft. München, 1921
Wolf, Georg Jakob: Das kurfürstliche München. München, 1930
Wolf, Georg Jakob: Ein Jahrhundert München. Leipzig, 1935
Zauner, Franz Paul: Münchens Umgebung in Kunst und Geschichte. München, 1912
Zauner, Franz Paul: München in Kunst und Geschichte. München, 1914
Zimmermann, Reinhard: Erinnerungen eines alten Malers. München, 1884

Benützt wurden außerdem die in München erscheinenden Tageszeitungen mit ihren Beilagen: Münchner Neueste Nachrichten (Einkehr), Münchner Zeitung (Bayerische Heimat und Propyläen), Süddeutsche Zeitung (Münchner Stadtanzeiger), Bayerische Staatszeitung (Unser Bayern); ferner früher erschienene Periodika wie die Münchner Intelligenzblätter usw.

Für »Münchner Historien und Histörchen« (S. 243 f.)
nennt Spengler die folgenden Quellen:

Archive

Staatsarchiv von Oberbayern: GL. 2774/1060 – AR. 1854 1 u. 1 a, 1855/7–9, AR. 750/751, AR. Fasc. 731–738, AR. 730–733, AR. Fasc. 750–752, Bl. 1 ff., AR. Fasc. 801–805, GL. Fasc. 3786/87
Geheimes Hausarchiv: Act. 862 ff.
Monacensia-Sammlung: Mon. 2532 (v. 1758–1813) Mon. 61 b
Oberbayerisches Archiv, Bd. 5, 1904, Bd. 17, Bd. 1, Heft 3, Bd. 2, Heft 3
Adlzreiter: Annales boicae gentis part. III, lib. XXXIII

Bücher

Adalbert v. Bayern: »Max I. Joseph von Bayern. Pfalzgraf, Kurfürst und König«. München 1957
Antiquariats-Kataloge: Wölfle 1958. Lentner 1958
Chroust: Gesandtschaftsberichte, III. Abt. 3/I. Abt. 3
Michael Doeberl: »Entwicklungsgeschichte Bayerns«, II. u. III. Bd.
J. Anton Eisenmann: »Kriegsgeschichte der Baiern«. München, 1813
Freudenberger: »Geschichte der Au«. München, 1913 – »Die alte Au«, 1927
G. de Gourgaud: »Napoleons Gedanken und Erinnerungen 1815–1818«. Stuttgart, 1904
Julius Grosse: »Ursachen und Wirkungen«
Otto Hartig: »Das alte Bayern«. München, 1922
H. Holland: »Der Architektur- und Landschaftsmaler C. A. Lebschée«
Benno Hubensteiner: »Bayerische Geschichte«. München
Franz v. Kobell: »Wildanger«. München, 1859
Karl Heinrich Ritter v. Lang: »Die Memoiren des Ritters von Lang (1774–1835)«. Stuttgart, 1957

Kriegelsteiner: »Der Forstenrieder Park«
Ilse Mackenthum: »Joseph v. Utzschneider«, Diss. 1958
Joseph Maillinger: »Bilderchronik von München«
Alois Mitterwieser: »Bayer. Prunkschiffe aus fünf Jahrhunderten«, 1931
V. Müller: »Universal-Handbuch von München«, 1845
Rudolf Oldenbourg: »Die Münchner Malerei im 19. Jahrhundert«. München, 1922
E. D. Pasquier: »Napoleons Glück und Ende«. Stuttgart, o. J.
Friedrich Pecht: »Aus meiner Zeit«. München, 1894
Leopold v. Ranke: »Die Vormacht Frankreichs in Europa«
»Rathgeber für München in allen häusl.-polit. Angelegenheiten«, 1836
v. Reichenau: »Schlachtfelder zwischen Alpen und Main«. München, 1938
Sigmund v. Riezler: »Geschichte Baierns«, Perthes, Gotha
Emilie Ringseis: »Erinnerungen«
A. v. Schaden: »Artistisches München im Jahre 1835«
Mathieu Schwann: »Illustrierte Geschichte v. Bayern«. Stuttgart, 1890
Franz Xaver Sigls: »Geschichte der Münchner Geiseln«. München, 1836
Soeltl: »Die bildende Kunst in München«, 1842
Karl Trautmann: »Kulturbilder aus Alt-München«, Bd. I u. IV
A. Wenng: »Topographischer Atlas von München«, 1852
Westenrieder: »Beschreibung der Haupt- und Residenzstadt«. München, 1783
Westenrieder: »Tagebücher«
Georg Jakob Wolf: »Die Münchnerin«. München, 1924
Zwengauer Familienarchiv

In den übrigen Büchern fehlen solche Angaben. Sicher ist aber davon auszugehen, daß Spengler sich im wesentlichen an diese Quellen gehalten hat. Der Inhalt der Geschichten spricht für diese Annahme.

Veröffentlichungen über Karl Spengler

»Ehrung für Karl Spengler« (Lesung in der »Barke«), in: Münchner Stadtanzeiger, Jg 22, Nr. 44, 4. 11. 66

Fischer, Otto, »Karl Spengler in der Monacensia«, in: Süddt. Zeitung, Jg 22, Nr. 159, 5. 7. 66, S. 15

Fluegel, Rolf, »Geschichtenerzähler unterm Münchner Himmel. Der Schriftsteller Karl Spengler wird 70 Jahre alt«, in: Münchner Merkur, Jg 26, Nr. 143, 26./27. 6. 71, S. 25

Fluegel, Rolf, »Der erste Abend im Studio Bruckmann, Woran sich Karl Spengler noch erinnern kann«, in: Münchner Merkur, Jg 26, Nr. 155, 10./11. 7. 71, S. 26

Freisleder, Franz, »Als Casanova durch München spazierte«, in: Süddt. Zeitung, Jg 19, Nr. 125, 25./26. 5. 63, S. 10
(Besprechung von »Es geschah in München«)

Fuchs, Guido, »Historien hinter Haustüren«, in: Süddt. Zeitung, Jg 15, Nr. 295, 10. 12. 59, S. 4
(Besprechung von »Hinter Münchner Haustüren«)

Goepfert, Günter, »Münchner Notizbuch. In memoriam Karl Spengler«, in: Münchner Stadtanzeiger, Jg 33, Nr. 25, 29. 3. 77, S. 6

Hahn, Alois, »Karl Spengler 60 Jahre alt«, in: Süddt. Zeitung, Jg 17, Nr. 154, 29. 6. 61, S. 14

Hahn, Alois, »Karl Spengler, 65 Jahre«, in: Süddt. Zeitung, Jg 22, Nr. 154, 29. 6. 66., S. 16

Hahn, Alois, »Münchner Historien und Histörchen«, in: Süddt. Zeitung, Jg 23, Nr. 303, 20. 12. 67, S. 10

Hahn, Alois, »Chronist der Stadt München. Karl Spengler 70 Jahre alt«, in: Süddt. Zeitung, Jg 27, Nr. 154, 29. 6. 71, S. 15

»Karl Spengler Ausstellung« (im Lesesaal der Monacensia-Sammlung der Stadtbibliothek), in: Münchner Merkur, Jg 21, Nr. 159, 6. 7. 66, S. 12

Koebelin, Karl, »Karl Spengler zum Siebzigsten«, in: Münchner Stadtanzeiger, Jg 27, Nr. 51, 29. 6. 71, S. 5

Noehbauer, Hans F., »Hexen und kleine Leute. Karl Spenglers ›Münchner Historien und Histörchen‹«, in: Abendzeitung, Jg 20, Nr. 305, 22. 12. 67, S. 7

Poernbacher, Karl, »Karl Spengler: Unterm Münchner Himmel«, in: Unser Bayern, Jg 20, Nr. 10, Okt. 1971, S. 74

Prévot, Hed, »Karl Spengler in der Barke«, in: Münchner Merkur, Jg 21, Nr. 264, 5. 6. 66, S. 15

Retzer, Wugg, »Glückwünsche für Karl Spengler«, in: Münchner Stadtanzeiger, Jg 22, Nr. 26, 1. 7. 66, S. 6

Retzer, Wugg, »Hoargart im Turmstüberl«, in: Münchner Stadtanzeiger, Jg 16, Nr. 4, 22. 1. 60, S. 4

Retzer, Wugg, »Münchner Straßenbummel«, in: Abendzeitung, Jg 13, Nr. 303, 19. 12. 60, S. 11
(Besprechung des Werkes von K. Sp., F. Bruckmann-Verlag, 1960)

Retzer, Wugg, »Mit Karl Spengler im alten München«, in: Münchner Stadtanzeiger, Jg 30, Nr. 96, 29. 11. 74, S. 22
Roth, Eugen, »Auf den grünen Pfaden der Erinnerung«, in: Münchner Merkur, Jg 15, Nr. 302, 17./18. 12. 60, S. 13
Roth, Eugen, »Geburtstagsbrief an Karl Spengler«, in: Münchner Merkur, Jg 21, Nr. 152, 28. 6. 66, S. 11
Roth, Eugen, »Glückliche Funde in der Geschichte. Zu K. Sp. neuem Buch ›Zwischen Versailles und Ismaning‹«, in: Münchner Merkur, Jg 29, Nr. 291, 17. 12. 74, S. 13
»Ernstere Saiten im Isartorturm. Karl Spengler liest bei d. Turmschreibern – Abel erschlägt Kain«, in: Münchner Merkur, Jg 16, Nr. 268, 9. 11. 61, S. 12
Schneider, Herbert, »In allen Gassen der Stadt zuhaus. Karl Spengler zum Sechzigsten. Altmünchen lebendig gemacht«, in: Münchner Merkur, Jg 16, Nr. 153, 28. 6. 61, S. 3
Steiner, Eduard, »Im Urlaubsgepäck: Zwei Bücher eines Pasinger Autors«, in: Würmtalbote, Jg 84, Nr. 78, 30. 6. 84, S. 4
Weber, Wolfgang von, »Dreistimmiges Bairisches Laudate. Verleihung d. Poetentalers 1966 im Künstlerhaus«, in: Münchner Merkur, Jg 21, Nr. 277, 21. 11. 66, S. 13
Wook, Fritz, »Ein Freund Münchens ist tot. Erfolgsautor Karl Spengler starb am Weihnachtstag«, in: Münchner Merkur, Jg 31, Nr. 300, 27. 12. 76, S. 14

Textnachweis

Seite 23–26 Die Moritát von der »Kalten Herberg«
aus: Es geschah in München, S. 80–83
Seite 26–29 Geschichten vom Jakobs- und Sebastiansplatz
aus: Münchner Straßenbummel, S. 76–80
Seite 29–34 Das älteste Münchner Gassl wurde die Kaufingerstraße
aus: Münchner Straßenbummel, S. 10–14
Seite 35–37 In der Dienerstraße brüllten die Löwen
aus: Münchner Straßenbummel, S. 54–56
Seite 37–43 Ein Münchner Bollwerk wider die Gleichförmigkeit
aus: Unterm Münchner Himmel, S. 13–22
Seite 44–47 Die Perusastraße erzählt von Patriziern und Handwerksleuten
aus: Münchner Straßenbummel, S. 44–48
Seite 47–50 Am Haberfeld in der Neuhauserstraße
aus: Münchner Straßenbummel, S. 15–18
Seite 50–54 Mitte von Stadt und Land: Der Marienplatz
aus: Münchner Straßenbummel, S. 5–9
Seite 55–56 An der Weinstraße gab's teure Räuscherl
aus: Münchner Straßenbummel, S. 56–58
Seite 56–65 Mit Peitsche und Vollgas auf Münchens Straßen
aus: Unterm Münchner Himmel, S. 5–13
Seite 66–72 Der Abbruch des Isartors und die ewig Morgigen
aus: Unterm Münchner Himmel, S. 70–77
Seite 72–75 Dornen und Lorbeer im Färbergraben
aus: Münchner Straßenbummel, S. 106–109
Seite 75–77 »Münchner Geschichten« in der Burgstraße
aus: Münchner Straßenbummel, S. 58–60
Seite 77–82 Am Frauenplatz erlebt Hans Sachs seine unglückliche Liebe
aus: Münchner Straßenbummel, S. 24–30
Seite 83–86 Am Platzl trifft sich die Welt mit München
aus: Münchner Straßenbummel, S. 60–64
Seite 86–93 Von unbekannter Meisterhand
aus: Unterm Münchner Himmel, S. 50–57
Seite 93–97 In der Rosengasse wurde das erste Münchner Buch gedruckt
aus: Münchner Straßenbummel, S. 96–100
Seite 97–103 Die große Hochzeit von München
aus: Es geschah in München, S. 6–11
Seite 103–111 Die Kummerjahre der Münchner Stadtmusikanten
aus: Münchner Historien und Histörchen, S. 75–82
Seite 111–122 Der Kampf ums Brot in der Vorstadt Au
aus: Münchner Historien und Histörchen, S. 119–129
Seite 122–134 Ein Herzog wird Gutsherr von Schleißheim
aus: Unterm Münchner Himmel, S. 127–139
Seite 134–137 Die Türken in der Au
aus: Es geschah in München, S. 100–104

Seite 138–150 Heimliche Kaffeestadt im Schatten des Bierbanzens
aus: Unterm Münchner Himmel, S. 83–95
Seite 150–162 Vier böse Wochen für Giacomo Casanova
aus: Es geschah in München, S. 107–121
Seite 163–168 Eine Waschfrau half Senefelder erfinden
aus: Hinter Münchner Haustüren, S. 91–96
Seite 168–173 Der wahre Märchenkönig Bayerns
aus: Es geschah in München, S. 125–130
Seite 173–178 Der letzte Tag des Königs
aus: Hinter Münchner Haustüren, S. 123–130
Seite 179–183 Sansculotten im Residenztheater
aus: Es geschah in München, S. 21–28
Seite 184–191 Zwischen Kriegsfeuern und Friedensschalmeien
aus: Münchner Historien und Histörchen, S. 32–39
Seite 192–195 Napoleon tanzt im Herkulessaal der Residenz
aus: Es geschah in München, S. 34–38
Seite 195–199 Das harte Brot der königlichen Posthalter
aus: Hinter Münchner Haustüren, S. 100–104
Seite 200–205 Drei Brüder mit dem Namen Spitzweg
aus: Es geschah in München, S. 143–148
Seite 205–208 Der hundertfältige Tod auf der Isarbrücke
aus: Unterm Münchner Himmel, S. 46–50
Seite 209–238 Kronprinz Ludwig fährt ins Armenhaus Europas
aus: Münchner Historien und Histörchen, S. 45–74
Seite 238–240 Die Sonnenstraße sprengte die Stadtmauern
aus: Münchner Straßenbummel, S. 128–131
Seite 241–245 Wo man für die Maß Bier mit einem »Vergelt's Gott« zahlte
aus: Hinter Münchner Haustüren, S. 167–170
Seite 245–249 Ein königlicher Arzt, der allen diente
aus: Hinter Münchner Haustüren, S. 240–244
Seite 249–254 Der bayerische Herkules war nie ein Halbstarker
aus: Es geschah in München, S. 166–171
Seite 254–259 Ludwig I. legt einen Vers ans Krankenbett Ferdinand von Millers
aus: Hinter Münchner Haustüren, S. 155–160
Seite 259–263 Die Münchner verlangten immer wieder »ihren Bürkel«
aus: Hinter Münchner Haustüren, S. 172–178
Seite 263–274 Massenwahn treibt Sommerblüten im oberbayerischen Land
aus: Münchner Historien und Histörchen, S. 96–108
Seite 274–279 Die schöne Coletta
aus: Unterm Münchner Himmel, S. 98–103
Seite 279–283 Der dramatische Mord in der Maximilianstraße
aus: Hinter Münchner Haustüren, S. 236–240
Seite 283–287 Die Bayerische Ahnfrau grüßt von der Theresienhöhe
aus: Münchner Straßenbummel, S. 157–162

Seite 288–297 Anitza-Ho, der indianische Münchner
aus: Münchner Historien und Histörchen, S. 109–118
Seite 298–299 Major Lutz
aus: Münchner Historien und Histörchen, S. 88–89
Seite 299–304 Der Kohlrabiapostel Gras war der Neuzeit nicht grün
aus: Hinter Münchner Haustüren, S. 262–266
Seite 304–308 Der Südfriedhof ist kein toter Gottesacker
aus: Es geschah in München, S. 295–300